Recherches Sur La Maturation De L'oeuf, La Fécondation, Et La Division Cellulaire

Édouard Van Beneden

RECHERCHES

SUR LA

MATURATION DE L'ŒUF

LA

FÉCONDATION

ET LA

DIVISION CELLULAIRE

PAR

Édouard VAN BENEDEN

PROFESSEUR A L'UNIVERSITÉ DE LIÉGE

GAND & LEIPZIG,   PARIS,

Librairie CLEMM,   G. MASSON, éditeur,

H. ENGELCKE, Succr.   120, Boulevard St-Germain.

Gand. impr. I. Vanderpoorten, rue de la Cailler. 16.

1883

TABLE DES MATIÈRES.

CHAPITRE I.

CHAPITRE II.

CHAPITRE III.

Claparède (s) rejette le nom d'albuminogène parce qu'il lui paraît douteux que la substance sécrétée par la partie de la trompe de Fallope que Meissner désigne sous ce nom soit bien réellement de l'albumine. Il réunit sous le nom d'ovaire le germigène et le vitellogène de Meissner et il énumère dans l'ordre suivant les autres parties dont il admet l'existence dans l'appareil excréteur de la glande sexuelle : la vésicule séminale qui, dit Claparède, n'est pas toujours présente, la trompe de Fallope ou l'oviducte, l'uterus et le vagin. Si nous comparons les divisions admises par Claparède à celles que Meissner a établies nous remarquons que Claparède substitue le nom de vésicule séminale au nom d'albuminogène; mais à part cette différence dans la nomenclature, les deux auteurs sont d'accord. Claparède admet l'existence d'un conduit faisant fonction d'oviducte entre la vésicule séminale et l'uterus; il pense, comme Meissner, que la fécondation a lieu non pas dans la partie supérieure de l'uterus, mais dans l'albuminogène (oviducte de Nelson). C'est là une erreur manifeste en ce qui concerne l'*Ascaris megalocephala*. L'organe distingué et nettement caractérisé par Nelson, chez l'*Ascaris Mystax*, se reconnaît facilement, chez le grand nématode du cheval, à sa translucidité et à son diamètre relativement peu considérable et notablement inférieur à celui des organes qu'il sépare, l'ovaire d'une part et l'uterus de l'autre. Mais jamais, chez l'*Ascaris megalocephala*, contrairement à ce qui s'observe chez l'*Ascaris Mystax* (Nelson, Meissner, Claparède), ce canal ne renferme de spermatozoïdes; on ne peut donc l'appeler, en aucun cas, vésicule séminale; les œufs en le traversant ne s'entourent d'aucune couche particulière, et il n'y a aucune probabilité en faveur de l'opinion de Meissner qui identifie le liquide très fluide secrété par les cellules épithéliales de ce canal à du blanc d'œuf. Les descriptions de Meissner et de Claparède ne peuvent donc s'appliquer à l'appareil sexuel de l'ascaride du cheval et cela pour deux motifs : 1° ces auteurs distinguent entre l'ovaire et l'uterus deux organes, tandis qu'il n'y a nulle raison de subdiviser le canal qui chez l'*Ascaris Mystax*, où il a été très exactement décrit et très convenablement dénommé par Nelson, est parfaitement indivis comme c'est aussi le cas chez l'*Ascaris Megalocephala*; 2° Meissner et Claparède admettent que la fécondation s'opère dans l'oviducte (Nelson) chez tous les nématodes; or jamais, chez l'ascaride du cheval, cet oviducte ne renferme de spermatozoïdes : c'est dans la partie la plus reculée de l'uterus que se fait la fécondation.

C'est donc à tort que Schneider(7) affirme que chez l'*Ascaris megalocephala* comme chez l'*A. lumbricoïdes* les oviductes sont les points les plus reculés de l'appareil génital que puissent atteindre les spermatozoïdes. Cet auteur pense, et en cela il se trompe, que chez ces deux vers la fécondation s'accomplit d'ordinaire dans l'oviducte et que ce n'est qu'exceptionnellement qu'un œuf est encore pourvu d'un micropyle béant au moment d'entrer dans l'uterus. Mais si par hasard cela arrive cet œuf, dit Schneider, peut être fécondé dans cet organe.

Leuckart (8) se fondant sur le développement de l'appareil sexuel tout aussi bien que sur sa structure y distingue deux divisions primaires : la partie la plus reculée de chaque tube sexuel, celle qui sert à la génération des œufs, c'est l'ovaire; l'autre qui s'étend depuis l'extrémité inférieure de l'ovaire jusqu'à la vulve sert à éconduire les produits sexuels. Cette dernière il la divise en trois chez les nématodes en général : la poche séminale (Samentasche, Meissner's Eiweissschlauch) l'uterus et le vagin.

Pour les motifs que je viens d'indiquer on ne peut accepter le nom de vésicule séminale pour désigner l'oviducte chez l'ascaride du cheval. Mais c'est avec beaucoup de raison que Leuckart réduit à quatre, le nombre des divisions a établir dans l'appareil et qu'il en revient à la proposition de Nelson, à laquelle Schneider s'est rallié, en acceptant non-seulement les divisions de cet auteur, mais aussi sa nomenclature.

Leuckart remarque que, d'habitude bien séparées les unes des autres, ces parties tendent à se confondre entre elles

chez certains nématodes et qu'il arrive fréquemment que la
poche séminale n'est que la partie supérieure de l'uterus. La
poche séminale est néanmoins caractérisée toujours par l'apparence villeuse de son épithélium, tandis que les cellules de
l'uterus sont ventrues et se prolongent en une sorte de papille
(... *buckelartig vorspringenden bauchigen Zellen*). Il semble
donc, à en juger par ce passage, que Leuckart admet l'opinion
de Nelson, d'après laquelle, chez certains Nématodes, il n'existerait pas de limite apparente entre l'oviducte et l'uterus, mais
que l'oviducte, où sont accumulés les spermatozoïdes et où
s'opère la fécondation se confond extérieurement avec l'uterus.

Quand il décrit les organes génitaux de l'ascaride lumbri-
coïde, cette espèce si voisine de l'ascaride du cheval, Leuckart
distingue, outre le vagin et l'uterus, une poche séminale de
18 millimètres de longueur, succédant immédiatement à
l'uterus, et un oviducte allant de la vésicule séminale à
l'ovaire et ne mesurant pas moins de 8 centimètres.

Il suffit d'ouvrir une femelle et d'examiner à la loupe l'appareil sexuel de l'ascaride du cheval pour y reconnaître extérieurement quatre parties distinctes : 1° le vagin très-court,
2° l'uterus qui comprend a/ une portion commune ou terminale
faisant suite au vagin et qui ne mesure que quelques millimètres de longueur, et b/ une portion propre à chacun des deux
tubes sexuels. Cette dernière partie de l'organe utérin mesure,
dans les grandes femelles, jusqu'à 20 et même 22 centimètres
de longueur. La portion dite commune de l'uterus est donc tout
à fait insignifiante comparée aux portions propres; elle n'est
en définitive que l'embouchure commune dans le vagin des
deux uterus, distincts dans la plus grande partie de leur longueur. Aussi faut-il accorder à l'ascaride du cheval, comme
à plusieurs autres nématodes deux uterus et non pas un uterus
bicorne ou bifurqué. 3° Aux extrémités rétrécies des deux
uterus succède une portion du tube sexuel qui se fait remarquer
par son apparence moniliforme, sa translucidité surtout bien
accusée entre les grains, et aussi par son étroitesse. C'est cette
partie que j'appelle l'oviducte. Il n'est pas toujours possible

de distinguer avec certitude à la loupe la limite exacte entre
l'oviducte et l'uterus d'une part, l'oviducte et l'ovaire de l'autre.
Le passage de l'oviducte à l'uterus surtout est insensible.
4° L'ovaire se distingue extérieurement de l'oviducte par
son opacité, par sa forme parfaitement cylindrique ou, ce qui
revient au même, le parallélisme parfait de ses bords; enfin, par
une largeur un peu plus considérable que celle de l'oviducte.
J'entends parler naturellement de cette partie de l'ovaire qui
succède immédiatement à l'oviducte.

Les fonctions de ces diverses parties du tube sexuel sent
bien définies. Dans l'ovaire les œufs prennent naissance; ils
s'y développent fixés sur un rachis central unique; arrivés à
l'extrémité inférieure de cette partie du tube sexuel, ils se
détachent du rachis et, sur une longueur de trois à quatre
centimètres, on les trouve libres et parfaitement séparés les
uns des autres. Dans l'ovaire les œufs sont pressés les uns
contre les autres; ils présentent tous la même forme géométrique d'une pyramide quadrangulaire applatie, à base dirigée
en dehors et à sommet central; toutes ces pyramides adjacentes par leurs faces latérales sont dirigées radiairement et
la distribution des œufs est aussi régulière que leur forme.

Dans l'oviducte cette régularité disparait. Les œufs perdent
leur forme géométrique et leur répartition radiaire; de pyramidale qu'elle était leur forme devient ovoïde; la plaque
d'imprégnation se constitue; d'autres phénomènes de maturation s'accomplissent et l'œuf se prépare ainsi à recevoir le
zoosperme qui doit le féconder.

Dans la partie supérieure de l'uterus, celle qui confine à
l'oviducte avec lequel il se continue sans ligne de démarcation
bien tranchée, la conjugaison entre produits sexuels s'opère.
L'on pourrait donc, en se plaçant au point de vue physiologique, distinguer encore cette partie du tube sexuel et la
désigner, avec Leuckart, sous un nom particulier, l'appeler
la poche copulatrice; mais cette division ne peut guère se
justifier si l'on se place au point de vue anatomique.

Dans la longueur de l'uterus les œufs subissent une série de modifications consécutives à la pénétration des zoospermes. Ces modifications s'opèrent suivant un ordre régulier, chaque modification s'accomplissant dans une portion déterminée de l'uterus, toujours la même. Les œufs arrivés au voisinage du vagin n'ont pas encore subi la première segmentation; la plupart d'entre eux montrent deux pronucleus bien apparents dans le globe vitellin rétracté. Quelques-uns laissent apercevoir, à la place des deux pronucleus, le premier noyau embryonnaire formé aux dépens des deux pronucleus.

Je passe à la description des caractères extérieurs de ces diverses parties. Je reproduis, afin de donner à cette description un caractère plus objectif, les notes prises pendant l'examen minutieux d'une femelle de moyenne taille; elle mesurait environ vingt-cinq centimètres de longueur.

Le vagin long de 7 millimètres se porte obliquement en haut et en avant, puis se dirige en arrière, de façon à décrire une courbe à convexité antérieure. Très étroit près de la vulve, située sur la ligne médio-ventrale, à l'union du quart antérieur avec les trois quarts postérieurs du corps, il s'élargit légèrement en s'approchant de la ligne qui marque la limite entre le vagin et la portion commune de l'uterus.

La portion commune aux deux uterus continue le trajet du vagin; longue de 6 millimètres, elle affecte la forme d'un cône tronqué. Elle présente exactement la même apparence que les uterus proprement dits. La base du cône est applatie de haut en bas; elle se continue sans ligne de démarcation avec les deux organes utérins; le diamètre transversal de cette base est la somme des deux uterus réunis; son diamètre vertical est égal au diamètre de chacun des uterus.

Les deux uterus, d'un blanc mat, courent parallèlement l'un à l'autre, vers l'extrémité postérieure du corps, se trouvant placés sous le tube digestif. Arrivés l'un à 3 1/2, l'autre à 5 centimètres de l'extrémité caudale du ver, ils se réfléchissent brusquement, en décrivant chacun un coude dont la convexité est dirigée en arrière. Ils se portent ensuite en avant et, après un court trajet dans cette nouvelle direction, ils se continuent avec les oviductes. Il y a donc lieu de distinguer dans chaque uterus une portion descendante et une portion ascendante. Le point d'inflexion des deux organes ne se trouve pas à égale distance de l'extrémité caudale du ver; mais néanmoins la longueur totale des deux uterus est approximativement la même, la portion ascendante de l'un étant plus longue de ce dont sa portion descendante est plus courte (1). Les deux uterus diminuent lentement et insensiblement de diamètre depuis leur extrémité vaginale jusqu'au point où ils se continuent avec les oviductes. Ils décrivent dans leur trajet descendant, aussi bien que dans leur partie ascendante, des sinuosités ou des ondulations particulièrement accentuées dans le voisinage du vagin. Dans quelques exemplaires on observe exceptionnellement une véritable circonvolution près du point normal d'inflexion. Les sinuosités sont d'ailleurs plus ou moins marquées d'après les individus.

Dans la portion ascendante le diamètre décroit plus rapidement que dans la partie descendante; toute cette partie ascendante de l'uterus est relativement étroite.

L'oviducte qui succède à l'uterus se fait remarquer par son aspect noueux et par sa translucidité, surtout accusée aux points où l'on observe des étranglements. Elle n'existe pas aux points où le tube présente ses nodosités, ce qui dépend de ce que, au niveau des renflements, le canal est distendu par des amas considérables d'œufs, tandis que, entre les nodosités, il n'en renferme que peu ou point. Les nœuds, les uns forts courts, les autres très longs, sont très irrégulièrement espacés le long des deux oviductes. Quelquefois un nœud très long, au niveau duquel l'oviducte est distendu succède immédiatement à l'extrémité de l'uterus. Dans ce cas il n'est pas possible de distinguer la limite entre les deux parties du tube sexuel. D'autres fois un léger étranglement indique exté-

---

(1) La portion descendante de l'un des deux uterus mesure 16 et demi centimètres, sa portion ascendante un et demi centimètre. Les parties correspondantes de l'autre mesurent respectivement 14,5 et 3,5 centimètres.

rigureusent cette limite; en deça le tube sexuel renferme des milliers de spermatozoïdes; au delà pas un zoosperme.

La largeur de l'oviducte diminue très légèrement de son extrémité utérine vers son extrémité ovarienne. Entre l'ovaire et l'oviducte on observe à la loupe un léger rétrécissement qui se maintient sur une longueur de 3 à 4 centimètres. Cependant chez beaucoup d'individus cette particularité fait complètement défaut.

Les oviductes suivent dans leur trajet une direction ascendante et il en est de même de la portion de l'ovaire qui succède immédiatement à ces canaux. Cependant les oviductes sont loin d'être rectilignes, ils décrivent dans leur longueur deux ou trois circonvolutions et en outre des sinuosités plus ou moins accusées.

La longueur des oviductes est de 9 centimètres environ.

J'ai encore à signaler une autre particularité par laquelle il est facile de distinguer l'oviducte de la partie inférieure de l'ovaire. Si chez une femelle vivante, ouverte dans le serum artificiel de Kronecker, on coupe transversalement l'oviducte en deux points voisins, de façon à isoler un segment d'un centimètre environ de longueur, et si l'on porte ce segment sur un porte-objet dans une goutte du même liquide, on ne constate aucune rétraction du fragment; le nombre des œufs qui sont expulsés par les surfaces de section est toujours peu considérable. S'il s'agit de l'ovaire, il n'en est plus de même : les parois du tube se rétractant le segment diminue de longueur et la colonne d'œufs qui remplit le canal ovarien est mise à nu au voisinage des deux surfaces de section. S'il s'agit d'un segment de l'uterus, on n'observe pas de diminution de longueur du segment, mais bien une diminution du diamètre de l'organe; dans ce cas aussi des quantités énormes d'œufs sont expulsés par les deux surfaces de section; mais cette fois, au lieu de rester réunis, ils se répandent dans le liquide, surtout au voisinage de ces surfaces. Ces particularités dépendent de ce que la structure de la paroi de l'oviducte diffère notablement et de celle de l'ovaire et de celle de l'uterus.

Si l'on examine à un faible grossissement un segment de l'oviducte placé dans les conditions dont il vient d'être parlé on n'y distingue ni striation longitudinale, ni striation transversale; l'ovaire montre au contraire avec une parfaite netteté cette double striation; l'uterus présente seulement une striation transversale bien marquée; la striation longitudinale fait défaut. La cause de ces différences se trouve encore dans la diversité de structure des parois de l'ovaire, de l'oviducte et de l'uterus. Cependant, comme nous le verrons plus loin, la structure de la partie inférieure de l'oviducte est très semblable à celle de l'uterus; l'un des organes passe insensiblement à l'autre; d'autre part une ligne de démarcation transversale entre l'ovaire et l'oviducte fait également défaut. Il en résulte que les portions terminales de l'oviducte n'accusent pas aussi nettement que leur partie médiane les caractères distinctifs que je viens de signaler.

L'ovaire se reconnaît immédiatement à son aspect uniformément opaque et au parallélisme parfait de ses bords. Indépendamment des caractères cités plus haut l'ovaire se distingue encore de l'oviducte, si l'on examine à un faible grossissement, par le peu d'épaisseur de sa paroi. La partie de l'organe ovarien qui confine à l'oviducte renferme, sur une longueur de trois à quatre centimètres, des œufs libres et indépendants les uns des autres, quoique serrés et pressés les uns contre les autres, de façon à constituer une colonne cylindrique massive et continue qui remplit toute la cavité du tube.

Si l'on enlève un fragment de cette partie inférieure de l'ovaire, les œufs sortent en grand nombre par les deux sections pour se répandre dans le liquide de la préparation. Pas n'est besoin de dilacérer pour les isoler les uns des autres. Mais à trois ou quatre centimètres de l'oviducte l'ovaire ne renferme déjà plus d'œufs isolés. Les œufs insérés sur le rachis central, qui occupe l'axe du tube, sont difficiles à isoler. Un fragment de cette partie de l'ovaire placée sur porte objet ne se vide guère spontanément. A peine la paroi subit-elle une rétraction suffisante pour mettre à nu, aux deux extrémités du

fragment, une petite portion de la colonne indivise qui occupe
toute la cavité de l'ovaire. Les œufs ne se disséminent pas
dans le liquide; il ne suffit pas pour observer des œufs isolés
d'agiter légèrement le liquide; il faut procéder à une dilacération méthodique, qui ne donne que des résultats très insuffi-
sants, quand les œufs n'ont pas subi au préalable l'action de
l'alcool au tiers.

J'en viens à la description de la structure des diverses parties de l'appareil sexuel.

Le vagin, l'uterus et la partie inférieure de l'oviducte se
caractérisent par la présence, à la face externe d'une tunique
propre, revêtue à sa face interne d'un épithélium continu, d'une
couche musculaire qui fait défaut dans la partie supérieure de
l'oviducte et dans toute la longueur de l'ovaire.

Il en résulte que la paroi de l'ovaire et de la partie supérieure de l'oviducte ne présentent à considérer que deux
membranes intimement unies l'une à l'autre : l'externe anhyste
qui présente l'apparence d'une mince cuticule est la tunique
propre; l'interne, cellulaire, est le revêtement épithélial du
tube sexuel. La moitié inférieure de l'oviducte, l'uterus et le
vagin ont leur paroi formée de trois couches : une tunique
musculaire, une tunique propre et une tunique épithéliale.

OVAIRE.

La tunique propre est relativement épaisse dans la partie
inférieure de l'ovaire; elle s'amincit progressivement dans
la portion terminale de l'organe. Elle ne montre aucune
trace de structure et est formée par une substance assez
réfringente se colorant faiblement en rose par le carmin
(pl. III, fig. 3). Elle est assez intimement unie au revêtement
épithélial; moins cependant que dans l'uterus.

L'épithélium de l'ovaire est formé par des fibres longitudinales pourvues de noyaux. Elles ont été aperçues par tous les
observateurs qui ont étudié le tube ovarique de l'*A. Mystax;*

elles sont connues sous le nom de bourrelets longitudinaux granuleux. Nelson a supposé que les bourrelets longitudinaux sont les agents de la sécrétion du vitellus. Claparède ne se rallia pas à cette manière de voir. Il a vu chez l'*Ascaris Suilla* ces bourrelets larges et légèrement obliques à l'axe de l'ovaire faire saillie à la surface interne du tube sexuel; il les trouve parsemés de granules qui ressemblent beaucoup aux granules vitellins; mais il n'a jamais pu s'assurer que ces granules s'en détachassent pour aller se réunir aux œufs. Il ne lui paraît pas impossible qu'il faille y voir un appareil contractile analogue aux stries granuleuses transversales du *Cucullanus elegans*.

Schneider signale lui aussi l'existence, chez les ascarides, de cette couche formée de bandelettes courant parallèlement les unes aux autres à la face interne de la tunique propre. Il les trouve constituées d'une matière finement granulée dans laquelle, chez *Filaria papillosa*, l'on distingue nettement de très petits noyaux, tandis que, chez les *Ascaris*, on n'observe pas ces éléments. Ces bandelettes longitudinales sont séparées les unes des autres par des sillons, facilement reconnaissables sur des coupes transversales.

Leukart donne à ces bandelettes le nom de fibres; il constate qu'elles se terminent en pointes et signale leur analogie avec des fibres musculaires lisses, dont elles se distinguent cependant par leur forme cylindrique, leur opacité et la composition granuleuse de leur contenu. Lui aussi a en vain cherché à leur trouver des noyaux. A l'extrémité aveugle du testicule, qui montre les mêmes éléments que l'ovaire, ces fibres se modifient; elles deviennent plus courtes, leurs limites deviennent indistinctes et enfin elles se fondent en une couche granuleuse que l'on distingue même à l'extrémité du tube sexuel. A l'extrémité inférieure du testicule elles passent insensiblement à des cellules épithéliales ordinaires, en s'élargissant et en s'élevant de plus en plus. La structure de la paroi de l'ovaire est identique à celle du testicule. Tels sont les seuls renseignements que l'on possède sur l'histologie de la paroi ovarienne chez les ascarides.

Il existe d'assez notables différences dans l'aspect de la paroi de l'ovaire suivant qu'on l'examine dans la partie tout à fait inférieure, moyenne ou supérieure de l'organe. On obtient de bonnes préparations de la paroi de l'ovaire en traitant par la méthode suivante : On laisse agir sur une portion de l'organe une goutte d'acide osmique à 1 °/₀ pendant quelques secondes; on lave aussitôt; puis on plonge dans le picrocarmin pendant 24 heures. Après ce délai il devient facile d'expulser entièrement le contenu du tube ovarien et d'isoler ainsi sa paroi. On lave avec soin, puis on monte dans le baume. De semblables préparations permettent d'examiner par transparence la paroi de l'ovaire et de se faire une idée bien exacte de la structure de cette paroi.

S'il s'agit d'une portion de l'ovaire prise approximativement vers le milieu de l'organe, on constate au premier examen une striation longitudinale manifeste (pl. III, fig. 1). Si l'on emploie un grossissement plus fort, le 10 à immersion de Hartnark par exemple, on s'assure que la striation est due à ce que la tunique propre est tapissée, à sa face interne, par une couche mince de fibres longitudinales courant parallèlement les unes aux autres. Ces fibres, faiblement colorées en rouge-brun, sont séparées les unes des autres par des lignes claires et incolores. Les fibres ne sont pas rectilignes, mais au contraire légèrement ondulées; elles ont des bords foncés et présentent elles-mêmes une striation longitudinale bien manifeste. On peut constater, en dissociant, que cette dernière striation est due à ce que la fibre est formée par un faisseau de fibrilles isolables.

Une même fibre ne présente pas partout la même largeur. Elle s'effile progressivement vers ses extrémités et se termine en pointe. Chaque fibre a une longueur considérable. Si l'on suit une fibre vers l'une ou l'autre de ses extrémités, on voit une série de granulations, allignées suivant l'axe de la fibre, continuer celle-ci à mi-distance entre deux fibres voisines. L'on peut constater l'existence fréquente, dans la longueur d'une même fibre de plusieurs noyaux allongés, colorés en rose. D'habitude la fibre n'est pas renflée au niveau des noyaux; mais elle présente dans la région qu'ils occupent son maximum de largeur. Les noyaux se trouvent entourés de toutes parts par la substance fibrillaire. Rarement on observe une interruption complète de la substance fibrillaire au point occupé par un noyau.

Les bandes claires qui règnent entre les fibres ont une largeur un peu inférieure à celle des fibres qu'elles séparent. Elles sont parfaitement incolores et montrent d'habitude, vers leur milieu, une rangée unique de granules très réfringents, de dimensions assez considérables, souvent allongés parallèlement à l'axe des fibres. Çà et là ces granulations étirées en longueur sont plus larges à leur milieu, effilées à leurs deux extrémités; ailleurs elles affectent l'apparence de bâtonnets de longueur variable.

La largeur des fibres varie considérablement. Il en est qui sont extrêmement étroites; elles présentent alors, en certains points, des épaississements formant fuseaux. C'est d'habitude dans ces renflements fusiformes que l'on observe les noyaux. Il y a un certain rapport entre le volume des fibres et celui de leurs noyaux. Les fibres minces ont de plus petits noyaux.

Les coupes transversales de cette partie de l'ovaire montrent (pl. III, fig. 3) que les faisceaux fibrillaires ne sont pas immédiatement adjacents à la tunique propre. Entre celle-ci et les fibres se trouve une couche de substance claire, finement granulée, qui ne se colore pas du tout par le picrocarmin. Cette couche s'épaissit entre les faisceaux fibrillaires et donne lieu aux bandes claires qui se voient dans les préparations montrant la paroi de l'ovaire étalée. Les faisceaux fibrillaires font légèrement saillie dans la cavité du tube ovarien : à la coupe on observe des sillons ou cannelures entre par les fibres saillantes. Ces sillons n'atteignent jamais la tunique propre. Les extrémités des fibres paraissant complètement entourées par la substance granuleuse, il est douteux qu'il en soit de même dans toute leur longueur (pl. III, fig. 3).

Plus on s'approche de l'extrémité aveugle du cul-de-sac ovarien, plus la couche épithéliale s'amincit; mais sa structure reste la même. Cependant les fibres diminuent de largeur et d'épaisseur; leur structure fibrillaire devient moins évidente; la substance granuleuse, interposée entre les fibres, devient plus abondante.

Si, au contraire, on s'approche de l'oviducte, les fibres deviennent plus larges et plus épaisses (pl. III, fig. 2); en certains points, elles paraissent constituées d'une substance corticale manifestement fibrillaire et d'une substance médullaire finement granulée. Leurs noyaux deviennent plus nombreux. La forme de ces derniers est très variable; la plupart sont allongés et leur apparence, se rapprochant quelquefois de celle d'un bâtonnet, rappelle l'aspect des noyaux des fibres lisses; d'autres fibres montrent des noyaux sphériques.

Au voisinage de l'oviducte l'ovaire présente un aspect tout particulier : la tunique propre est plissée transversalement, de telle sorte que, si on examine la face externe de la paroi ovarique, on constate la présence d'un grand nombre de sillons transversalement dirigés, séparés les uns des autres par des bourrelets saillants de largeur variable. La présence de ces sillons et de ces bourrelets détermine la striation transversale si évidente à la partie inférieure de l'ovaire. Il est à remarquer que les fibres épithéliales ne suivent pas ces inflexions de la tunique propre : elles ne pénètrent pas dans l'intérieur des bourrelets; elles ont une direction à peu près rectiligne et forment pont en travers des gouttières.

Il est facile de s'en convaincre soit en examinant la coupe optique d'un segment ovarien monté dans le baume, après avoir été vidé au préalable, soit en examinant par transparence la paroi étalée. A la coupe optique on obtient des images comme celle que nous avons figurée (pl. III, fig. 5). L'on voit la tunique propre décrire des inflexions assez régulières et les coupes des sillons ouverts à l'extérieur séparer les uns des autres les bourrelets.

Entre deux gouttières voisines se voit la coupe d'un bour-

2

relet convexe en dehors. Les fibres ne suivent pas ces
inflexions de la tunique propre; mais elles envoient au niveau
de chaque bourrelet une expansion aliforme ou cunéiforme
à l'intérieur de ces bourrelets. Ces expansions se voient avec
la plus grande netteté quand on examine la paroi étalée en
mettant au point sur un plan voisin de la face externe des bourrelets (pl. III, fig. 4). On distingue, alors entre les gouttières,
les coupes optiques des bourrelets, bordées en avant et en
arrière par la tunique propre. La cavité du bourrelet est
divisée par un grand nombre de tigelles, courant parallèlement à l'axe du tube ovarien. En changeant progressivement le foyer on reconnait que chaque tigelle répond
à une fibre et il arrive un moment, où le microscope mis
au point sur ces fibres les montre courant parallèlement les
unes aux autres sans aucune interruption conformément a
ce que j'ai figuré (pl. III, fig. 5).

Les tigelles que l'on voit si distinctement dans les conditions que je viens d'indiquer ne sont que les coupes optiques
des expansions que les fibres envoient dans l'intérieur des
bourrelets, au moment où elles passent devant eux. Il en
résulte pour les fibres une forme très singulière. J'ai réussi
à isoler de ces fibres pourvues de leurs expansions (pl. III,
fig. 6); elles proviennent de cette partie de l'ovaire où les
sillons sont très larges et peu profonds et où les bourrelets
sont fort peu saillants.

Il est à remarquer que la largeur et la hauteur des bourrelets varie suivant le point de l'ovaire que l'on examine.
Si l'on suit le tube ovarien de son extrémité aveugle vers
l'oviducte, on voit les sillons d'abord très larges et peu
profonds se creuser de plus en plus, à mesure que l'on
s'approche de l'oviducte. Ils conservent néanmoins, sur une
certaine longueur, des dimensions moyennes (pl. III, fig. 6). Les
gouttières externes redeviennent de nouveau moins profondes
au voisinage immédiat de l'oviducte. Au point où l'ovaire se
continue avec l'oviducte gouttières et bourrelets disparaissent.
Il est clair que les expansions membraneuses que les fibres

envoient dans les bourrelets sont en raison de la largeur et de la hauteur de ces derniers. Mais quelles qu'en soient les dimensions ces expansions donnent aux fibres une apparence frangée, les becs de la frange répondant aux expansions membraneuses. Le qualificatif membraneux ne convient d'ailleurs que pour désigner les becs de la frange correspondant aux plus larges bourrelets.

J'ai dit plus haut que les faisceaux fibrillaires ou fibres épithéliales de l'ovaire font saillie dans la cavité du tube sexuel et qu'ils sont séparés par des rainures d'autant plus profondes que les fibres sont plus volumineuses. Dans la région cannelée de l'ovaire les rainures interfasciculaires deviennent extrêmement profondes, au niveau des bourrelets : elles n'existent pas seulement entre les fibres, mais elles se prolongent entre les expansions aliformes de ces dernières, jusques dans l'intérieur des bourrelets. Ce sont les prolongements de ces rainures interfasciculaires que l'on aperçoit entre les coupes optiques des prolongements aliformes dans la figure 4.

Nous avons dit que la couche épithéliale de l'ovaire n'est pas seulement formée par des faisceaux fibrillaires nucléés, mais que les fibres sont réunies entre elles par une substance granulée très pâle; cette substance granulée est probablement un reste du protoplasme épithélial primitif. L'on trouve de même dans les expansions aliformes ou cunéiformes des fibres deux parties (pl. III, fig. 5) : l'une périphérique granulée, se colorant à peine par le carmin, l'autre qui paraît avoir les mêmes propriétés que la substance constitutive des fibres dont elles dépendent. Cette dernière se colore en rose brun par le picro-carmin; on observe fréquemment des noyaux à l'intérieur de cette partie des expansions et elle paraît présenter comme la substance constitutive des fibres une composition fibrillaire (fig. 4).

Nous avons donc affaire ici à une couche épithéliale d'un caractère bien particulier et fort peu connu jusqu'ici. Voici comment je comprends la genèse de cette formation. L'on sait qu'au début l'épithélium de l'ovaire des nématodes est con-

stitué par une couche protoplasmique continue, parsemée de
nombreux noyaux. Il est probable qu'à aucun moment de
l'évolution les cellules ne s'individualisent, que jamais elles
ne présentent de limites définies. Dans la partie inférieure
de l'ovaire la tunique propre se plisse transversalement; il
se forme des sillons ouverts à l'extérieur et séparant les
uns des autres des bourrelets plus ou moins saillants. La
couche protoplasmique nucléée remplit ces bourrelets; mais
la face interne de la couche protoplasmique ne suit pas les
mouvements de la tunique propre, elle reste lisse et unie.
Des faisseaux fibrillaires longitudinaux se développent parallèlement les uns aux autres dans l'épaisseur de la couche
protoplasmique, de façon à emprisonner à leur intérieur les
noyaux disséminés dans le protoplasme. Ces faisseaux se
forment près de la surface interne de la couche, et, en se développant, ils font saillie dans la cavité du tube ovarien. Ils sont
dès lors séparés les uns des autres par des rainures; mais
néanmoins ils restent réunis entre eux par la partie de la
couche protoplasmique qui ne s'est pas transformée en substance fibrillaire; ce résidu du protoplasme primitif demeure,
la vie durant de l'animal, interposé entre la couche des fibres
et la tunique propre. C'est à raison de la présence de cette
couche de protoplasme non transformé que les fibres adhèrent
peu à la tunique propre et qu'il est facile de les isoler par
dilacération (fig. 6).

Dans la région plissée de l'ovaire la couche protoplasmique
subit les mêmes transformations; les fibres, se développant
dans la couche protoplasmique près de la face interne de
cette couche, sont rectilignes et ne pénètrent pas dans les
bourrelets. Mais le protoplasme engagé dans les bourrelets
subit aussi partiellement la transformation en substance fibrillaire. La couche corticale, sous jacente à la tunique propre,
conserve seule ses propriétés primitives; elle reste granuleuse.
Les rainures qui séparent entre elles les saillies correspondant
aux fibres, deviennent très profondes et s'engagent dans les
bourrelets, de façon à séparer les unes des autres les expansions fibrillaires des fibres.

OVIDUCTE.

Il est assez difficile de caractériser histologiquement l'oviducte chez l'*A. megalocephala* et cela pour diverses raisons. Dans la partie du tube sexuel, que nous désignons sous ce nom, l'épithélium affecte des caractères tout différents, suivant qu'on l'examine dans la portion inférieure ou dans la partie supérieure de l'organe. Dans les deux tiers supérieurs du canal cet épithélium montre des particularités qu'on ne retrouve dans aucune autre partie de l'appareil sexuel; dans son tiers inférieur, l'épithélium ressemble à celui de l'uterus. En outre, la moitié inférieure de l'oviducte présente comme l'uterus une tunique musculaire externe, tandis que la moitié supérieure de l'oviducte est totalement dépourvue de tunique musculaire. Mais la limite supérieure de la tunique musculaire ne répond nullement au point où l'épithélium change de caractère. Enfin, la ligne qui marque la limite entre l'épithélium de la partie supérieure de l'oviducte et celui qui tapisse la partie inférieure du tube n'est pas une ligne transversale; dans une portion assez étendue de l'oviducte l'on voit courir parallèlement l'une à l'autre des bandes épithéliales de caractères différents, de telle façon que, si l'on fait dans cette région une coupe transversale de l'organe, cette coupe montre une partie de son épithélium semblable à celui qui tapisse le tiers inférieur de l'oviducte, une autre partie semblable à celui de la partie supérieure de ce canal. De même aussi, la ligne limite entre l'épithélium ovarien et l'épithélium de l'oviducte n'est pas une ligne transversale circulaire, mais bien une ligne très irrégulière en zigzag. On ne peut donc caractériser l'oviducte ni par son épithélium, ni par l'absence de la tunique musculaire, et les limites de l'oviducte ne sont pas apparentes à l'extérieur. Ces limites ne sont pas des lignes transversales, et quoi qu'il n'y ait pas de forme de transition entre l'épithélium ovarien et l'épithélium de la partie supérieure de l'oviducte, pas plus qu'il n'en existe entre ce dernier et l'épithélium qui garnit le tiers inférieur de ce conduit, il n'est pas possible, en se fondant sur les caractères de l'épithélium, d'assigner des limites bien tranchées à ce canal.

En réalité l'oviducte constitue le trait d'union entre les deux parties principales de l'appareil sexuel, l'ovaire d'une part, l'uterus de l'antre. Autant il est difficile de caractériser histologiquement l'oviducte, autant les différences entre l'ovaire et l'uterus sont tranchées et faciles à percevoir. Ces différences essentielles sont au nombre de deux, 1° l'uterus est pourvu d'une tunique musculaire qui manque à l'ovaire, 2° l'épithélium uterin diffère, par beaucoup de caractères, du revêtement épithélial de l'ovaire. Dans sa partie inférieure l'oviducte participe aux caractères de l'uterus. Dans sa partie supérieure il se rattache bien plutôt à l'ovaire. Mais il n'est pas moins nécessaire de distinguer l'oviducte et de l'uterus et de l'ovaire. L'existence dans une partie de l'oviducte d'un épithélium tout spécial, fort différent des couches épithéliales de l'ovaire et de l'uterus, justifie déjà cette division. Si l'on se place au point de vue de la fonction l'on peut facilement caractériser cette partie du tube sexuel. L'oviducte éconduit les œufs depuis la partie inférieure de leur lieu de formation jusqu'au point où ils entrent en contact avec les spermatozoïdes. Pendant qu'ils traversent l'oviducte leur forme se modifie et ils subissent certaines modifications préalables à la fécondation. Ces changements sont les suivants : les œufs perdent leur forme pyramidale et deviennent ovoïdes; la plaque d'imprégnation se constitue; la couche superficielle du protoplasme prend une consistance de plus en plus ferme qui conduit à la formation d'une membrane vitelline.

J'admets que les limites de l'oviducte répondent du côté de l'ovaire au point où le tube ovarien cesse de présenter les sillons et les bourrelets caractéristiques de la région cannelée de l'ovaire; cette limite répond approximativement au point où le revêtement épithélial change de caractères; du côté de l'uterus au point le plus reculé qu'atteignent les zoospermes. Ce point qui correspond à l'extrémité supérieure de l'uterus

passe sans aucune ligne de démarcation à l'extrémité inférieure de l'oviducte. La définition de l'oviducte est donc surtout physiologique; elle se fonde cependant sur quelques
considérations anatomiques et en particulier sur les différences
de structure de l'épithélium de la partie supérieure de l'oviducte d'une part, l'épithélium de l'ovaire de l'autre.

Epithélium de l'oviducte. — Pour bien étudier les caractères
de l'épithélium il est nécessaire de recourir à deux procédés
opératoires : 1° Inciser au moyen de ciseaux fins la paroi du
tube; étaler sur porte-objet de façon à ce que la face interne
de la paroi soit dirigée vers l'observateur; laver de façon à
écarter complétement le contenu du tube et examiner par
transparence. Il faut préparer préalablement l'organe : après
l'avoir fait durcir soit par l'alcool, soit par l'acide osmique
à 1 %, en prenant soin de ne laisser agir le réactif que
pendant quelques secondes, soit par l'acide nitrique à 3 %,
soit par le sublimé, soit par l'acide picro-sulfurique, on colore
la membrane au moyen du carmin boracique ou par le picrocarmin. On monte ensuite dans le baume.

2° L'oviducte après avoir été durci et coloré est enchassé
dans la paraffine et coupé en tranches soit transversales, soit
longitudinales. Les coupes fixées sur porte-objet par le procédé de Giesbrecht sont montées dans le baume.

Le tube sexuel incisé longitudinalement, étalé sur porte-
objet et examiné par transparence montre distinctement les
limites entre l'épithélium ovarien et l'épithélium de l'oviducte
d'une part, entre l'épithélium de la partie supérieure de
l'oviducte et celui de la partie inférieure de ce conduit de
l'autre. Les différences entre ces trois épithéliums sautent
aux yeux au premier examen.

Epithélium des deux tiers supérieurs de l'oviducte. — Ce
qui frappe tout d'abord c'est la teinte rose pâle que prend cet
épithélium sous l'action du carmin, alors que l'épithélium du
tiers inférieur de l'oviducte, dans les mêmes conditions se
colore en rouge vif et que celui de l'ovaire présente une teinte

rose brun. La double striation longitudinale et transversale de la paroi ovarique fait complétement défaut ici. Les limites des cellules ne sont pas marquées par des lignes, mais elles plutôt vaguement indiquées par des zônes pâles, faiblement colorées; la partie des corps cellulaires qui entoure les noyaux est d'un rose plus prononcé. La présence de ces vagues limites, la forme très variable et souvent allongée des tâches colorées, enfin le groupement de ces tâches donne à l'ensemble de l'épithélium une apparence moirée. En fait cet épithélium n'est pas constitué par des cellules individualisées, mais par une couche protoplasmique continue dans laquelle de nombreux noyaux se trouvent disséminés à des distances approximativement égales les uns des autres (fig. 7 et 8).

La masse protoplasmique présente des propriétés particulières autour des noyaux; elle présente plus d'affinité pour les matières colorantes. Il en résulte l'apparition d'îlôts colorés de formes très variées et de dimensions sensiblement constantes. Chaque îlôt représente un centre cellulaire. Dans chacun de ces centres on trouve tantôt un, tantôt deux noyaux. Ces noyaux faiblement colorés sont assez volumineux; ils ont des contours très nets et sont pourvus de plusieurs nucléoles. Leur forme est tantôt sphérique, tantôt ovoïde, quelquefois même irrégulière. Quand il y a deux noyaux ils se trouvent quelquefois assez écartés l'un de l'autre, mais le plus souvent très près l'un de l'autre; il arrive même qu'ils se recouvrent en partie. Les noyaux se rencontrent dans la partie la plus profonde de la cellule au voisinage de la tunique propre.

Le corps protoplasmique finement granulé montre à la fois une structure réticulée ou vacuoleuse, surtout accusée dans les zônes pâles ou interinsulaires, et une structure fibrillaire très nette. Les fibrilles groupées en faisceaux peuvent être poursuivies sur de grandes longueurs; souvent toutes celles que l'on observe dans les limites d'un îlôt sont sensiblement parallèles entre elles et elles se continuent dans les cellules voisines; on peut souvent suivre les faisceaux sur une longueur considérable et les voir se diviser ou même se réduire en un pinceau terminal. Les systèmes de fibrilles s'entrecroisent dans tous les sens et forment ainsi un réseau inextricable; ils n'affectent aucune disposition que l'on puisse définir.

J'ai dit que les îlôts ont des formes assez variables. En effet, ils sont tantôt arrondis ou de forme polygonale, tantôt allongés et dans ce cas ils constituent soit des bandelettes, soit des croissants, soit des figures élargies à une extrémité effilée en pointe à l'autre. D'habitude des îlôts arrondis ou polygonaux sont groupés à quelques-uns pour former ensemble un centre autour duquel des îlôts en forme de bandelettes ou de croissants sont disposés en cercles concentriques (fig. 7); ailleurs les îlôts allongés se disposent à droite et à gauche d'une ligne droite ou incurvée et se groupent relativement à cette dernière comme les barbes d'une plume aux deux côtés d'un rachis. Bref il résulte du groupement plus ou moins régulier d'îlôts de forme similaire des figures plus ou moins définissables qui se détachent dans le fond tâcheté de l'épithélium; de là cette ressemblance avec une étoffe moirée que je signalais plus haut.

Les coupes transversales et longitudinales montrent que l'épithélium a une épaisseur uniforme; il est terminé en dedans comme en dehors par une surface régulière à peine bosselée (fig. 9): ce revêtement épithélial n'envoie dans la cavité de l'oviducte aucun prolongement papillaire et en cela il se distingue nettement de l'épithélium de l'uterus et de celui de la partie inférieure de l'oviducte.

Une autre particularité que dévoile l'examen des coupes c'est que cet épithélium est lâchement uni à la tunique propre. Il s'en détache facilement par places, ce que l'on n'observe jamais pour l'épithelium papillifère de la partie inférieure de l'oviducte et de l'uterus. Signalons enfin l'épaisseur assez considérable de la tunique interne dans la partie de l'oviducte où règne cet épithélium lisse.

b/ Epithélium papillifère du tiers inférieur de l'oviducte. — Examiné par transparence cet épithélium présente un tout autre aspect que celui que nous venons de décrire. La couche

épithéliale considérée dans son ensemble a une apparence
pavimenteuse : les pavés fortement colorés en rouge sont
séparés les uns des autres par des bandes claires d'autant plus
larges qu'on considère une région de l'oviducte plus éloignée
de l'uterus. La forme et les dimensions des pavés varient
beaucoup de l'un à l'autre; néanmoins la plupart ont une
forme polygonale. La substance qui les constitue est granuleuse. On distingue vaguement dans chaque pavé le plus
souvent un, assez fréquemment deux, rarement jusques trois
noyaux à plusieurs nucléoles. Si l'on examine avec soin les
bandes claires qui règnent entre les pavés on constate qu'elles
ne sont pas absolument incolores, mais très faiblement teintées
en rose et que la substance qui sépare les pavés est aussi
finement granuleuse et fibrillaire. On reconnaît facilement en se
servant d'un grossissement suffisant, le huit de Hartnack par
exemple, que les pavés sont constitués par des saillies proémi-
nant fortement dans la cavité de l'oviducte et que ces saillies
sont séparées entre elles par des sillons profonds. Ce sont les
sillons qui apparaissent en clair entre les pavés polygonaux
et la substance qui occupe le fond des sillons donne à ces
bandes claires leur apparence granuleuse et fibrillaire. Ces
particularités deviennent bien plus évidentes encore si l'on
examine des coupes, soit transversales, soit longitudinales
de l'oviducte (fig. 10).

On constate alors que l'épithélium prend, dans le tiers
inférieur de l'oviducte, une grande épaisseur; les cellules
incomplètement individualisées se confondent par leur base
en une couche continue qui tapisse la face interne de la
membrane anhyste. Chaque cellule se constitue de deux
parties : un plateau basilaire et une papille terminale. Les
deux parties sont séparées l'une de l'autre par un étranglement très marqué. Les plateaux sont délimités par des sillons
peu profonds qui ne s'étendent jamais jusqu'à la tunique
propre; il en résulte que l'on peut distinguer dans l'épaisseur
du plateau 1° Une assise basilaire par laquelle les plateaux
des cellules voisines se confondent en une couche ininterrompue

commune à toutes les cellules; 2° une assise papillifère saillante dans la cavité de l'oviducte et se continuant par son milieu dans la papille. Les papilles de forme plus ou moins ovoïde ont leur axe légèrement incliné vers l'uterus; cette particularité s'observe facilement sur des coupes longitudinales.

L'épaisseur des plateaux, pris dans leur ensemble, est d'autant moindre que l'on considère des parties de l'oviducte plus éloignées de l'uterus, et les sillons, qui séparent les plateaux les uns des autres, sont en même temps de moins en moins profonds; il en résulte que, dans la partie de l'oviducte où commence à apparaître l'épithélium papillifère, les plateaux sont complètement confondus en une couche continue et les papilles sont directement portées par cette couche. L'on constate aussi que l'étranglement qui sépare le plateau de la papille est d'autant moins marqué que l'on s'éloigne davantage de l'uterus. Jamais on n'observe un seul spermatozoïde, ni entre les papilles, ni dans les sillons qui délimitent les plateaux.

Le noyau ou les noyaux sont toujours logés dans les plateaux, le plus souvent à la limite entre l'assise basilaire et l'assise papillifère. L'assise basilaire présente une structure fibrillaire des plus manifestes. L'on peut voir des fibrilles se continuer d'un plateau dans un autre, et courir en décrivant des ondulations parallèlement à la tunique propre. Mais on voit aussi avec la plus grande netteté des fibrilles se porter de l'assise basillaire à travers l'assise papillifère dans l'étranglement qui sépare le plateau de la papille, se réunir en un faisseau dans cet étranglement et se résoudre dans la papille en un réticulum qui occupe toute la portion médullaire de cette partie de la cellule. La couche corticale granuleuse de l'assise papillifère est striée perpendiculairement à sa surface et l'on reconnaît la même striation quoique plus vaguement indiquée, dans les papilles. Enfin le plateau seul est recouvert en beaucoup d'endroits d'une mince couche parfaitement incolore et transparente, dépourvue de toute trace de granulations. Cette couche serait parfaitement homogène, n'était que

les stries de la couche corticale du plateau se prolongent
dans ce revêtement transparent. Ces diverses particularités je
les ai observées sur des préparations faites par les diverses
méthodes indiquées plus haut.

L'épithélium est donc bien différent suivant qu'on le considère dans les deux tiers supérieurs ou dans le tiers inférieur
de l'oviducte. L'une et l'autre forme sont faciles à distinguer
de l'épithélium de l'ovaire. L'on n'observe pas de passage
insensible entre ces divers épithéliums. La ligne limite entre
l'ovaire et l'oviducte est très nettement reconnaissable. C'est
une ligne très-irrégulière formée de plusieurs parties convexes
du côté de l'ovaire, se réunissant entre elles en formant des
angles aigus, étirés en longueur du côté de l'oviducte. L'épithélium ovarique, avec ses fibres longitudinales s'étend dans
ces angles, de sorte qu'une coupe transversale, passant par
cette région, montre à la fois l'épithélium ovarique et
l'épithélium de l'oviducte. Ce dernier a d'abord une épaisseur
peu considérable à peu près égale à celle de la couche épithéliale de l'ovaire.

Le passage entre les deux types épithéliaux qui se rencontrent dans l'oviducte est tout aussi brusque : tout à coup on
voit surgir au milieu de l'épithélium lisse un groupe de cellules papillifères et tout autour d'un groupe formé de ces quelques cellules, pourvues chacune d'une papille très développée, se
trouvent des cellules qui ne montrent aucune trace de papille.
Ces cellules papillifères forment ensemble un îlot bien circonscrit au milieu de l'épithélium lisse (fig. 8). Une série longitudinale d'îlots de plus en plus étendus, formés exclusivement
de cellules papillifères, s'aperçoit d'un côté de l'oviducte. Tous
ces îlots se trouvent alignés suivant une même direction. Ils
forment ensemble une bande dont la largeur augmente d'avant
en arrière. A une certaine distance en deçà du dernier îlot, la
bande, formée exclusivement de cellules papillifères, a envahi
tout le pourtour de l'oviducte, et, à partir de ce point, l'épithélium lisse ne se montre plus. La couche épithéliale du tiers
inférieur de l'oviducte se prolonge donc dans le tiers moyen.

te l'ovaire, ...
formant de ... ...
... .
... ...
comme à ... ...

... ...
... ...
elle intéresse ... ...
noms de ... ...

L'épithélium ... ...
... ...
... ...
plus grande ... ...

Cet épithélium ... ...
... ...
de l'ovaire, ...
je ne pense pas ... ...
des cellules et ... ...
coupes ne montrent ... ...
ni à la perpendiculaire ... ...
paroi de l'ovaire.

Tunique musculaire. — ... ...
rieure de l'ovaire, ...
une couche musculaire ... ...
tunique musculaire ... ...
dernière, d'une ... ...
pent des fibres musculaires ... ...
figures 9 et ... ...
l'une et l'autre dans ... ...
montrent les fibres ... ...
Les fibres forment ... ...
anneaux deviennent ... ...
en plus distants ... ...
En même temps les fibres ... ...
épaisses. Dans la ... ...

plus de traces. Je n'ai pas fait une étude bien approfondie
de la tunique musculaire; néanmoins je suis en mesure de
donner au sujet de ces fibres quelques renseignements que l'on
trouvera plus loin. Je me bornerai à constater encore, avant
d'aborder l'étude de l'uterus que la limite d'extension de la
tunique musculaire de l'oviducte ne correspond nullement à la
région où l'épithélium de ce canal change de caractères pour
devenir papillifère, de lisse qu'il était dans les deux tiers supérieurs du conduit. Le dernier anneau musculaire se trouve bien
au delà du point où apparaissent les premiers ilôts formés
de cellules à papilles.

UTERUS.

J'ai fait plus haut la description macroscopique de l'uterus;
il me reste à décrire la structure de sa paroi. Comme je l'ai
dit, rien n'indique à l'extérieur la limite entre l'uterus et
l'oviducte, et même, à ne considérer que le point de vue
histologique, l'on peut dire que cette limite n'existe guère.
La distinction entre oviducte et uterus repose avant tout
sur une donnée physiologique : l'uterus est l'organe dans
lequel s'accomplit le développement; il commence au point du
tube générateur où le caractère de son contenu change, où les
spermatozoïdes se trouvent accumulés en grand nombre et où
les œufs entrant en contact avec ces derniers subissent la
fécondation. Dans quelques nématodes la paroi de l'appareil
sexuel présente au point où les spermatozoïdes sont amassés
des particularités de forme et de structure qui font immédiatement reconnaître le lieu où s'opère la fécondation. Cette
partie différentiée de l'uterus est alors désignée sous un nom
spécial : on l'appelle la *poche copulatrice (Samentasche)*.

Quoique l'épithélium présente à la limite entre l'oviducte
et l'uterus quelques particularités qu'on ne retrouve nulle part
ailleurs il n'y a pas lieu de distinguer anatomiquement, chez
l'ascaride du cheval, une poche copulatrice; mais si l'on se
place au point de vue physiologique l'on peut donner ce nom à

la portion de l'uterus, longue de 8 à 10 millimètres qui succède immédiatement à l'oviducte : en effet, la fécondation s'opère dans cette partie reculée de l'aterus, toujours bourrée de zoospermes. Au delà de ce point commence l'oviducte. Comme la moitié inférieure de l'oviducte l'uterus est formé d'une tunique musculaire, d'une tunique propre et d'un revêtement épithélial interne.

La tunique propre présente ici, comme dans les autres parties de l'appareil sexuel, l'apparence d'une cuticule. Elle est seulement beaucoup plus mince dans l'uterus que dans l'oviducte et dans l'ovaire; elle se fait remarquer en outre par son union extrêmement intime avec l'épithélium. Il est fort difficile de détacher les cellules épithéliales de la membrane anhyste qui leur sert de support et, pas plus sur les coupes transversales que sur les coupes longitudinales, on n'observe jamais de décolement de la tunique propre.

Épithélium. — Dans ses traits généraux le revêtement épithélial de l'uterus se rapproche beaucoup de celui du tiers inférieur de l'oviducte. Il est formé de cellules papillifères qui, pour être construites sur le même type que celui que nous avons fait connaître en décrivant les cellules du tiers inférieur de l'oviducte, n'en présentent pas moins dans l'uterus plusieurs particularités qui méritent d'être signalées. On observe d'ailleurs quelques différences dans les caractères de cet épithélium, suivant la région de l'uterus que l'on examine, et tout d'abord l'épaisseur de cette couche augmente progressivement à mesure qu'on s'éloigne de l'oviducte : elle atteint vers le point d'inflexion de l'organe un maximum de hauteur qui se maintient sans variations importantes jusqu'à une certaine distance de l'extrémité inférieure de l'uterus. Dans le voisinage du vagin, l'épithélium devient de nouveau moins épais.

Voyons d'abord comment est formé cet épithélium, vers le milieu de la longueur de l'uterus. Si l'on examine par transparence la paroi de l'uterus incisé longitudinalement, puis

étalé sur un porte-objet et débarrassé de son contenu, on constate l'existence de champs polygonaux, tous allongés dans le
sens de l'axe du tube sexuel (fig. 14); les dimensions et la
forme de ces polygones varient dans des limites peu étendues.
Ces champs sont séparés les uns des autres par des bandes
claires, dans lesquelles on distingue déjà, à de faibles grossissements. l'existence de corpuscules brillants de forme allongée.
Ces corpuscules, irrégulièrement disposés à la file les uns des
autres, forment des traînées qui s'anastomosent en un réseau
superposé aux bandes claires. Ce réseau, à mailles assez régulières, donne lieu à des images qui rappellent celles d'un
réseau capillaire, gorgé de globules sanguins. Si l'on examine
à un grossissement plus fort, le 8 de Hartnack par exemple,
on remarque qu'à chaque espace polygonal répond un corps
arrondi qui se projette tantôt au milieu du champ auquel il se
rattache, tantôt sur une bande claire (fig. 14). Il est facile
de reconnaître, en se servant de ce grossissement, que les
champs polygonaux sont formés par des saillies de forme
allongée, séparées les unes des autres par des sillons profonds.
Chaque saillie s'étale en un plateau vers sa base; elle se
prolonge à son sommet en une papille qui, vue en projection,
apparaît comme un corps arrondi indépendant de la saillie
alors qu'en réalité la papille n'est que le sommet de la saillie,
étendue en un cône étroit, dont la longueur varie légèrement.
Les corps réfringents sont exclusivement logés dans la partie
profonde des sillons qui circonscrivent chaque saillie à la
façon de vallées entourant des monticules.

L'on peut s'assurer, en changeant peu à peu le foyer, que
les saillies sont renflées à leur sommet, pédiculées à leur base.
Les sillons sont en effet beaucoup plus larges dans la profondeur de l'épithélium que près des sommets des monticules; il
arrive même que les sommets se touchent par leurs bords, de
telle sorte, que les sillons sont en partie fermés. Si l'on a
affaire à une préparation colorée, on remarque que la substance des saillies et celle des papilles se colorent assez énergiquement; néanmoins. on peut distinguer dans chaque saillie

généralement un quelquefois deux noyaux de cellule. On observe en outre que dans les sillons il existe une foule de tout petits noyaux vivement colorés. Leur nombre répond à celui des corps réfringents. Pour chaque corps réfringent il existe un noyau situé non pas dans l'intérieur de ce dernier mais dans son voisinage immédiat. Le noyau se trouve logé dans un petit amas granuleux, le corps de la cellule, qui se prolonge en une mince couche ponctuée autour du corps réfringent. Ces cellules ne sont autre chose que des zoospermes. Bagge a fait connaître le premier, en 1841, ces spermatozoïdes si particuliers que l'on rencontre chez les nématodes et qui diffèrent des éléments spermatiques de tous les autres animaux.

L'examen de coupes transversales et longitudinales à travers la paroi de l'uterus est indispensable, si l'on veut se rendre compte des particularités que je viens de signaler. Au premier coup d'œil jeté sur une semblable coupe on distingue les trois couches constitutives de la paroi utérine : la tunique musculaire, la tunique propre et la tunique épithéliale. Le revêtement épithélial extrêmement épais se montre constitué de cellules volumineuses allongées dans le sens de l'axe transversal de l'organe; elles sont inclinées vers son extrémité vaginale et font fortement saillie dans la cavité de l'uterus. Ces cellules sont séparées les unes des autres par des sillons profonds qui s'avancent jusques tout près de la tunique propre et qui, dans leurs fonds élargis, renferment d'innombrables spermatozoïdes (fig. 15 et 16). Si la coupe a été faite vers le milieu de l'uterus et si elle a été fixée sur porte-objet suivant la méthode précieuse indiquée par Giesbrecht, on observe que le contenu de l'uterus se compose exclusivement d'œufs agglutinés entre eux au moyen d'une substance granuleuse colorée en rose. A peine observe-t-on ça et là un spermatozoïde entre les œufs et encore n'est-ce qu'à la périphérie de la colonne ovulaire, dans le voisinage immédiat de la paroi, que l'on aperçoit quelques rares zoospermes.

Chaque cellule présente à considérer un plateau basilaire

3

intimement uni à la tunique propre, un bourgeon papillifère
nucléé et une papille terminale (fig. 15). Les plateaux basilaires sont confondus par leurs bords en une couche protoplasmique continue, dans laquelle il est impossible de distinguer
aucune limite cellulaire. Les cellules épithéliales sont donc
incomplètement individualisées, aussi bien dans l'uterus que
dans l'oviducte et dans l'ovaire. Les sillons intercellulaires
s'étendent jusqu'à la couche formée par les plateaux basilaires
fusionnés. Suivant la forme des bourgeons papillifères, les
plateaux sont plus ou moins nettement séparés des bourgeons
insérés sur leur face interne. Quand les bourgeons sont nettement pédiculés comme l'étaient ceux que nous avons représentés (pl. III, fig. 16), le fond des sillons est plan et
présente une surface parallèle à la tunique propre. Dans ce
cas les plateaux basilaires sont faciles à reconnaître. Mais
il n'en est pas toujours ainsi : en beaucoup d'endroits les
bourgeons papillifères s'élèvent non pas du milieu de plateau,
mais de toute sa surface libre (fig. 15). Alors le fond des
sillons répond non pas à une surface, mais à une ligne et le
plateau se continue sans ligne de démarcation tranchée dans
le bourgeon papillifère avec lequel il se confond.

La forme des bourgeons papillifères, quoique très variable,
ne s'écarte cependant jamais d'un type unique que nous allons
définir et dont on peut se faire une idée nette par l'inspection
de la figure 14 qui représente l'épithélium vu de face.

Le bourgeon a toujours la forme d'une crête allongée dans
le sens de l'axe de l'uterus; il présente à considérer deux
faces latérales et des bords libres. Il est comparable à un
monticule qui serait applati transversalement et moins large
dans le voisinage de sa base qu'à mi-hauteur. Les bourgeons
sont donc pédiculés; mais le pédicule, au lieu d'être à section
circulaire, est une lame plus ou moins épaisse qui, s'élevant
du milieu d'un plateau basilaire, s'élargit au fur et à mesure
qu'elle s'élève au-dessus de sa base.

La crête ne s'élève pas tout d'une pièce; sa hauteur est
d'autant plus considérable qu'on s'approche d'avantage de son

milieu; elle présente donc un point culminant qui répond d'ordinaire à l'insertion de la papille.

A partir du sommet la ligne de faîte tombe rapidement vers les deux extrémités de la crête. L'on comprend facilement dès lors que les bourgeons, coupés transversalement, se montrent sous des aspects très divers, suivant qu'ils sont atteints par le rasoir à leur milieu ou près de leurs extrémités. Dans le premier cas, le bourgeon, vu dans toute sa hauteur, se continue à son sommet dans la papille terminale. On ne distingue celle-ci dans toute sa hauteur, si la coupe est mince, qu'à la condition que la papille soit parfaitement rectiligne et que son axe soit exactement transversal, ce qui est exceptionnel. Si la papille est oblique on pourra voir sa section transversale, adjacente à un bourgeon, mais indépendante de lui. Si, au contraire, la coupe passe soit en-deçà, soit au-delà du point culminant de la crête, celle-ci paraîtra dépourvue de papille et sa hauteur sera d'autant moindre que le bourgeon aura été sectionné plus près de ses extrémités. Quoiqu'il existe au moins un noyau dans chaque bourgeon, la plupart de ces éléments paraîtront à la coupe dépourvus de tout nucleus. Les différences d'aspect, que présentent les bourgeons papillifères dans les figures 15 et 16, trouvent leur explication dans ce qui précède.

La forme typique des bourgeons papillifères, telle que nous venons de la définir, subit des variations plus ou moins considérables, mais toujours d'importance très-secondaire : les différences portent tant sur la hauteur que sur la largeur des crêtes; le rétrécissement que l'on observe souvent près de la base des bourgeons et qui donne à leur coupe transversale leur apparence pédiculée, est plus ou moins prononcé; d'autre part, le bourgeon est tantôt nettement séparé de sa papille, tantôt il y a passage insensible de l'un à l'autre. La papille, au lieu d'être insérée au sommet du bourgeon, est souvent fixée, soit sur une des faces, soit sur l'un des bords du bourgeon, plus ou moins loin du sommet. La papille elle-même n'est qu'un prolongement conoïde, moniliforme au claviforme du sommet du bourgeon. Sa longueur est très variable; souvent elle est séparée du bourgeon par un étranglement bien accentué; mais fréquemment aussi cet étranglement fait défaut et quand la papille présente d'ailleurs la même largeur que le bourgeon il n'est plus possible de distinguer ces deux parties de la cellule : bourgeon et papille ne font plus qu'un. L'existence d'un renflement terminal au sommet de la papille est assez constante dans les cas où la papille de forme allongée est nettement séparée du bourgeon qui la porte. La direction oblique des bourgeons et des papilles qui en dépendent fait qu'il est rare de voir sur une coupe transversale, le bourgeon se continuer dans la papille. Le plus souvent les papilles coupées en travers et de forme circulaire ou ovalaire apparaissent séparées des bourgeons et l'on distingue presque toujours, à la face interne de la couche épithéliale, une série de coupes de papilles qui semblent indépendantes de l'épithélium.

La forme des sillons varie naturellement avec celle des bourgeons papillifères; mais toujours les sillons sont plus larges dans la profondeur que dans le voisinage de la surface épithéliale. Ce n'est que dans le fond élargi de ces sillons que l'on trouve les spermatozoïdes; ils s'y montrent pressés les uns contre les autres et si nombreux qu'ils remplissent à peu près complètement les vides laissés entre les bourgeons papillifères. Les spermatozoïdes ne se moulent pas seulement les uns sur les autres, mais aussi sur les parois des gouttières dans lesquelles ils se sont réfugiés. En examinant avec soin les formes qu'ils affectent, il est facile de voir que non-seulement leur corps protoplasmique, mais aussi la substance constitutive de leur corps réfringent est éminemment plastique et malléable. Les sillons sont généralement si étroits, entre les parties renflées des bourgeons, que les spermatozoïdes ne peuvent les traverser qu'en s'effilant. Leurs mouvements amœboïdes observés pour la première fois par Schneider, chez d'autres nématodes, leur permettent de gagner facilement le fond des sillons où ils peuvent reprendre leur forme typique. Arrivés là, ils se trouvent dans de véritables retraites à l'abri du courant descendant, qui entraine les œufs vers l'extérieur. J'ai remarqué que l'immense majorité des spermatozoïdes, que l'on observe dans les sillons, sont dirigés de façon à ce que leur tête protoplasmique regarde le fond des sillons, tandis que leurs extrémités caudales sont dirigées vers la cavité de l'uterus (fig. 16). La figure 15 montre suffisamment qu'il n'en est pas toujours ainsi; mais il faut souvent chercher longtemps avant de trouver un spermatozoïde ayant la tête protoplasmique tournée vers l'entrée des sillons.

Il me reste à dire quelques mots de la constitution des plateaux basillaires, des bourgeons et des papilles, avant d'en arriver à l'examen de la question de savoir quelle est la fonction de cet épithélium si particulier, qui caractérise la paroi de l'uterus.

La tunique propre est si mince et si intimement unie à la couche épithéliale que si la coupe n'est pas extrêmement mince, il est difficile de distinguer la limite interne de la membrane anhyste. Ce contour interne est d'ailleurs toujours beaucoup plus pâle que le bord externe de la tunique. Les plateaux basillaires présentent dans leur couche corticale une structure lamelleuse, facile à saisir sur les coupes transversales où elle détermine une striation perpendiculaire à la tunique propre, chaque lamelle, coupée en travers, donnant lieu à une strie (fig. 15 et 16). Cette striation est partout très nette; mais elle est souvent plus apparente, suivant les bords des plateaux, qu'à leur milieu. Sur les coupes parallèles à la surface de l'uterus que l'on obtient quand on sectionne longitudinalement un segment de l'organe, dans le but d'obtenir des coupes longitudinales, on distingue, immédiatement sous la tunique propre, une striation longitudinale des plus apparentes, déterminée elle aussi par la structure des plateaux basillaires.

Les coupes transversales montrent que chaque lamelle se termine extérieurement, immédiatement sous la tunique propre, par une fibrille très réfringente, dont la section apparait comme un corpuscule brillant. A chaque corpuscule aboutit une strie plus pâle que l'on peut suivre dans le corps protoplasmique du plateau; la strie est formée d'une substance

séparée du bourgeon par un étranglement bien accentué; mais
fréquemment aussi cet étranglement fait défaut et quand la
papille présente d'ailleurs la même largeur que le bourgeon il
n'est plus possible de distinguer ces deux parties de la cellule :
bourgeon et papille ne font plus qu'un. L'existence d'un renflement terminal au sommet de la papille est assez constante
dans les cas où la papille de forme allongée est nettement
séparée du bourgeon qui la porte. La direction oblique des
bourgeons et des papilles qui en dépendent fait qu'il est rare
de voir sur une coupe transversale, le bourgeon se continuer
dans la papille. Le plus souvent les papilles coupées en travers
et de forme circulaire ou ovalaire apparaissent séparées des
bourgeons et l'on distingue presque toujours, à la face interne
de la couche épithéliale, une série de coupes de papilles qui
semblent indépendantes de l'épithélium.

La forme des sillons varie naturellement avec celle des
bourgeons papillifères; mais toujours les sillons sont plus
larges dans la profondeur que dans le voisinage de la surface
épithéliale. Ce n'est que dans le fond élargi de ces sillons que
l'on trouve les spermatozoïdes; ils s'y montrent pressés les uns
contre les autres et si nombreux qu'ils remplissent à peu près
complètement les vides laissés entre les bourgeons papillifères.
Les spermatozoïdes ne se moulent pas seulement les uns sur les
autres, mais aussi sur les parois des gouttières dans lesquelles
ils se sont réfugiés. En examinant avec soin les formes qu'ils
affectent, il est facile de voir que non-seulement leur corps
protoplasmique, mais aussi la substance constitutive de leur
corps réfringent est éminemment plastique et malléable. Les
sillons sont généralement si étroits, entre les parties renflées
des bourgeons, que les spermatozoïdes ne peuvent les traverser
qu'en s'effilant. Leurs mouvements amœboïdes observés pour
la première fois par Schneider, chez d'autres nématodes, leur
permettent de gagner facilement le fond des sillons où ils
peuvent reprendre leur forme typique. Arrivés là, ils se
trouvent dans de véritables retraites à l'abri du courant descendant. qui entraîne les œufs vers l'extérieur. J'ai remarqué

ment terminal du bourgeon papillifère que la masse médullaire est vacuoleuse et réticulée, tandis que dans le pédicule elle est plus homogène, ou tout au moins plus uniformément granulée. Souvent la limite entre les deux parties du corps protoplasmique est marquée par une ligne transversale, tantôt rectiligne, tantôt convexe. Cette limite répond à la ligne suivant laquelle la portion colorée de la couche corticale se continue avec la partie amincie de cette couche qui se distingue par le peu d'affinités qu'elle manifeste pour les substances colorantes.

Les papilles sont toujours une dépendance de la portion terminale renflée du bourgeon papillifère (fig. 15). La couche corticale colorée et striée se prolonge à leur surface et présente toujours dans les papilles une certaine épaisseur. La masse médullaire des papilles est la continuation immédiate de la substance médullaire réticulée du bourgeon. La limite entre la couche corticale et la masse médullaire est marquée par une ligne très nette, concentrique à la limite externe de la cellule. On distingue fréquemment, quand on examine la surface des papilles, une striation transversale. Elle siége dans la couche corticale, tout près de la surface.

La surface des papilles et celle de la portion terminale des bourgeons n'est pas délimitée d'habitude par une ligne bien nette. Ordinairement le contour est vague et indécis comme si la substance corticale était molle et visqueuse. Une zône formée de gros granules, se colorant en rose brun dans les préparations au sublimé, se montre à la périphérie de la couche corticale. La même substance granuleuse brunâtre se trouve partout autour des œufs et entre les œufs; elle sert à les agglutiner entre eux. Je pense, sans en être certain, que cette substance agglutinative des œufs, qui jouit de la propriété de gonfler fortement sous l'action de l'acide acétique, est un produit de transformation de la couche corticale des cellules épithéliales. Mais je n'ai jamais pu me convaincre de l'exactitude de la manière de voir de Schneider qui pense que les papilles peuvent se détacher des cellules épithéliales à la

suite d'un étranglement progressif, suivi de la rupture de leur
pédicule. La manière de voir de Schneider est d'ailleurs une
simple hypothèse. La circonstance qu'en ouvrant un uterus ou
en expulsant son contenu l'on trouve des papilles libres ne
prouve nullement que ces papilles se soient détachées physiologiquement. Il peut y avoir eu rupture artificielle. Que cette
rupture se fait avec la plus grande facilité j'ai pu le constater
moi-même bien souvent. Mais sur les coupes on ne trouve
jamais ni papille, ni fragment de papille entre les œufs; les
papilles que l'on observe séparées de l'épithélium ne l'étaient
pas pendant la vie; la séparation est le résultat de la manière
dont la coupe a été faite. On peut toujours s'en assurer en
examinant les coupes successives.

L'on trouve quelquefois des spermatozoïdes fixés sur les
papilles, ce qui porterait à croire que ces prolongements cellulaires remplissent la fonction de pêcher les spermatozoïdes au
milieu des œufs et de leur faciliter l'accès des gouttières épithéliales, dans lesquelles ils se mettent à l'abri du courant qui
entraine les œufs vers l'extérieur. Les différences considérables que l'on observe dans la forme et la longueur des
papilles d'une même région de l'uterus, permet d'ailleurs de
supposer qu'il s'agit là de productions éphémères, résultant
des contractions protoplasmiques des corps cellullaires. Peut-
être ces papilles sont-elles momentanément projetées de la
surface à la façon de pseudopodes et retirées après quelques
temps quand des zoospermes sont venus se fixer à leur surface.
Mais il m'est impossible d'affirmer si réellement il en est
ainsi. Ce qui n'est pas douteux c'est que les spermatozoïdes,
qui sont entrainés vers l'extérieur avec les œufs et que l'on
trouve en grand nombre entre les œufs dans la partie supérieure de l'uterus, finissent par gagner les sillons intercellulaires et échappent ainsi au courant qui les entrainait vers
l'extérieur. Des coupes transversales et longitudinales faites
à travers l'uterus à des distances de plus en plus considérables
de l'uterus, montrent que plus on s'approche du vagin moins
on trouve de spermatozoïdes mêlés aux œufs et plus le nombre

de ceux qui se sont réfugiés dans les sillons devient considérable. Dans le tiers inférieur de l'uterus la colonne ovulaire qui remplit toute la cavité circonscrite par l'épithélium ne renferme plus un seul spermatozoïde. Il n'est pas douteux que l'épithélium si particulier de l'uterus, remplit en même temps qu'une fonction sécrétoire une seconde fonction tout aussi importante : il est constitué de façon à permettre aux spermatozoïdes de remonter, grâce aux mouvements amœboïdes dont ils sont capables, vers l'extrémité supérieure de l'uterus alors que, n'étaient les sillons profonds dans lesquels ils trouvent un refuge assuré, ils seraient entraînés à l'extérieur par le courant descendant qui emporte les œufs.

Il me reste à dire quelques mots des noyaux cellulaires de l'épithélium utérin.

Les cellules renferment généralement un quelquefois deux et même trois noyaux. Ces noyaux montrent distinctement un contenu coloré et une enveloppe parfaitement délimitée, dépourvue de toute affinité pour les matières colorantes.

Le contenu des noyaux se teinte en rose par le picro-carmin; il est toujours très granuleux et les globules de dimensions extrêmement variables qu'il renferme se colorent en rouge vif. Tantôt il existe une quantité innombrable de corpuscules colorés et l'on peut distinguer çà et là qu'ils sont réunis entre eux par des filaments réticulés. D'autres fois on observe deux, trois ou un plus grand nombre de masses colorées assez considérables, indépendamment des granules et des réticulations qui se montrent dans toute l'étendue de la cavité nucléaire. Mais la particularité qui donne à ses noyaux un intérêt particulier, c'est l'existence d'une couche enveloppante, parfaitement différenciée, qui ne se colore pas du tout dans le picro-carmin et qui se comporte vis-à-vis des matières colorantes exactement comme le protoplasme ambiant. Cette couche que nous pouvons appeler l'enveloppe du noyau est d'habitude beaucoup plus mince suivant l'hémisphère dirigé vers la cavité de l'uterus que dans l'hémisphère qui regarde la tunique propre. Il arrive même fréquemment que de ce côté la membrane est énormement épaissie de façon à donner lieu à la formation d'un tubercule saillant dans l'intérieur du noyau. Ce tubercule dépendant de l'enveloppe se termine par une surface convexe parfaitement régulière. Il refoule la substance nucléaire de sorte que le noyau prend à la coupe la forme d'un croissant (fig. 16).

Les noyaux des cellules utérines sont toujours logés dans le bourgeon papillifère; jamais on ne les trouve ni dans le plateau ni dans la papille. Tantôt ils sont placés dans le pédicule, tantôt dans le renflement terminal des bourgeons; quand il y en a deux ou trois on en trouve généralement un ou deux dans le pédicule et un dans le renflement. On constate donc que plus on s'éloigne de l'ovaire, plus les noyaux s'écartent de la tunique propre. Dans la partie supérieure de l'oviducte on les trouve toujours tout près de cette tunique. La circonstance que les noyaux sont logés dans les bourgeons permet aussi de supposer que les bourgeons papillifères des cellules utérines, répondent à cette partie des cellules de l'oviducte que j'ai appelée l'assise papillifère et que les papilles des cellules de l'oviducte, répondent aux papilles des cellules de l'uterus et non pas aux bourgeons qui supportent ces dernières.

Différences dans la constitution de la couche épithéliale des diverses régions de l'uterus. — Dans la partie supérieure de l'uterus, celle qui succède immédiatement à l'extrémité inférieure de l'oviducte, les cellules épithéliales affectent quelques caractères bien particuliers. Le bourgeon papillifère peu considérable se prolonge en une papille principale très volumineuse sur les parois de laquelle naissent des papilles secondaires en nombre très variable. Ces papilles secondaires se trouvent fixées non pas seulement sur la papille principale, mais aussi directement sur les faces latérales du bourgeon et même sur le plateau basilaire. Les figures 11 et 12, qui représentent ces singulières cellules vues de profil et de face, indiquent suffisamment l'aspect de ces éléments pour que je puisse me dispenser de les décrire avec plus de détails.

Dans la partie inférieure de l'uterus, au voisinage du vagin, les sillons deviennent beaucoup plus larges et les cellules moins volumineuses et moins élevées que dans la portion moyenne de l'uterus. Ces sillons sont toujours remplis de spermatozoïdes.

Un fait bien remarquable, c'est que les spermatozoïdes que l'on trouve dans les trois quarts inférieurs de l'uterus sont tous, à de rares exceptions près, pourvus de corps réfringents volumineux. Il n'en est pas ainsi des zoospermes accumulés dans la région de l'uterus qui fait fonction de poche copulatrice. Là on trouve aussi des zoospermes à corps réfringents; mais la plupart en sont dépourvus. Nous verrons que la présence ou l'absence de ces corps réfringents n'a aucune importance en ce sens que les œufs peuvent être indifféremment fécondés par des zoospermes pourvus ou dépourvus de ces corps. Meissner, qui le premier a signalé la présence de ces corps dans les zoospermes, les considère à tort comme un produit de dégénérescence graisseuse des spermatozoïdes. Ces corps ne sont pas constitués par une substance grasse : ils ne se colorent pas en noir par l'acide osmique et ne se dissolvent ni dans l'alcool absolu ni dans l'éther. Sont-ils un indice de jeunesse ou de maturité? Les spermatozoïdes fraîchement introduits dans les organes génitaux de la femelle, renferment-ils des corps réfringents et les perdent-ils quand ils arrivent dans la partie supérieure de l'uterus, ou bien, au contraire, ces corps se développen-t-ils seulement dans les zoospermes qui séjournent pendant longtemps dans les organes génitaux femelles? La réponse à ces questions sera donnée dans mon travail sur la fécondation.

Couche musculaire. — Je n'ai pas fait de la couche musculaire une étude spéciale; aussi ne m'arrêterai-je pas à la décrire. Je me bornerai à indiquer quelques particularités que j'ai observées au cours de l'étude que j'ai faite de l'épithélium et qui n'ont pas été signalées jusqu'ici. On sait que la couche musculaire est formée si non exclusivement du moins princi-

palement de fibres circulaires, reliées entre elles par des
branches anastomatiques. Ces fibres, très rapprochées les
unes des autres dans les parois de l'uterus et de la partie
inférieure de l'oviducte, au point de constituer une véritable
couche musculaire, deviennent de plus en plus rares, et
forment des anneaux de plus en plus distants les uns des
autres au fur et à mesure que l'on s'approche du milieu de
·l'oviducte où la couche s'arrête. Ces fibres sont empâtées dans
une substance claire. Contrairement à l'opinion de Schneider,
cette tunique musculaire est tout à fait indépendante de la
tunique propre; les fibres sont simplement appliquées contre
la face externe de cette membrane.

La fibre est composée d'un faisseau fibrillaire applati et
d'une matrice protoplasmique, appliquée à la face externe du
faisseau de fibrilles musculaires (fig. 17). La couche protoplasmique n'est pas partout également épaisse. Elle atteint
son maximum d'épaisseur au milieu de la fibre, où elle donne
lieu à un élargissement fusiforme. Là se trouve le noyau
toujours logé dans la masse protoplasmique. Aux extrêmités
de la fibre la couche protoplasmique s'amincit considérablement et la fibre paraît constituée exclusivement par son
ruban fibrillaire. Les extrêmités de chaque fibre se résolvent
en plusieurs branches. J'ai trouvé ça et là dans l'épaisseur de
la substance conjonctive des groupes de grandes cellules que
j'ai prises pour des cellules ganglionnaires.

Cette couche conjonctivo-musculaire mériterait d'être étudiée
avec le plus grand soin, tant pour sa structure que pour son
développement. Il est possible, en effet, que cette couche représente le feuillet splanchnique de l'organisme des nématodes et
que les frères Hertwig ont eu raison de ranger les nématodes
parmi leurs Enterocœliens. Il n'existe plus chez l'adulte
aucune trace de feuillet fibreux intestinal dans la paroi du
tube digestif : l'imprégnation par le nitrate d'argent démontre
que, contrairement à la supposition des frères Hertwig, il n'y a
pas d'épithélium plat pour représenter le feuillet splanchnique
à la face externe du tube digestif, au moins chez l'*Ascaris*

megalocephala. Mais si l'origine splanchnique de la tunique conjonctivo-musculaire de l'appareil sexuel venait à être démontrée il est probable que la disparition secondaire de l'épithélium cœlomique, à la face externe de l'intestin, serait établie du même coup.

OUVRAGES CITÉS.

1) NELSON. — *The reproduction of the Ascaris Mystax.* (Philosophical Transactions of the Royal Society, 1852. Part. II.)

(2) MEISSNER. — 1° *Beiträge zur Anatomie und Physiologie von Mermis Albicans.* (Zeitschrift für wissenschafliche Zoologie. Bd V. Dec. 1853.

2° *Beobachtungen über das Eindringen der Samenelemente in den Dotter.* (Ibid. Bd. VI. Sept. 1854.)

3° *Beiträge zur Anatomie und Physiologie der Gordiaceen.* (Ibid. Bd. VII. 1856.)

(3) BISCHOFF. — 1° *Widerlegung des von Dr Keber bei den Najaden und Dr Nelson, bei den Ascariden behaupteten Eindringens der spermatozoïden in das Ei.* (Giessen, 1853.)

2° *Bestätigung des von Dr Newport bei den Batrachiern und Dr Barry bei den Kaninchen behaupteten Eindringens der spermatozoïden in das Ei.* (Giessen, 1854.)

3° *Ueber Ei-und Samenbildung und Befruchtung bei Ascaris Mystax.* (Zeitschrift für wiss. Zool. 1855.)

(4) ALLEN THOMPSON. — *Ueber die Samenkörperchen, die Eier und die Befruchtung bei Ascaris Mystax.* (Zeitschrift für wiss. Zool. 1856.)

(5) CLAPARÈDE. — *De la formation et de la fécondation des œufs chez les vers Nématodes.* (Genève, 1859.)

(6) MUNK. — *Ueber Ei-und Samenbildung und Befruchtung bei den Nematoden* (Zeitschrift für wiss. Zool. Vol. IX.)

(7) A. SCHNEIDER. — 1° *Monographie der Nematoden.* (Berlin, 1866.)

2° *Ueber Bewegung an d. Samenkörp der Nematoden.* (Monatsberichte Berl. Acad., 1856.)

(8) LEUCKART. — *Die Menschlichen Parasiten.*

(9) BÜTSCHLI. — *Studien über die ersten Entwickelungsvorgänge der Eizelle.* (Frankfurt, a. M., 1876.)

(10) VON SIEBOLD. — *Lehrbuch der Vergleichenden Anatomie.*

EXPLICATION DE LA PLANCHE III.

Fig. 1. Portion de la paroi de l'ovaire vue par transparence. Obj. 8 de Hartnack. Chambre claire.

Fig. 2. Idem plus loin de l'extrêmité aveugle du tube ovarien.

Fig. 3. Coupe transversale de la paroi de l'ovaire. Obj. 8 Hartn. Chambre claire.

Fig. 4. Portion de la région cannelée de l'ovaire vue de face. Deux bourrelets, représentés en coupe optique, montrent la tunique propre, colorée en rose, les expansions aliformes des fibres, munies de noyaux et séparées les unes des autres par des espaces interfasciculaires, sous la forme de tigelles striées. — Les deux bandes transversales claires représentent les deux sillons séparant les bourrelets. Obj. 8 Hartn. Chambre claire.

Fig. 5. La paroi cannelée de la partie inférieure de l'ovaire en coupe longitudinale. Obj. 8. Chambre claire.

Fig. 6. Fibres isolées de la même région montrant les expansions qui se trouvaient engagées dans des bourrelets peu saillants. Obj. 5 Hartn. Chambre claire.

Fig. 7. L'épithélium de la portion supérieure de l'oviducte vue de face. Obj. 4 Hartnack.

Fig. 8. L'épithélium de l'oviducte montrant des îlôts de cellules papillifères, dans la région située vers la limite entre le tiers inférieur et les deux tiers supérieurs du tube. Obj. 4 Hartn. — Les cellules des îlôts ont été dessinées à la chambre claire.

Fig. 9. Coupe longitudinale de la paroi de l'oviducte faite en deçà du milieu de tube. On distingue les trois couches constitutives de cette paroi. Obj. 5 Hartn. Chambre claire.

Fig. 10. Idem dans la région papillifère de l'oviducte (tiers inférieur). — Même grossissement que la figure 9.

Fig. 11. Cellule épithéliale de la poche séminale vue de face. Obj. 8 Hart. Chambre claire.

Fig. 12. Deux cellules de la même région vues de profil. — Même
      grossissement.

Fig. 13. Autre cellule de la poche séminale, vue de profil.

Fig. 14. Cellules de la région moyenne de l'uterus vues de face.
      Réseau de spermatozoïdes. Obj. 4 Hartn. Ch. cl.

Fig. 15. Coupe transversale de l'épithélium uterin. Obj. 5 Hartn.
      Chambre claire.

Fig. 16. Idem. Obj. 8 Hartn. Chambre claire.

Fig. 17. Couche musculaire de l'oviducte d'après une coupe longi-
      tudinale. Obj. 10. Imm. Hartnack. Chambre claire.

Recherches sur la maturation de l'œuf et la Fécondation

PAR

ÉDOUARD VAN BENEDEN.

ASCARIS MEGALOCEPHALA.

(Pl. X a XIX.)

INTRODUCTION.

Avant d'aborder l'exposé de mes recherches sur la fécondation, je crois devoir dire quelques mots de l'histoire des découvertes récentes qui ont amené l'état actuel de nos connaissances sur cette question fondamentale. Il n'y a pas longtemps l'on ignorait encore si le spermatozoïde pénètre dans le vitellus; l'on ne s'occupait guère de ce qu'il devient dans l'œuf et il semblait que tout le problème se réduisit à la constatation de ce fait affirmé par les uns, nié par les autres. Le mérite d'avoir inauguré une ère nouvelle dans l'histoire de la fécondation revient avant tout à Bütschli, l'éminent professeur de zoologie de l'Université d'Heidelberg.

Parmi les auteurs qui ont fait connaître les notions nouvelles dans leurs comptes-rendus ou dans des œuvres didactiques, et même parmi ceux qui ont contribué, par leurs propres recherches, à faire progresser la question de la fécondation plusieurs ont méconnu la part prépondérante qui revient à ceux qui ont ouvert la voie.

L'on doit à Bütschli la découverte de trois faits, dont toutes les recherches plus récentes ont établi l'importance capitale.

1º Dans son mémoire sur les nématodes libres (1), publié en

4

1873 dans les " *Nova Acta der Kön. Leop. Carol. Deutschen Akademie der Naturforscher* „ et déposé dès le 13 juin 1872, Bütschli montra que, chez *Rhabditis dolichura*, deux noyaux prennent naissance dans le vitellus de l'œuf fécondé, qu'ils se réunissent bientôt au centre de l'œuf et qu'ils se confondent enfin pour donner naissance au noyau de la première cellule de l'embryon.

Dès l'année 1874, cette découverte se trouva confirmée par les belles recherches de Auerbach (2) sur l'*Ascaris nigrovenosa* et le *Strongylus auricularis*, entreprises et terminées sans que l'auteur ait eu connaissance des résultats auxquels Bütschli était arrivé deux ans auparavant.

Bientôt après, Bütschli (3) constata des faits semblables non seulement chez plusieurs autres nématodes, mais aussi chez deux mollusques Gastéropodes *Limnæa stagnalis* et *Succinea Pfeifferi*. Dans la note préliminaire qu'il publia dans le but de prendre date pour ses nouveaux résultats, il consigna la seconde et la troisième découvertes.

2° Il a constaté que chez *Cucullanus elegans*, aussi bien que chez les mollusques dont je viens de citer les noms, à la place de la vésicule germinative, apparait un fuseau fibrillaire semblable à celui qui se forme aux dépens d'un noyau de cellule au moment où cette cellule va se diviser.

3° Il a le premier reconnu que le fuseau intervient dans la formation des globules polaires.

Si l'on se rappelle en outre la part prépondérante qui revient à Bütschli dans la découverte des phénomènes qui caractérisent la division cellulaire indirecte, l'on ne peut hésiter à placer son nom à la tête de ceux qui ont le plus largement contribué à fonder l'état actuel de nos connaissances sur la genèse des cellules. Ses travaux sur l'ensemble des phénomènes qui se rattachent à la fécondation des animaux et à la division des cellules animales et ceux de Strasburger dans le domaine de l'histogénèse des végétaux, ont été le point de départ des nombreuses recherches dont le problème de la formation des cellules a été l'objet dans ces dernières années. Bütschli n'a pas pu élucider l'origine des deux noyaux que l'on observe dans le vitellus peu après l'imprégnation de l'œuf : constatant dans certains cas l'existence non pas de deux, mais de plusieurs éléments nucléaires, ignorant les liens qui rattachent l'un de ces éléments à la vésicule germinative de l'œuf, l'autre au corps du zoosperme, Bütschli n'a pas pu arriver à l'interprétation vraie du phénomène de la fusion des noyaux. Il s'est trompé quand il a admis l'expulsion totale de cette partie de la vésicule germinative qui se transforme en un fuseau ; mais ses découvertes n'en ont pas moins donné l'impulsion ; elles ont fait entrevoir des horizons nouveaux et elles ont servi à poser nettement les questions que ses successeurs ont partiellement résolues.

Parmi ces derniers les noms de O. Hertwig et de Fol méritent d'être cités en premier lieu. Plus que tous les autres ils ont contribué à résoudre les problèmes soulevés par les publications de Bütschli.

Longtemps avant Bütschli, Warneck (4) avait vu, il est vrai, les deux pronucleus de l'œuf récemment fécondé. Il avait reconnu que la tache claire, conique, qui chez *Limnœus et Limax* occupe la portion de la surface du vitellus dont les globules polaires viennent de se détacher, rentre dans l'intérieur en reprenant une forme arrondie. Chez *Limax* l'on distingue alors deux taches claires qui ont des contours parfaitement distincts et renferment chacune un corpuscule très net et quelques autres granulations : ce sont des noyaux. Warneck a vu ces noyaux se fusionner en une seule masse transparente et celle-ci prendre bientôt une forme allongée dont le grand axe est perpendiculaire à l'axe de formation des globules polaires. Mais il faut bien reconnaître et en même temps regretter que ce mémoire si remarquable soit resté inconnu jusqu'au jour où Fol l'a retiré de l'oubli ; venu avant son heure, il n'a exercé aucune influence sur la marche ultérieure de la science.

Peu de temps après que Bütschli publia les résultats de ses premières recherches, j'ai repris l'étude de la fécondation

chez les mammifères. Dans mon mémoire sur la composition
et la signification de l'œuf, publié en 1870, j'ai montré,
qu'avant la première segmentation, l'on distingue dans le
vitellus de l'œuf, aussi bien chez le lapin que chez certaines
chauves-souris, deux éléments nucléaires parfaitement indépendants l'un de l'autre. J'ai figuré ces deux noyaux dans le
vitellus fécondé de la lapine (planche XII, fig. 4) et du
murin (même planche, fig. 4) (5). J'ai considéré alors ces deux
noyaux comme étant le produit de la division de la vésicule
germinative. La lecture des travaux de Bütschli et de Auerbach
me fit douter de l'exactitude de cette manière de voir et me
détermina à reprendre l'étude de la fécondation chez les
mammifères.

En décembre 1875 (6), je communiquai à la classe des
sciences de l'Académie les résultats des nouvelles recherches
que j'avais entreprises dans le but de m'assurer si, chez les
mammifères, les noyaux que j'avais antérieurement décrits se
réunissent entre eux pour donner naissance à un noyau unique
comme Bütschli et Auerbach l'avaient constaté chez les
nématodes. Non seulement je pus confirmer de la façon la plus
positive, en ce qui concerne le lapin, les faits que les deux
observateurs que je viens de citer avaient découverts chez les
nématodes, mais je reconnus, en outre, que les deux éléments
nucléaires présentent des caractères différents, que l'un d'eux
prend naissance près de la surface de l'œuf, au moment où
l'autre occupe déjà le centre du globe vitellin retracté ; qu'ils
s'accroissent en se rapprochant l'un de l'autre, que le noyau
périphérique conserve toujours, même lorsque les deux éléments se trouvent réunis au centre de l'œuf, des caractères
qui permettent de le distinguer de son congénère. Je crus
pouvoir déduire de mes observations que le noyau périphérique
se forme, chez le lapin, aux dépens de la substance constitutive des zoospermes, tandis que le noyau central est d'origine
ovulaire, et j'exprimai l'opinion qu'il s'agit, dans la fusion des
deux éléments nucléaires d'un phénomène de conjugaison entre
noyaux présentant des caractères sexuels différents. En éta-

blissant que les deux éléments nucléaires diffèrent entre eux par leurs caractères aussi bien que par leur origine et par leur lieu de formation, en exprimant l'idée que le pronucleus central est un élément ovulaire, l'autre un dérivé des zoospermes, j'ai donné, et cela avant que le travail de O. Hertwig ait paru, l'interprétation universellement admise aujourd'hui de la signification des pronucleus. L'opinion que dans la fusion des deux pronucleus il s'agit d'un phénomène comparable à la conjugaison des Protozoaires et des Protophytes se trouve clairement exprimée dans mon travail. Je fis observer en outre que la première cellule de l'embryon ne se trouve constituée qu'après la conjugaison des deux premiers éléments nucléaires et qu'il y a lieu de distinguer dès lors entre le noyau de la première cellule de l'embryon et les éléments nucléaires aux dépens desquels se forme ce premier noyau. J'ai proposé le nom de *pronucleus* pour désigner les éléments formateurs du premier noyau de l'embryon et ce nom a été généralement adopté.

La plupart des auteurs récents attribuent exclusivement à O. Hertwig la théorie actuellement admise de la fécondation. On ne rend pas justice à Bütschli et sans vouloir enlever à Hertwig rien de ce qui lui appartient, je tiens à revendiquer en partie pour Bütschli, en partie pour moi-même, la part, fort inégale d'ailleurs, qui nous revient à l'un et à l'autre. Balfour (7) et Mark (8) sont à mon avis les seuls qui aient relaté d'une manière exacte l'histoire des découvertes récentes relatives à la fécondation.

En même temps que mon travail, parut l'important mémoire de O. Hertwig (9) sur la formation, la fécondation et la division de l'œuf chez *Toxopneustes lividus.*

Ses recherches il les a faites sans avoir connaissance de mes résultats et j'ignorais moi-même que Hertwig s'occupât de la fécondation quand j'ai rédigé la communication préliminaire de mes recherches sur le lapin. Je n'hésite pas à reconnaître d'ailleurs que si l'idée à laquelle nous sommes arrivés l'un et l'autre, en ce qui concerne la signification

des pronucleus et leur fusion en un noyau unique, nous
l'avons conçue en même temps et indépendamment l'un de
l'autre, Hertwig a incontestablement et à lui seul le mérite
d'avoir reconnu qu'une partie du zoosperme se maintient en
tant qu'élément morphologique distinct et qu'elle devient mon
pronucleus périphérique, le noyau spermatique de O. Hertwig
(*Spermakern*). En ce qui concerne l'origine du pronucleus
femelle (*Eikern*), Hertwig cherche à établir, dans son premier
travail, qu'il ne serait autre chose que la tache germinative
libérée. Cette manière de voir ne pouvait se soutenir; j'ai
tâché de le démontrer dans un opuscule qui parut peu après
la publication du mémoire de Hertwig (10) et, dans ses travaux subséquents, (11) Hertwig a lui-même reconnu son erreur.
Il a confirmé, en effet, les données de Bütschli en ce qui concerne la transformation de la vésicule germinative en un
fuseau, et il a été le premier à reconnaître la part qui
revient à cet élément dans la formation des globules polaires
d'une part, du pronucleus femelle de l'autre.

Vers la même époque paraissent les belles et importantes
recherches de Fol (12). Fol est le premier qui ait de ses yeux
vu le zoosperme pénétrer dans le vitellus. L'observation a été
répétée un grand nombre de fois et les détails du phénomène
sont décrits avec beaucoup de détails. Il faut bien reconnaître
que le mémoire de Hertwig laissait encore place au doute, et
que la théorie ne reposait encore que sur une base bien peu
solide. O. Hertwig a vu un aster formé, près de la surface
du vitellus, cinq minutes après le mélange des œufs et du
sperme; un corpuscule arrondi qu'il considère comme une tête
de zoosperme occupe le milieu de l'aster. De ce corpuscule
partait parfois un filament très grêle que l'auteur a vu sortir
du vitellus et flotter dans l'espace périvitellin. Cet élément
était-il bien un zoosperme en conjugaison? Si l'on s'en rapporte
aux observations de Fol, il est permis de douter que Hertwig
ait apporté la preuve du fait qui forme la base de sa théorie
à savoir, l'identité morphologique du pronucleus mâle avec la
tête d'un zoosperme. Cette démonstration a été faite par Fol

qui partage en outre avec Bütschli et avec O. Hertwig, le mérite d'avoir fait connaître l'origine et le mode de formation des globules polaires et du pronucleus femelle. Je reviendrai plus loin sur l'historique des découvertes relatives à cette dernière question.

Je veux me borner à préciser davantage ici l'état actuel de nos connaissances sur la pénétration du spermatozoïde, ses rapports avec le pronucleus mâle et l'histoire de ce dernier élément.

Si tous les auteurs qui se sont occupés de cette question et qui tous ont choisi les échinodermes pour sujet d'étude Hertwig, Fol, Selenka et Flemming sont d'accord pour affirmer la pénétration du zoosperme dans l'intérieur du vitellus, si tous admettent que le pronucleus mâle n'est qu'une partie modifiée du spermatozoïde, de notables divergences d'opinions existent, quant à la manière dont se fait l'entrée des zoospermes et sur la part d'intervention qui revient à ces éléments dans la formation du pronucleus mâle.

Cinq minutes après le mélange des produits sexuels O. Hertwig observe une petite tache claire au bord du vitellus. Cette tache est entourée d'une étoile dont les rayons divergents s'allongent à mesure que la tache s'étend. Dans l'espace clair se voit un petit corps homogène qui devient surtout visible par l'action de l'acide osmique et du carmin et qui mesure 0,004^{mm}. Dans les œufs vivants l'auteur a vu parfois une ligne délicate partir de ce corps pour atteindre la surface du vitellus et se prolonger encore au-delà en un filament tenu qui s'étend dans l'espace compris entre le vitellus et la membrane de l'œuf. Hertwig prend la ligne et le filament qui lui fait suite, pour la queue d'un spermatozoïde et le petit corps renfermé dans la tache claire pour la tête d'un zoosperme. Ce petit corps il l'appelle " noyau spermatique, *Spermakern* „. La tache claire grandit, elle progresse vers le centre de l'œuf entraînant avec elle le petit noyau qu'elle renferme.

Le noyau spermatique s'approche du noyau de l'œuf que l'auteur a cru pouvoir identifier d'abord à la tache germinative,

mais qu'il a reconnu plus tard pour n'être que la moitié interne
du second amphiaster de rebut. Le noyau spermatique et le
noyau de l'œuf se juxtaposent; puis se confondent en un noyau
unique auquel Hertwig donne le nom de noyau de segmentation (*Furchungskern*).

· Fol a réussi à observer directement la pénétration du
zoosperme dans le vitellus et cela chez *Asterias glacialis* et
chez des *Echinides*. Après avoir traversé la plus grande
partie de la zône pellucide de l'œuf, le spermatozoïde entre
en communication avec le vitellus par l'intermédiaire d'un
prolongement sarcodique en forme de cône qui est émis par
le protoplasme vitellin (cône d'attraction). Le corps du zoosperme (tête) est alors attiré dans le vitellus, *tandis que le cil
vibratile reste en dehors* et se décompose. De l'endroit où le
corps de l'élément mâle vient de pénétrer sort une substance
très-pâle qui affecte d'abord la forme d'un cône (cône d'exsudation), puis change souvent de contours et enfin disparaît.
Pendant ce temps une membrane vitelline se soulève en com-
mençant par le point· de pénétration. L'auteur soutient qu'il
ne s'agit pas ici seulement du gonflement d'une membrane
préformée, mais d'un durcissement de la surface du vitellus
qui donne naissance à la membrane, au moment où elle va se
soulever. L'auteur s'accorde avec O. Hertwig à reconnaître
que le corps du zoosperme devient le pronucleus mâle
(*Spermakern*); seulement il pense que le sarcode vitellin entre
pour une part dans la formation de ce pronucleus.

Chez *Pterotrachœa* les noyaux sexués sont fort gros· et
égaux en dimensions. Ces noyaux se rencontrent et se fusion-
nent pour constituer le noyau fécondé.

L'auteur fait une description spéciale de certains cas patho-
logiques obtenus par la fécondation d'œufs altérés d'*Asterias
glacialis*. Dans ce cas il pénètre plusieurs zoospermes dans
chaque vitellus ce qui, d'après Fol, n'aurait jamais lieu à l'état
normal et chaque zoosperme donne naissance à un pronucleus
mâle. L'auteur attribue cette pénétration multiple à la lenteur
avec laquelle la membrane vitelline se forme chez des œufs
altérés.

Disons encore qu'il résulte clairement des observations de Fol que le pronucleus mâle est loin de présenter partout les mêmes caractères. Tandis qu'il reste petit et homogène chez les échinodermes, auquel cas le pronucleus donne lieu à la formation d'un aster, il devient très volumineux et ressemble beaucoup au pronucleus femelle chez *Pterotrachœa*. Ces pronucleus volumineux ne sont pas entourés de rayons étoilés, de filaments extra-nucléaires comme l'auteur les appelle.

Fol admet que le spermatozoïde peut entrer dans le vitellus par n'importe quel point de sa surface : il n'y a pas de lieu prédestiné pour l'imprégnation.

Selenka(13) a étudié la fécondation chez *Toxopneustes variegatus*. Ses observations diffèrent, par des points fort importants, de celles de O. Hertwig et de Fol. D'après Selenka, le zoosperme après avoir traversé la zone pellucide, par un des pores radiaires de cette membrane, s'élance comme libéré de tout empêchement dans l'espace périvitellin qui existerait déjà à ce moment; il nage autour de la couche corticale du vitellus. Le vitellus présente à l'époque de la maturité une protubérance qui marquerait l'endroit où l'ovule était attaché aux parois de l'ovaire et celui par lequel sortent les globules polaires. Cette protubérance ferait constamment défaut dans les espèces étudiées par Fol.

Le zoosperme s'introduisait de préférence, 88 fois sur 100, par cette protubérance. Dans la règle il l'atteint de suite à sa pointe; d'autres fois il ne la rencontre qu'après avoir nagé entre la membrane et la surface du vitellus. Dès que la pointe du zoosperme a pénétré dans la couche corticale du vitellus une membrane mince se soulève, de la surface de ce dernier, autour du point de pénétration et s'étend rapidement au reste de la périphérie. La membrane une fois formée constitue un obstacle infranchissable pour d'autres zoospermes. Il n'en entre plusieurs que quand ils se sont présentés exactement en même temps à la face interne de la zone pellucide, ou si l'œuf étant malade, sa membrane ne se soulève que lentement.

Une fois que le spermatozoïde a son corps dans la protubérance il secoue rudement les granules lécithiques qui
l'entourent, grâce aux ondulations de sa queue, qui est toute
entière en dehors. Sous l'influence de ce mouvement violent,
le sarcode vitellin se soulève autour du corps et le dépasse
en formant une sorte de houppe. Tout à coup la queue devient
immobile, la houppe rentre dans le vitellus en laissant à la
surface une petite excavation d'où sort le cil vibratil du
zoosperme. Le corps du spermatozoïde devient le centre d'une
figure étoilée et s'avance vers le noyau femelle. La queue,
encore attachée au corps, *traverse en ligne droite* les couches
superficielles du vitellus et s'étend au-delà de la surface.
La pointe et la queue du spermatozoïde sont résorbés, tandis
que *le col se gonfle et devient le noyau mâle.*

Comme le fait remarquer Fol, il y a entre les observations
de Selenka et les siennes bien des désaccords. Fol a toujours
vu la pénétration dans le vitellus s'effectuer rapidement,
mais sans aucun de ces mouvements désordonnés dont parle
Selenka : " pendant cet acte, dit Fol, j'ai toujours vu la
queue immobile „. Cet auteur n'a jamais réussi à voir la
queue attachée au corps de l'élément spermatique, lorsque
ce dernier avait déjà quitté la surface du vitellus et il n'a
pas remarqué que le col du zoosperme continuât seul à croître.
Le noyau mâle, après s'être juxtaposé au noyau femelle, croit
continuellement, jusqu'à ce qu'il ait atteint des dimensions
égales à celles du noyau femelle. La fusion n'a lieu que
lorsque cette égalité s'est établie.

Fol fait observer avec raison l'intérêt qui s'attache à cette
observation, si on la rapproche de celle de Hertwig, qui pense
que la réunion des noyaux est d'autant plus prompte et le
noyau mâle d'autant plus petit, au moment de sa conjugaison,
que l'œuf est plus avancé dans sa maturation au moment où
il vient à être fécondé. Sous ce rapport le *Toxopneustes
lividus* est un extrème par la petitesse de son noyau mâle.
Selenka nous montre que dans ce cas aussi le pronucleus
mâle atteint la même dimension que l'autre noyau avant de

se souder à lui. La seule différence entre tous ces cas réside-
rait dans l'endroit où le noyau mâle opère sa croissance qui
aurait lieu, tantôt en chemin, tantôt dans le voisinage immédiat du noyau femelle.

Selenka a vu se développer normalement de jeunes larves
provenant d'œufs qui avaient reçu deux, trois et même quatre
zoospermes, sans découvrir aucune irrégularité dans le développement de la *Gastrula*. Cependant il ne pense pas, qu'à
tout prendre, le développement d'un œuf surfécondé puisse
rester normal.

Flemming (14) confirme les conclusions formulées par
O. Hertwig et par Fol en ce qui concerne le nombre des
zoospermes nécessaires pour provoquer un développement
embryonnaire normal. Chez les œufs qui se développent régulièrement il n'est entré qu'un seul zoosperme.

Pour la manière dont se fait la pénétration il se rallie à la
description de Fol; mais il confirme, contrairement à l'opinion
de Fol, l'existence d'une protubérance vitelline signalée par
Selenka. Flemming n'a pas eu le loisir de rechercher si c'est
par cette protubérance que les zoospermes pénètrent. Il ne
voit plus rien de la queue du zoosperme dès que celui-ci a
pénétré dans le vitellus. " *Von dem Schwanze des schon ganz
im Eikörper befindlichen Samenfädens ist nichts mehr wahrzu-
nehmen.* „ En se servant du carmin acétique, Flemming suit
le noyau spermatique, qu'il identifie avec la partie antérieure
de la tête du spermatozoïde, jusqu'au moment où il va se
conjuguer avec le noyau femelle. Quelques minutes après la
pénétration, la partie plus pâle et moins avide de matières
colorantes qui succède à la tête proprement dite, celle qui
répond à ce que Selenka appelle le col et à laquelle Flemming
donne le nom de portion postérieure de la tête " *hintere
Kopftheil,* „ cette partie disparaît. Flemming suppose que
cette portion postérieure de la tête, unie à la queue, pourrait
bien produire, en gonflant, la tache claire qui renferme le
noyau spermatique. Mais c'est là une simple hypothèse à
l'appui de laquelle Flemming n'apporte aucun fait d'obser-

vation. " *Es wäre möglich*, dit-il, *dass aus ihm, nebst dem Schwanz, durch Aufquellung der helle Hof des Samenkerns entsteht, der sich von jetzt an zeigt und der von Hertwig als aus dem Ei angesammeltes, körperlosen Plasma aufgefasst wurde.* "

Le noyau spermatique dont la forme est au début celle de la tête du zoosperme devient ensuite irrégulière.

Cette manière de voir de Flemming sur l'origine du noyau spermatique diffère de celle de Hertwig et de Fol en ce que ces derniers admettent que tout le corps du zoosperme (la tête entière) devient noyau spermatique, tandis que pour Flemming la pointe ou portion antérieure seule de la tête devient le pronucleus mâle.

La portion postérieure de la tête répond au *Hals des Samenfadens* de Selenka. Celui-ci fait disparaître la portion antérieure de la tête et fait dériver tout le noyau spermatique du *cou* c'est-à-dire de la partie postérieure de la tête.

Quant à la conjugaison des deux pronucleus, Flemming confirme en tous points la description de O. Hertwig.

Toutes ces observations qui dans leur ensemble, concordent pleinement avec les données de O. Hertwig et de Fol, Flemming les a entreprises à la suite d'une publication récente de A. Schneider(15) qui, après avoir étudié à Ostende la fécondation de l'*Asteracanthion rubens*, nie purement et simplement l'existence d'un noyau spermatique. " *Es ist kein Samenkern vorhanden* ".

D'après lui, au moment de la fécondation, la vésicule germinative de l'œuf envoie des prolongements ramifiés dans toutes les directions. Elle change de forme comme le ferait un *Rhizopode*. Le zoosperme peut atteindre l'un de ces prolongements à la périphérie du vitellus: mais aussitôt il disparaît; aucune de ses parties ne se maintient en tant qu'élément morphologique distinct: le spermatozoïde détermine tout au plus une excitation pouvant provoquer peut-être l'apparition d'une étoile. Ce qui a fait croire à l'existence de deux pronucleus capables de conjugaison, c'est que, au moment où l'œuf va se diviser, les deux étoiles de l'amphiaster, nées en deux points opposés et souvent fort éloignés l'un de l'autre de la vésicule germinative, peuvent se rapprocher de la surface de section qui plus tard séparera les deux premiers blastomères.

Les données de Schneider sont, comme on voit, le renversement de tous les résultats qui pouvaient paraître définitivement acquis par toute une série de travaux, publiés à la suite des mémorables découvertes de Bütschli.

La question n'est donc résolue ni dans son ensemble, ni dans ses détails; et même entre les auteurs qui sont d'accord pour affirmer la pénétration du zoosperme, l'identité morphologique du pronucleus mâle avec une partie du spermatozoïde, enfin la formation du premier noyau embryonnaire par conjugaison de deux éléments nucléaires distincts, il existe des divergences d'opinions sur des points essentiels.

Malgré les belles découvertes de Hertwig et de Fol l'on n'est pas non plus complètement édifié sur la formation des globules polaires et du pronucleus femelle.

Les divergences de vues qui existent sur presque tous les points prouvent tout d'abord que la constatation des faits dont il s'agit présente, chez les échinodermes, de sérieuses difficultés. Pour qu'un observateur aussi distingué que Schneider puisse nier l'existence du pronucleus mâle chez les échinodermes, il faut bien admettre que la recherche de cet élément nucléaire soit entourée de difficultés réelles. Est-ce que la raison principale des controverses ne résulte pas de la petitesse du spermatozoïde, de la difficulté de reconnaître dans le zoosperme les parties constitutives de la cellule, du petit volume du pronucleus mâle?

La conviction qu'il pourrait en être ainsi m'a déterminé à rechercher, pour l'étude de la fécondation, un animal qui, à raison des dimensions et de la constitution de ses zoospermes, se prêterait plus facilement à des recherches de ce genre que les oursins et les étoiles de mer.

J'ai trouvé dans l'Ascaride du cheval un matériel admirable, et je suis convaincu que les œufs de ce nématode devien-

62 EDOUARD VAN BENEDEN.

dront bientôt l'objet classique pour l'étude et la démonstration des phénomènes qui se rattachent à la fécondation. L'on peut se procurer très facilement l'Ascaride mégalocéphale, surtout en hiver. Au printemps et en été les chevaux infestés sont moins communs. La simplicité de son organisation et ses dimensions considérables font de l'ascaride du cheval l'un des animaux les plus faciles à disséquer que l'on connaisse. Il suffit d'inciser longitudinalement, d'un coup de ciseaux, le tube musculo-cutané pour mettre à nu les organes sexuels. Je recommande de fixer les deux extrémités du ver au moyen d'une grosse épingle, afin d'empêcher la rétraction de la paroi du corps. Le sérum artificiel de Kronecker(*) constitue un excellent liquide indifférent : il n'altère pas du tout les œufs et l'on peut s'en servir avec avantage pour y plonger l'animal pendant la préparation des organes sexuels.

Indépendamment des avantages qui résultent des dimensions et de la forme des spermatozoïdes, de la présence dans la plupart d'entre eux d'un corps réfringent particulier et très volumineux qui les fait reconnaître immédiatement, de la transparence parfaite des œufs, quand on les a traités par certaines méthodes que je vais décrire, l'ascaride du cheval se recommande encore par la lenteur avec laquelle s'accomplissent chez lui tous les phénomènes qu'il s'agit d'étudier.

En enlevant un segment de l'uterus ou de l'oviducte d'un demi centimètre de longueur, chez une femelle fécondée, on est certain d'y trouver des milliers d'œufs qui tous se trouvent exactement au même stade de développement. L'on aura quand on voudra, sur un même porte objet, des milliers d'œufs montrant tous un zoosperme fixé au bouchon d'imprégnation, ou à moitié engagé dans le micropyle, ou complètement plongé dans le vitellus ou montrant soit le premier soit le second globule polaire en voie de formation, ou les deux pronucleus en présence.

La pénétration du spermatozoïde, la génèse du pronucleus

(*) Eau distillée, 100 Chlorure de sodium, 6. Soude caustique, 0.06.

l'alcool à 70°. Si l'on a en vue d'obtenir des préparations d'œufs
non encore fécondés ou de mettre en évidence les diverses
phases de la pénétration du zoosperme, s'il s'agit en un
mot de préparer des œufs encore dépourvus de membrane
ou présentant tout au plus la membrane vitelline qui est toujours mince et peu résistante, il est nécessaire d'opérer sur
porte-objet. On range les uns à côté des autres une vingtaine
de porte-objets; sur chacun d'eux l'on dépose une goutte de la
solution acidulée. Puis on y plonge un fragment du tube sexuel
de trois ou quatre millimètres de longueur; on ouvre aussitôt
le tube en se servant de deux aiguilles à dissection, de façon à
libérer les œufs; puis on agite légèrement de manière à ce que
les œufs se disséminent uniformément dans le liquide. Si le
premier fragment enlevé répond à l'extrémité inférieure de
l'oviducte et si l'on excise des fragments successifs de plus
en plus rapprochés de l'extrémité vaginale de l'utérus, on
obtiendra une série de préparations montrant les modifications
de l'œuf depuis le moment où, arrivé à la fin de la première
période de maturation, il est prêt à recevoir le spermatozoïde,
jusqu'au moment où, à la suite de la pénétration complète de
l'élément fécondateur, une membrane résistante se trouve constituée sur tout le pourtour du vitellus. Si au lieu de procéder
comme je viens de le dire on plonge successivement dans
l'acide nitrique, puis dans les alcools et les matières colorantes le tube sexuel entier, on n'obtient que des préparations défectueuses. Les œufs serrés et pressés les uns contre
les autres dans l'intérieur de l'oviducte et surtout de l'utérus
y affectent des formes polyédriques irrégulières qui, fixées au
moment où l'immersion dans l'acide amène la coagulation des
substances albuminoïdes, se maintiennent indéfiniment. Si, au
contraire, les œufs sont libérés sur porte-objet, quand ils sont
encore vivants, chacun d'eux prend immédiatement une forme
ovoïde régulière, semblable pour tous et beaucoup plus favorable pour l'étude.

D'autre part, dans le tube sexuel, les œufs sont agglutinés
entre eux par une substance visqueuse qui se coagule aussi

par les acides. Une fois coagulée cette substance constitue
une sorte de ciment qui rend difficile l'isolement des ovules
durcis. Cette difficulté n'existe pas si l'on opère sur le frais.

Mais le plus grand inconvénient résulte de ce que d'innombrables spermatozoïdes se trouvent mêlés aux œufs, dans la
partie supérieure de l'uterus. Tous ceux qui sont entrainés n'ont
pas réussi à s'unir à un œuf, il s'en faut de beaucoup. Si l'on
ouvre sur porte objet un fragment de la portion supérieure de
l'uterus, les spermatozoïdes copulés restent seuls unis aux œufs;
les autres n'étant pas fixés se libèrent sans aucune difficulté
et on les trouve répandus sur le porte-objet, entre les œufs.
Mais il n'en est pas de même quand on durcit le tube utérin
dans son ensemble, pour faire des préparations d'ovules, après
que l'on a coloré en masse. Les spermatozoïdes qui se trouvaient accidentellement en contact avec les œufs restent
accolés à la surface de ces derniers et peuvent être facilement
confondus avec des zoospermes en copulation.

Tous ces inconvénients disparaissent quand il s'agit des
œufs des neuf dixièmes inférieurs de l'uterus. Aussitôt que
la membrane qui se développe à la périphérie du vitellus,
après la pénétration du zoosperme, a atteint une résistance
et une épaisseur suffisante pour donner à l'œuf sa forme ovoïde
ou sphéroïdale, il devient inutile de préparer sur porte-objet,
ce qui nécessite des manipulations plus longues et plus déli-
cates. On peut plonger l'uterus tout entier dans l'acide, puis
dans les alcools et enfin dans les matières colorantes. Les
œufs se trouveront parfaitement conservés et se prêteront
admirablement à la confection de préparations permanentes.

Les meilleures méthodes de coloration, pour les œufs durcis
par l'acide nitrique et l'alcool, sont le carmin boracique
et la fuchsine. Le vert de méthyle m'a aussi donné de bons
résultats.

3° On peut employer avec grand avantage l'alcool au tiers,
puis l'alcool à 70, au lieu de l'acide nitrique, pour durcir les
œufs. On colore soit par le picro-carmin, soit par le carmin
boracique. On monte soit dans la glycérine, soit dans le

baume. Il faut prendre de grandes précautions pour empêcher la rétraction et la déformation des membranes quand on
monte dans le baume. Pour cela il convient de ne pas passer
directement de l'alcool à l'essence et de celle-ci au baume,
mais d'user d'une série de mélanges successifs et gradués.

En ce qui concerne la question de savoir s'il faut traiter les
œufs sur porte-objet ou si l'on peut les durcir et les colorer en
masse dans l'organe sexuel les indications sont les mêmes que
si l'on emploie l'acide nitrique.

4° L'acide osmique à 1 % rend aussi des services pour
l'étude des œufs de l'oviducte et pour la pénétration des
zoospermes. Il faut laisser agir très peu de temps, quelques
secondes à peine, laver ensuite avec soin et colorer par le
picrocarmin (24 heures). On dépose alors sur chacun des
bords de la lamelle un goutte de glycérine picrocarminatée.
Au bout de quelques jours on obtient de superbes préparations.

Cette méthode ne peut être employée avec avantage que
pour les stades qui précèdent ou qui suivent immédiatement
la copulation des produits sexuels. Aussitôt que la première
couche périvitelline a commencé à se former il devient impossible de faire pénétrer le carmin.

5° L'acide acétique glacial est aussi recommandable, surtout
pour l'étude des derniers stades; cependant il a l'inconvénient
de distendre considérablement la membrane vitelline et de
gonfler la substance unissante interposée entre les œufs.

Les méthodes indiquées ci-dessus donnent des résultats
complets, quand il s'agit de préparer les premiers stades. Mais
comme le nombre et l'épaisseur des membranes augmentent
progressivement, il devient de plus en plus difficile de faire
pénétrer les réactifs à l'intérieur de l'œuf. Aussi n'est-il pas
aisé de préparer convenablement les œufs de la partie inférieure de l'uterus et ceux du vagin. Jusqu'à présent je n'ai pas
réussi à trouver une méthode qui permette de bien colorer les
pronucleus. J'avais songé à me servir de la pompe pneumatique
pour activer la pénétration; mais je n'ai pas eu le loisir
d'essayer le procédé.

J'ai divisé le présent travail en cinq chapitres :

I. Le premier comprend : A/ la description de l'œuf, tel qu'il se trouve constitué au moment où il se détache du rachis ovarien; j'y rattache l'histoire des modifications qu'il subit en traversant l'oviducte; arrivé à l'extrémité de ce canal il est devenu apte à recevoir le zoosperme. L'ensemble de ces changements caractérise ce que j'ai appelé la première période de la maturation.

B/ La description des diverses formes que revêtent les zoospermes dans l'intérieur des organes génitaux de la femelle.

II. Le second chapitre traite de la pénétration du zoosperme. Il convient de distinguer l'imprègnation de l'œuf, ce que je propose d'appeler *la copulation des produits sexuels*, le phénomène qui consiste essentiellement dans l'introduction de l'élément spermatique dans le corps ovulaire, de la *fécondation* proprement dite : celle-ci consiste dans l'*unification* des éléments sexuels, on si l'on veut dans la formation de *la première cellule de l'embryon* aux dépens de deux éléments cellulaires distincts.

III. Le troisième chapitre comprend l'étude de la seconde période de la maturation de l'ovule. Celle-ci s'accomplit après la copulation. Elle comprend l'ensemble des modifications qui s'accomplissent dans l'œuf, depuis le moment de la copulation des produits sexuels, jusqu'à l'instant où commence l'unification de l'œuf mur et du zoosperme.

IV. Dans le quatrième chapitre j'ai exposé les phénomènes qui, dans mon opinion, constituent la fécondation proprement dite : la formation des pronucleus et la conjonction de ces éléments.

V. Le cinquième chapitre comprend l'exposé sommaire des résultats de cette étude.

CHAPITRE I.

I. — De l'œuf et des changements qu'il subit pendant la première période de sa maturation.

Au moment où il se détache du rachis ovarien l'œuf n'est pas encore apte à recevoir le zoosperme. Les œufs libres de la partie inférieure du tube ovarien diffèrent notablement de ceux qui, arrivés à l'extrémité utérine de l'oviducte, sont sur le point de pénétrer dans la poche séminale, où sont accumulés des milliers de spermatozoïdes. Laissant de côté l'ovogenèse proprement dite, je décrirai, dans la première partie de ce chapitre la constitution de l'œuf, tel qu'il se présente au moment même de l'imprégnation, j'y rattacherai l'exposé des changements qu'il subit pendant son passage à travers l'oviducte. Ces modifications semblent préparer l'œuf à recevoir le zoosperme; ils caractérisent ce que j'appelle *la première période de la maturation de l'œuf.*

La seconde période de la maturation comprenant l'ensemble des phénomènes qui se rattachent à la formation des globules polaires et des couches périvitellines s'accomplit dans l'utérus, après la pénétration du zoosperme. L'étude de cette seconde période fera l'objet du chapitre III.

J'ai étudié avec le plus grand soin et décrit avec beaucoup de détails la constitution de l'œuf et celle du zoosperme. Peut-être convient-il que je me justifie d'avoir consacré à cet objet tant de pages : bien des particularités sur lesquelles j'ai cru devoir insister pourront paraître de maigre importance à plus d'un de mes lecteurs. Plusieurs raisons m'ont déterminé à entrer dans ces détails.

Des découvertes récentes ont attiré l'attention sur des phénomènes de structure que révèle l'étude du protoplasme cellulaire et les noyaux eux aussi présentent une composition bien plus compliquée qu'on ne l'avait soupçonné jusques dans ces derniers temps.

La question de *l'organisation de la cellule* a été sérieusement abordée et parmi les auteurs qui ont jeté les premiers jalons de cette science nouvelle il faut avant tout signaler Heitzmann, Frommann, Kupffer, Klein et Flemming.

Les phénomènes compliqués qui s'accomplissent lors de la division des cellules et dont on doit la connaissance aux laborieuses recherches d'un grand nombre d'histologistes, parmi lesquels je me plais à citer A. Schneider, Bütschli, Strasburger, Mayzel, Flemming, Schleicher, Balbiani, Pfitzner et G. Retzius, semblent se rattacher intimement à la structure du protoplasme. Il est établi dès à présent que l'un des phénomènes les plus caractéristiques de la vie cellulaire, la multiplication, s'accompagne de changements de structure fort compliqués, qui n'intéressent pas seulement le noyau, mais aussi le corps protoplasmique de la cellule.

Tous les jours nous voyons donc se confirmer plus complètement l'idée que Brücke (16) exprimait il y a vingt ans quand il disait " *Wir werden mit Nothwendigkeit dazu geführt, im Zelleninhalte einen im Verhältnisse complicirten Bau zu erkennen, wenn wir die Lebenserscheinungen berücksichtigen, welche wir an demselben wahrnehmen.* „

Cette organisation de la cellule, dont Brücke affirmait l'existence sans pouvoir la dévoiler, l'on a commencé à l'analyser. Grâce au perfectionnement de la technique microscopique, grâce à des objectifs et à des appareils d'éclairage plus parfaits, l'on entrevoit la complexité qui se cache sous une uniformité apparente. Il ne peut plus être question aujourd'hui de considérer le protoplasme comme un corps chimique à propriétés définies et l'on doit renoncer à confier aux chimistes le soin de trouver, dans l'analyse de la substance protoplasmique, l'explication des phénomènes qui caractérisent essentiellement la vie cellulaire. Autant vaudrait demander à l'analyse chimique du corps humain, pris dans son ensemble, l'explication des phénomènes qui distinguent l'activité de notre espèce, que d'attendre de l'analyse qualitative ou quantitative du protoplasme, l'explication des phénomènes par lesquels toute cellule témoigne de sa vitalité. La cellule nous apparait aujourd'hui comme un organisme complexe dont les appareils nous sont inconnus; nous devons commencer par débrouiller l'organisation cellulaire et étudier les modifications morphologiques qui accompagnent les actes de la vie.

De même qu'il existe des différences entre le muscle contracté et le muscle au repos, entre la cellule grandulaire en voie de secrétion et cette même cellule inactive, l'on constate des différences dans la composition du corps de l'œuf aux divers moments de sa maturation. La portée de ces modifications nous échappe totalement pour le moment; mais c'est quelque chose que d'avoir constaté que chaque phase de la maturation de l'œuf, chaque phénomène qui se rattache soit à la maturation, soit à la fécondation, s'accompagne de modifications qui intéressent tout le corps ovulaire.

Je ne puis que me rallier pleinement aux idées de Flemming, quand il écrit dans cet admirable exposé qu'il vient de faire de l'état actuel de nos connaissances sur la cellule (17) : " *Hat die Substanz der Eizelle einen Bau, kann dieser und die Beschaffenheit der Fäden in bestimmten Bezirken des Zellenkörpers verschieden sein, so kann darin auch eine Grundlage der Entwickelungsprädestination gesucht werden, in der sich das eine Ei von dem anderen unterscheidet und dieses Suchen wird möglich sein* mit dem Mikroskop — *bis wie weit, kann Niemand sagen aber sein Ziel ist nichts Geringeres, als eine wirkliche* Morphologie der Vererbung. „

Ce sont ces idées, c'est cet objectif que j'ai eu en vue dans mes études, sans me faire la moindre illusion sur la distance qui nous sépare de cet idéal. L'on se trouve encore, dans ces recherches sur la structure cellulaire, dans la situation d'un homme qui, ignorant que l'œil est l'organe de la vision, étranger à toute notion de physique et de physiologie se mettrait à analyser anatomiquement l'organe visuel. Nous sommes exposés, dans nos tâtonnements pour découvrir la route qui doit nous conduire au but dans ces régions inexplorées, à suivre souvent des chemins sans issue : l'essentiel se confondra pour nous avec l'accessoire : car la portée des faits nous échappe et nous en sommes réduits à rechercher par voie d'analyse les matériaux qui devront servir un jour à édifier le schéma de l'organisme élémentaire.

Il y a deux ans environ, nous avons consacré six semaines, Charles Julin et moi à l'étude du développement d'une Ascidie simple, la *Corella parallelogramma*, que nous avons trouvée en grande abondance, sur les feuilles de Laminaires, dans la baie de Leervik (Strordö, Norwège). L'un des faits les plus intéressants qui ressortent de cette recherche, c'est que, dès les premières phases de la segmentation, l'on peut distinguer le plan médian, l'avant et l'arrière, la face dorsale et la face ventrale de la larve et par conséquent de l'animal futur. Dès les débuts du fractionnement l'embryon présente une symétrie bilatérale parfaite. Rabl(18) et Hatschek(19) avaient signalé déjà antérieurement des faits du même ordre chez d'autres animaux bilatéraux et tout récemment W. Roux(20) et Rauber(21) ont montré que chez les grenouilles aussi les axes du corps de l'adulte se dessinent dès le début de la segmentation. Il est permis dès lors de se demander si les plans de symétrie de l'embryon ne se trouvent pas déjà préformés dans l'œuf lui-même et si l'un des traits les plus caractéristiques de l'organisation de l'espèce, la symétrie qui la distingue, ne se trouve pas déjà indiquée dans l'œuf. L'œuf d'un animal à symétrie bilatérale aurait-il comme l'animal dont il provient et qu'il doit devenir une extrémité antérieure, une extrémité postérieure, une face ventrale. une face dorsale, une droite et une gauche? les matériaux qui doivent servir à édifier la moitié droite du corps siègent-ils dans la moitié droite de l'œuf et la substance de la tête ne se trouve-t-elle pas concentrée en un point déterminé du corps ovulaire? Il importait, dans l'espoir d'arriver à éclaircir ce problème, dont l'importance théorique n'échappera à personne, de rechercher avec le plus grand soin si la structure de l'œuf révèle une symétrie comparable à celle de l'adulte. Nous n'avons pu aborder l'étude de l'œuf non fécondé chez *Corella parallelo-*

gramma; mais j'ai porté toute mon attention, pendant mes
études sur les produits sexuels de l'Ascaride du cheval, sur
toutes les particularités relatives à la symétrie de l'œuf et
du zoosperme.

Les considérations qui précèdent me justifieront, je l'espère,
d'avoir consacré beaucoup de pages à la description des produits sexuels de l'Ascaride mégalocéphale et d'y avoir consigné
bien des détails, actuellement inintelligibles et qui pourront
paraître fort insignifiants.

Avant de décrire les phénomènes qui s'accomplissent pendant
la première période de sa maturation, voyons comment l'œuf
est constitué au moment où, arrivé à l'extrémité inférieure
de l'oviducte, il est sur le point de pénétrer dans l'utérus et
tel qu'il se présente, quand il est prêt à recevoir le zoosperme
qui doit le féconder.

Libérés sur porte-objet, dans une goutte de liquide indifférent, ou bien même dans l'acide osmique, l'acide nitrique ou
l'alcool au tiers, les œufs de la portion tout à fait inférieure
de l'oviducte prennent la forme d'un ovoïde. Le grand axe
de l'ovoïde ne l'emporte que fort peu sur son petit axe.
Un examen attentif de la forme extérieure de l'œuf, et plus
encore l'étude de sa structure, démontrent l'existence dans ces
œufs d'un axe morphologique, dont les extrémités, que j'appelle
les pôles de l'œuf, présentent une valeur tout différente tant
au point de vue anatomique qu'au point de vue physiologique.
L'un de ces pôles est prédestiné à recevoir le zoosperme : par
ce point seul l'élément fécondateur peut pénétrer dans le
vitellus; à cet effet ce pôle présente des particularités de
structure que je vais faire connaître. Je l'appellerai *pôle
d'imprégnation* et je réserverai le nom de *pôle neutre* pour
désigner l'extrémité opposée de l'axe morphologique de l'œuf.
Dans l'immense majorité des œufs, l'axe morphologique se
confond avec l'axe de figure de l'ovoïde. Cependant il n'en est
pas toujours ainsi.

S'il est vrai, d'une manière générale, que la forme de

l'œuf est celle d'un ellipsoïde, il y a lieu de faire observer néanmoins que c'est là une moyenne qui n'est peut-être jamais mathématiquement réalisée. Si l'on trace à la chambre claire le contour de la coupe optique d'un œuf, ce contour est d'habitude une ligne légèrement irrégulière, qui, projetée sur celui d'une ellipse tracée mathématiquement, se trouve ici un peu en dedans là un peu en dehors du tracé mathématique. Ces inégalités diffèrent d'un œuf à l'autre. Cependant, si l'on prend à la chambre claire un certain nombre de contours d'œufs placés de façon à ce que leur grand axe soit parallèle aux faces du porte-objet, l'on remarque que la partie de l'ovale qui avoisine l'un des pôles est constamment un peu saillante, que son rayon de courbure est régulièrement un peu plus court que celui du reste de l'œuf et que la limite de cette portion plus convexe est marquée par un léger sillon régnant le long d'un parallèle, à quelque distance du pôle. Souvent cependant, au lieu d'un sillon, on n'observe qu'une légère dépression. L'étendue de cette partie saillante varie entre un cinquième et un sixième de la périphérie de l'ovale. L'existence d'une région saillante de l'ovoïde ovulaire se remarque sans difficulté si l'on jette les yeux sur une préparation d'œufs vivants non comprimés. La forme de l'œuf rappelle celle du globe de l'œil, la saillie répondant à la cornée oculaire; j'appellerai cette saillie *la région parapolaire* de l'œuf et le cercle parallèle qui la délimite et suivant lequel règne un léger étranglement de l'ovoïde sera le *cercle parapolaire*. Ces particularités se voient encore fort bien sur des œufs traités par l'acide osmique ou l'acide nitrique et conservés par la glycérine, à la condition que l'on ait évité avec soin de comprimer les œufs par le couvre-objet (pl. X, fig. 6).

Ce qui permet de reconnaître assez facilement l'existence de la région parapolaire sur le vivant, c'est que le contour de l'œuf, dans les limites de cette zône, est un peu plus brillant et que le vitellus s'y montre un peu moins transparent, comme si, dans les limites de cette région, la substance ovulaire était un peu plus réfringente et un peu plus opaque (pl. X, fig. 26).

Le cercle parapolaire se distingue non seulement à la coupe optique de l'œuf, à raison du sillon ou de la dépression qui règne suivant cette ligne, mais aussi à la surface de l'œuf, par suite des légères différences que paraît présenter le vitellus, considéré dans la région parapolaire d'une part, le reste de l'œuf d'autre part. Il est inutile de dire qu'à raison des positions diverses que prennent les œufs sur le porte-objet, chacun d'eux ne montre pas à l'observateur les particularités que je viens de signaler; mais cependant, à raison de leur forme ovoïde, la plupart des œufs se placent de préférence de façon à ce que leur grand axe soit parallèle à la surface du porte-objet.

Quand on examine les œufs vivants, on remarque tout d'abord, que le vitellus présente une couche corticale plus claire et un noyau médullaire plus sombre (pl. X, fig. 14, 25 et 26); la masse médullaire est excentriquement placée et se trouve toujours plus rapprochée du pôle d'imprégnation que du pôle neutre (pl. X, fig. 14, 25 et 26). Bien loin d'être centrale et d'être enveloppée de toutes parts par la couche corticale, la masse médullaire paraît s'étendre jusqu'à la surface de l'œuf, dans toute l'étendue de la région parapolaire (fig. 25 et 26). La couche corticale revêt la masse médullaire suivant tout l'hémisphère neutre; elle se prolonge jusqu'au cercle parapolaire. Elle s'amincit assez brusquement en approchant de cette ligne limite et semble s'y terminer par un bord (fig. 25). La couche corticale a donc la forme générale d'une calotte appliquée par sa concavité sur la masse médullaire qui, de tout le pourtour de la région parapolaire, s'étend à l'intérieur du vitellus. Il s'en faut cependant que la masse médullaire se présente avec des caractères uniformes dans toute son étendue (fig. 14 et 26); à sa périphérie elle est moins sombre qu'à son milieu, de sorte que, dans la masse médullaire même, l'on peut distinguer vaguement un noyau plus obscur et une zône périphérique qui, interposée entre ce noyau et la couche corticale de l'œuf, constitue une sorte de couche intermédiaire à limites vaguement indiquées. C'est cette couche intermédiaire qui confine à la surface de l'œuf dans toute l'étendue de la région parapolaire.

Les différences entre ces diverses parties du vitellus sont légères; les couches passent, sans ligne de démarcation bien nette, de l'une à l'autre; dans les différentes zônes la constitution du vitellus ne présente que de légères variations; aussi n'est-ce qu'en se servant de grossissements faibles que les particularités que je signale, se reconnaissent sans grande difficulté.

Dans les préparations à l'acide osmique, coloriées par le picrocarmin, comme dans celles que l'on obtient en montant dans la glycérine des œufs durcis par l'acide nitrique et colorés par le carmin boracique ou la fuchsine, les différences sont encore perceptibles; sous l'influence de l'acide osmique la couche corticale de l'œuf prend une teinte plus sombre que la masse médullaire.

COMPOSITION DU VITELLUS.

Le vitellus examiné dans l'œuf frais se fait remarquer par son apparence tâchetée (fig. 12, 13, 14) : des taches circulaires, plus grandes dans la masse médullaire que dans la couche corticale se détachent en clair dans le fond granuleux du vitellus. Quand on traite par l'acide osmique et le picrocarmin, l'on distingue deux sortes de taches : les unes délimitées par un contour très net se montrent colorées en rose pâle (pl. X, fig. 1 à 6); elles sont dues à la présence dans le vitellus de corps arrondis, doués de propriétés chimiques particulières et remarquables par une affinité marquée pour le picrocarmin; je les désignerai sous le nom de *sphères hyalines*. Les autres apparaissent comme des taches arrondies, dont les contours bien pâles sont difficiles à voir; elles prennent une teinte jaune-verdâtre, tandis que les sphères hyalines se teintent en rose (pl. X, fig. 6); je les appellerai les *gouttelettes homogènes*.

Ce qui reste du vitellus, si par l'imagination l'on écarte les sphères hyalines et les gouttelettes homogènes, c'est une substance claire, finement ponctuée, et fortement chargée de corpuscules réfringents et brillants. Cette substance forme à la périphérie de l'œuf une couche continue et à son intérieur un système de lames, de puissance variable, anastomosées entre elles, qui remplissent complètement les espaces laissés entre les sphères hyalines et les gouttelettes homogènes. Le microscope permet de distinguer clairement les corpuscules réfringents empâtés dans une substance fondamentale claire, à laquelle nous réservons le nom de protoplasme ovulaire. Le protoplasme de l'œuf tient donc en suspension des éléments figurés de trois catégories : les sphères hyalines, les gouttelettes homogènes et les corpuscules réfringents.

Indépendamment de ces éléments qui ne font jamais défaut on rencontre parfois des éléments accidentels, dont il sera question plus loin.

Sphères hyalines. — Dans l'œuf vivant ces sphères apparaissent, nous l'avons déjà dit, sous l'apparence de taches claires, arrondies et à contours fort peu apparents. Si l'on écrase les œufs, dans un liquide indifférent, dans le liquide cavitaire de l'ascaride ou dans le sérum artificiel de Kronecker, le vitellus se décompose partiellement en corps clairs, transparents et d'apparence homogène, que l'on peut voir complètement isolés. Ces corps présentent alors une forme sphérique ou ovoïde, et un contour très pâle, mais bien net.

Si l'on soumet des œufs vivants à l'action de l'acide osmique à 1 °/₀ pendant un temps très court, si aussitôt après on remplace l'acide par du picrocarmin et si, après avoir laissé agir pendant 24 heures, on dépose sur le bord de la lamelle des gouttelettes de glycérine picrocarminatée, on obtient, au bout de quelques jours, de fort belles préparations. Elles montrent, dans la masse du vitellus légèrement colorée en jaune, indépendamment de la vésicule germinative fortement colorée en rouge, des globes sphéroïdaux faiblement teintés d'un beau rose (pl. X, fig. 6). Ce rose passe au brun après quelques mois. Ces globes présentent un contour bien accentué; ils ne sont ni granuleux, ni même ponctués; ils paraissent constitués d'une substance parfaitement homogène et assez réfringente. L'on distingue cependant dans chaque sphère le plus souvent une, quelquefois deux ou trois taches circulaires, claires, autour desquelles la substance de la sphère est notablement plus sombre. Ces taches paraissent dues à des vacuoles de volume variable, creusées dans la substance des sphères et remplies par une matière, peut-être liquide, qui se distingue, entre autres particularités, par une moindre affinité pour le picrocarmin. La grande vacuole est souvent excentriquement placée. Il est facile de s'assurer, par l'examen des préparations dont il s'agit, que les globes colorés en rose sont en général plus volumineux dans la masse médullaire que dans la couche corticale du vitellus. On trouve cependant les uns à côté des autres des globes de volumes fort différents : les plus petits apparaissent sous la forme de globules dépourvus de vacuole. On rencontre toutes les transitions possibles entre ces corpuscules colorés et les globes à une ou à plusieurs vacuoles. Quand il y en a plusieurs, presque toujours l'une d'elles est beaucoup plus volumineuse que les autres. Il est rare que la vacuole occupe le milieu même de la sphère : le plus souvent elle est excentriquement placée et dans l'anneau périphérique coloré, qui entoure la vacuole principale, on distingue la ou les vacuoles accessoires.

Gouttelettes homogènes. — Indépendamment des globes colorés en rose que nous désignons sous le nom de sphères hyalines, à raison de l'apparence qu'ils présentent sur le vivant, on distingue dans les préparations au picrocarmin des gouttelettes homogènes, de volume variable. Les unes sont arrondies, les autres polyédriques; elles ne prennent pas du tout la matière colorante et elles ont pour contours les lames ponctuées formées par le protoplasme ovulaire. Il semble qu'il s'agisse ici de vacuoles creusées dans le protoplasme et remplies d'un liquide. Je ne connais pas de méthode, si ce n'est le traitement par l'acide osmique et le picro-carmin, qui montre bien la distinction qu'il y a lieu de faire entre les sphères hyalines et les gouttelettes homogènes du vitellus.

Quand on examine les mêmes œufs durcis par l'acide nitrique à 3 %, soumis ensuite à l'action des alcools et colorés par le carmin boracique ou la fuchsine, on observe dans le vitellus des tâches claires, homogènes, parfaitement incolorées, les unes à contours très pâles, les autres un peu mieux délimitées. Elles sont plus volumineuses dans la masse médullaire. Il s'agit encore là bien certainement des sphères hyalines et des gouttelettes homogènes; mais il est difficile de les distinguer les unes des autres. Elles ne montrent aucune affinité, ni pour le carmin boracique, ni pour les couleurs d'anhiline (pl. XIII, fig. 78). Dans les préparations faites en traitant les œufs par l'alcool au tiers, puis par l'alcool à 70, en colorant par le carmin boracique et montant dans la glycérine, les sphères sont très peu apparentes : elles ne prennent pas du tout la matière colorante; tout le vitellus paraît formé d'une masse granuleuse et réticulée; on y distingue cependant les grandes tâches claires que l'on voit sur le vivant et qui sont dues à la présence des sphères hyalines et des gouttelettes homogènes (pl. XIII, fig. 75).

Avant d'aller plus loin je dois dire un mot des modifications que subissent les sphères hyalines après l'imprégnation. Les préparations à l'acide osmique colorées par le picrocarmin peuvent seules nous renseigner à cet égard, car aucune autre méthode ne permet de les distinguer des gouttelettes homogènes, avec lesquelles elles se confondent en apparence, quand on examine l'œuf vivant.

Les sphères hyalines diminuent de volume; elles deviennent plus réfringentes: leur forme devient irrégulière; elles deviennent confluentes; elles finissent par disparaître complètement; bien longtemps avant l'élimination du premier globule polaire on n'en distingue déjà plus de traces. Tandis que les sphères perdent de plus en plus de leur importance, les gouttelettes homogènes s'étendent; elles deviennent çà et là énormément volumineuses; peut-être aussi leur composition chimique se modifie-t-elle. En même temps qu'elles subissent cette sorte de dégénérescence qui, à en juger par la réfringence qu'elles acquièrent, pourrait faire supposer qu'elles se transforment en graisse, les sphères hyalines subissent une sorte de concentration vers la vésicule germinative, autour de laquelle elles se groupent en une masse obscure; cependant on ne trouve pas seulement les sphères dégénérées autour du noyau de l'œuf; on en voit aussi dans les lames protoplasmiques qui séparent entre elles les gouttelettes homogènes. A raison de la réfringence qu'acquièrent les sphères en voie de dégénérescence, les parties de l'œuf où elles s'amassent se montrent plus obscures que celles qui en sont dépourvues. C'est tout d'abord la couche corticale du vitellus qui s'éclaircit, ce qui résulte de la concentration des sphères autour de la vésicule germinative. Tantôt cette concentration se fait uniformément, auquel cas toute la périphérie du corps ovulaire se trouve débarrassée en même temps de sphères hyalines; ces éléments réunis au milieu du vitellus y constituent un noyau obscur arrondi; tantôt la concentration se fait irrégulièrement et l'on voit alors le noyau central se prolonger en un certain nombre de rayons obscurs qui, en quelques points, peuvent atteindre la surface de l'œuf. Le noyau sombre qui renferme la vésicule germinative diminue rapidement de volume: les rayons qui en partent deviennent de moins en moins apparents et tout le vitellus finit par s'éclaircir; la dissolution des sphères hyalines en est la cause.

Il est à remarquer que le corps réfringent du spermatozoïde prend peu de temps, après la pénétration dans le vitellus, une forme arrondie, ovale ou même sphéroïdale. Ce corps présente alors une apparence très semblable à celle d'une sphère hyaline en dégénérescence. Quand, par suite de son épaississement, la couche périvitelline s'oppose à la pénétration du carmin dans le vitellus, les sphères hyalines ne se colorent

plus ni en rose ni en brun, mais en jaune. Il en est de
même du corps réfringent du zoosperme. C'est probablement la
présence des sphères hyalines dans le vitellus et leur ressemblance avec le corps réfringent du spermatozoïde, qui ont
fait croire à plusieurs auteurs, à Meissner (22) en particulier,
qu'il entre plusieurs spermatozoïdes dans le vitellus. Tous ces
éléments réfringents, aussi bien ceux qui à un moment donné
font partie du vitellus que celui qui existe dans le zoosperme,
ont été pris pour de la graisse. De là l'opinion erronée que
les zoospermes disparaissent dans le vitellus par dégénérescence graisseuse et qu'il en entre plusieurs.

Peu de temps après la pénétration du zoosperme les sphères
hyalines ont complètement disparu et le vitellus est devenu
plus clair : on n'y distingue plus alors, indépendamment
des grandes gouttelettes homogènes, que les corpuscules réfringents disséminés dans les trabécules protoplasmiques, interposés entre les gouttelettes. L'aspect de l'œuf a complètement
changé.

Corpuscules réfringents. — La substance vitelline interposée entre les sphères et les gouttelettes, aussi bien que la
couche continue de cette substance qui constitue le revêtement superficiel du corps ovulaire, sont fortement chargées de
corpuscules réfringents. Ces corpuscules sont de volume très
variable : on trouve toutes les transitions possibles entre de
petits granules punctiformes et des corpuscules mesurant
jusques 0,007 à 0,009^{mm}.

Leur forme est tantôt circulaire, tantôt ovalaire, tantôt
allongée en bâtonnet; souvent elle est irrégulière. Ils sont
très brillants et présentent des reflets verdâtres. Ils ne
paraissent par homogènes, mais plutôt punctués, comme
s'ils étaient de petits grumeaux de granules punctiformes
agglutinés par un ciment de même réfringence que les granules eux mêmes. Ils conservent fort bien, dans les préparations à l'acide nitrique, montées dans la glycérine, les caractères qu'ils présentent sur le vivant. Il en est de même,

au début, dans les préparations à l'acide osmique montées dans
la glycérine. Mais avec le temps ils perdent dans ces dernières préparations leur aspect primitif, ils se résolvent en
petites granulations. Ils ne se colorent pas en noir par
l'acide osmique; ils ne se dissolvent pas dans l'alcool, quand
ils ont été soumis au préalable à l'action de l'acide nitrique;
mais dans les œufs montés dans la glycérine, après avoir été
soumis directement à l'action de l'alcool et colorés par le
carmin boracique, on ne les retrouve plus. Il en résulte que
les œufs préparés de cette façon deviennent relativement
transparents. Ils disparaissent également quand on monte dans
le baume, quelque soit d'ailleurs la méthode employée pour
la préparation des œufs. Dans la couche corticale du vitellus
ces corpuscules sont souvent allignées dans une direction
radiaire; ils contribuent à donner à l'œuf la striation radiée
dont nous parlerons plus loin (pl. X, fig. 6).

Protoplasme. — Si l'on écarte par l'imagination les sphères
hyalines, les gouttelettes homogènes et les corpuscules réfringents du vitellus, il reste une charpente réticulée, un système
de couches, de lames et de poutrelles anastomosées en un
réseau; elles sont constituées par une substance finement
ponctuée et forment ensemble le corps protoplasmique de
l'œuf. Le protoplasme forme à la périphérie une couche continue et ininterrompue; de sa face interne se détachent les
lames et les poutrelles qui s'anastomosent entre elles de
façon à circonscrire des espaces d'étendue très variable, que
remplissent les éléments figurés et les gouttelettes homogènes
du vitellus. Le réseau protoplasmique se voit avec une parfaite netteté dans les préparations qui font disparaître les
sphères hyalines et les corpuscules réfringents : en montant
dans le baume des œufs durcis par l'acide nitrique, ou même
en montant dans la glycérine des œufs traités directement
par l'alcool, voire même par l'acide nitrique, on distingue
parfaitement le réseau. Cependant dans les préparations à la
glycérine d'œufs durcis par cet acide, les corpuscules réfrin-

6

gents restent fort apparents; à raison même de leur réfrangibilité ils attirent tout d'abord l'attention et ils cachent, tout au moins en partie le caractère du protoplasme. Cependant un examen attentif de semblables préparations permet de reconnaître que les corpuscules réfringents sont assez uniformément répandus dans toutes les parties du réseau; qu'on les trouve non seulement dans la couche sarcodique superficielle, mais aussi dans les trabécules qui séparent entre elles les gouttelettes et sur le pourtour de la vésicule germinative (pl. XIII, fig. 78). Les figures 75 et 80 de la même planche montrent l'apparence du réseau tel qu'il apparaît dans des œufs traités par l'alcool au tiers.

Cette composition réticulée du protoplasme, qui se maintient pendant quelque temps après l'imprégnation, dépend donc de la présence dans le corps protoplasmique de l'œuf d'un grand nombre de vacuoles d'étendue variable. Ces vacuoles sont occupées ou bien par des éléments figurés et isolables, tels que les sphères hyalines et les corpuscules réfringents, ou bien par des gouttelettes homogènes probablement liquides. Je crois ne pas me tromper en considérant ces vacuoles creusées dans la substance protoplasmique et occupées par des produits de l'activité formatrice du protoplasme ovulaire, comme parfaitement comparables aux espaces intracellulaires, remplis d'un liquide aqueux dans les cellules végétales, d'une substance de consistance gélatineuse dans une noctiluque ou un *Actinosphærium*, la cellule axiale d'un Dicyémide, les cellules endodermiques des tentacules des hydroïdes, les cellules du tissu propre de la notocorde des vertébrés, par de la graisse dans une cellule adipeuse proprement dite ou toute autre cellule en voie de dégénérescence graisseuse.

Le réticulum est extrêmement irrégulier dans les œufs d'*Ascaris megalocephala*, non seulement à raison des différences énormes que l'on constate dans l'étendue des vacuoles, mais aussi parce que leur forme varie considérablement : elles sont tantôt arrondies, tantôt polyédriques, tantôt tout à fait irrégulières. L'épaisseur des trabécules protoplasmiques varie aussi beaucoup : certaines lames sont d'une telle ténuité qu'examinées aux plus forts grossissements, elles apparaissent comme de simples lignes; d'autres sont au contraire assez puissantes. Aux points nodaux du réticulum on observe d'habitude des amas étoilés de protoplasme; leur forme et leur étendue varient; ils se continuent dans les lames et les poutrelles. Les vacuoles sont-elles circonscrites de toutes parts par des couches protoplasmiques complètes? Constituent-elles des loges fermées? Je ne suis pas en mesure de répondre à cette question, qui n'a d'ailleurs qu'une importance fort secondaire.

Si l'on examine avec soin, en se servant de grossissements suffisants (Obj. 1/18 homogène de Zeiss) et en éclairant au moyen de l'appareil de Abbe, le réseau que je viens de décrire, on constate que la substance protoplasmique est partout manifestement ponctuée. Dans les plus minces lamelles on ne distingue parfois qu'une rangée de ponctuations; dans les trabécules plus épais on en voit deux ou plusieurs courant d'habitude parallèlement les unes aux autres.

Les points sont réunis entre eux par des lignes d'une extrême ténuité : il semble que les granules punctiformes sont enfilés sur des filaments ou plutôt que les grains ne sont que des renflements parfois équidistants de fibrilles moniliformes.

La substance protoplasmique se constitue seulement en partie de ces fibrilles; entre elles doit exister une substance interfibrillaire. En effet, quand deux ou plusieurs fibrilles moniliformes courent parallèlement les unes aux autres, on distingue toujours entre elles des espaces qui ne peuvent être vides. On remarque parfois alors, que les grains équidistants se correspondent dans les fibrilles voisines, d'où résulte pour le faisceau une striation transversale manifeste. D'autre fois cette régularité n'existe pas. Je n'ai jamais pu voir d'une façon bien manifeste si les grains correspondants de fibrilles voisines et parallèles entre elles sont reliés entre eux; mais les détails de structure que révèle l'étude du protoplasme constitutif du

corps des spermatozoïdes me porte à croire qu'il en est ainsi
dans le protoplasme ovulaire, que les grains ne sont que les
nœuds au niveau desquels les fibrilles s'anastomosent entre
elles; en d'autres termes, que la charpente protoplasmique
consiste en un treillage dont les mailles sont occupées par une
substance interfibrillaire, tandis que les points de jonction des
fibrilles constitutives du treillage sont de petites nodosités
apparaissant sous forme de granules punctiformes. Il est
incontestable cependant, que, suivant certaines directions, les
éléments constitutifs du treillage présentent des dimensions
plus considérables; il en résulte l'apparition de fibrilles différentiées, souvent rectilignes, que l'on peut poursuivre parfois
sur une grande longueur.

C'est surtout suivant la direction des rayons de l'œuf que
ces fibrilles apparaissent très manifestement; ce sont elles
surtout qui déterminent la striation radiaire très apparente
de l'œuf non fécondé. Les stries sont surtout nombreuses à la
périphérie du vitellus; mais il en est qu'on peut poursuivre
très loin dans l'intérieur de l'œuf. J'ai représenté planche XIII,
figure 79, les fibrilles radiées du vitellus d'un œuf observé au
moyen du 1/12 homogène de Zeiss. J'ai laissé intentionnelle-
ment de côté l'indication du réseau protoplasmique. Dans mon
opinion ces fibrilles ne sont que des accidents du treillage
protoplasmique. Les grains sont plus volumineux suivant ces
directions et ils sont réunis entre eux par des fibrilles plus
épaisses.

Si l'on examine la surface de l'œuf au 1/18° homogène, de
façon à voir de face la couche sarcodique périphérique du vitellus, on distingue la même apparence ponctuée (pl. X, fig. 10)
et l'on reconnaît fort bien çà et là que les grains sont réunis
entre eux par des filaments excessivement tenus. Parfois on
distingue une fibrille isolée, parfois des groupes de trois, quatre
ou même d'un plus grand nombre de fibrilles parallèles. On
voit souvent aussi dans un même district deux systèmes de
stries se coupant perpendiculairement ou obliquement. Aux
points d'entrecroisement se trouvent les grains. On croirait

voir des hachures régulières faites par un dessinateur ou par
un graveur habile; les grains sont parfaitement équidistants et l'image on ne peut plus régulière. Mais il est loin
d'en être toujours ainsi : en beaucoup d'endroits les grains
sont disséminés sans ordre apparent et l'on ne parvient pas
à voir les fibrilles qui les réunissent entre eux. Les fibrilles
sont le plus souvent rectilignes; mais pas toujours. C'est ainsi
que sur le pourtour des vacuoles les grains sont souvent
allignés en courbe et même, dans les amas protoplasmiques
nodaux et dans la couche sarcodique superficielle du vitellus,
l'on distingue des lignes incurvées, brisées et même parfois
assez irrégulières.

Dans la couche superficielle du protoplasme on peut voir,
même sur le vivant, les fibrilles moniliformes radiairement
dirigées; les préparations à l'acide osmique sont parfois aussi
suffisamment démonstratives à cet égard. Mais il est à
remarquer que la striation radiaire que l'on observe déjà, en
se servant de grossissements relativement faibles, le huit de
Hartnack par exemple, dépend principalement de ce que, dans
la couche corticale de l'œuf, les corpuscules réfringents sont
disposés çà et là en séries plus ou moins régulières, dirigées
suivant le rayon de l'œuf. Il est probable que l'existence de
ces séries radiées est le résultat de la structure radiaire du
protoplasme lui-même et, au 1/18e homogène, l'existence de
fibrilles protoplasmiques radiairement dirigées est des plus
manifestes.

Éléments accidentels du vitellus. — L'apparence du vitellus
dans les œufs également murs, provenant d'une même femelle,
est à peu près identique. Mais d'une femelle à l'autre on
trouve de légères différences, quant au nombre et au volume
des sphères hyalines et aussi à la quantité de corpuscules
réfringents disséminés dans le protoplasme. D'après cela le
vitellus est plus ou moins obscur. On ne distingue pas non
plus avec la même facilité, dans tous les œufs, les poles ovulaires, les limites de la région parapolaire, les différences

entre la conche corticale. la zône intermédiaire et le noyau médullaire. Mais de plus j'ai rencontré dans tous les œufs de certaines femelles des éléments vitellins tout particuliers, qui d'habitude font complètement défaut. Je désignerai ces éléments sous le nom de *plaques à bâtonnets:* l'aspect et les dimensions de ces éléments sont éminemment variables.

A première vue on ne distingue que des tigelles ayant la même réfringence que les corpuscules réfringents dont il a été question plus haut et qui toujours çoexistent avec les *plaques à bâtonnets* (pl. X, fig. 11). Ces tigelles sont tantôt courtes, rectilignes, tronquées à leurs extrémités; d'autre fois beaucoup plus allongées et terminées en pointe soit à un de leurs bouts, auquel cas ils ressemblent à des épingles, soit plus rarement à leurs deux extrémités; d'autre fois ils sont incurvés, en forme de virgule ou de croissant; le plus souvent ils sont accouplés, de façon à simuler de petits compas à branches tantôt droites, tantôt courbes et formant entre elles un angle à ouverture très variable. Parfois les deux pointes du compas à branches incurvées se rapprochent et alors l'image rappelle vaguement celle d'un étrier. Il arrive aussi que l'on trouve trois tigelles réunies entre elles par leurs extrémités et délimitant un espace triangulaire. En examinant avec attention ces éléments isolés, à la suite de l'écrasement des œufs, on remarque que ces tigelles réfringentes constituent toujours le rebord saillant d'une petite plaque pâle, limitée par un contour très peu apparent. Ces petites plaques minces ont d'habitude un contour triangulaire, qu'elles soient planes ou incurvées. Tantôt elles sont bordées d'un côté seulement, tantôt de deux côtés, tantôt de trois côtés. Il semble que ces éléments formés du vitellus se développent aux dépens de corpuscules réfringents ordinaires, de forme ovoïde et aplatis.

L'amincissement, souvent accompagné d'une incurvation du corpuscule et d'un changement de forme, porte tantôt sur le milieu, tantôt sur un bord, le plus souvent à la fois sur le milieu et sur un bord. Il en résulte que la substance réfringente de la plaque est rejetée à la périphérie du corpuscule transformé, soit sur tout le pourtour, soit d'un côté seulement, soit de deux côtés. Cette substance constitue alors des épaississements marginaux d'une lamelle et suivant la forme affectée par la plaque, ils se présentent sous des aspects divers que nous avons comparés à des bâtonnets, des épingles, des croissants, des compas, des étriers, des triangles, etc.

Je ne sais à quoi il faut attribuer l'apparition accidentelle dans le vitellus des *plaques à bâtonnets*. Je ferai remarquer que j'ai observé ces éléments chez des femelles parfaitement fécondées et chez lesquelles les œufs se développaient tout à fait normalement.

Structure radiaire du vitellus. — Avant de quitter le vitellus je dois attirer encore l'attention sur une particularité intéressante, facile à observer, tant sur les œufs frais que dans les préparations permanentes à la glycérine ou au baume. Le vitellus montre dans toute son étendue, mais d'une manière beaucoup plus apparente à sa périphérie, une structure radiaire. Les rayons convergent vers le centre de figure de l'œuf. La vésicule germinative n'occupe pas toujours ce centre, tant s'en faut. Sans être jamais refoulé à la périphérie, le noyau est souvent très excentriquement placé. Il ne semble pas que la position de la vésicule germinative exerce aucune influence sur la direction des stries. La structure apparaît non-seulement dans l'hémisphère neutre, mais aussi dans la région parapolaire. Il n'est pas facile de se rendre compte tout d'abord de la cause de cette apparence radiée, que l'on remarque déjà à de faibles grossissements. Mais, en y regardant de près, on constate que fréquemment les corpuscules réfringents sont allignés en séries radiaires et que d'autre part les stries protoplasmiques, que j'ai attribuées à la présence des fibrilles moniliformes, dont le protoplasme ovulaire est partiellement formé, sont en majeure partie radiairement dirigées. Il est probable que l'allignement des corpuscules réfringents n'est que le résultat de la structure radiée du protoplasme. Comme je l'ai dit, c'est surtout dans les préparations alcooliques à la glycérine ou dans les œufs montés dans le baume que la structure fibrillaire du protoplasme se montre le plus nettement. Sur le vivant cette structure est en partie cachée par les corpuscules réfringents du vitellus. Cette structure radiée du vitellus est tout à fait distincte des phénomènes de structure qui apparaissent dans le protoplasme au moment de la division des noyaux.

J'ai le premier signalé cette structure radiée du vitellus dans les œufs de l'*Asteracanthion rubens*. Je l'ai constamment observée dans les œufs mûrs du Lapin, aussi bien avant la fécondation qu'après la formation des pronucleus et jusqu'au moment où l'apparition d'une étoile, à chacun des deux pôles des pronucleus conjugués, annonce l'imminence de la division de la première cellule de l'embryon. Depuis lors l'attention a été attirée sur cette même particularité, observée dans l'œuf des Echinides par Flemming. Elle a été probablement aperçue par plus d'un observateur sur les œufs d'autres animaux; il est probable que Kupffer l'a constatée dans les œufs des Ascidies; mais cette structure radiaire du corps vitellin a été confondue avec les figures radiées bien connues qui apparaissent soit autour des pronucleus, soit au moment de la formation des globules polaires, soit quand le vitellus va se diviser pour donner naissance aux deux premiers globes de segmentation.

Disque polaire et bouchon d'imprégnation. — J'en arrive maintenant à la description de cette partie de l'œuf qui avoisine le pôle d'imprégnation et qui occupe le milieu de la région parapolaire. Il est facile de constater sur la plupart des œufs mûrs l'existence de particularités de structure tout autour du pôle d'imprégnation. Mais les différentiations dont il s'agit sont beaucoup plus apparentes pendant la période de maturation, qui s'écoule depuis le moment où, détaché du rachis, l'œuf se trouve complètement libre dans la portion terminale de l'ovaire, jusqu'à l'instant où, arrivé à l'extrémité inférieure de l'oviducte, il va entrer en contact avec les zoospermes. Ces phénomènes de maturation, abstraction faite des changements que subit la forme générale de l'œuf, consistent principalement dans les différentiations de la substance vitelline au pôle d'imprégnation. C'est pourquoi je rattacherai à la description du disque polaire et du bouchon d'imprégnation l'étude de l'ensemble des changements que l'œuf subit en passant à travers l'oviducte.

Les œufs retirés de la portion inférieure de l'ovaire présentent une forme différente de celle qu'ils affectent dans l'oviducte. Ces œufs ont la forme de massues : renflés à une extrémité en une sorte de tête, ils se prolongent vers l'autre extrémité en une queue qui présente à peu près dans toute sa longueur la même largeur (pl. X, fig. 1.) La queue se termine par un bout arrondi. La limite entre la tête et la queue est souvent marquée par un étranglement circulaire qui devient plus apparent dès que l'axe de l'œuf commence à se raccourcir (fig. 2). Le vitellus présente déjà la même composition que dans l'œuf mûr : les sphères hyalines, les gouttelettes homogènes, les corpuscules réfringents et même le protoplasme ovulaire, ne subissent pendant la première période de la maturation aucun changement. Cependant, la structure radiaire du vitellus affecte ici une apparence particulière qui se rattache à la forme différente des œufs. Les stries radiaires semblent converger non pas vers un point central, mais vers un *axe central*. Dans la queue les trainées linéaires de corpuscules réfringents, vues à la coupe optique, au lieu d'être normales à la surface sont au contraire très obliques et quand on les observe, en installant le foyer du microscope sur la surface, la striation parait à peu près parallèle à l'axe de l'œuf (pl. X, fig. 1). Il en est à peu près de même dans cette partie de la tête qui avoisine immédiatement la naissance de la queue.

La compression établit de la façon la plus certaine l'absence de toute membrane vitelline : la couche périphérique du vitellus ne paraît guère présenter plus de consistance que le reste du corps ovulaire. Ce qui frappe surtout c'est que la substance constitutive de la queue est beaucoup plus claire,

colore plus également dans toute son épaisseur : tandis que
sa partie profonde montre une grande affinité pour la matière
colorante, sa couche superficielle reste à peu près incolore
(fig. 4). Je donnerai respectivement à ces deux couches constitutives du disque les noms de *couche chromophile* et *couche
achromophile*. La couche chromophile est beaucoup plus puis-
sante que l'autre. Bien distinctes l'une de l'autre au stade
représenté par la figure 4, elles passent insensiblement l'une
à l'autre aux phases plus jeunes de l'évolution. A la phase
représentée figure 4 on remarque que la couche achromophile
est loin de présenter partout la même épaisseur; elle est fort
épaissie à son milieu, amincie suivant ses bords. L'une et
l'autre montrent distinctement la striation signalée plus haut.
Cette striation est due à la structure fibrillaire du disque et
chaque fibrille présente dans sa longueur un certain nombre
de renflements allongés équidistants. Les renflements des
fibrilles voisines sont allignés les uns à côté des autres, de
façon à former ensemble une ou plusieurs lignes transversales
parallèles à la surface.

A mesure que le développement progresse, que la queue se
raccourcit et que l'œuf approche davantage de sa forme ovoïde
l'étendue du disque polaire diminue, et en même temps son
épaisseur augmente (fig. 8, 9 et 5). C'est surtout à son milieu
qu'il s'épaissit beaucoup; ses bords restent plus minces. Peu
à peu il prend l'apparence d'une lentille planconvexe ou
même d'une lentille biconvexe. Il montre toujours sa striation
caractéristique et il conserve jusqu'ici la même affinité pour
les matières colorantes. Sur le vivant on remarque maintenant
une saillie centrale, limitée par un contour très pâle et un peu
irrégulier; elle est formée d'une substance claire et hyaline,
chargée de quelques granulations; on n'y distingue plus la
striation. Cette saillie est d'autant plus étendue et d'autant
plus mince que l'œuf est plus jeune (fig. 8 et 9).

Dans le stade représenté figure 9 on remarque que le disque
polaire proprement dit est aminci à son milieu et si l'on compare les figures 8, 15 et 9 aux dessins 3 et 4, il semble que la

substance formant saillie au centre du disque n'est autre chose que la couche achromophile qui s'est peu à peu épaissie à son milieu aux dépens de ses bords. Les œufs représentés figures 8 et 9 montraient clairement que la striation du disque ne s'étend plus jusqu'à la surface même du disque : une mince couche superficielle se continuant sur le pourtour du disque avec une enveloppe sarcodique (sarcode-enveloppe de Fol) que l'on constate tout autour du vitellus est dépourvue de striation (pl. X, fig. 9). Cette couche et la sarcode-enveloppe sont, à n'en point douter, la membrane vitelline en voie de formation. La saillie centrale du disque se trouve en continuité avec cette couche homogène (fig. 9). La figure 5 nous montre un œuf du même stade traité par l'acide osmique et le picro-carmin. Le disque polaire est coloré en brun, dans toute son épaisseur. Plus de trace de la couche achromatique. Le disque, déprimé à son centre, y est interrompu dans toute son épaisseur. L'interruption centrale est occupée par une substance un peu plus claire, granuleuse et dépourvue de striation. Cette substance occupe le fond de la dépression centrale du disque où elle constitue une très légère saillie. Cette sorte de bouchon fermant l'orifice que présente à son centre le disque polaire se colore légèrement en brun ; il s'élargit sous le disque, qui se reconnaît facilement à sa striation et l'on y voit des corpuscules réfringents et une sphère hyaline empâtée dans la substance du bouchon. Cette sphère se fait remarquer par une plus grande affinité pour le carmin. C'est à ce bouchon que j'ai donné le nom de *bouchon d'imprégnation*. Nous verrons en effet que c'est au point où le bouchon se trouve à nu, au centre du disque polaire, qu'un zoosperme vient s'unir au vitellus. Le bouchon d'imprégnation occupe l'un des pôles de l'œuf ; c'est par ce seul et unique point de la surface du vitellus que la pénétration d'un spermatozoïde peut d'effectuer.

Dans les limites du disque polaire le contour de l'œuf est marqué par une ligne très nette et brillante (fig. 5). Il n'en est pas de même au niveau du bouchon d'imprégnation : son contour externe est très pâle, et le plus souvent un peu

irrégulier et saillant à la surface du vitellus. Si l'on soumet
à la compression des œufs de ce stade, c'est invariablement
par le centre du disque polaire, par le trou occupé par le
bouchon d'imprégnation que se fait l'écoulement du vitellus;
et si l'on observe d'une façon continue, pendant que l'on exerce
sur l'œuf une pression de plus en plus forte, on voit peu à peu
la substance vitelline sortir par ce point, sans que jamais il se
produise rien qui ressemble à une brusque déchirure. Alors
même que l'on a pris toutes les précautions possibles pour
éviter la compression des œufs, l'on voit fréquemment la
substance du bouchon former à l'extérieur de l'œuf une forte
saillie en forme de gouttelette et l'on distingue alors, avec
une parfaite netteté, l'interruption centrale du disque polaire.
Le bouchon d'imprégnation remplit complètement cette interruption qui a l'apparence d'un trou ou d'un canal (pl. XI,
fig. 32). Il ressort de tout ce j'ai vu que la membrane vitelline
qui se développe sur tout le pourtour de l'œuf jusques et y
crompris le disque polaire s'arrête sur le pourtour du bouchon
d'imprégnation : au niveau du bouchon il ne se forme pas de
membrane, le protoplasme s'y trouve à nu. La membrane
vitelline présente donc au pôle d'imprégnation une solution
de continuité destinée à permettre l'entrée d'un spermatozoïde, un véritable micropyle; mais le bouchon protoplasmique
qui occupe le trou se continue avec la membrane vitelline
(pl. X, fig. 9). Quant à la formation du bouchon d'imprégnation, voici ce que je crois pouvoir conclure des faits que j'ai
observés et que j'ai spécifiés ci-dessus. La partie médiane de
la couche achromophile du disque s'épaissit de plus en plus
à son milieu aux dépens de sa portion marginale, qui s'amincit
progressivement pour se transformer peu à peu en membrane
vitelline. L'épaississement central de cette couche marche
parallèlement avec l'amincissement de plus en plus marqué du
centre de la couche chromophile. Celle-ci devient le disque
polaire proprement dit; elle finit par s'interrompre à son
milieu et l'interruption, dès le moment où elle apparait, se
trouve occupée par la substance achromatique qui devient le

bouchon d'imprégnation. Le seul doute qui me reste sur la réalité de ce mode de genèse du bouchon d'imprégnation résulte de ce que dans plusieurs œufs, arrivés au stade représenté figure 5, la substance du bouchon était manifestement colorée en brun, tandis que la couche achromophile, aux stades plus jeunes, ne montre aucune affinité pour les substances colorantes. Mais cette raison ne me paraît pas suffisante pour mettre en échec mon explication. Nous verrons en effet que l'affinité du disque polaire pour le carmin, si manifeste pendant la maturation de l'œuf, cesse d'exister dès que l'œuf atteint sa maturité complète.

Avant d'aborder l'examen des caractères du disque polaire et du bouchon d'imprégnation dans l'œuf arrivé à maturité complète, je dois attirer un instant l'attention sur la composition générale de l'œuf aux stades représentés figure 3 et suivantes. La limite du disque est marquée d'habitude par un étranglement circulaire de la queue de l'ovule. De là, à la surface de l'œuf, un cercle ayant pour centre le pôle d'imprégnation et plus tard le bouchon d'imprégnation. Celui-ci occupe un orifice, également circulaire, creusé au milieu du disque polaire. La région parapolaire se trouve réduite à un anneau limité à l'extérieur par le cercle parapolaire, l'ancienne limite entre la tête et la queue de la massue ovulaire, à l'intérieur par le bord du disque polaire. Plus l'œuf approche de sa forme ovoïde, moins ces limites sont marquées : les étranglements circulaires tendent à disparaître. Voir les figures 5 et 6. Par suite de l'enveloppement progressif de la masse médullaire par la couche corticale l'étendue de l'anneau parapolaire diminue.

L'on peut constater sur beaucoup d'œufs frais que l'aspect du vitellus sous-jacent au disque polaire présente des caractères particuliers; d'autre part, c'est la partie centrale de la masse médullaire qui devient la plus sombre; c'est à elle que j'ai donné plus haut le nom de noyau médullaire. Il semble que ce noyau se trouve relié au disque polaire par la partie faiblement différentiée du vitellus sous-jacente à ce disque.

Il en résulte que l'anneau parapolaire se prolonge dans l'intérieur de l'œuf en une couche intermédiaire, interposée entre la couche corticale et le noyau médullaire. Le disque polaire lui, se prolonge vers l'intérieur dans le noyau médullaire occupant la concavité délimitée par la couche intermédiaire.

Enfin le bouchon d'imprégnation occupe le centre du disque polaire et s'étend vers l'intérieur de façon à remplir la solution de continuité que présente à son centre le disque polaire.

Il en résulte pour l'ensemble de l'œuf une composition stratifiée, d'un caractère particulier. Les strates sont concentriques au bouchon d'imprégnation, qui occupe le pôle principal de l'œuf. Les strates, au nombre de trois, affleurent toutes à la surface : les deux internes viennent constituer superficiellement des anneaux concentriques, le disque polaire et la région parapolaire ; la plus externe a l'apparence d'une calotte hémisphérique. On pourrait comparer l'œuf à un système de cônes emboîtés les uns dans les autres.

La vésicule germinative occupe toujours primitivement le milieu de la couche intermédiaire ; elle confine au noyau médullaire et parfois proémine dans ce dernier. Si donc l'on envisage les couches dont se compose le vitellus, on constate que les strates du vitellus sont centrés vers un point de la surface, le pôle d'imprégnation. D'autre part la structure du vitellus indique une composition radiaire dirigée vers le centre de figure de l'œuf.

Quand l'œuf est arrivé à maturité le disque polaire, plus réduit encore qu'aux stades précédents, est difficile à distinguer et cela pour trois raisons : 1° il ne se colore plus par le picrocarmin ; 2° sa structure fibrillaire est devenue beaucoup moins apparente ; souvent même on n'en distingue plus de traces ; 3° enfin sa substance se charge de corpuscules réfringents, voire même de sphères hyalines (pl. X, fig. 6). Si l'on se rappelle en outre que le disque ne forme plus qu'une très légère saillie à la surface, que les étranglements marquant les limites du disque et de la région parapolaire ne sont plus que vaguement indiquées, que le bouchon d'imprégnation n'est plus guère saillant dans beaucoup de cas et que la substance qui constitue le bouchon renferme aussi le plus souvent des éléments figurés du vitellus, on comprendra que pour se rendre compte de la structure de l'œuf mûr il est absolument indispensable de suivre les phases successives de la maturation. Mais quand on a suivi pas à pas ces modifications l'on retrouve facilement dans l'œuf devenu ovoïde les diverses particularités de structure que j'ai signalées et figurées, et telles qu'on les observe après l'action de l'acide osmique et du picrocarmin (fig. 6).

Il est à remarquer qu'aux stades antérieurs le disque polaire et par conséquent le pôle d'imprégnation se trouvent toujours à l'extrémité d'un petit axe de l'ovoïde ovulaire (fig. 5). Dès les premières phases du développement de l'ovoïde cette particularité est déjà manifeste. L'œuf représenté figure 2 montre déjà la transformation de la tête de la massue en un ovoïde donc le grand axe est perpendiculaire à l'axe de la queue. Au contraire, dans l'œuf arrivé à maturité complète, le bouchon d'imprégnation se trouve généralement à l'extrémité du grand axe de l'ovoïde. Ce fait s'explique facilement si l'on admet que l'ovoïde primitif s'allonge dans le sens de son petit axe ou axe principal et qu'il se raccourcit dans la direction opposée. L'axe morphologique de l'œuf mûr, qui se confond d'habitude avec son axe de figure, répond donc à l'axe primitif de l'œuf, au moment où il présente la forme d'une massue. ou, si l'on veut, à l'axe de la queue ovulaire.

Le seul auteur qui, à ma connaissance, ait attiré l'attention sur l'existence de deux pôles ovulaires chez les nématodes est Auerbach. " *Bei genauerer Betrachtung zeicht sich nämlich, dass die beiden Pole des befruchteten Eies nicht gleichwerthig sind, vielmehr von vorn herein differentiell charakteristische Eigenthümlichkeiten darbieten, welche sich einerseits auf frühere Verhältnisse unmittelbar vor und während der Befruchtung zurückführen lassen, andererseits in gesetzmässigen Beziehungen zum weiteren Verlaufe der Dinge stehen, insofern der Gegensatz der beiden Pole maassgebend wird für die besondere Entwickelungsrichtung der entsprechenden Dotter-Abschnitte.*„(2)

7

L'une des extrémités de l'œuf, l'auteur l'appelle le pôle antérieur, est un peu plus étroite que l'autre, aussi bien chez *Ascaris nigrovenosa* que chez *Strongylus auricularis*; chez cette dernière espèce le vitellus y est plus clair et moins chargé de granules vitellins. C'est toujours à ce pôle que se trouvent les globules polaires; c'est ce pôle qui devient l'extrémité antérieure de l'embryon; c'est à ce pôle que l'activité vitale est la plus grande. Mais Auerbach n'a pas recherché jusqu'à quel point la structure du vitellus présente des différences aux deux points qu'il appelle les pôles ovulaires : il ne s'est pas occupé de la constitution de l'œuf antérieurement à la copulation des produits sexuels; aussi n'a-t-il rien vu ni des couches qui entrent dans la composition du vitellus, ni des anneaux polaires, ni du bouchon d'imprégnation, ni du micropyle. Par contre ses excellentes observations sur les phénomènes consécutifs à l'imprégnation, dans leurs rapports avec les pôles ovulaires, présentent le plus haut intérêt.

Eschricht (22) a figuré il y a bien longtemps déjà, dans deux opuscules peu connus qui me sont tombés accidentellement entre les mains, quelques-unes des phases par lesquelles passe la massue ovulaire avant de devenir ovoïde.

Les figures 10 et 11, *a, b, c* et *d* m'ont vivement intéressé. Les observations de Eschricht ont porté sur l'*Ascaris lumbricoïdes*. L'auteur n'a rien signalé, ni rien figuré de ce qui se rapporte aux différentiations du corps ovulaire, au voisinage du pôle d'imprégnation; mais je crois reconnaître dans deux de ses figures (fig. 11, *a* et *c*) qu'il a constaté que la queue de la massue est formée d'une substance plus sombre que la tête de l'œuf. Eschricht est le seul auteur, à ma connaissance, qui ait reconnu, quelques-unes des particularités qui caractérisent la première période de la maturation de l'œuf.

J'ai des raisons de croire que le " Dotterhügel „ signalé par Selenka (13) dans l'œuf d'un Echinide, le *Toxopneustes variegatus*, et que Flemming (14) a retrouvé chez le *Toxopneustes lividus* répond à ce que j'ai appelé le bouchon d'imprégnation.

W. Müller (23), Calberla (24), Kupffer et Benecke (25) ont décrit dans l'œuf des Lamproies des différentiations polaires qui ne laissent pas que de présenter des analogies frappantes avec le disque polaire et le bouchon d'imprégnation. Je reviendrai plus loin sur ces rapprochements que je crois pouvoir établir entre ces observations faites dans différents groupes du règne animal, et celles dont je viens de rendre compte.

MEMBRANE VITELLINE.

Dans les nombreux travaux dont l'ovogénèse des nématodes a été l'objet, la question de savoir si, au moment de sa maturité complète, l'œuf est entouré ou non d'une membrane vitelline a été ardemment discutée. Meissner (26) a soutenu qu'à l'instant où il se détache du rachis et même longtemps avant sa libération, l'œuf ovarien est pourvu d'une membrane distincte. Au point de sa surface par lequel il était fixé au rachis, l'œuf présenterait dans sa membrane une solution de continuité et c'est par cet orifice, que Meissner appelle un micropyle, que se ferait l'entrée des spermatozoïdes. L'existence de cette membrane et de son orifice micropylaire a été niée par la plupart des auteurs qui, soit avant, soit après Meissner, se sont occupés de l'ovogénèse, chez les nématodes. En ce qui conserve la présence d'une vraie membrane autour de l'œuf mûr Bagge (27), Reichert (28) et Schneider (29) partagent l'opinion de Meissner, tandis que Nelson (30), Thompson (31), Bischoff (32), Munk (33), Claparède (34), Leuckart (35), Auerbach (2) et Bütschli (1) nient qu'il existe aucune membrane avant la fécondation. Claparède admet, il est vrai, qu'avant l'imprégnation le vitellus est entouré par une couche sarcodique plus consistante que le protoplasme sous-jacent; mais il affirme que cette enveloppe plotoplasmique passe insensiblement au vitellus et qu'elle ne mérite pas, par conséquent, le nom de membrane. En ce qui concerne l'*Ascaris megalocephala* le doute n'est pas possible : comme je l'ai dit plus haut, les œufs sont absolument dépourvus

de toute membrane, non seulement dans l'ovaire, mais aussi
dans toute la partie supérieure de l'oviducte et le micropyle,
tel que l'entendait Meissner, résultant de la rupture du pédicule qui dans l'ovaire relie l'œuf au rachis, n'existe certainement pas.

Mais il ressort des recherches dont les résultats sont consignés dans le présent travail que les œufs subissent, pendant
leur passage à travers l'oviducte, une série de changements
importants et que, quand ils sont arrivés dans la partie
inférieure de ce conduit, ils montrent des particularités de
structure, dont il n'existait pas trace dans l'ovaire. La conclusion négative formulée si dessus en ce qui concerne la présence
d'une membrane vitelline autour de l'œuf retiré de la partie
terminale de l'ovaire ne peut donc être appliquée *hic et nunc*
à l'œuf arrivé dans le voisinage de l'uterus et tel qu'il se
trouve constitué au moment où il arrive en contact avec les
zoospermes. Il est impossible d'arriver, par l'examen pur et
simple de la coupe optique des œufs, à aucune certitude. Le
contour des œufs retirés de la partie inférieure de l'oviducte
est marqué par une ligne très foncée; mais le vitellus est-il
à nu ou bien une mince membrane se trouve-t-elle intimement unie à sa surface? Il n'est pas facile de trancher
cette question. Si l'on soumet à une pression croissante un
certain nombre de ces œufs, l'on ne tarde pas à voir le
vitellus sortir par un point déterminé de la surface. Quelque
soit l'intensité de la pression, c'est toujours par un point
unique, et toujours par le même point, que le vitellus s'écoule;
ce point répond exactement au pôle d'imprégnation. Il n'en
est pas ainsi si l'on traite de la même manière des œufs retirés
de la portion inférieure de l'ovaire ou de la moitié supérieure
de l'oviducte. Soumis à la pression exercée sur eux par le
couvre-objet, quand on soutire peu à peu le liquide qui les tient
en suspension, ces œufs ou bien se désaggrègent complètement
après s'être étalés en une surface de plus en plus étendue, ou
bien plusieurs déchirures se produisant simultanément, les
éléments formés du vitellus s'écoulent par plusieurs points

à la fois. Il est donc certain qu'au moment où il est sur le point de recevoir le zoosperme qui doit le féconder, l'œuf est entouré par une couche résistante, qui n'existe pas encore au moment où il se détache du rachis ovarien et cette couche présente un point de résistance minimum qui répond au pôle d'imprégnation. La présence de cette couche périphérique résistante est encore démontrée par une autre observation. Si l'on traite de la même façon, sur une série de porte-objets placés les uns à côté des autres, des œufs de la portion terminale de l'ovaire, des œufs de la portion supérieure de l'oviducte, des œufs de la portion moyenne de l'oviducte, enfin des œufs de la portion inférieure de ce canal, soit par l'acide nitrique, soit par l'acide osmique, et si, après avoir coloré de la même manière et pendant le même temps, on substitue lentement, au picrocarmin par exemple, de la glycérine diluée, les œufs de la partie inférieure de l'oviducte restent sphériques ou ovoïdes, tandis que les autres perdent leur contour régulier; ils se rattatinent légèrement au moment où ils sont atteints par la glycérine. Le contour des œufs mûrs n'est pas seulement beaucoup plus régulier, mais il est aussi beaucoup plus foncé, comme si leur vitellus était devenu plus réfringent.

Si l'on observe la surface des œufs mûrs (*) pendant la compression ou bien et surtout, quand après avoir exercé une pression assez marquée, on diminue tout-à-coup cette pression, on remarque qu'il se produit dans la couche superficielle du vitellus des plis très marqués dont la direction est loin d'être constante, mais qui sont on ne peut plus apparents. Ces plissements de la surface se voient aussi très bien dans les préparations à la glycérine d'œufs légèrement comprimés au préalable.

Mais les faits que je viens de citer, s'ils prouvent l'existence

---

(*) Le mot mûr est employé ici pour éviter la périphrase « œuf prêt à recevoir le zoosperme » ou « œuf retiré de la portion inférieure de l'oviducte » ou encore « œuf arrivé à la fin de la première période de sa maturation. »

À la périphérie du vitellus d'une couche superficielle différentiée, douée d'une certaine résistance et assez consistante
pour donner lieu à des plis, ne démontrent nullement l'existence d'une membrane isolable et nettement séparée du protoplasme vitellin. Il n'est pas facile de trancher la question de
savoir si, avant la fécondation, une telle membrane recouvre le
vitellus. Ce qui n'est pas douteux, c'est que, aussitôt qu'un
zoosperme est venu se fixer au pôle d'imprégnation, et bien
avant qu'il n'ait pénétré dans le vitellus, une semblable membrane parfaitement isolable a fait son apparition. Elle se décole
avec la plus grande facilité du vitellus sous-jacent et se soulève
tout autour du pôle d'imprégnation, de façon à simuler un
verre de montre qui serait appliqué par ses bords sur une
sphère à grand rayon de courbure (pl. XI, fig. 35, 36, 37).
Il est certain que la formation, dans la moitié inférieure de
l'oviducte, d'une couche résistante à la périphérie du vitellus
prélude à l'apparition de cette membrane vitelline. Mais
l'achèvement de l'enveloppe coïncide-t-il avec l'instant où le
zoosperme vient s'unir à l'œuf ou bien précède-t-il la copulation de l'œuf avec l'élément spermatique?

Dans quelques cas, rares il est vrai, j'ai observé avec
certitude, dans des préparations d'œufs mûrs ne montrant
aucun zoosperme, et cela aussi bien sur le frais que dans des
préparations permanentes, des œufs montrant la membrane
vitelline parfaitement isolée et soulevée au-dessus de la surface du vitellus. Normalement cette membrane est intimement
appliquée sur le corps vitellin, non-seulement avant, mais
aussi après la copulation; mais il n'est pas douteux que cette
membrane ne se complète indépendamment de la fécondation;
qu'elle est assez complètement différentiée pour pouvoir être
isolée avant la réunion des produits sexuels; mais que le
décolement artificiel se produit bien plus facilement après
qu'avant l'union du zoosperme avec l'œuf.

Que la formation de la membrane vitelline constitue un
phénomène de maturation et non pas une conséquence de
l'imprégnation, cela résulte avec évidence de ce fait que chez

les femelles qui n'ont pas été fécondées, qui ne renferment aucun zoosperme dans leurs organes sexuels, tous les œufs, dans la partie supérieure de l'uterus, montrent une membrane vitelline isolable, tout comme si la fécondation avait eu lieu.

Quand on comprime des œufs murs, mais non encore fécondés et que, après l'expulsion d'une partie du vitellus par le pôle d'imprégnation, on diminue la pression, d'habitude l'œuf revenant sur lui-même prend une forme irrégulière; le plus souvent il ne laisse pas apercevoir la membrane vitelline; celle-ci encore unie au vitellus sous-jacent suit tous les mouvements du corps vitellin. Mais ça et là se voit un œuf dans lequel le vitellus, au moment de la rétraction, se décole de la membrane. Dans ce cas l'on constate généralement aussi des déchirures de la membrane vitelline. Le décolement artificiel que l'on voit quelquefois se produire, à la suite de la compression, s'observe aussi, dans des préparations d'œufs frais non comprimés, par suite de l'infiltration de liquides venus de l'extérieur.

Il est probable que les œufs dans lesquels on observe ces soulèvements partiels de la membrane vitelline sont déjà altérés, probablement morts ou sur le point de mourir. Ce qui tend à le prouver c'est que l'on observe beaucoup plus fréquemment ces décolements, si l'on s'adresse à des femelles refroidies depuis vingt quatre heures par exemple, que si l'on examine des œufs de femelles aussitôt après qu'elles ont été retirées du cheval. Mais si le décolement indique que l'on n'a pas à faire à des œufs normaux, personne n'admettra cependant que la formation de la membrane vitelline puisse être le résultat d'une altération port-mortem.

La circonstance que l'on peut voir une mince membrane, parfaitement isolée, dans des œufs murs de femelles fécondées, soit quand on les soumet à la compression, soit quand, par suite d'un commencement d'altération, des liquides infiltrés ont pénétré dans ces œufs, démontre irréfutablement que la membrane vitelline se trouve déjà complètement constituée avant le moment où s'opère la copulation des produits sexuels.

Le fait que cette membrane se forme aussi chez des femelles stériles contribue à établir que la formation de cette membrane est un phénomène de maturation. Comme nous l'avons établi plus haut la membrane vitelline manque au pôle d'imprégnation, dans les limites de cette partie différentiée du corps ovulaire qui occupe le centre de la région parapolaire et à laquelle j'ai donné le nom de *bouchon d'imprégnation*.

VÉSICULE GERMINATIVE.

Dans les œufs en forme de massue, tels qu'on les trouve dans la portion inférieure de l'ovaire et dans la partie supérieure de l'oviducte, la vésicule germinative se trouve presque toujours placée dans l'axe principal ou tout près de cet axe, plus près du pôle neutre que du pôle d'imprégnation et toujours dans la masse médullaire. Elle occupe encore cette même position dans l'œuf mûr, à part que dans ce dernier elle est moins éloignée du pôle d'imprégnation.

Elle apparait dans l'œuf vivant comme une tâche claire de forme circulaire. Il n'est pas possible, à raison de l'opacité et de l'aspect du vitellus qui rappelle celui d'une émulsion, de reconnaître avec certitude, sur le vivant, la composition de la vésicule. A peine peut-on distinguer dans la substance claire qui la constitue un corpuscule brillant. On peut cependant, sur des œufs comprimés, se convaincre de la présence d'un semblable élément, qui n'est autre chose que la tâche germinative, que l'on appelle généralement aujourd'hui nucléole de l'œuf.

Dans les œufs traités par l'acide osmique et le picrocarmin, montés dans la glycérine picrocarminatée, la vésicule germinative apparaît avec une grande netteté; elle s'y montre uniformément colorée en rouge. Elle est approximativement sphéroïdale et, à première vue, elle parait formée d'une substance parfaitement homogène, dans laquelle ne se voit rien qui rappelle un réseau nucléoplasmique. On distingue dans chaque vésicule, un petit corps très foncé, brillant, beaucoup

plus fortement coloré que le fond de la vésicule. Il est le
plus souvent sphéroïdal, quelquefois ovoïde; sor contour
foncé est bien régulier; jamais je n'ai observé dans les préparations dont il s'agit la moindre bosselure superficielle du
nucléole.

Ce petit corps est toujours situé tout près de la périphérie
de la vésicule, au voisinage de sa membrane. Dans beaucoup
d'œufs, il est vrai, il parait logé au milieu de la vésicule;
mais il suffit de faire rouler l'œuf sur le porte objet pour
s'assurer que ce n'est là qu'une illusion dépendant de la
position que le corpuscule occupait, dans la vésicule, vis à vis
de l'observateur. Il n'occupait pas le milieu, mais se projetait
au milieu du noyau.

Le petit corps que je viens de signaler n'est autre chose
que ce que l'on désignait autrefois sous le nom de *tâche
germinative* ou *tâche de Wagner*, ce que l'on appelle aujour-
d'hui le nucléole de la cellule-œuf; mais il vaudrait mieux,
pour me rien préjuger quant à sa signification fort problé-
matique, lui donner le nom de " *Corpuscule germinatif.* „

La partie de la vésicule germinative qui entoure le corpuscule présente un aspect particulier et se distingue du reste
du noyau de l'œuf. Elle est un peu moins sombre, mais plus
vivement colorée en rouge; elle est délimitée par un contour
bien marqué; elle forme une saillie qui s'élève au-dessus de
la surface moyenne de la vésicule et cette saillie est séparée
du restant de la vésicule par un sillon circulaire. Cette portion
différentiée de la vésicule qui renferme le corpuscule germinatif a la forme d'une lentille biconvexe très épaisse. Cette
forme apparait quand on la voit suivant une coupe optique
passant par son axe (pl. X, fig. 4). Vue de face elle présente
au contraire un forme circulaire. Je donnerai à cette portion
différentiée de la vésicule le nom de " *prothyalosome* „; nous
verrons qu'elle jour un rôle important dans la formation des
globules polaires.

Presque toujours il existe dans le restant, ou " *portion
accessoire de la vésicule germinative* „ un, deux quelquefois

même trois autres corpuscules se colorant vivement en rouge comme le corpuscule germinatif, mais beaucoup plus petits que ce dernier et aussi moins réfringents. Ils se trouvent aussi, exclusivement, près de la périphérie de la vésicule (pl. X, fig. 2). Quand il n'y en a qu'un, il occupe d'ordinaire l'extrémité de l'axe de la vésicule opposée à celle qui répond au corpuscule germinatif (pl. X, fig. 3, 4, 5 et 6). Mais il n'en est pas toujours ainsi. Souvent on distingue autour du ou des corpuscules accessoires une zône circulaire différentiée et parfois même on observe que ces zônes sont légèrement soulevées en saillies, comme nous l'avons signalé pour le prothyalosome.

Je considère ces corpuscules accessoires, qui ne jouent aucune rôle important dans les phénomènes de maturation de l'œuf, comme des formations analogues à celles que j'ai désignées ailleurs sous le nom de pseudonucléoles. (10)

Dans les préparations à l'acide osmique, colorées par le picrocarmin, il n'est pas possible de distinguer, dans la vésicule germinative, ni réseau nucléoplasmique, ni membrane nucléaire.

Les œufs arrivés dans la partie inférieure de l'oviducte montrent beaucoup plus distinctement que les œufs ovariens les deux parties constitutives de la vésicule germinative, le prothyalosome et la portion accessoire. Cette dernière plus pâle, pourvue de ses pseudonucléoles, est souvent un peu irrégulière et son contour est moins foncé que celui du prothyalosome. Sa forme générale est celle d'un croissant qui, par sa concavité se moule sur la portion plus réfringente et plus fortement colorée qui loge le corpuscule germinatif. Dans ces œufs mûrs le contour externe du croissant est le plus souvent bosselé. J'ai représenté planche XIV, figure 7, a, b, c, d, e, f, divers aspects de la vésicule germinative, telle qu'elle se présente dans les œufs retirés de la partie tout à fait inférieure de l'oviducte. p. y. prothyalosome; a. corpuscule germinatif; ps. n. pseudonucléoles; c. croissant.

L'étude des œufs durcis par l'acide nitrique à 3   . colorés

par le carmin boracique ou la fuchsine et montés, soit dans
la glycérine, soit dans le baume, est des plus instructives;
elle complète les notions que l'on peut acquérir par l'examen
des préparations à l'acide osmique et au picrocarmin.

Le premier fait important que l'on constate est celui-ci :
tandis que sous l'action du picrocarmin, agissant après l'acide
osmique, tout le corps de la vésicule germinative se colore
uniformément en rouge, à tel point qu'il faut y regarder de
près pour distinguer, dans le fond vivement colorée de la
vésicule, le corpuscule germinatif et les pseudonucléoles, dans
les préparations au carmin boracique ou à la fuchsine, convenablement décolorées, le corps de la vésicule apparait complètement incolore ou à peine teinté de rose dans le vitellus
totalement dépourvu lui-même de toute trace de matière
colorante. Seul le corpuscule germinatif apparait vivement
coloré en rouge. Dans les préparations dont il s'agit les pseudonucléoles même ne sont pas colorés (pl. XIII, fig. 77 et 78).

L'existence d'une membrane autour de la vésicule germinative est tout à fait évidente, dans les œufs retirés de
l'ovaire et de l'oviducte; elle est encore très manifeste dans
les œufs arrivés à complète maturité. Les plissements superficiel qui se produisent fréquemment, sous l'action des réactifs employés ou mieux encore physiologiquement au moment
où la vésicule commence à se rattatiner, ne laissent aucun
doute à cet égard.

Le corps de la vésicule se montre constitué de deux
parties : l'une plus claire, limitée extérieurement par un
contour bien tranché et toujours régulier renferme le corpuscule germinatif; c'est le prothyalosome (pl. XIII, fig. 78).
Ses dimensions varient et on peut en dire autant de sa forme;
cependant elle est toujours convexe en dehors. L'autre, plus
sombre parait formée d'une substance plus réfringente. Il
n'est pas possible d'y distinguer aucun élément formé. Cependant beaucoup de préparations montrent que la périphérie
est constituée d'une substance différente de la substance
centrale. Celle-ci est plus claire et, comme nous allons

le voir, il y a des raisons de croire que le contenu de la
vésicule est formé par une substance plus fluide que sa
paroi. Cette différentiation en une couche corticale et un
contenu se montre avec une plus grande évidence dans des
préparations au carmin boracique, incomplètement décolorées.
Si l'on n'a pas laissé agir l'alcool acidulé pendant un temps
suffisant toute la vésicule germinative apparait colorée en rose
dans le vitellus, qui lui même a conservé une légère coloration.
On distingue alors très bien une zône corticale plus sombre et
un contenu homogène plus clair. Dans la zône corticale, dont
l'épaisseur varie d'un point à l'autre, on distingue parfois
des granulations et, en particulier, un ou quelques globules
sphériques, que je crois pouvoir identifier aux pseudonucléoles.
Toujours cette zône corticale est interrompue au point occupé
par le prothyalosome, qui parait ainsi intercalé dans cette
zône (pl. XIV, fig. 6, *a*, *e*, fig. 8). Dans un certain nombre
d'œufs de la préparation qui m'a servi à relever les particularités que je signale, le prothyalosome n'était pas visible.
Le corpuscule germinatif paraissait être à nu et intercalé
directement dans la zône corticale, interrompue au point occupé
par le corpuscule (pl. XIV, fig. 6, *d*, *f*). Je dois dire que de
toutes les préparations que j'ai faites, c'est la seule où l'existence du prothyalosome paraissait douteuse dans quelques
œufs. Mais même dans cette préparation la plupart des œufs
montraient le prothyalosome avec toute la netteté désirable.
(Même figure *a*, *e*, *f*).

Dans les œufs non mûrs la forme générale de la vésicule
est à peu près celle d'une sphère ou d'un ovoïde plus ou moins
bosselés. Mais au moment de la maturité complète cette forme
à peu près régulière est rarement conservée. La portion
accessoire affecte les formes les plus diverses et les plus irrégulières. Il semble que la tension interne qui donnait à la
vésicule sa forme sphéroïdale a cessé d'exister et que la paroi
a été refoulée de dehors en dedans par le vitellus ambiant
(pl. XIII, fig. 77 et 78). Un certain nombre de gouttelettes
homogènes suspendues dans le protoplasme vitellin, au contact

immédiat de la vésicule, proéminent dans cette dernière en refoulant sa paroi. La substance plus réfringente de la zône corticale s'étend, sous forme de prolongements, entre ces gouttelettes et la substance claire qui occupait la cavité de la vésicule diminue au fur et à mesure que le refoulement de la paroi progresse. Il semble que la vésicule se vide (pl. XIV, fig. 6, *a, b, c, f*). Il en résulte que la vésicule prend une apparence étoilée. Le nombre des rayons de l'étoile est toujours peu considérable : souvent ou n'en distingue que trois formant ensemble un T ou un Y. Le prothyalosome, peu ou point modifié, occupe le point de réunion des trois branches du T ou de l'Y. Cela dépend de ce que, dans l'immense majorité des cas, le refoulement se fait par deux grosses gouttelettes homogènes, situées l'une à droite l'autre à gauche de l'axe de la vésicule. En même temps que ce refoulement se fait la substance de la zône corticale perd de plus en plus son affinité pour les matières colorantes, ce qui se reconnaît sur les préparations incomplètement décolorées.

Le corpuscule germinatif n'apparait jamais sous la forme d'un globule sphéroïdal indivis, comme dans les préparations à l'acide osmique, mais au contraire décomposé en plusieurs parties. Dans les préparations au carmin boracique ou à la fuchsine convenablement décolorées, que les œufs aient été montés dans la glycérine ou dans le baume, ce corpuscule, vivement coloré en rouge, apparait avec une parfaite netteté, parce qu'il constitue la seule partie de la vésicule et même de l'œuf qui fixe énergiquement la matière colorante. Il réside toujours dans le prothyalosome, quelque soit d'ailleurs la forme de la vésicule. Il affecte quelquefois l'apparence d'un amas de globules colorés irrégulièrement groupés (pl. XIV, fig. 6); mais le plus souvent il se présente sous des formes régulières qu'il est facile de définir. Ces formes sont au nombre de deux.

1° Le corpuscule parait formé de deux petites plaques disposées parallèlement l'une à l'autre. Ces petites plaques se regardent par des surfaces planes ou légèrement convexes. Elles sont situées tout près l'une de l'autre. Chaque plaque paraît formée de trois globules : celui qui occupe le milieu est plus fortement coloré en rouge que les deux autres (pl. XIV, fig. 6). La face externe de chacune des plaques est trilobée, les lobes répondant aux globules, dont chacune d'elles se constitue. Du sommet de chacun des lobes j'ai vu partir quelquefois une strie achromatique, que je n'ai pu poursuivre que sur un court trajet. Dans la direction de ces stries les globules présentaient une ligne rouge, sur le trajet de laquelle se voyaient quelques épaississements (pl. XIV, fig. 6).

L'ensemble de cette figure rappelle, à certains égards, l'image d'un noyau en voie de division, où les filaments chromatiques divisés de façon à constituer deux plaques juxtaposées entre elles, au voisinage de l'équateur de la figure, seraient représentés par des globules chromatiques d'une forme toute particulière. Dans une foule de noyaux le corpuscule germinatif se présente sous la forme que je viens de définir; mais il est rare que l'on puisse distinguer les filaments achromatiques et les stries colorées des globules.

2° Le corpuscule germinatif est constitué de quatre globules adjacents, disposés autour d'un centre commun, de telle manière que les lignes réunissant les centres de deux globules opposés se coupent à angle droit. Il en résulte une figure quadrilatère bien régulière, dont les quatre angles sont occupés chacun par un globule vivement coloré. Cette image, qui se maintient sans variations dans les œufs fécondés, est bien représentée dans la figure 16 de la planche XIV. Il semble que la partie centrale de la figure est constituée par une substance moins colorée que les angles. Cette image est aussi fréquente que la première.

Comme je l'ai dit plus haut, l'on observe dans d'autres œufs un certain nombre de globules entassés et agglutinés entre eux, sans qu'il soit possible de définir leur arrangement.

Je ne puis m'expliquer les aspects divers sous lesquels se présente le corpuscule germinatif, dans les préparations dont il s'agit, qu'en admettant qu'il est formé de deux disques quadrilatères juxtaposés, composés chacun de quatre globules chro-

matiques; ces disques sont reliés entre eux par une substance
moins avide de carmin, incolore, dans les préparations fortement décolorées. Quand on voit les deux disques sur la tranche
et par un de leurs angles, on obtient l'image régulière décrite
en premier lieu; quand le disque se présente de face on
distingue les quatre globules situés dans un même plan; une
image semblable se présente quand on voit les deux disques
sur la tranche, ceux-ci tournant vers l'observateur non par
un de leurs angles, mais un de leurs côtés. Quand le corpuscule germinatif présente une orientation intermédiaire
entre les positions extrêmes que je viens de définir on ne
distingue plus qu'un entassement irrégulier de globules
colorés. Tout semble indiquer que dans l'œuf mûr le nucléole
se fragmente en un certain nombre de globules, qui se groupent régulièrement de façon à former deux disques similaires
adjacents. Mais l'adhésion entre les fragments est très faible;
il en résulte qu'ils peuvent se détacher facilement les uns des
autres. Cela ressort avec évidence de l'examen des préparations alcooliques. On observe aussi parfois la dissémination
des globules chromatiques dans le prothyolosome chez des œufs
traités par l'acide nitrique (pl. XIV, fig. 6, a). La substance
qui sert de ciment aux globules chromatiques, est moins avide
de carmin que les globules eux mêmes. Quand elle n'est pas du
tout colorée, les globules paraissent entièrement indépendants
les uns des autres. D'autrefois on voit les globules fixés aux
extrémités de pédicules formés par le ciment (pl. XIII, fig. 81
et 79). Cette dernière figure montre une constitution toute
particulière et fort exceptionnelle des globules chromatiques.

Dans les préparations à l'alcool, colorées par le carmin
boraciane, la vésicule germinative présente encore une autre
apparence. Aux plissements de sa surface on reconnait avec
une parfaite netteté la présence d'une mince membrane
(pl. XIV, fig. 1 à 5). L'hyalosome présente d'ordinaire un
contour plus foncé et plus régulier que la portion accessoire.
Dans l'hyalosome faiblement coloré en rose apparaissent des
globules vivement colorés en rouge et disséminés sans aucun

ordre apparent. Je les considère comme représentant ensemble
le nucléole fragmenté. La portion accessoire faiblement teintée
de rose, ou même incolore, présente un aspect ponctué; elle
renferme elle aussi ou un deux globules rosés, ce sont des
pseudonucléoles. Parmi les granulations qui ne se colorent
pas, les unes sont assez volumineuses, les autres punctiformes.
Ces dernières sont allignées en séries rappelant les fibrilles
moniliformes du protoplasme. On distingue çà et là de ces
filaments courant parallèlement, obliquement ou perpendiculairement les uns aux autres. On peut parfois les poursuivre
sur une assez grande longueur (pl. XIV, fig. 1, 3 et 4). De
semblables rangées régulières de granules punctiformes réunis
entre eux par des filaments très grêles se voient aussi fort
souvent dans le prothyalosome vu à sa surface. Elles donnent
lieu à une striation qui est d'autant plus manifeste que le
contour de l'hyalosome devient moins apparent (pl. XIV, fig. 4
et 5). Les stries ont une direction déterminée : quand par
suite du refoulement des parois de la vésicule suivant les faces
latérales de sa portion accessoire on voit apparaître une figure
rappelant un T majuscule, dont l'hyalosome forme la branche
horizontale, la direction moyenne des stries est parallèle à la
branche horizontale du T (fig. 4 et 5). J'ai examiné avec
le plus grand soin l'origine de ces filaments moniliformes.
Je ne doute pas qu'ils ne proviennent, au moins en partie, de
la transformation en granules de la substance qui constituait
la membrane de la vésicule.

Sur les mêmes préparations montrant exclusivement des
œufs mûrs, l'on distingue les mêmes déformations que j'ai
décrites d'après des œufs traités par l'acide nitrique. Sous
l'influence de pressions exercées par le vitellus ambiant la
vésicule germinative se déforme complètement : la membrane
est refoulée de dehors en dedans, l'espace occupé par la
vésicule, d'abord distendue et sphéroïdale, est envahi par le
vitellus et plus particulièrement par des gouttelettes homogènes, dont le volume croit rapidement, et il ne reste bientôt
de la portion accessoire de la vésicule qu'une enveloppe

rattatinée et affectant les formes les plus diverses. Cette
enveloppe, c'est la couche corticale de la vésicule. Une autre
portion plus fluide paraît être sortie par diffusion.

Étant donnés les résultats de l'examen de la vésicule
germinative, telle qu'elle se présente après les différents procédés de préparation indiqués ci-dessus, nous devons nous
demander quelle est sa constitution réelle.

Il n'est pas douteux qu'elle ne soit délimitée par une mince
membrane achromatique, qui existe encore au moment où l'œuf
est prêt à recevoir le spermatozoïde.

Elle se compose de deux parties que nous avons appelées
le " prothyalosome „ et la " portion accessoire. „

Le prothyalosome, plus petit que la portion accessoire, siège
à l'un des pôles de la vésicule. Il contient le corpuscule germinatif, formé de chromatine. Celui-ci affecte une structure
particulière : il est formé de deux disques composés l'un et
l'autre de quatre *globules*. Dans l'œuf vivant et après l'action
de l'acide osmique cette structure n'est pas apparente, ce qui
résulte probablement de ce que les globules de chromatine,
agglutinés entre eux par une sorte de ciment, moins avide de
carmin, se moulent les uns sur les autres, de façon à former
par leur ensemble une sphère. Par l'action de l'acide nitrique
les détails de cette structure apparaissent, le ciment qui réunit
les globules entre eux gonfle et les éléments constitutifs du
corpuscule se désaggrègent. Sous l'influence de l'alcool au
tiers le corpuscule principal se décompose en fragments qui
se disséminent irrégulièrement dans le prothyalosome. Des
traces d'un fuseau formé de fibrilles achromatiques s'observent au voisinage du nucléole, dès avant la fécondation.
Ces fibrilles siègent dans l'hyalosome et partent des disques
de chromatine. Je n'ai jamais trouvé dans la vésicule germinative de l'œuf rien qui rappelle les filaments chromatiques
contournés que l'on observe dans les noyaux en voie de
division et qui ont pour origine le réseau nucléaire. Cependant
la chromatine ne paraît pas exister exclusivement dans le
nucléole; il semble qu'il s'en trouve également, à l'état de

8

dissolution, dans toute l'étendue de la vésicule. La facilité
avec laquelle la vésicule toute entière se colore sous l'influence du picrocarmin semble le démontrer. La chromatine
dissoute ne parait pas identique à la chromatine qui forme
le nucléole : elle a moins d'affinité pour le carmin boracique
et pour la fuchsine : dans les préparations à l'acide nitrique,
colorées par l'une de ces deux substances colorantes et ultérieurement décolorées, le corpuscule principal seul conserve
une coloration rouge-vif, alors que le reste de la vésicule est
complètement privé de toute trace de matière colorante. Les
pseudonucléoles ont une autre composition chimique que le
nucléole. Ce dernier occupe dans la portion polaire une position
déterminée : il est toujours superficiellement placé, au contact
immédiat du vitellus. Il est accolé, je pense, à la face interne
de la membrane nucléaire.

La portion accessoire de la vésicule se constitue d'une
zone corticale plus résistante unie à la membrane, et d'un
contenu liquide, qui est soustrait à la vésicule vers le moment
où l'œuf entre en contact avec le zoosperme. La vésicule se
rattatine alors; la zone corticale est refoulée par le vitellus
ambiant, en divers points à la fois. Elle diminue considérablement de volume et prend des formes très irrégulières. Le prothyalosome conserve toujours sa forme arrondie. En perdant
cette partie probablement plus fluide de son contenu, qui
passe dans le vitellus au moment où l'œuf atteint sa maturité,
la vésicule devient moins apparente. La substance qui constitue
la membrane maintenant rattatinée de la portion accessoire
et celle qui lui forme un revêtement interne que nous avons
appelé la zone corticale se résolvent peu à peu en granules
punctiformes réunis entre eux par des fibrilles très ténues,
de façon à former un treillage fort semblable à celui qui constitue le protoplasme vitellin. La membrane du prothyalosome
subit la même transformation, mais un peu plus tard. Tous ces
changements peuvent s'accomplir avant la pénétration du
zoosperme : au moment de la conjugaison des produits sexuels
la vésicule devient d'habitude tout à fait irrégulière. Cependant

elle affecte de préférence une forme qui rappelle plus ou moins celle d'un T. La portion accessoire de la vésicule, en grande partie réduite à une lame, forme la branche verticale du T. Les grandes gouttelettes latérales qui, en se développant dans le vitellus, ont refoulé devant elles la membrane de la vésicule, ont pris en partie la place qu'occupait primitivement cette dernière. Elles restent séparées entre elles par la portion accessoire refoulée; mais celle-ci n'existe pas exclusivement entre les gouttelettes; elle se prolonge sur elles de façon à leur former une paroi hémisphérique ouverte en dehors. (Pl. XIV, fig. 2 et 4.) Ces changements de forme sont-ils purement passifs ou bien la vésicule devient-elle capable à ce moment de mouvements amœboïdes? Je ne puis avec certitude résoudre cette question. Mais j'incline à croire que la cause des changements de forme de la vésicule réside d'une part dans la sortie par exosmose d'une partie de son contenu, d'autre part dans le refoulement de sa paroi par le vitellus ambiant.

Des caractères que présentent les femelles non fécondées et les œufs qu'elles produisent

Il arrive parfois que tous les ascarides retirés d'un cheval appartiennent tous au même sexe. J'ai observé deux cas où tous étaient des femelles. Une première fois les sept ascarides que l'on m'apporta, les seuls que renfermait l'intestin du cheval dont ils provenaient, étaient tous des femelles adultes; une autre fois j'obtins dans les mêmes conditions quatre femelles.

Les organes génitaux de ces individus ne renfermaient pas de zoospermes. Tous ces individus se faisaient remarquer par des caractères extérieurs particuliers, que je n'ai jamais observés chez des femelles normalement fécondées, et ces particularités se sont montrées avec une remarquable constance chez toutes ces femelles. Elles présentaient une teinte rosée, qui s'accentua de plus en plus au contact de l'air. Le long de chacune des lignes latérales règne une bande très apparente d'un beau rouge-sang. On distingue nettement cette trainée

colorée à travers la cuticule; on croirait voir un vaisseau
sanguin. A l'ouverture du corps l'on constate que le liquide
cavitaire présente une teinte jaune-rougeâtre rappelant celle
de l'hémoglobine. M. Fraipont, que je priai de faire l'examen
spectroscopique du liquide, y reconnut les deux raies caractéristiques de l'oxyhémoglobine. J'ai observé, il y a plusieurs
années déjà, que le sang d'un nématode parasite, très commun
chez le Grand fer à cheval (*Rhinolophus ferrum equinum*), et
que mon père a décrit sous le nom de *Strongylacantha glycir-
rhiga* P. J. v. Ben. renferme toujours de l'hémoglobine.

Quand j'eus ouvert le corps de mes femelles stériles et que
j'eus étalé le tube musculo-cutané, les lignes latérales appa-
raissaient vivement colorées en rouge. La bande colorée était
subdivisée par une ligne blanche en deux cordons rouges
courant parallèlement l'un à l'autre. Tous ces phénomènes
de coloration se sont fortement accentués à l'air libre. Ils se
sont montrés avec une intensité véritablement étonnante,
après 24 heures d'exposition à l'atmosphère.

J'avais remarqué déjà antérieurement, et j'ai bien des fois
observé depuis, que chez des femelles normalement fécondées
il apparaît une teinte rosée à la suite d'une exposition pro-
longée à l'air. Mais jamais je n'ai vu cette coloration
présenter l'intensité qu'elle montrait dans les deux séries
de femelles stériles que j'ai eues sous les yeux. Je puis ajouter
encore que chez elles la couche musculaire elle même présentait une légère coloration rouge-brunâtre.

Ce ne sont pas seulement les caractères extérieurs qui
permettent de distinguer ces femelles stériles : l'aspect de
leurs organes génitaux, de leur uterus en particulier, les fait
immédiatement reconnaître. Chez ces individus les tubes
utérins ne sont jamais gorgés d'œufs, comme c'est constamment
le cas chez des femelles fécondées. Les uterus ne renferment
qu'un nombre relativement peu considérable d'œufs; les parois
ne sont pas distendues, mais au contraire affaissées et parfois
même rattatinées; au lieu d'être d'un beau blanc mat, uniforme
et pur, les uterus ont une teinte générale opalescente, tachetée

de blanc. Ces particularités doivent être attribuées probablement à un défaut d'activité sexuelle chez ces femelles stériles. Elles produisent moins d'œufs; elles n'en forment pas assez pour remplir les uterus.

Si l'on examine le contenu de ces organes on constate que les œufs arrivés dans le vagin ont un tout autre aspect qu'à l'état normal : la surface de l'œuf est couverte de papilles coniques, d'une apparence toute particulière, et le vitellus est irrégulièrement fragmenté et tacheté. La couche papillaire siège à l'extérieur d'une série d'enveloppes qui sont fort semblables à celles que l'on observe dans les œufs fécondés. La circonstance que les œufs non fécondés, après un séjour prolongé dans l'uterus, diffèrent des œufs normaux n'a rien qui doive nous étonner. Mais ce qui est fort extraordinaire, ce qu'il m'est impossible de comprendre, c'est que les œufs retirés soit de la portion inférieure de l'ovaire, soit de l'oviducte, présentent constamment, chez des femelles stériles, des particularités que l'on n'observe jamais chez des femelles fécondées. Ainsi donc, avant d'avoir atteint la région de l'organe sexuel où ils seraient fécondés, s'il s'agissait de femelles normales, ces œufs se ressentent déjà de la stérilité de leur mère.

Voici ces caractères particuliers que présentent les œufs de ces femelles pendant la période de maturation qui précède normalement le moment de l'imprégnation. Je transcris simplement les notes prises au moment où je fis l'examen de ces femelles.

Dans la portion terminale de l'ovaire et dans le quart supérieur de l'oviducte les œufs allongés ont presque tous une forme pyramidale, triangulaire à la coupe (pl. X, fig. 12). La base du triangle présente chez tous des incisures profondes, en nombre variable; il en résulte pour l'ensemble de l'œuf une certaine ressemblance avec une main : les incisures séparent entre elles des prolongements digitiformes. Au fur et à mesure qu'on s'approche de l'oviducte les œufs tendent à prendre de plus en plus complètement une forme ovoïde (pl. X, fig. 16 à 26). L'extrémité effilée de l'œuf, correspondant à l'insertion de la main, se maintient longtemps sous la forme d'une *papille conique*, dont la hauteur diminue progressivement (pl. X, fig. 19 à 25). Le grand axe de l'ovoïde est toujours perpendiculaire à l'axe de la papille; les prolongements digitiformes se raccourcissent, les incisures deviennent de moins en moins profondes; elles ne sont bientôt plus que des inégalités superficielles qui règnent suivant la face de l'ovoïde opposée à l'insertion de la papille conique. Il est facile de s'assurer par la compression que ces œufs sont totalement dépourvus de membrane.

A partir du moment où la papille conique commence à se raccourcir, son extrémité se montre constituée par un protoplasme clair et hyalin, strié normalement à la surface. Dans tous les œufs, sans exception, on constate la présence dans la masse protoplasmique hyaline de quelques globules très réfringents, beaucoup plus brillants et plus volumineux que les corpuscules réfringents disséminés dans le reste du vitellus (pl. X, fig. 13, 14, 17, 19 et suivantes); elles font immédiatement reconnaître la papille. Dans la partie inférieure de l'oviducte, et surtout dans la partie supérieure de l'utérus, la papille a perdu son apparence hyaline; elle s'est effacée, l'œuf a pris une forme ovoïde régulière (pl. X, fig. 26). La présence des globules réfringents fait reconnaître immédiatement la place qu'occupait la papille. Tandis qu'avant la maturité le cône se trouvait inséré sur l'une des faces latérales de l'œuf, il se trouve maintenant à l'extrémité du grand axe de l'ovoïde. Dès que l'on comprime légèrement l'œuf le vitellus et tout d'abord les globules réfringents sortent par un point parfaitement circonscrit de la surface : c'est le point qui répond au sommet de la papille. Je n'oserais affirmer qu'il existe maintenant une membrane isolable; mais à coup sûr le sommet de la papille constitue un point de minimum de résistance. Est-ce un micropyle? La couche corticale de l'œuf est plus claire que la masse médullaire dans laquelle on distingue vaguement la vésicule germinative sous la forme d'une tache plus claire. La papille paraît être une dépendance de la masse médullaire de l'œuf. La couche périphérique est beaucoup plus claire du côté où l'ovoïde porte les incisures. La masse médullaire ne pénètre guère dans les expansions digitiformes qui paraissent être une dépendance de la couche corticale, sinon exclusivement du moins principalement.

Il est facile de voir d'après ces notes prises au début de mes recherches qu'au fond les choses se passent ici comme pendant la maturation des œufs destinés à être fécondés. Mais jamais on n'observe dans ces derniers ni les prolongements digitiformes que je viens de décrire, ni les globules réfringents qui se trouvaient ici, d'une façon constante, dans le disque polaire ou dans le protoplasme sous-jacent à ce disque.

Il est fort difficile de comprendre comment il se fait que chez les femelles stériles les œufs diffèrent des œufs normaux avant même d'être arrivés dans cette partie du tube sexuel où s'accomplirait la fécondation, si la femelle avait été fécondée. On peut admettre que ces différences dans la constitution des œufs de l'ovaire et de l'oviducte se trouvent sous la dépendance des particularités qui se montrent dans toute l'organisation des femelles stériles et qui permettent de les reconnaître même extérieurement. Mais ce n'est point là expliquer le fait. Il est tout aussi difficile de comprendre comment l'absence de copulation, le défaut de spermatozoïdes dans l'uterus puisse influer sur tout l'organisme de la femelle. Je me borne donc à signaler cette coïncidence qui concorde pleinement du reste avec des faits que chacun constate journellement. Je veux parler de l'influence bien connue que le mariage exerce sur la plupart des jeunes filles, la transformation, l'épanouissement qu'il détermine dans tout leur habitus, alors même qu'elles ne conçoivent pas.

II. — Le Spermatozoïde dans l'Uterus.

V. Siebold a fait connaître le premier la forme toute particulière qu'affectent les zoospermes chez les nématodes. Le filament mobile qui caractérise le spermatozoïde, chez la plupart

des animaux, fait défaut chez ces vers. La forme ordinaire des
zoospermes des ascarides a été comparée à une cloche sur-
montée d'un suspensoir, à une coupe à boire, à un dé à
coudre, à une poire ou à un coin. Mais on sait depuis longtemps aussi que ces éléments n'affectent pas la même forme
dans l'organe générateur du mâle et dans l'appareil sexuel
de la femelle. Ils continuent leur évolution après leur introduction dans les organes génitaux de la femelle et ce n'est
que là qu'ils prennent l'apparence companuliforme, sous
laquelle on représente habituellement les zoospermes des nématodes. Je ne m'occuperai ici ni de la spermatogénèse, ni de la
description des zoospermes tels qu'on les trouve dans le canal
éjaculateur du mâle. Je réserve pour un autre travail l'exposé
de mes recherches sur cette importante question. Je me borne
à décrire ici les caractères des spermatozoïdes de l'uterus
chez les femelles fécondées.

Des zoospermes libres se rencontrent dans toute la longueur de l'uterus: mais c'est surtout dans la portion terminale
du tube utérin, à la limite entre l'uterus et l'oviducte qu'ils
se trouvent accumulés en extrême abondance : chez certaines
femelles tout le tube est presqu'exclusivement rempli, sur une
longueur de plusieurs millimètres, par des spermatozoïdes :
les œufs, en passant de l'oviducte dans l'uterus, sont véritablement noyés dans le sperme. C'est là, dans cette portion
de l'uterus que l'on peut appeler, avec Leuckart, le réceptacle séminal, que se fait la copulation des produits sexuels.
Si l'on trouve des spermatozoïdes dans la plus grande partie
de l'uterus, c'est que chaque œuf entraine avec lui, non pas
seulement le spermatozoïde qui a réussi à se fixer à son pôle
d'imprégnation et qui pénètrera bientôt à l'intérieur du vitellus,
mais un nombre plus ou moins considérable de zoospermes
accidentellement accolés à sa surface et qui n'interviennent
en rien dans la fécondation. J'ai montré comment ces spermatozoïdes, en gagnant les gouttières intercellulaires de
l'epithélium, peuvent échapper au courant qui les entraine vers
l'extérieur et comment, grâce aux caractères tout particuliers

de cet épithélium, et aussi à leurs mouvements amœboïdes, ils peuvent remonter l'uterus et regagner la portion terminale de cet organe. Plus on s'approche du vagin, moins on trouve de spermatozoïdes mêlés aux œufs; mais dans toute la longueur du tube on en trouve en abondance entre les cellules de l'épithélium.

Il est facile de voir, en ouvrant sur porte-objet un fragment excisé de la portion terminale de l'uterus, que les zoospermes sont loin d'affecter tous la même forme, les mêmes dimensions et la même constitution. On pourra se faire une idée de la diversité des aspects sous lesquels se présentent ces éléments, en jetant un coup d'œil sur les figures 1 à 29 de la planche XI.

Tous ces spermatozoïdes ont été dessinés à la chambre claire et sont vus au même grossissement. Ces différences sont dues à deux causes : 1° Les zoospermes introduits dans les organes génitaux de la femelle y subissent une série de modifications successives et l'on peut observer côte à côte tous les stades de l'évolution qu'ils peuvent parcourir dans l'uterus, depuis le moment où ils y sont introduits, jusqu'au moment où ils pénètrent dans l'ovule qu'ils doivent féconder. 2° Les zoospermes sont capables de mouvements amœboïdes très actifs. Ant. Schneider a le premier constaté que les zoospermes des nématodes se meuvent à la façon des amibes, et il n'est pas douteux que cette faculté de changer de forme et de place n'existe pas seulement chez les nématodes libres et chez ceux qui vivent en parasites chez des animaux à sang froid, mais aussi chez ceux qu'hébergent les mammifères. Je n'ai pas observé directement sur porte-objet de mouvements amœboïdes chez les spermatozoïdes de l'ascaride du cheval; mais la faculté qu'ils possèdent de changer de forme ressort avec évidence de l'examen des formes qu'affectent ces éléments, quand on les observe dans un uterus enlevé à un ascaride vivant et plongé aussitôt après l'ouverture du corps du ver, soit dans l'acide osmique à 1 %, soit dans le sublimé, soit dans l'acide nitrique à 3 %, soit dans l'acide acétique glacial. Si l'on met en liberté les spermatozoïdes, en ouvrant

sur porte-objet un fragment d'uterus traité par l'un de ces
réactifs, ou bien encore quand on fait des coupes soit longitudinales, soit transversales de la paroi de l'organe, de façon à
les voir en place dans les gouttières épithéliales, on remarque
que les formes les plus diverses se présentent et cela à raison
de cette circonstance que les zoospermes se moulent exactement les uns sur les autres, qu'ils s'appliquent sur les surfaces
des corps au contact desquels ils se trouvent et qu'ils reçoivent
les empreintes des cellules limitant les espaces qu'ils occupent.
Il semble que l'on ait affaire à de petites masses plastiques et
que les zoospermes soient capables d'affecter les formes les plus
diverses, non pas seulement à raison de leur activité propre,
mais aussi parce que toute pression étrangère, s'exerçant sur
un point quelconque de leur surface, détermine en ce point une
déformation, qui disparaîtra dès le moment où la cause qui
l'a fait naître cessera son action.

Les figures 22 à 25 (pl. XI) qui représentent des spermatozoïdes utérins traités par l'acide osmique à 1 %, démontrent suffisamment que cette plasticité n'est pas l'apanage
exclusif du corps protoplasmique du zoosperme, mais que cette
propriété est, jusqu'à un certain point, partagée par le corps
réfringent que renferment la plupart de ces éléments.

Toutes les matières colorantes, le picrocarmin, le carmin
boracique, l'hématoxyline, les matières d'anhiline font apparaître dans le corps des zoospermes, quelque soit leur forme
et leur constitution, un petit corps sphérique, qui se montre
vivement coloré, au milieu d'une masse granuleuse dépourvue
de toute affinité pour ces matières. Ce corps que je crois être
le noyau de la cellule spermatique est toujours très foncé; son
contour est très net. Quelque soit le réactif employé et quelque
soit le grossissement dont on se sert pour l'observer, on ne
peut y distinguer aucune structure. Ses dimensions varient
assez notablement, sans qu'il soit possible de rattacher ces
variations à des différences d'état de développement. Quelquefois on observe dans le noyau un petit corpuscule plus foncé
que le reste du corps nucléaire; mais la présence de cet

élément nucléoliforme est loin d'être générale. Ce noyau homogène paraît exclusivement formé de chromatine. Il n'est nullement nécessaire d'avoir recours aux réactifs pour déceler la présence du noyau : sur le vivant on le distingue très nettement sous la forme d'une petite sphère brillante, très réfringente et d'apparence homogène.

Pour la facilité de la description je rattacherai les formes diverses sous lesquelles se présentent les zoospermes, dans le réceptacle séminal, à quatre types principaux, tout en faisant observer que l'on trouve une foule de formes de transitions d'un type à l'autre.

1° *Type sphéroïdal* (pl. XI, fig. 1, 2 et 13). La forme générale est celle d'une sphère plus ou moins irrégulière. Le corps cellulaire est formé d'une masse granuleuse recouverte d'un côté d'une calotte hémisphérique plus homogène. La masse granuleuse remplit la concavité de la calotte et constitue à elle seule l'hémisphère dépourvu de la coiffe. Le noyau, de volume variable, occupe quelquefois le centre de la sphère; plus souvent il est excentriquement placé et, dans ce cas, il est toujours logé dans l'hémisphère pourvu de la calotte. Tantôt la masse granuleuse présente la même apparence autour du noyau et à la périphérie; plus souvent l'on distingue autour du noyau une zône circulaire plus pâle et plus finement ponctuée. Je donnerai à la zône centrale le nom de *couche périnucléaire*, à la zône périphérique le nom de *couche corticale*. Les granulations ne sont pas disséminées irrégulièrement : dans la masse granuleuse on distingue d'habitude une striation radiée, en même temps que des cercles plus ou moins concentriques au noyau. Cette striation dépend de ce que les granulations protoplasmiques sont rangées régulièrement suivant les rayons de la sphère, à des distances égales les unes des autres. Les granules allignés suivant un même rayon sont réunis entre eux par un filament, dont ils paraissent être de simples renflements. Il semble donc que la masse granuleuse soit formée de filaments moniliformes dirigés radiairement. Comme dans deux filaments voisins les granules se correspondent il en résulte un allignement des granules de même ordre en cercles con centriques au noyau. Les granules disposés suivant une ligne circulaire paraissent aussi reliés entre eux par des filaments interposés. On distingue ces détails quelque soit la position de la cellule vis-à-vis de l'observateur, ce qui ne peut s'expliquer, qu'en admettant que la masse granuleuse est formée en réalité de fibrilles entrecroisées suivant les trois directions de l'espace; celles-ci se confondent entre elles aux points d'entrecroisement de façon à donner lieu, en ces points, à des nœuds qui ne sont autre chose que les granules. Les filaments entrecroisés doivent donc former les arêtes de petits espaces cuboïdes dont les granules occupent les angles. Les espaces eux même sont occupés par une substance moins réfringente que celle qui constitue les filaments entrecroisés. La dimension des granules varie d'un zoosperme à l'autre. Quand on distingue dans le corps protoplasmique une couche périnucléaire et une couche corticale, c'est toujours dans cette dernière que la structure que je viens de décrire se montre le plus clairement, à raison des dimensions plus considérable des granules dans cette zône.

La calotte hémisphérique paraît formée d'une substance homogène. Elle présente un double contour bien marqué. Le contour externe est plus foncé que l'interne : ce dernier est indiqué par une ligne plus pâle. Entre les deux contours se montre une zône claire fort étroite. Quelquefois on aperçoit aussi des granules dans cette zône. En examinant à sa surface un zoosperme sphéroïdal vu de profil on distingue très nettement le bord de la calotte sous la forme d'une ligne nette qui paraît diviser en deux le corps cellulaire (fig. 2). Pour des raisons que j'indiquerai plus loin je donnerai dès à présent à l'hémisphère recouvert par la calotte le nom de *hémisphère caudal du zoosperme*; j'appellerai *hémisphère céphalique* la demi-sphère suivant la surface de laquelle la masse granuleuse se trouve à nu et est dépourvue de toute membrane. Est zoosperme présente dès ce moment une symétrie monaxonie

Il présente un axe de figure passant à la fois par le centre de
la cellule et par le milieu de la calotte hémisphérique. Les
extrémités de cet axe constituent les pôles du zoosperme et
l'on peut distinguer ici, comme dans l'œuf, un *pôle d'imprégnation* répondant au milieu de l'hémisphère céphalique et un
pôle neutre ou milieu de l'hémisphère caudal. Cette symétrie
qui rappelle tout à fait celle de l'œuf devient beaucoup plus
évidente dans les types 2, 3 et 4 qui ne sont que des phases
ultérieures du développement.

2° *Type pyriforme* (pl. XI, fig. 3 à 7). La région médiane
de la calotte caudale s'est soulevée en une papille conique
dont le sommet répond au pôle neutre du zoosperme. La forme
générale rappelle celle d'une poire. La limite de la *papille
caudale* est marquée d'habitude par une ligne circulaire suivant
laquelle règne un sillon. Cette ligne ou ce sillon sépare la
papille caudale de la portion non soulevée de l'hémisphère
caudal. Cette dernière a la forme d'un anneau qui prend peu
à peu l'apparence d'une section de cône. Elle est à la papille
ce qu'est la coupe d'un verre à vin vis-à-vis du pied du verre.
C'est pourquoi je l'appellerai la *coupe caudale.*

Dans la papille comme dans la coupe il y a lieu de distinguer une paroi et un contenu. La paroi est formée par la calotte
hémisphérique; le contenu n'est autre chose que cette partie
de la couche corticale de la masse granuleuse qui se trouvait
renfermée, au stade précédent, dans la concavité de la calotte.
Autour du noyau on distingue d'habitude la zone périnucléaire
finement punctuée; mais la couche corticale présente maintenant un aspect différent suivant qu'on l'observe dans l'hémisphère neutre comprenant la papille et la coupe caudale ou
dans l'hémisphère d'imprégnation. Dans la coupe et dans la
papille elle forme une masse plus sombre, à granules plus
tenus. Il est souvent difficile d'y reconnaître une structure
régulière; mais dans certains cas on y distingue avec une
parfaite nettteté deux systèmes de lignes se coupant en angle
droit, les unes longitudinales (parallèle à l'axe) les autres
transversales. Les points d'entre-croisement sont marqués par

de petites nodosités (fig. 7). Dans l'hémisphère céphalique on
distingue de plus gros granules disposés suivant des lignes
que l'on peut rapporter, comme au stade précédent, à deux
systèmes : les lignes sont les unes radiées, les autres concentriques. Cependant il semble que les lignes radiées ne convergent pas vers le noyau, mais plutôt vers l'axe de zoosperme
(fig. 5). La couche périnucléaire est tantôt vaguement indiquée, d'autres fois marquée par un contour très net, surtout
bien apparent du côté de la queue. Une ligne foncée marque
la limite entre la couche périnucléaire et le contenu de la
coupe caudale.

La paroi de la papille et de la coupe présentent les mêmes
caractères que la calotte hémisphérique du stade précédent.
Cependant le contour est d'habitude plus pâle autour de la
papille qu'autour de la coupe (fig. 5, 6 et 7).

3° *Type campanuliforme* (pl. XI, fig. 10, 11 et 12). La
forme générale du zoosperme s'est modifiée par l'allongement
de la coupe dont l'évasement est d'habitude plus prononcé.
L'hémisphère caudal a pris la forme d'une corne d'abondance plus ou moins évasée dans le voisinage de son bord.
La papille n'est que la portion terminale de la corne et
l'on ne distingue plus les deux parties constitutives de la
queue que par la différence dans la netteté du contour
de la coupe d'une part, de la papille de l'autre. Le
bord de la coupe se distingue très nettement, quand on
examine la surface du zoosperme, sous la forme d'une ligne
transversale qui se projette d'habitude sur le noyau. L'hémisphère céphalique présente toujours le même aspect et
la même constitution. Autour du noyau se voit la couche
périnucléaire finement granulée. Dans la couche corticale
l'arrangement des granules en séries radiées et en cercles
concentriques apparaît avec une netteté plus ou moins grande,
suivant les dimensions, variables d'un zoosperme à l'autre,
des granules nodaux. Mais la constitution de l'hémisphère
caudal étiré en une queue en forme de corne ou de clochette
a subi des modifications remarquables.

a/ La calotte hémisphérique qui constitue le revêtement superficiel de la corne caudale, bien distincte encore dans certains cas, se confond, dans beaucoup de zoospermes, avec le contenu protoplasmique de la corne. Elle fait souvent son apparition au stade précédent.

b/ Une petite plaque, formée d'une substance très réfringente, se colorant en vert dans le picrocarmin, a apparu à la périphérie de la couche périnucléaire du côté de la queue. Cette petite plaque incurvée, que j'appellerai la *plaque limite* se moule par sa concavité sur la couche périnucléaire, qu'elle sépare du contenu de la corne.

c/ Dans l'axe de la queue a apparu, chez la plupart des zoospermes campanuliformes, une ligne très foncée, s'insérant par une de ses extrémités au milieu de la convexité de la *plaque limite*. Cette ligne devient dans beaucoup de spermatozoïdes un véritable bâtonnet qui n'est que rarement droit : il décrit dans la plupart des cas quelques légères inflexions; il est formé d'une substance très réfringente, moindre cependant que celle de la plaque limite. Le *bâtonnet axial* est entouré d'une couche de substance finement granulée. En examinant la surface de la corne caudale on distingue encore fort bien une double striation (fig. 9).

4°. Type conoïde (pl. XI, fig. 14 et suivantes). La queue en s'élargissant a perdu la forme d'une corne d'abondance. Dans beaucoup de zoospermes elle présente à peu près la même largeur que le diamètre de l'hémisphère céphalique. Cependant cette largeur décroit d'ordinaire de la base au sommet de la queue. Il en résulte que l'apparence générale du zoosperme rappelle la forme d'un cône, sur la base duquel reposerait un corps de forme hémisphérique. Les caractères de l'hémisphère céphalique n'ont guère changé. A ce stade, comme aux précédents, tantôt l'on distingue nettement la couche périnucléaire, tantôt elle n'est que très vaguement indiquée. Parfois même on ne parvient pas à reconnaitre sa présence. Les granules radaux sont de volume extrêmement variable et il semble que leur nombre est en raison inverse de leur grosseur; quelquefois

même le protoplasme de cette partie du zoosperme paraît tout
à fait homogène et dans ce cas il est très réfringent et limité
par un contour très accusé (fig. 26). Ces différences se rencontrent entre spermatozoïdes d'une même préparation; elles ne
dépendent nullement des réactifs employés. D'ordinaire la
striation radiée et les lignes concentriques apparaissent avec
une grande netteté. Dans quelques cas on ne distingue dans
l'épaisseur de la couche corticale que deux rangées concentriques de granulations. Les granules situés dans une même
direction radiaire, réunis entre eux par une fibrille constituent
alors ensemble un couple dont la forme rappelle celle d'une
haltère (fig. 17).

Ce qui caractérise surtout ce stade c'est l'apparition dans
la queue d'un gros corps, formé d'un substance très réfringente, qui se colore en vert dans le picrocarmin.

Ce corps occupe presque toute la largeur et s'étend dans
toute la longueur de la queue. Tantôt il se confond avec la
plaque limite, tantôt l'on distingue encore bien cette dernière
à la base du corps réfringent, inséré alors sur la face convexe
de la plaque. D'ailleurs cette dernière, de concave qu'elle
était devient plane; tout au plus conserve-t-elle parfois une
légère incurvation. Il arrive même que le corps réfringent confondu avec la plaque limite se termine, du côté de l'hémisphère
d'imprégnation, par une surface convexe. La forme du corps
réfringent varie d'ailleurs beaucoup d'un spermatozoïde à
l'autre. Il est tantôt conique, tantôt ovoïde; quelquefois il a la
forme d'un saucisson. Dans certains cas, il est élargi dans la
papille caudale, plus étroit au contraire dans la coupe (fig. 15).
La surface est tantôt lisse (fig. 22 à 25, 27 et 29), tantôt elle
présente des crêtes transversales, qui apparaissent sur le fond
homogène du corps réfringent comme des bandes foncées
(fig. 26 et 28); quand on examine la coupe optique d'un corps
réfringent, pourvu de ces cannelures transversales, ce bord
paraît denticulé. Quand le corps réfringent est arrivé à son
complet développement, sa substance paraît très réfringente et
parfaitement homogène. Mais quand le corps est en voie de

formation, sa réfringence est moindre; ses bords sont comme déchiquetés et dans son intérieur, on observe des points granuleux alternant avec des portions homogènes (fig. 15). Il semble, si l'on étudie des formes de transition entre le type campanuliforme et le type conoïde que la substance granuleuse de la queue se transforme peu à peu, de l'axe vers la périphérie, en une substance réfringente, homogène, se colorant en vert par le picrocarmin. Le corps réfringent du stade conoïde est homologue au bâtonnet réfringent du stade précédent.

Quelque soit son état de développement, le corps réfringent reste toujours entouré d'un revêtement protoplasmique, dont l'épaisseur diminue peu à peu, mais dans lequel on continue à distinguer deux systèmes de stries très fines, les unes longitudinales, les autres transversales. Aux points d'entrecroisement se trouvent de petits renflements nodaux. Le protoplasme reste donc constitué de fibrilles anastomosées et d'une substance interfibrillaire (fig. 29).

On reconnaît manifestement à ce stade que la portion caudale du zoosperme, dans toute l'étendue des parties correspondant à la papille et à la coupe des stades précédents, est pourvue d'une membrane. Cette membrane se distingue surtout bien clairement dans des spermatozoïdes comme ceux qui ont été représentés figures 16 et 17. La figure 16 montre le contenu de la queue, formé par le corps réfringent entouré de son revêtement protoplasmique, incurvé dans l'intérieur de la membrane; celle-ci se trouve détachée, dans la région de la coupe, du protoplasme sous-jacent. Le plus souvent on peut distinguer le bord libre de la membrane sous la forme d'une ligne transversale se projetant sur le noyau (fig. 17).

La limite de la portion recouverte d'une membrane répond à la limite de la calotte homogène des stades précédents. Des images comme celles que nous avons représentées (fig. 7. 8, 11 et 25) montrent clairement que l'hémisphère céphalique ou hémisphère d'imprégnation est au contraire dépourvu de membrane, tant au stade conoïde que dans les types 1, 2 et 3.

En y regardant de près on remarque que la membrane est

9

plus mince et le contour plus pâle dans la partie qui répond
à la papille que dans la coupe. Il y a souvent un léger étranglement à la limite entre les deux parties constitutives de la
queue. Je dois faire observer aussi que, dans la région de
la papille, la membrane se détache très rarement, si même
elle se détache jamais, du protoplasme sous-jacent, tandis que
ce décollement est fréquent dans la coupe.

En ce qui concerne la zone périnucléaire j'ai encore une
observation à faire. Tandis qu'aux stades désignés sous les
noms de type sphéroïdal, type pyriforme et type campanuliforme, la zone périnucléaire a toujours une forme arrondie et
que le noyau occupe toujours son centre, dans les zoospermes
conoïdes, par suite de l'applatissement de la plaque limite, la
zone périnucléaire devient souvent lenticulaire; elle prend
l'apparence d'une lentille biconvexe, plan convexe ou même
convexo-concave. La position du noyau est souvent excentrique dans la lentille.

Je termine la description des quatre types que j'ai distingués, en signalant l'existence de toutes les formes de transition
possibles entre ces types, que je considère comme quatre stades
successifs de l'évolution du zoosperme. Le stade sphéroïdal
est celui qui se rapproche le plus de la forme qu'affectent les
zoospermes dans le canal éjaculateur du mâle. Cependant je
n'ai jamais trouvé, chez une femelle, aucun spermatozoïde
constitué exactement comme le sont les zoospermes retirés de
la portion terminale de l'appareil sexuel mâle.

Je dois ajouter encore que si la forme hémisphérique est
celle qu'affecte la tête du zoosperme au repos, dans les quatre
types que j'ai distingués, la présence d'une foule de spermatozoïdes à têtes irrégulières (pl. XI, fig. 7, 8, 11, 22 à 25, 27)
démontre clairement la plasticité de la substance granuleuse
de l'hémisphère céphalique; il n'est pas possible de douter
que cette substance ne soit capable de changer activement
de forme et de se mouvoir comme le font les amibes.

Quand, comme c'est le cas dans les zoospermes représentés
figures 23 et 25, le corps protoplasmique de la tête se trouve

étiré en un ou plusieurs prolongements comparables à des pseudopodes, on constate avec toute l'évidence désirable que les prolongements sont formés d'un certain nombre de filaments moniliformes, qui seraient de tous points comparables aux fibrilles constitutives de la substance musculaire striée, s'ils n'étaient réunis transversalement entre eux, à chacun des points nodaux. A la suite des études que j'ai faites, il y a quelques années, avec M. Alexandre Fœttinger, sur la structure des fibres musculaires striées des insectes et des crustacés, nous avons acquis la conviction que les fibrilles musculaires sont des filaments moniliformes, dont l'aspect change d'après l'état de contraction de la fibre. Dans la fibre à l'état d'extension complète chaque fibrille présente, dans les limites de ce que l'on est convenu d'appeler une loge musculaire, une série de nodosités, dont la forme et le volume varient suivant le disque obscur auquel elles correspondent. D'un disque intermédiaire à l'autre on distingue : (pl. XI, fig. 80 *a* et *b*).

1° Un renflement globulaire au niveau du disque intermédiaire;

2° Une portion non renflée de la fibrille;

3° Un petit renflement globulaire correspondant au disque accessoire;

4° Une portion non renflée de la fibrille;

5° Un renflement allongé en un bâtonnet étranglé à son milieu; il présente la forme d'un biscuit, quand le disque médian est visible (disque épais);

6° Comme au 4°;

7° Comme au 3°;

8° Comme au 2°;

9° Comme au 1°.

La striation transversale de la fibre musculaire a sa cause dans la forme des fibrilles. Une nodosité fibrillaire est d'autant plus épaisse qu'elle répond à une strie plus nette et plus foncée. Quand la strie est une bande et non une ligne (disque épais) les nodosités correspondantes des fibrilles sont des tigelles ou des bisquits très allongés dans le sens de la longueur de la fibrille. Il résulte de l'apparence moniliforme des fibrilles qu'un faisseau musculaire strié, ou un fragment de faisseau n'est jamais terminé latéralement, comme on le représente souvent, par une ligne droite, mais toujours par un bord inégal présentant des saillies au niveau des stries obscures, des rentrées entre ces stries.

Dans la fibre à l'état de contraction on ne distingue plus que des bandes transversales alternativement claires et obscures. Si l'on décompose en fibrilles on remarque que celles-ci ne présentent plus qu'un genre de renflements nodaux. Les grains sont équidistants; ils répondent aux bandes obscures; les étranglements qui les séparent entre eux, formés par la fibrille non renflée répondent aux disques clairs. Le disque foncé de la fibre contractée répond par sa position au disque intermédiaire de la fibre à l'état d'extension complète. Quand la contraction a lieu les renflements correspondant aux disques accessoires se rapprochent des nodosités répondant au disque intermédiaire, puis se confondent avec ces dernières. Après cela le bâtonnet (disque épais) s'étrangle à son milieu et se renfle à ses deux bouts; ces bouts se rapprochent des nodosités intermédiaires et à la fin se confondent aussi avec elles. La distance entre deux disques intermédiaires, devenus disques obscurs du stade de contraction, est beaucoup plus petite qu'au stade d'extension.

Mais, quelque soit le stade que l'on considère, toujours la fibre est formée de fibrilles moniliformes. Les fibrilles ne peuvent se toucher que par leurs renflements et quand, comme à l'état de complète extention, il existe des grains de largeurs différentes, ces fibrilles ne peuvent se toucher qu'au niveau de leurs grains les plus larges. Partout où ces fibrilles ne se touchent pas, il faut qu'il existe entre elles des espaces occupés par une substance différente des fibrilles. Dans les fibres de beaucoup d'insectes et de crustacés, le disque intermédiaire est le plus visible; c'est au niveau de ce disque et seulement à ce niveau que les fibrilles adhèrent entre elles.

La substance musculaire striée est donc constituée d'une substance fibrillaire et d'une substance interfibrillaire.

Est-ce que là où les fibrilles se touchent les grains sont simplement juxtaposés, ou bien sont-ils vraiment reliés entre eux transversalement?

Il n'est pas possible de résoudre cette question par l'observation. Ce qui est certain, c'est qu'il faut exercer un certain effort pour séparer les fibrilles les unes des autres et l'isolement est fort difficile à obtenir, quand il s'agit de fibres à l'état de contraction. Ce fait me parait difficile à concilier avec l'idée d'une simple juxtaposition en un faisceau; il me parait indiquer au contraire une continuité organique entre les fibrilles, au niveau des disques intermédiaires. Si cette idée est exacte, il en résulterait que la substance musculaire à l'état de contraction renfermerait une infinité de petits espaces prismatiques dont les angles seraient occupés par des grains réfringents, les arêtes latérales formées par des fibrilles et les arêtes basilaires virtuelles par des fibrilles transversales courant dans deux directions opposées.

Des images comme celles que j'ai reproduites (pl. XI, fig. 25) semblent indiquer que le protoplasme des zoospermes, chez l'*Ascaris megalocephala*, est au fond constitué de la même manière. La double striation à la fois longitudinale et transversale était ici tout à fait évidente. La striation longitudinale est due à ce que le protoplasme est formé de fibrilles moniliformes courant parallèlement les unes aux autres. La striation transversale à ce que les nodosités et les étranglements des fibrilles voisines se correspondent parfaitement : une strie transversale est formée par une rangée transversale de nodosités. J'ai parfaitement vu qu'ici ces nodosités sont reliées entre elles dans le sens transversal. Les fibrilles se trouvent à une certaine distance les unes des autres, même au niveau des grains. Il existe donc entre elles une substance interfibrillaire. Ici encore les détails observés entraînent inéluctablement cette idée que le protoplasme est formé de filaments s'entrecroisant suivant les trois directions de l'espace, de façon à circonscrire des lacunes prismatiques ou polyédriques. Aux angles sont des nodosités; les côtés sont formés par des filaments interposés entre les nodosités et les reliant entre elles. Les images que j'ai décrites, en ce qui concerne la structure du protoplasme tant de la tête que de la couche externe de la queue des zoospermes, dans les différents types que j'ai distingués, se ramènent facilement au schema que je viens de définir.

Dans un même zoosperme les granules protoplasmiques paraissent avoir tous, dans une même couche, les mêmes dimensions; mais ces granules sont plus petits dans un spermatozoïde, plus volumineux dans un autre; quelquefois même le protoplasme paraît homogène. Ces différences sont-elles en rapport, comme dans la substance musculaire striée, avec l'état de contraction? Je ne suis pas en mesure de répondre à cette question.

Je dois encore faire observer que dans l'un des zoospermes figurés (fig. 25) les stries transversales étaient beaucoup plus rapprochées l'une de l'autre près du corps réfringent que vers l'extrémité du corps céphalique étiré en longueur.

Je dirai en terminant que le protoplasme des spermatogonies et des spermatocytes, réunis en spermatogemmes, présente une structure semblable à celle des zoospermes utérins. Le protoplasme de l'œuf lui-même renferme des granulations d'égal volume, équidistantes, rangées en séries linéaires, et reliées entre elles par des fibrilles d'une extrême ténuité. Peut-être ne s'agit-il pas là d'une particularité distinctive seulement des produits sexuels de notre Ascaride, mais d'une structure caractéristique de tout protoplasme. L'extrême analogie que je constate entre la structure du protoplasme des zoospermes et la composition de la substance musculaire striée permet de le supposer.

Nous avons décrit les diverses formes qu'affectent les zoospermes dans le réceptacle séminal et nous avons considéré les quatre types, que nous avons distingués, comme n'étant que des stades successifs d'une seule et même série évolutive.

Je dois attirer maintenant l'attention sur un fait bien remarquable. Il est indifférent pour assurer la fécondité de l'œuf que la copulation entre un œuf et un zoosperme, copulation que nous allons décrire au chapitre suivant, s'opère au stade pyriforme, campanuliforme ou conoïde du zoosperme.

Le plus souvent les zoospermes copulés avec l'œuf, ceux qui ont pénétré à l'intérieur du vitellus, appartiennent au type conoïde et se reconnaissent immédiatement à la présence dans leur portion caudale du grand corps réfringent que nous avons décrit. Mais fréquemment aussi la fécondation s'accomplit par un spermatozoïde campanuliforme ou même pyriforme et la pénétration s'accomplit de la même manière, quelque soit le stade auquel le zoosperme est arrivé, au moment où il entre en copulation avec l'œuf. (Voir les planches XI, XII et XIII).

Chez certaines femelles les zoospermes conoïdes sont beaucoup plus nombreux, dans le réceptacle séminal, que ceux des autres types. Dans d'autres le contraire est vrai : les conoïdes sont rares, les campanuliformes ou les pyriformes dominent. Chez les premières la plupart des zoospermes en copulation renferment un corps réfringent et, après la pénétration, la présence de ce corps fait immédiatement reconnaître ces zoospermes. Dans le second cas la proportion des zoospermes campanuliformes ou pyriformes en copulation est la même que pour les spermatozoïdes libres. La présence ou l'absence du corps réfringent, pas plus que le dégré de développement de ce corps, au moment de la copulation des produits sexuels, n'excercent aucune influence sur les phénomènes ultérieurs de maturation ou de développement de l'œuf. Je ne pourrais dire avec certitude si, dans les cas où le spermatozoïde ne renferme pas de corps réfringent au moment de la pénétration, il peut s'en former un après qu'il s'est introduit dans le vitellus. Meissner, qui a observé les corps réfringents des zoospermes et qui les considérait comme le produit d'une dégénérescence graisseuse des zoospermes, admettait que ces éléments disparaissent à la suite de cette dégénérescence;

ils pensait qu'ils peuvent subir cette dégénérescence, après
avoir pénétré dans l'œuf, aussi bien qu'en dehors du vitellus.
Il est certain qu'il ne s'agit ici ni de graisse, ni par conséquent de dégénérescence graisseuse et les observations de
Meissner sur les conséquences de l'imprégnation sont si défectueuses que son opinion, dans la question dont il s'agit, ne
peut avoir grande autorité. Mais ce qui n'est pas douteux,
c'est que le corps réfringent est un élément très accessoire,
très peu important, voir même accidentel du zoosperme. Cela
ne résulte pas seulement de ce fait que ce corps peut exister
ou ne pas exister dans le zoosperme au moment de la copulation, sans qu'il en résulte aucune conséquence pour le développement ultérieur de l'œuf, mais aussi de cette observation
facile à contrôler que le corps réfringent commence à diminuer
de volume aussitôt que le spermatozoïde a pénétré dans le
vitellus, pour disparaître bientôt par résorption, sans laisser
aucune trace.

Le zoosperme capable de féconder se compose donc essentiellement : 1° d'un hémisphère céphalique granuleux comprenant un noyau qui parait exclusivement formé de chromatine,
une couche périnucléaire finement ponctuée et souvent peu
distincte, et une couche corticale à structure treillissée;

2° D'une queue comprenant une portion basilaire ou coupe
et une portion terminale ou papille. La queue est délimitée
par une membrane plus épaisse autour de la coupe qu'autour
de la papille; cette membrane se termine par un bord libre
qui répond à la limite de l'hémisphère céphalique et qui
constitue le bord de la coupe caudale. L'hémisphère granuleux
est totalement dépourvu de membrane; le protoplasme y
est à nu.

La constitution de la queue est variable; tantôt elle est
formée de protoplasme exclusivement; plus souvent d'un corps
réfringent séparé de la membrane par un mince revêtement
protoplasmique. Le corps réfringent a tantôt la forme d'une
tigelle ou d'un bâtonnet axial, tantôt celle d'un saucisson à
bords déchiquetés, d'autres fois d'une masse conoïde, cylin-

droïde, ovoïde ou même fungiforme, à surface ou bien régulière ou bien cannelée.

· Si, dans le réceptacle séminal, les premiers stades, répondant aux types sphéroïdal, pyriforme et campanuliforme se
rencontrent fréquemment parmi les spermatozoïdes libres, il
n'en est pas de même dans le reste de l'uterus, où l'on ne
trouve pour ainsi que des zoospermes pourvus de corps réfringents volumineux.

Les diverses particularités que j'ai décrites, en faisant
connaître la constitution des zoospermes, s'observent aussi bien
sur le vivant, qu'après l'action des réactifs employés, soit pour
durcir, soit pour colorer ces éléments. Mais les spermatozoïdes
s'altèrent assez rapidement sur porte-objet, quelque soit du
reste le liquide qui les tient en suspension, que l'on ait employé
comme liquide indifférent le sang de l'Ascaris ou le serum
artificiel de Kronecker. Souvent, après la mort du zoosperme,
l'on voit apparaître autour de l'hémisphère céphalique, à
quelque distance de la masse granuleuse, un contour circulaire
très pâle, délimitant un espace parfaitement homogène et
très clair (pl. XI, fig. 20 et 21). A première vue l'on est
tenté de conclure de la présence de ces images à l'existence, autour de l'hémisphère granuleux, d'une membrane très
mince qui, appliquée pendant la vie sur la substance granuleuse,
se soulèverait après la mort et deviendrait par là plus apparente. Mais, en y regardant de près, on se convaincra sans
peine que cette interprétation des images dont il s'agit n'est
nullement justifiée. En vain cherchera-t-on par la compression
à amener la rupture de cette soi-disant membrane; jamais
l'on ne parvient à distinguer le moindre pli à la surface;
il n'est pas rare de voir, quand on cherche à comprimer
la substance claire délimitée par ce contour régulier et très
apparent, quoique toujours très pâle, cette substance s'étendre
et, au moment où la pression venant à diminuer, l'élément
tend à reprendre sa forme et ses dimensions primitives, cette
substance se décomposer en gouttelettes.

La zone pâle est formée par une substance fluide qui ne

se dissout pas dans les liquides indifférents. C'est probablement la substance interfibrillaire du protoplasme gonflée et séparée, après la mort, de la substance fibrillaire. Des phénomènes d'altération semblables à celui que je signale sont trop connus pour que j'aie besoin d'insister. Des gouttelettes homogènes, d'une apparence semblable, se voient fréquemment au pôle d'imprégnation, au moment où l'œuf est prêt à recevoir le zoosperme. Ces gouttelettes affectant des formes diverses se montrent seulement quand les œufs commencent à s'altérer.

CHAPITRE II.

De la pénétration du zoosperme dans l'œuf ou de la copulation des produits sexuels.

Le phénomène de la pénétration du spermatozoïde doit être bien distingué de la fécondation proprement dite : celle-ci consiste essentiellement dans la formation de la première cellule de l'embryon aux dépens de deux éléments distincts, le zoosperme et l'œuf. La pénétration du spermatozoïde est un phénomène préalable à la fécondation proprement dite, au même titre que la maturation de l'œuf et celle du zoosperme lui-même. La distinction qu'il y a lieu d'établir à cet égard ressort avec évidence de l'étude que nous avons faite chez l'Ascaride du cheval.

En effet, la formation des globules polaires et des couches périvitellines ne commence qu'après l'entrée du spermatozoïde. La genèse de ces globules et de ces couches s'effectue avec une grande lenteur et exige un temps considérable. Tant qu'elle n'est pas achevée le zoosperme se maintient au milieu du vitellus sans se confondre avec lui; et comme il est prouvé, d'autre part, que l'élimination des globules polaires et du liquide périvitellin, quoique s'accomplissant parfois après l'imprégnation, n'est nullement déterminée par la pénétration de l'élément mâle, il n'y a aucune raison de considérer l'œuf comme étant fécondé par le seul fait de la présence d'un zoosperme dans son vitellus. Les rapports entre les deux éléments cellulaires, avant la formation des globules polaires, peuvent être comparés à ceux qui relient le parasite à son hôte. Le résultat de la fécondation, c'est la formation *d'une cellule capable de se diviser et de donner naissance à un individu semblable aux progéniteurs.* Ce n'est qu'après l'expulsion du second globule polaire et de la seconde couche périvitelline que le spermatozoïde subit les modifications qui annoncent l'imminence de la fécondation, c'est à dire de l'unification des deux cellules sexuelles. Jusqu'à ce moment l'œuf n'a fait que se préparer à la fécondation. L'entrée d'un zoosperme dans un œuf est à certains égards comparable à l'introduction du sperme dans les organes génitaux d'un animal femelle : de part et d'autre il s'agit d'un acte préalable à la fécondation et ayant pour but d'assurer la fécondation; c'est pourquoi j'ai employé le mot " *copulation des produits sexuels* „ pour désigner l'introduction de l'élément mâle dans le corps de l'organisme ovulaire. Le sens de ce mot est clair et précis : il est de ce chef bien préférable au mot *imprégnation,* qui a reçu des acceptions diverses. Je n'ai pas employé le mot *conjugaison* pour désigner l'entrée du zoosperme dans l'œuf et voici pour quels motifs.

Le mot conjugaison a été employé pour désigner la génération sexuelle des protozoaires et des protophytes. Nous appelons conjugaison la fusion temporaire ou définitive de deux individualités cellulaires libres, ayant pour résultat la revivification ou le rajeunissement. Pendant la conjugaison il y a, autant que nous sachions, continuité entre les corps protoplasmiques des deux organismes. Est-ce que la revivification résulte de cette *fusion des corps protoplasmiques* ou bien cette fusion est-elle la condition préalable à l'accomplissement de certains phénomènes ultérieurs dont l'essence nous est inconnue? Il n'est pas possible de résoudre actuellement cette question; mais il est bien établi que, dans certains cas du moins, il s'accomplit, pendant la conjugaison, ou consécutivement à la conjugaison, des phénomènes qui intéressent particulièrement les noyaux cellulaires. Si l'essence de la revivification résidait dans ces derniers, il est clair que la conjugaison serait une condition de la regénération sexuelle, mais ne constituerait pas cette revivification. Elle pourrait être à cette dernière ce que la copulation des produits sexuels est à la fécondation. Cependant il existerait toujours entre la conjugaison et la copulation cette différence, qu'après la conjugaison il y a continuité entre corps protoplasmiques, tandis qu'après la copulation de l'œuf avec le zoosperme, au moins chez l'ascaride du cheval, il n'en est pas ainsi. Le spermatozoïde, entré dans le vitellus reste longtemps distinct du corps protoplasmique de l'œuf.

La question de savoir si, chez les nématodes, les zoospermes pénètrent ou non dans le vitellus a donné lieu à de longues et ardentes controverses. Elles ont eu pour point de départ les recherches de Nelson (36) sur la reproduction de l'*Ascaris Mystax.* Je ne referai point ici l'histoire de ces interminables discussions basées sur des observations défectueuses, en partie aussi sur des idées préconçues; elles se produisirent à une époque où la technique microscopique était loin d'être ce qu'elle est devenue aujourd'hui. Nelson ouvrait ses ascarides dans de l'eau pure; il examinait leurs œufs dans le même liquide. Il suffit de jeter un coup d'œil sur ses dessins pour reconnaître qu'il n'a eu sous les yeux que des objets profondément altérés et incapables de fournir aucune indication positive. Claparède (34) a fait un excellent exposé critique des travaux de ses devanciers et je ne puis mieux faire que de renvoyer le lecteur au travail de l'éminent naturaliste genévois. Sans nier absolument la pénétration physiologique, Claparède ne croit pas qu'elle ait encore été observée; lui-même n'a pu se convaincre de la réalité de cette pénétration. Vers la même époque Munk arriva à la même conclusion négative (33). A. Schneider (29) et Leuckart (35) ont bien certainement vu des zoospermes en copulation; mais nous ne trouvons dans leurs travaux, pas plus que dans les publications plus récentes de Bütschli (1) et de Auerbach (2) aucun renseignement sur ce que devient le zoosperme dans l'œuf. La question de savoir si un ou plusieurs spermatozoïdes pénètrent, est également restée indécise et l'on peut dire que si pendant longtemps l'on s'est adressé de préférence aux nématodes pour élucider les problèmes relatifs à la fécondation, ces recherches ont donné fort peu de résultats utiles et qu'elles n'ont guère servi à faire progresser nos connaissances sur la nature du phénomène.

J'ai dit dans mon introduction, comment à la suite des travaux de O. Hertwig, le choix s'est porté de préférence sur les Echinodermes qui, à raison de la transparence de leurs œufs, offrent, à certains égards, des avantages incontestables sur d'autres animaux. Mais ils présentent d'autre part des inconvénients, qui expliquent suffisamment les divergences de vues que j'ai signalées, et le doute qui plane encore sur presque tous les points. Peut-être le présent travail aura-t-il pour résultat de prouver que les nématodes en général, et l'ascaride du cheval en particulier, ne méritaient ni l'abandon, ni le discrédit dont ils ont été l'objet et que si l'on a soin de soumettre leurs œufs à des procédés convenables de préparation, ces vers présentent, pour l'étude de la fécondation, des avantages inappréciables, que l'on chercherait peut-être en vain chez d'autres animaux.

La pénétration des zoospermes je l'ai étudiée d'abord sur le frais, soit dans le liquide cavitaire de l'ascaride, soit dans le sérum artificiel de Kronecker. Ces liquides indifférents n'exercent tout d'abord aucune action, ni sur les œufs, ni sur les spermatozoïdes; mais, à la longue, ils amènent quelques altérations, dont l'étude ne laisse pas que de présenter quelqu'intérêt.

J'ai eu recours aussi aux divers procédés de préparation que voici :

1° Traitement par l'acide osmique à 1 %; après une à deux minutes lavage à l'eau distillée, puis montage dans la glycérine.

2º Acide nitrique à 1... pendant 10 à 20 secondes, lavage; picro-carmin ou carmin glycérine picro-carminatée.

3º Acide nitrique pendant 3 à 4 minutes: alcool à 70; coloration par le carmin aceroxique montage soit dans la glycérine, soit dans le baume.

4º Acide nitrique à 1... 2 heures: coloration par le carmin boracique; glycérine ou baume.

5º Acide nitrique à 1... 2 heures: coloration par la fuchsine ou le vert de méthyle; glycérine ou baume.

6º Alcool au tiers: coloration par le carmin boracique; glycérine.

Pour l'étude de la population des produits sexuels il importe d'opérer toujours sur porte-objet. J'ai indiqué plus haut les inconvénients que présente la méthode qui consiste à traiter par les réactifs et les matières colorantes le tube sexuel tout entier.

Quand on veut monter dans le baume il est indispensable, si l'on veut éviter la rétraction du vitellus et la déformation des œufs, de passer de l'alcool absolu dans des mélanges successifs et gradués d'alcool et d'essence, et d'employer un baume rendu très fluide par addition d'une notable proportion d'essence. L'essence de clous de girofles et la thérébentine conviennent également bien: la créosote rend les œufs par trop transparents.

I. *Dans l'immense majorité des cas il ne pénètre, dans un œuf qu'un seul zoosperme.* — Je ne pense pas qu'aucun autre matériel permette une démonstration aussi facile, aussi complète, aussi indiscutable de ce fait capital. Il suffit, pour se faire une conviction à cet égard, d'exciser un segment quelconque de la portion ascendante de l'uterus, de l'ouvrir sur porte objet et de traiter les œufs mis en liberté par l'une des méthodes renseignées plus haut, au 4º, au 5º ou au 6º. Des milliers d'œufs, au même état de développement, répandus dans toute l'étendue de la préparation, montrent tous et chacun soit un spermatozoïde fixé au bouchon d'imprégnation, soit à moitié engagé dans le vitellus, soit complètement plongé dans le corps ovulaire, suivant que le segment que l'on a excisé était plus ou moins rapproché de l'extrémité inférieure de l'oviducte. Les dimensions des zoospermes, leur forme si caractéristique, le corps réfringent que la plupart d'entre eux renferment les font reconnaître immédiatement.

Un faible grossissement, le 4 de Hartnack par exemple suffit amplement pour cette démonstration. L'on pourra d'un seul coup d'œil et dans le même champ voir distinctement quarante, cinquante œufs et même davantage montrant tous aussi clairement l'un que l'autre un zoosperme unique engagé dans le vitellus. Entre les œufs se trouvent toujours beaucoup de zoospermes non copulés. Mais le doute sur la question de savoir si un zoosperme a bien pénétré dans le vitellus, ou s'il n'est pas simplement accolé à la surface de l'œuf, ce doute n'est pas possible et voici pour quel motif. Dès le moment où un spermatozoïde s'est fixé au bouchon d'imprégnation son corps protoplasmique a acquis des propriétés particulières, qui permettent de distinguer immédiatement un zoosperme copulé d'un spermatozoïde libre.

Tant qu'il est libre le zoosperme ne montre aucune affinité pour les matières colorantes; son noyau se colore vivement en rouge par le carmin boracique ou le picrocarmin; mais son corps protoplasmique reste parfaitement incolore. Mais à peine s'est-il fixé au bouchon d'imprégnation que tout le zoosperme acquiert la propriété de fixer énergiquement le carmin; non-seulement son noyau, mais tout son hémisphère céphalique et même le revêtement protoplasmique de la queue se colorent vivement en rouge; seul le corps réfringent reste parfaitement incolore. La papille caudale se colore cependant moins énergiquement et moins rapidement que le reste du protoplasme. J'ai représenté planche XIII quelques zoospermes en copulation; les figures 1 à 19 et 26 à 29 de la planche XI montrent des zoospermes libres, tels qu'on les trouve entre les œufs sur les même préparations.

Quand une fois on a reconnu cette propriété nouvelle

qu'acquiert le protoplasme du zoosperme, dès le moment où
il entre en conjugaison avec l'œuf, rien n'est plus facile que
de s'assurer si un spermatozoïde se trouve à l'intérieur du
vitellus ou s'il est simplement accolé à la face externe de
l'œuf. Or, sur des milliers d'œufs que j'ai eus sous les yeux
je n'en ai trouvé qu'un nombre tout à fait insignifiant, j'en
ai noté six, qui renfermassent deux zoospermes. Jamais je n'ai
vu un seul œuf renfermant plus de deux éléments spermatiques. Dans l'immense majorité des cas il n'entre donc qu'un
seul spermatozoïde.

Si l'on choisit, pour se faire une conviction sur le point
dont il s'agit, un segment de la portion ascendante de l'utérus,
on n'éprouve aucune difficulté à distinguer le zoosperme de
la vésicule germinative. Cependant, dès que le spermatozoïde
est complètement entré, la plus grande partie du noyau de
l'œuf se transforme en une substance finement ponctuée et
fibrillaire ; la membrane de la vésicule disparait et l'on ne
distingue plus de l'ancien noyau de l'œuf qu'une tache claire
et incolore, dans laquelle se détache un élément vivement
coloré en rouge et dont la forme et la constitution seront
décrits plus loin (pl. XIII, fig. 80 et 81). Tandis que le
zoosperme gagne le centre du vitellus, la vésicule germinative
transformée se porte à la surface.

Nelson, Meissner et aussi Leuckart ont exprimé l'opinion
que plusieurs spermatozoïdes peuvent pénétrer dans le vitellus
de l'œuf des nématodes. Meissner en a compté jusques huit
dans un seul et même œuf d'*Ascaris megalocephala*. En parlant
de l'*Ascaris lumbricoïdes* Leuckart s'exprime comme suit :
" *Andere Samenkörperchen liegen in der Tiefe der Dotter-
substanz in der sie an Form und Lichtbrechungsvermögen eine
Zeit lang noch deutlich erkennbar sind.* „

Les affirmations des auteurs que je viens de citer résultent
de ce qu'ils ont confondu avec le zoosperme, les corps réfringents du vitellus, dont les dimensions et l'aspect ne laissent
pas que de présenter une certaine ressemblance avec le corps
réfringent que renferme la queue de la plupart des zoo-

spermes. Tous ceux qui examineront les œufs vivants de l'Ascaris du cheval s'expliqueront parfaitement que cette confusion ait pu s'établir. Il n'est pas facile de distinguer le zoosperme à l'intérieur du vitellus frais et il faut se rappeler que les observations de Meissner et de Leuckart ont été faites sans le secours d'aucun réactif et sans l'emploi de matières colorantes. Il suffit de monter dans la glycérine des œufs traités par l'alcool au tiers et colorés par le carmin boracique pour reconnaître, avec la dernière évidence, l'erreur commise par Meissner et par Leuckart. Les éléments figurés du vitellus disparaissent dans les œufs traités par cette méthode; tous ceux qui auront à leur disposition un Ascaris conservé dans l'alcool, fut-ce depuis plusieurs années, pourront se convaincre de ce fait que, sauf de très rares exceptions, il n'entre qu'un seul zopsperme dans chaque œuf.

Pour assurer la fécondité d'un œuf un seul zoosperme suffit. Mais qu'arrive-t-il quand deux de ces éléments parviennent à s'introduire? Dans ces conditions l'œuf peut-il se développer normalement? Je ne suis pas en mesure de répondre à cette question : l'ascaride du cheval ne se prête pas à l'étude des conséquences qui résultent de la surfécondation. Je mentionnerai cependant ici quelques observations qui me paraissent présenter quelqu'intérêt. Il arrive fréquemment que deux ou même plusieurs spermatozoïdes s'accolent à un même bouchon d'imprégnation. Mais dans l'immense majorité des cas un seul parvient à pénétrer. Il faut admettre que dans les cas très rares, où l'on trouve dans le vitellus deux zoospermes, les deux éléments ont réussi à se maintenir l'un et l'autre sur le bouchon et qu'ils ont pénétré simultanément. Ce qui plaide en faveur de cette manière de voir, c'est que, dans les six cas que j'ai observés, les deux spermatozoïdes se trouvaient adjacents l'un à l'autre, tête à tête et queue à queue. Dans tous ces cas les deux zoospermes présentaient exactement les mêmes caractères, ils avaient subi les mêmes modifications; mais il n'est pas possible de décider si chacun d'eux eut donné naissance

à un pronucleus mâle. La conjonction se serait-elle opérée
dans ces cas entre le pronucleus femelle et un ou deux pronucleus mâles? ou bien l'un se serait-il dissous dans le vitellus?
Quelle en eut été la conséquence pour la suite du développement? Les données que l'on possède actuellement sont insuf-
fisantes pour trancher ces questions.

Il est bien établi que dans beaucoup de cas un seul
zoosperme suffit pour assurer le développement normal de
l'œuf. Les belles recherches de Fol et de O. Hertwig, confirmées par Selenka et par W. Flemming, ont établi qu'en règle
générale il n'entre, chez les échinodermes, qu'un seul zoosperme.
Chez les phanérogames un ovule est fécondé par un seul
grain de pollen. La circonstance que l'œuf s'entoure d'une
membrane résistante, aussitôt après qu'un premier zoosperme
a atteint le vitellus et de façon à empêcher la pénétration de
tout autre zoosperme *(Asterias, Toxopneustes)*, la fermeture
du micropyle par le spermatozoïde lui-même, quand la membrane préexiste à la copulation des produits sexuels *(Ascaris
megalocephala, Petromyzon)* semblent devoir être interprétés
en ce sens que la pénétration de plus d'un zoosperme serait
non seulement inutile, mais même nuisible. His (52) le premier a fait cette observation fort intéressante que chez le
saumon, le micropyle de l'œuf est si étroit qu'il ne peut
livrer passage à plus d'un spermatozoïde à la fois. Hoffmann
(57) vient de confirmer et d'étendre cette donnée à une série
de Téléostéens marins et il pense que chez *Scorpœna, Julis*
et *Crenilabrus* " *il ne peut pénétrer dans l'œuf plus d'un
spermatozoïde* ". Dès qu'un zoosperme a gagné le fond du
micropyle, les phénomènes que Hoffmann considère comme
consécutifs à la fécondation commencent à s'accomplir.

Hertwig et Fol affirment que des œufs d'Echinodermes,
dans lesquels deux ou plusieurs spermatozoïdes sont entrés,
donnent naissance à des monstruosités. Ce serait là une observation de la plus haute importance, si elle venait à être confirmée: mais Selenka aussi bien que Schneider sont arrivés à
une conclusion tout opposée : ils ont vu des œufs surfécondés

se développer normalement. Van Bambeke (37) a décrit les trous vitellins que l'on observe à la surface des œufs pondus de l'Axolotl et d'autres amphibiens; de chacun d'eux part un canal qui suit vers l'intérieur du vitellus un trajet légèrement sinueux et aboutit à un corps qui n'est probablement qu'une tête de zoosperme. La présence constante de plusieurs trous, dans le corps de l'œuf, semble indiquer qu'il y pénètre normalement plusieurs zoospermes. Kupffer affirme qu'il entre régulièrement plusieurs filaments spermatiques dans le vitellus, chez le crapaud (38).

La pénétration constante dans l'espace périvitellin d'un grand nombre de zoospermes chez les mammifères est facile à constater. Elle a été observée par tous ceux qui, depuis Barry (39) et Bischoff (40), ont étudié la fécondation et les premières phases du développement des mammifères : Meissner (41), Weil (42) Hensen (43) et moi-même (6). D'après Kupffer (44) il en serait de même chez certains poissons osseux : cet auteur a compté jusques 231 spermatozoïdes autour du vitellus dans une seule coupe optique d'un œuf de hareng. Chez le lapin ces nombreux zoospermes que l'on trouve dans l'espace périvitellin, pendant toute la durée de la segmentation, contre lesquels s'applatissent plus tard les cellules de la vésicule blastodermique, finissent par disparaître. Il est probable que les cellules embryonnaires assimilent peu à peu la substance de ces éléments. Il y a plus : j'ai vu souvent, chez le lapin, plusieurs zoospermes fixés par leur tête à la surface du globe vitellin rétracté; ils y adhéraient si fortement que les manipulations que je fis subir à quelques-uns de ces œufs, après avoir rompu la zône pellucide, pour colorer le globe vitellin libéré et le monter dans la glycérine ou dans le baume, ne déterminèrent pas le décolement des zoospermes. Je ne doute pas que la substance constitutive de la tête de ces zoospermes ne se confonde peu à peu avec le vitellus. Kupffer et Benecke ont vu que, chez les lamproies, un zoosperme unique pénètre dans le vitellus; cependant, il en est d'autres qui réussissent à traverser en tout ou en partie la membrane de l'œuf; les premiers arrivent alors dans l'espace périvitellin, les seconds donnent lieu à la formation, à la face interne de la membrane, de vésicules claires pourvues chacune d'un granule brillant. Ces vésicules ne manquent jamais. Aussitôt que la tête d'un zoosperme est arrivée au voisinage du bord interne de la membrane ovulaire, elle envoie un prolongement pseudopodique à travers l'espace qui la sépare encore de l'intérieur de l'œuf. L'extrémité de ce filament se renfle en un bouton et se détache pour constituer l'une des vésicules claires. En même temps il se forme, au pôle supérieur de l'œuf, une papille en forme de massue; elle est constituée exclusivement de protoplasme hyalin; elle exécute dans la chambre périvitelline des mouvements divers; par son extrémité la papille lèche véritablement la face interne de l'enveloppe ovulaire et dès qu'elle vient à toucher l'une ou l'autre des vésicules claires, cette dernière se confond avec la papille. Dans deux cas les auteurs ont vu cette même papille saisir des zoospermes qui avaient réussi à s'introduire dans l'espace périvitellin, et les avaler véritablement; bientôt ils disparurent dans le vitellus. L'impression de Kupffer et de Benecke est que la papille joue un rôle actif, complémentaire de la fécondation.

Des faits du même ordre ont été constatés par Kupffer (38) chez les crapauds. Après la pénétration de plusieurs zoospermes dans le vitellus, celui-ci manifeste son activité en allant à l'encontre d'autres zoospermes engagés dans les membranes ovulaires. Des éminences vitellines peuvent se produire en n'importe quel point de la surface du vitellus, partout où un ou quelques zoospermes ont réussi à s'approcher suffisamment près du vitellus. Nul doute qu'ici, comme chez les lamproies, il ne s'agisse d'un fait de fécondation complémentaire " ein sekundärer Befruchtungsakte. „

Il semble donc non-seulement que chez certaines formes animales la fécondation normale s'accomplit à la suite de l'introduction dans le vitellus de plusieurs zoospermes, mais même que des spermatozoïdes qui ne réussissent pas à entrer dans le corps ovulaire sont aussi utilisés pour le développement ultérieur de l'œuf. Il est absolument certain que chez le Lapin les zoospermes qui s'accolent à la périphérie du vitellus, si même ils se confondent peu à peu avec lui, n'engendrent pas de pronucleus mâle. Je n'ai jamais trouvé plus d'un pronucleus mâle chez cet animal. Il est donc possible que quand plusieurs spermatozoïdes entrent dans l'intérieur du vitellus, comme cela paraît être généralement le cas chez les Amphibiens, exceptionnellement chez les Echinodermes et chez l'Ascaride mégalocéphale, l'un seulement d'entre eux donne naissance à un pronucleus mâle, que les autres se dissolvent dans le vitellus, et jouent le même rôle que ceux qui président à la " fécondation complémentaire „ chez les Lamproies et les Crapauds. Mes recherches sur l'Ascaris du cheval prouvent néanmoins que cette fécondation complémentaire n'est nullement essentielle; chez certaines formes animales elle ne se produit certainement pas. Probablement elle n'a qu'une portée très secondaire et peut-être n'est-elle avantageuse à l'œuf qu'en ce sens qu'elle constitue un apport de matériaux assimilables. L'avenir nous éclairera sur ce point et nous apprendra si, dans le cas d'un développement normal, un œuf est toujours et exclusivement fécondé par un zoosperme unique ou s'il peut être fécondé par plusieurs de ces éléments. Il faudra rechercher pour cela si, dans les cas où plusieurs zoospermes pénètrent, chacun d'eux peut, dans certains cas, donner naissance à un pronucleus mâle et si la conjonction du pronucleus femelle peut se faire avec plus d'un pronucleus mâle, sans qu'il en résulte une altération du développement normal.

II. *Le zoosperme pénètre dans l'œuf par un point déterminé de sa surface.* — Ce point répond à l'une des extrémités de l'axe de l'œuf; je l'ai appelé le pôle d'imprégnation. La membrane vitelline présente en ce lieu une large interruption, probablement circulaire, un véritable micropyle. Comme cette membrane résistante existe partout ailleurs, elle empêche l'entrée des zoospermes par tout autre point. La membrane vitelline se continue, sur le pourtour du micropyle, avec une masse protoplasmique hyaline, à laquelle j'ai donné le nom de *bouchon d'imprégnation*. Celui-ci occupe le milieu du disque polaire. Au niveau du micropyle le protoplasme ovulaire est à nu. Il peut même se projeter au dehors en formant une saillie en forme de cône ou de gouttelette que l'on pourrait appeler *l'éminence de fixation* (pl. XI, fig. 32). C'est toujours et exclusivement au bouchon d'imprégnation que se fixe le spermatozoïde : il entre dans l'œuf par le micropyle. Aussi bien sur le frais que dans des préparations permanentes j'ai vu proéminer le bouchon par le micropyle et il n'est pas rare de rencontrer des zoospermes unis à l'éminence de fixation, comme je l'ai représenté planche XI, figures 34, 35 et 36. Parfois aussi on trouve deux ou même plusieurs spermatozoïdes fixés à une même éminence. Il est probable que dans l'immense majorité de ces cas la fixation n'est définitive que pour un seul d'entre eux et qu'il n'arrive que tout à fait exceptionnellement que deux zoospermes réussissent à se maintenir accolés au bouchon, auquel cas ils passent simultanément à travers le micropyle et pénètrent ensemble à l'intérieur de l'œuf.

Il est assez difficile de décider la question de savoir si le bouchon se projette régulièrement en dehors du micropyle pour former une éminence de fixation, si, pour me servir d'une expression qui rend bien ma pensée, l'œuf fait des avances au spermatozoïde ou si, d'habitude, il se comporte passivement, laissant au zoosperme le soin de venir à lui. Des images comme celles que j'ai représentées figures 32, 34, 35, 36, 39 et 40 sont peu fréquentes. Dans l'immense majorité des œufs murs le bouchon ne forme guère éminence (pl. XI, fig. 33). Mais il est possible que cette inactivité apparente du protoplasme ovulaire soit la conséquence de la difficulté qu'il y a à observer les œufs parfaitement vivants.

L'Ascaride mégalocéphale habite un animal à sang chaud; c'est pour cela que l'on ne réussit pas à voir les mouvements amœboïdes des zoospermes, dont la tête affecte d'habitude la forme d'une hémisphère. De là peut-être aussi l'inactivité apparente du bouchon d'imprégnation et la forme régulièrement ovoïde de la plupart des œufs.

Il est difficile d'admettre que des éminences comme celles que j'ai figurées (fig. 34, 35 et 36) soient des productions anormales. Elles ont été dessinées d'après des préparations à l'acide osmique, faites moins d'une heure après la mort du cheval dont provenaient les vers. Il est donc probable qu'il en est des œufs comme des spermatozoïdes, que les œufs perdent rapidement par le refroidissement la faculté de changer activement de forme, que le bouchon cesse de présenter des mouvements amœboïdes et que l'éminence de fixation s'efface.

Il est une autre particularité fort intéressante que je dois signaler ici. Au moment où le zoosperme vient de se fixer au bouchon et avant qu'il ait commencé à pénétrer dans l'œuf la membrane vitelline se décole avec la plus grande facilité de la surface du disque polaire et de la région parapolaire, tandis que partout ailleurs elle reste immédiatement appliquée sur le vitellus. Elle se soulève en formant quelques ondulations et on peut voir alors cette membrane isolée s'insérer sur le pourtour du bouchon et se continuer avec lui. Jamais le trou ne se montre béant. Tantôt l'éminence de fixation se trouve toute entière en dedans du micropyle (fig. 35), tantôt en partie en dehors de cet orifice (fig. 36). Mais dans l'un comme dans l'autre cas la substance claire du bouchon s'élève au-dessus de la surface du vitellus.

Il est facile de voir que l'éminence de fixation ne constitue pas tout le bouchon : cette saillie se continue directement, vers l'intérieur de l'œuf, dans cette partie du bouchon qui occupe le milieu du disque polaire. Il semble que la faculté que possède la membrane vitelline de se décoler et de se soulever tout autour du bouchon, au moment où celui-ci reçoit le zoosperme, elle la perd très vite. On n'observe plus jamais ce soulèvement de la membrane, quand le spermatozoïde a pénétré dans l'intérieur de l'œuf.

Ce soulèvement de la membrane a pour conséquence la formation entre le disque polaire et la membrane vitelline décollée d'un espace qui se remplit d'un liquide clair et hyalin. Il est probable que ce liquide vient de l'extérieur. Cette particularité s'observe aussi bien sur le frais que dans les préparations à l'acide osmique.

Je ne pense pas cependant qu'il s'agisse là d'un phénomène normal. Dans la plupart des œufs l'on n'observe ni décollement de la membrane, ni formation de l'espace. Mais il n'en est pas moins intéressant de constater que *pendant la courte période qui s'écoule entre le moment où le zoosperme est venu se fixer sur l'éminence jusqu'à ce qu'il ait commencé à s'engager dans le vitellus, l'adhérence entre le vitellus et la membrane vitelline est moindre, sur le pourtour du bouchon, que partout ailleurs.* Il s'accomplit dans cette région, au moment de la copulation des produits sexuels, certains phénomènes particuliers, qui, pour être difficiles à analyser, n'en sont pas moins constatables dans leurs manifestations. En tous cas l'on peut affirmer que c'est au pourtour du pôle d'imprégnation, dans les limites de la région parapolaire que la membrane vitelline se sépare le plus facilement du vitellus sous-jacent.

Meissner a soutenu l'existence d'un micropyle dans l'œuf des nématodes en général et de l'*Ascaris megalocephala* en particulier. D'après sa théorie bien connue de l'ovogénèse les œufs ovariens, au moment de se détacher du rachis, seraient pourvus d'une membrane et, au point par lequel ils se trouvaient fixés sur le rachis, il resterait un trou qui servirait à l'entrée des zoospermes.

La théorie de Meissner n'a plus besoin d'être refutée. L'œuf ovarien n'a pas de membrane, au moment où il se détache du rachis, et par conséquent, il ne peut présenter de micropyle. Tous les auteurs qui, après Meissner, ont repris l'étude de la question sont d'accord sur ce point.

Meissner a-t-il vu le micropyle que j'ai décrit plus haut? A-t-il vu des zoospermes engagés dans cet orifice? Il est permis d'en douter. La description faite par Meissner ne rappelle en rien la réalité. Il n'a vu ni éminence de fixation,

ni disque polaire, ni bouchon d'imprégnation et cependant
ces particularités sont bien autrement faciles à constater
que l'existence d'une membrane vitelline et d'un orifice
micropylaire, qui n'existent qu'au moment même où la
copulation va se produire. Meissner a représenté figure 6
des œufs montrant la pénétration des zoospermes. Mais les
œufs figurés sont des œufs ovariens ou des œufs de la partie
supérieure de l'oviducte. Leur forme triangulaire le prouve
suffisamment. Or, à ce stade de la maturation, il n'existe
encore ni membrane vitelline, ni par conséquent de micropyle.
Je conclus donc avec Claparède et tous ceux qui ont étudié
la question après lui en disant que " le micropyle de Meissner
n'existe pas. „ Rappelons d'autre part que Meissner n'a pas su
distinguer les zoospermes entrés dans le vitellus de spermatozoïdes accidentellement accolés à la surface. Il prétend qu'il
entre plusieurs spermatozoïdes dans le vitellus et il figure des
œufs renfermant (?) plusieurs zoospermes!

Pas plus que Claparède et Munk, Schneider, Leuckart et
Bütschli n'ont signalé la différentiation polaire des œufs chez
les nématodes et Auerbach lui-même, qui a constaté que les
deux extrémités de l'œuf diffèrent entre elles, tant chez
l'*Ascaris nigrovenosa* que chez le *Strongylus auricularis* n'a
rien vu qui rappelle ni le disque polaire, ni le bouchon
d'imprégnation, ni l'éminence de fixation, ni le micropyle des
œufs de l'Ascaride du cheval.

La présence d'un micropyle, l'existence dans les enveloppes
de l'œuf d'un orifice destiné à livrer passage aux spermatozoïdes a été signalée chez beaucoup d'animaux. Mais on a
confondu sous ce nom des formations diverses : l'organe que
de la Valette St-Georges (45) a décrit sous ce nom, chez les
Amphipodes, n'a rien de commun avec un micropyle; il ne
siège pas dans l'enveloppe de l'œuf et constitue un organe
embryonnaire dont la valeur morphologique est encore discutée. Rien ne prouve que le canal que l'on observe dans l'œuf
des Najades, longtemps avant la ponte, et que Keber (46)
a appelé un micropyle, serve réellement à l'entrée des zoosper-

mes. En tous cas le corps lenticulaire que renferme ce canal et que Keber a pris pour un spermatozoïde, n'a rien de commun avec un élément spermatique. Il est douteux aussi que le canal que présente la zone pellucide de l'œuf des Holoturies et qui a été signalé pour la première fois par J. Müller (47) serve à la pénétration des zoospermes.

Les membranes striées, épaisses et molles, telles qu'on les trouve chez tous les échinodermes et chez beaucoup de vertébrés sont traversées avec la plus grande facilité par les spermatozoïdes et cela même en n'importe quel point de la surface de l'œuf. L'on peut même se demander si les orifices que présentent les œufs de beaucoup de poissons sont nécessaires pour permettre l'entrée des zoospermes, depuis que Kupffer et Benecke ont démontré que, chez les Lamproies, où il existe un orifice micropylaire, les filaments spermatiques peuvent traverser la membrane de l'œuf en des points où il n'existe aucune ouverture préformée. Il en est autrement pour les œufs pourvus de membranes épaisses et résistantes telles qu'en présentent les œufs des insectes. Leuckart a démontré irréfutablement la nécessité de ces orifices pour permettre la pénétration des zoospermes et la fécondation des œufs. En ce qui concerne les poissons il est à remarquer que les conclusions de Kupffer et Benecke ne concordent nullement avec les observations de la plupart des auteurs. Calberla affirme que chez le *Petromyzon Planeri* il ne pénètre qu'un spermatozoïde et que c'est toujours et exclusivement par le micropyle que le zoosperme traverse la membrane de l'œuf. Ransom (58) a vu plusieurs fois un spermatozoïde pénétrer par le micropyle et cela chez plusieurs poissons osseux; enfin. Hoffmann (57) dans son récent mémoire dit que chez *Scorpœna*, *Julis* et *Crenilabrus* un zoosperme unique s'engage dans le *micropyle* pour gagner la surface du germe; il va jusqu'à dire que chez ces poissons il ne peut pas entrer plus d'un spermatozoïde à l'intérieur de l'œuf: " ..... *kann nicht mehr als Ein Spermatozoon in das Ei eindringen*. „

L'orifice de la membrane vitelline des nématodes a incontestablement pour but de permettre au spermatozoïde de pénétrer à l'intérieur de l'œuf. Partout où la membrane existe, elle oppose un obstacle infranchissable aux zoospermes. C'est ce que l'on peut conclure de ce fait que jamais un spermatozoïde ne pénètre dans l'œuf si ce n'est après s'être fixé, au préalable, au bouchon et avoir passé par l'orifice micropylaire. Ici la nécessité du micropyle résulte de deux circonstances, de la précocité de la formation de la membrane vitelline et du volume du zoosperme.

L'opinion que le zoosperme peut pénétrer dans le vitellus par n'importe quel point de sa surface est professée par Hertwig et par Fol, en ce qui concerne les Echinodermes. Ce dernier auteur a décrit sous le nom de " cône d'attraction „ un prolongement du corps plotoplasmique de l'œuf qui, s'engageant dans la zone pellucide, va à la rencontre du spermatozoïde; mais il admet que ce cône peut se produire en n'importe quel point de la surface du globe vitellin, que son lieu de formation dépend du point où le spermatozoïde qui doit féconder l'œuf s'est engagé dans la zône pellucide. Je soupçonne que ce cône d'attraction pourrait bien être le même organe ovulaire que j'ai appelé le bouchon d'imprégnation, qu'il se forme en un point déterminé de la surface du vitellus et que ce point, prédestiné à recevoir le zoosperme, répond à l'une des extrémités d'un axe organique qui existerait dans l'œuf des échinodermes, comme dans celui de nos ascarides. Ce qui tend à prouver qu'il en est ainsi c'est une observation importante faite par Selenka. Cet auteur constate qu'il existe chez le *Toxopneustes variegatus*, dès avant la fécondation, un point différentié de la surface du vitellus : il se distingue de tous les autres points par la présence d'une éminence que l'auteur appelle " *Dotterhügel* „. Ce point répond au lieu de formation du globule polaire. Presque toujours, dit Selenka, c'est dans l'éminence vitelline que s'engage le zoosperme. Il ajoute, il est vrai, que la pénétration peut se faire aussi par d'autres points. Mais l'on peut se demander si, ces derniers zoospermes concourrent réellement à la fécondation ?

Flemming a confirmé, chez le *Toxopneustes lividus*, l'existence du *Dotterhügel* signalé par Selenka. Mais il ne s'est pas
occupé de la question de savoir si c'est par ce point que le
zoosperme pénètre.

Si l'on trouve peu de renseignements sur l'existence, dans
l'œuf des invertébrés d'un point différentié, prédestiné à
recevoir le zoosperme, il existe, en ce qui concerne les vertébrés, des données positives de la plus haute valeur. Les faits
que j'ai signalés chez l'ascaride du cheval présentent, avec
ceux que Calberla (48) et aussi Aug. Müller (49), Kupffer et
Benecke (50) ont fait connaître chez les lamproies, les analogies les plus frappantes. D'après Calberla un seul et unique
zoosperme pénètre dans le vitellus, chez le *Petromyzon Planeri*;
il traverse un canal en forme d'entonnoir creusé dans la membrane de l'œuf, que Calberla appelle le *micropyle externe*. Cet
orifice siège à l'une des extrémités du grand axe de l'ovoïde
ovulaire; il occupe le centre d'une portion de cette enveloppe,
soulevée en forme de verre de montre. La concavité du verre
de montre est occupée par un protoplasme clair et hyalin,
dépourvu de granulations vitellines, qui s'étend en une mince
couche sur tout le pourtour du vitellus et se prolonge d'autre
part, vers l'intérieur de l'œuf, en formant un cordon solide,
renflé à son extrémité interne. Selenka a signalé l'existence
d'une couche semblable chez le *Toxopneustes variegatus* et il
admet aussi qu'au point où le zoosperme pénètre cette couche
hyaline se continue vers l'intérieur de l'œuf. Calberla admet
que ce cordon solide et homogène remplit une sorte de canal
creusé dans la substance opaque du vitellus, suivant l'axe
de l'œuf. Ce canal Calberla l'appelle le conduit spermatique
(*Spermagang*), et son orifice externe est désigné sous le nom
de *micropyle interne*. Le zoosperme, après avoir traversé le
micropyle externe, pénètre dans le conduit spermatique et
sa tête s'y transforme probablement en un pronucleus mâle,
tandis que sa queue, qui reste engagée dans le micropyle
externe bouche cet orifice et barre ainsi le passage à tout
autre élément spermatique. Le verre à montre de Calberla

répond évidemment à notre région parapolaire; la couche
de protoplasme hyalin, qui remplit la concavité du verre
à montre, est représentée, chez l'*Ascaride megalocephala*, par
le disque polaire et le cordon hyalin du canal spermatique
est de tous points comparable à ce que j'ai appelé le bouchon
d'imprégnation.

De même que nous avons observé qu'au moment où un zoosperme vient se fixer au bouchon la membrane vitelline se
détache avec la plus grande facilité du vitellus sous-jacent
tout à l'entour du bouchon, qui reste engagé dans le micropyle,
de même Calberla a vu que chez la lamproie, au moment où le
filament spermatique arrive au contact du protoplasme, dans
le fond du micropyle externe, le vitellus se détache de la
membrane, tout autour du pôle d'imprégnation, et dans l'espace
qui se forme et qui ici s'étend progressivement vers le pôle
inférieur de l'œuf, s'accumule un liquide qui n'est autre que
de l'eau venue de l'extérieur.

Mais ici aussi un amas de protoplasme hyalin, en tous
points comparable à notre éminence de fixation reste engagé
dans le micropyle, pour conduire le spermatozoïde. Le cordon
hyalin reliant le micropyle interne au micropyle externe,
Calberla le désigne sous le nom de *Samenleidband*. Il continue, à travers l'espace périvitellin la masse protoplasmique
qui remplit le canal spermatique. Il saisit en quelque sorte
le zoosperme au moment où ce dernier gagne le fond du
micropyle externe et l'entraîne dans le corps de l'œuf. Nous
allons voir que le bouchon d'imprégnation remplit, chez
l'ascaride, la même fonction et, chez les lamproies comme chez
l'*Ascaris* du cheval, la substance du bouchon finit par rentrer
dans le vitellus. Calberla a vu que le corps et la pièce
moyenne du zoosperme sont seuls entraînés dans le vitellus,
que la queue du filament spermatique reste engagée dans le
canal micropylaire, de façon à boucher cet orifice et empêcher
par là l'entrée d'autres zoospermes. Nous allons voir que
chez l'*Ascaris* du cheval, la queue du zoosperme sert, elle
aussi, à fermer le micropyle.

mâle ne prendrait pas naissance dans la figure claviforme.

Van Bambeke lui aussi avait vu la traînée pigmentaire d'origine spermatique; il l'a décrite avant Hertwig et comme lui il a reconnu l'apparition d'un élément nucléaire à l'extrémité interne de cette traînée. Mais il ne pense pas que cet élément nucléaire intervienne dans la formation du premier noyau de l'embryon. L'hypothèse d'après laquelle cette traînée pigmentaire d'origine spermatique, unique chez les Grenouilles, serait l'équivalent de l'une des nombreuses traînées qui paraissent exister chez l'Axolotl et chez le Crapaud n'est donc pas écartée; il est possible que le pronucleus mâle qui contribue à la formation du premier noyau embryonnaire ne prend pas naissance à l'extrémité d'une semblable traînée; que les éléments nucléaires qui s'y forment n'ont qu'une existence éphémère et une importance très secondaire, voire même accidentelle, que le zoosperme véritablement actif pénètre par le *Keimpunckt* et que le pronucleus mâle proprement dit se forme dans la figure claviforme. Les observations faites chez les Lamproies d'une part, chez un Nématode de l'autre, tendent à établir que la fécondation de l'œuf est l'œuvre exclusive d'un zoosperme unique qui pénètrerait dans le vitellus par l'extrémité de l'axe organique de l'œuf. Les faits qu'a révélé l'étude de l'œuf des poissons osseux vient encore à l'appui de cette opinion. Ransom a reconnu le premier que le micropyle répond toujours au centre du germe. His a confirmé le fait pour le saumon et Hoffmann pour plusieurs autres poissons Téléostéens. Si, comme cela ressort des observations de Ransom et de Hoffmann la fécondation de l'œuf est l'œuvre du zoosperme qui pénètre par le micropyle, il est clair qu'ici aussi il y a prédestination d'un point déterminé de la surface du vitellus pour la réception du zoosperme et ici aussi ce point est l'une des extrémités de l'axe ovulaire. Il est à remarquer que, d'après Ransom et Hoffmann, c'est au pourtour de ce point que commence le retrait du vitellus et qu'apparait la chambre périvitelline.

III. Le spermatozoïde se fixe au bouchon d'imprégnation par le milieu de ce que j'ai appelé son hémisphère céphalique. J'ai montré plus haut que dans le spermatozoïde, comme dans l'œuf, on peut distinguer un axe organique et physiologique; la symétrie du zoosperme est semblable à celle de l'œuf et tandis que l'une des extrémités de l'axe répond au milieu de l'hémisphère céphalique, l'autre extrémité est représentée par la pointe de la queue. J'ai désigné la première sous le nom de pôle d'imprégnation; c'est en effet, par la région avoisinant ce pôle que le zoosperme s'accole à l'éminence de fixation de l'œuf. Au moment de la copulation des deux éléments sexuels les axes du zoosperme et de l'œuf se placent dans la prolongation l'un de l'autre et l'accolement se fait par les pôles désignés sous le même nom.

Quand je caractérise de cette façon la position relative de l'œuf et du zoosperme, au moment de la copulation, je n'entends nullement affirmer, que les axes des deux éléments forment toujours ensemble une droite : les déviations accidentelles qui peuvent se présenter sont le résultat inévitable des pressions que subissent les œufs aussi bien que les spermatozoïdes à l'intérieur des organes sexuels. Mais n'étaient ces causes perturbatices externes, ces deux axes formeraient ensemble une seule et même droite.

Je ne puis m'empêcher d'appeler ici l'attention sur d'autres analogies bien remarquables entre le zoosperme et l'œuf. L'un et l'autre sont partiellement recouverts par une membrane et leur protoplasme n'est à nu que suivant une région limitée de leur surface. Si le zoosperme se fixe toujours et exclusivement par son hémisphère céphalique, s'il ne réussit à s'accoler qu'à l'éminence de fixation, c'est apparemment parce que la présence de la membrane vitelline d'une part, de la membrane caudale du zoosperme de l'autre, empêchent l'union des produits sexuels par tout autre point de leur surface. La composition stratifiée que je signalais plus haut dans la constitution de l'œuf se retrouve tout aussi clairement dans le spermatozoïde, dont la calotte hémisphérique peut être

11

comparée à la couche corticale de l'œuf. Peut-être ces analogies n'ont-elles aucune portée; il est difficile d'en voir la raison; mais j'ai cru néanmoins devoir les signaler.

Quand j'ai appliqué aux spermatozoïdes des nématodes les noms de *tête* et de *queue* je n'ai voulu par là affirmer qu'une chose, c'est que l'hémisphère granuleux du zoosperme des nématodes répond à l'extrémité antérieure des filaments spermatiques des autres animaux, que la papille constitue leur partie postérieure. Ce qui permet de soutenir ce rapprochement, c'est d'abord que lors de la copulation l'hémisphère granuleux se comporte vis-à-vis de l'œuf comme cette partie que l'on désigne sous le nom de *tête*, quand il s'agit de filaments spermatiques; c'est ensuite que le noyau siège dans l'hémisphère granuleux, de même que dans les filaments spermatiques il se trouve dans la tête. Il est suffisamment établi aujourd'hui que la tête, dans beaucoup de filaments spermatiques, peut-être même chez tous, comprend, indépendamment du noyau du spermatocyte, un revêtement protoplasmique complet, pour que l'on soit autorisé à comparer l'ensemble d'un zoosperme filamenteux à un spermatozoïde de nématode. Mais je n'entends nullement affirmer que l'hémisphère granuleux de ces derniers est exactement homologue de la tête d'un filament spermatique ordinaire et je n'essaierai d'établir aucun parallèle entre les parties constitutives des uns et des autres.

Le fait que les zoospermes des nématodes pénètrent dans le vitellus le gros bout en avant n'est pas nouveau. Meissner, Schneider et Leuckart ont signalé ce fait et il n'est pas douteux que ces derniers auteurs n'aient vu des zoospermes copulés. Je n'oserais pas affirmer qu'il en est de même de Nelson. La figure que Schneider a donnée et qui a été récemment reproduite dans le livre de Hensen (56) montre, à n'en pas douter, un zoosperme physiologiquement fixé à l'œuf et à moitié entré dans l'intérieur du corps ovulaire.

Aussitôt que le zoosperme est bien fixé au bouchon, son hémisphère céphalique change de forme : il s'applatit dans toute la partie de sa surface qui s'est accolée au bouchon et sa forme devient celle d'un segment de cylindre (pl. XI. fig. 40 et 41). Les figures 33 à 41 montrent les phases successives de cette transformation de la tête du spermatozoïde. Dans les figures 40 et 41 on voit la limite entre le zoosperme et le bouchon marquée par une ligne à peu près droite. Les faces latérales de la tête d'abord convexes en dehors prennent ensuite les caractères d'une surface cylindrique.

IV. Le bouchon d'imprégnation descend progressivement vers l'intérieur, entrainant avec lui le zoosperme qui se trouve fixé à lui par une surface répondant à peu près au diamètre du micropyle. Pendant ce mouvement de descente ou de pénétration du bouchon intimement uni au spermatozoïde, le disque polaire, sur tout le pourtour du bouchon. s'infléchit légèrement, de telle sorte que si, par l'imagination. on écarte le spermatozoïde, il reste à la place où il se trouvait fixé une fossette en forme d'assiette, dont le fond constitué par le bouchon est plan tandis que ses faces latérales. formées par la partie la plus interne du disque polaire sont évasées (fig. 41 et 42).

A un certain moment, la tête du zoosperme remplit en grande partie cette coupe; elle affecte fréquemment alors la forme que nous avons représentée figure 41: elle est appliquée par une face à peu près plane contre le fond de la coupe, par des faces latérales obliquement coupées, contre la portion infléchie du disque polaire.

La figure 41 montre qu'il règne tout autour de la portion fixée de la tête du zoosperme un sillon circulaire limité en dedans par la portion libre des faces latérales de la tête et en dehors par le disque polaire.

L'on ne peut examiner avec attention une série d'œufs montrant le spermatozoïde partiellement engagé dans le vitellus sans acquérir la conviction, qu'au stade que nous considérons, la portion engagée de la tête exécute des mouvements amœboïdes très actifs. C'est probablement grâce à

la contractilité de son protoplasme céphalique qu'un spermatozoïde
peut pénétrer dans l'œuf en passant par un micropyle, dont
le diamètre est parfois inférieur à celui de la tête elle-même
(pl. XII, fig. 45 et 46, œufs traités par l'acide osmique, montés dans la glycérine, sans coloration préalable; pl. XI, fig. 35
et 36 acide osmique, picrocarmin, glycérine). Aussitôt qu'une
partie de la tête a pénétré, elle prend les formes les plus
variées; témoin les figures de la planche XII; elle s'insinue
entre la membrane vitelline et le disque polaire, s'étale à la
face interne de cette membrane et soulève les bords de
l'orifice micropylaire. Tout l'hémisphère céphalique finit par
passer à travers le micropyle et, à ce moment, le bord
libre de la membrane vitelline répond à peu près au bord
de ce que j'ai appelé plus haut la coupe du zoosperme
(fig. 48 et 49, pl. XII). A ce moment la membrane vitelline
se met en continuité de substance avec la membrane qui
entoure toute la portion caudale du spermatozoïde; la membrane de l'œuf et la membrane du zoosperme n'en font plus
qu'une, l'une venant compléter l'autre; le micropyle est fermé
par l'intercalation de la membrane du spermatozoïde dans
celle de l'œuf, et l'accès du vitellus est désormais fermé à
tout autre élément spermatique. Tandis que le spermatozoïde
paraît encore en dehors de l'œuf par toute sa portion caudale,
en réalité il se trouve déjà tout entier dans la cavité commune circonscrite par les deux membranes confondues en une
seule. Cette membrane je propose de l'appeler la membrane
ovo-spermatique.

Aussitôt que l'orifice micropylaire s'est fermé la tête du
zoosperme tend à reprendre sa forme hémisphérique. Les
figures 50 à 55 montrent les phases successives de cette
rétraction. Dans l'immense majorité des cas le protoplasme
de la tête du zoosperme se décole de la membrane ovo-spermatique, de telle sorte qu'un espace à section triangulaire
apparaît tout autour de la tête du zoosperme; d'autres fois
le décolement se fait d'un côté seulement. Quelquefois l'espace
triangulaire résulte de ce que le zoosperme affecte l'une des

formes très compliquées que j'ai représentées figures 50 et 51. Mais le plus souvent l'espace dont je viens de signaler l'apparition est limité suivant une de ses faces par le corps protoplasmique du zoosperme, suivant la seconde par le disque polaire, suivant la troisième par la membrane ovospermatique.

Telles sont les conclusions d'un grand nombre d'observations faites en partie sur le frais, en partie sur des œufs traités par les diverses méthodes indiquées plus haut. La description sommaire d'un certain nombre de figures typiques servira à démontrer les faits sur lesquels ces conclusions s'appuient.

Planche XI. Figure 39. La membrane vitelline est trèslégèrement soulevée suivant les bords du micropyle, par lequel sort une substance claire, formant l'éminence de fixation; elle est largement et intimement unie à la tête du zoosperme. (Acide osmique, picro-carmin, glycérine, 1/12 Imm. hom. Zeiss; chambre claire.)

Figure 40. Les bords du micropyle ne sont pas relevés. Par le micropyle proémine la masse claire du bouchon d'imprégnation qui occupe le milieu du disque polaire. Dans la substance du bouchon et jusques dans l'éminence de fixation se voient des éléments figurés du vitellus. (Acide osmique, picro-carmin, glycérine, 1/12 Imm. hom. Zeiss; chambre claire.)

Planche XII. Figure 46a. La moitié environ de la masse protoplasmique de la tête est entrée. Un étranglement divise la tête en deux parties. L'interne est plus foncée et bien colorée; l'autre qui est encore en dehors de l'œuf est plus pâle et moins colorée. Une ligne transversale très nette au niveau de l'étranglement; elle répond au bord libre de la membrane vitelline; elle est l'indice du micropyle. Une seconde ligne transversale se projetant sur le noyau est le bord de la coupe caudale du zoosperme. Une troisième marque la limite entre la coupe et la papille. (Acide nitrique 3 °/₀; carmin boracique, glycérine, 1/12 Imm. hom. Zeiss; chambre claire.)

Figure 45a. Cette figure représente à peu près le même

stade de la pénétration. Les limites de la coupe sont beaucoup
moins nettes. (Acide nitrique 3 °/₀; carmin boracique, glycérine, 1/12 Imm. hom. Zeiss; chambre claire.)

Figure 47. La partie de la tête qui est engagée s'est
insinuée entre la membrane vitelline et la plaque d'imprégnation. Elle s'est étalée en éventail. On distingue nettement le
bord du micropyle et aussi celui de la coupe caudale. Le
contour de la coupe est marqué par une ligne plus foncée que
celui de la papille. Une partie notable de la tête se trouve
encore en dehors du micropyle. (Ac. osm. picrocarmin, glycérine, 1/12 Imm. hom. Zeiss; chambre claire.)

Figure 48. Tout l'hémisphère céphalique a pénétré; le bord
micropylaire se confond avec le bord de la coupe caudale du
zoosperme. A raison du diamètre relativement peu considérable
du micropyle un étranglement très marqué sépare la tête de
la queue du zoosperme. Toute la tête forme éventail : ses
faces latérales sont adjacentes à la membrane vitelline. (Ac.
osm. picrocarmin, glycérine, 1/12 Imm. hom. Zeiss; chambre
claire)

Figure 49. Même stade que le précédent. La face profonde
de la tête est très irrégulière; elle se moule au milieu sur une
sphère hyaline; sur les cotés sur des gouttelettes homogènes.
La limite entre la coupe et la papille est bien visible. (Même
mode de préparation et même grossissement que les stades
précédents.)

Figure 50. Le zoosperme en grande partie engagé a commencé à se décoler de la membrane vitelline, dont le bord
est relevé, de façon à former une sorte de cône tronqué. Un
espace à section triangulaire, parfaitement homogène, se voit
tout autour du spermatozoïde. (Ac. osm., picrocarmin, glycérine; 1/12 Imm. hom. Zeiss; chambre claire.)

La figure 51 représente un stade très semblable au précédent; cependant la forme de la tête est toute différente. Sa
face profonde répond au bouchon d'imprégnation, ses faces
latérales au disque polaire infléchi. La tête du zoosperme remplit, au milieu du disque, la place antérieurement occupée par

le bouchon. Cela se voit tout aussi clairement dans la figure 52 qui est intéressante en ce qu'ici, par suite du changement de forme de la tête, nous passons à des stades comme ceux qui ont été représentés dans les figures 42 et 53. Ces figures montrent l'espace clair qui entoure la portion rentrée du zoosperme délimité en dedans par ce dernier, en dehors par la membrane vitelline et en bas par le disque polaire. Si l'on compare entre elles les figures 50, 51 et 52, qui toutes trois montrent très nettement la ligne suivant laquelle s'est faite la soudure entre la membrane vitelline et la membrane de la coupe du zoosperme, il semble que l'on doive admettre une rétraction progressive de la membrane qui entoure la queue du zoosperme, comme si cette membrane était à la fois malléable et élastique. Les figures 51, 52 et 53 sont dessinées comme les précédentes à la chambre claire et toutes au même grossissement (1/12 Imm. hom. Zeiss.), d'après des préparations à l'acide osmique, colorées par le picrocarmin et montées dans la glycérine. Il en est encore de même des figures 54, 55 et 56 qui sont fort instructives. Dans ces trois cas la membrane du zoosperme s'est confondue avec celle de l'œuf, suivant le bord libre de cette dernière, au niveau du micropyle. Le décollement du spermatozoïde s'est fait d'un côté seulement, de sorte qu'un espace périspermatique s'est constitué d'un côté seulement. Dans la figure 56 cet espace parait encore bien séparé du vitellus et l'on pourrait supposer qu'il est rempli d'un liquide homogène, qui n'a rien de commun avec le corps protoplasmique de l'œuf. Mais la figure 54 et surtout la figure 55 montrent cet espace envahi par le vitellus. Ces images sont des plus intéressantes à un autre point de vue : elles démontrent de la façon la plus évidente la participation de la membrane spermatique à la formation de l'enveloppe, close de toutes parts, qui renferme dès à présent œuf et spermatozoïde. Elles justifient pleinement la dénomination de membrane *ovo-spermatique* que j'ai donnée à l'ensemble formé par la membrane vitelline soudée à l'enveloppe du zoosperme.

La série des figures 57 à 61 représentent des zoospermes

altérés par un séjour prolongé, sur porte-objet, dans ce serum artificiel de Kronecker. Des images semblables se rencontrent fréquemment aussi, quand on examine des œufs, dans le liquide cavitaire de l'ascaride abandonné à la température ordinaire pendant quelques heures, pendant 24 heures par exemple, après la mort du cheval dont il provient.

La figure 57 montre un spermatozoïde récemment fixé à l'éminence de fixation ou portion externe du bouchon d'imprégnation. Il s'est formé par imbibition, dans la substance protoplasmique hyaline du bouchon, de grandes vacuoles. Je considère cette figure comme représentant une altération *post mortem* d'une image semblable à celle que j'ai représentée figure 39. d'après une préparation faite en traitant les œufs tout frais par l'acide osmique. La figure 57 a été dessinée à la chambre claire; obj. 8 de Hartnack. En suivant le même œuf pendant longtemps, j'ai vu les vacuoles représentées dans le bouchon (fig. 57) grandir lentement et le spermatozoïde être progressivement écarté de l'œuf.

La figure 58 représente, d'après le frais et peu altéré, un stade de pénétration voisin de celui que j'ai dessiné figure 53, d'après une préparation à l'acide osmique. (Imm. 10 de Hartnack. chambre claire.)

Les figures 59. 60 et 61 représentent, profondément altérés, par l'imbibition du spermatozoïde. des stades voisins de ceux que j'ai représentés figures 45. 46 et 47 d'après des préparations à l'acide osmique. Il faut tenir compte que le grossissement est différent. Les figures 59, 60 et 61 ont été dessinées à la chambre claire. combinée au 10 à immersion de Hartnack. Je considère les images représentées figures 59 et 60 comme montrant les premières phases d'un processus d'altération qui atteint son apogée dans la figure 61. De semblables altérations se produisent fréquemment sous les yeux de l'observateur.

En examinant les figures 46a et 47 on remarque que la portion de l'hémisphère céphalique qui a pénétré dans l'œuf a une toute autre apparence que celle qui se trouve encore

en dehors du micropyle. La portion de la tête qui n'est pas
encore entrée se colore beaucoup moins énergiquement; elle
est aussi formée d'un protoplasme moins réfringent. Les
limites de ces portions céphaliques sont très nettement marquées d'une part par le contour du micropyle, d'autre part
par celui de la coupe caudale du zoosperme. Les figures 59
et 60 montrent aussi très distinctement deux parties constitutives de l'hémisphère céphalique; les figures 58 et 59
semblent indiquer que les différences dans l'aspect et les
propriétés de ces deux portions de l'hémisphère ne dépendent pas exclusivement de la pénétration ou de la non
pénétration. Le noyau du zoosperme se trouve d'ordinaire
vers la limite entre la portion pâle que j'appellerai la " *pièce
intermédiaire* „ et la portion foncée que je désignerai sous
le nom de " *pièce terminale* „; il est cependant plus fortement engagé dans la pièce intermédiaire, quelquefois même
complètement logé dans cette partie du zoosperme. Des
images comme celles que nous avons représentées figures 59
et 60 montrent que la substance de la pièce intermédiaire
a une tentance toute particulière à donner lieu à des phénomènes d'imbibition; le contour externe se soulève sur tout
le pourtour de la pièce intermédiaire. Il semble qu'il existe
une véritable membrane, se continuant d'une part avec
la membrane vitelline, suivant le bord libre de cette membrane, au niveau du micropyle, d'autre part avec la membrane spermatique le long du bord libre de la coupe. Le
liquide qui s'accumule dans la couche corticale de la pièce
intermédiaire imbibe aussi la substance interfibrillaire de la
pièce intermédiaire; car le volume de cette portion de l'hémisphère céphalique s'accroit considérablement, et il semble que
les nodosités des filaments moniliformes du protoplasme s'écartent les unes des autres, que ces filaments finissent par se
rompre et se désagréger. Cela parait résulter clairement de
l'examen d'images très fréquentes comme celle que j'ai représentée figure 61. La pièce intermédiaire s'est gonflée en une
immense gouttelette sur l'une des faces latérales de laquelle

se trouve insérée la queue du zoosperme; la pièce terminale de ce dernier se trouve engagée dans l'orifice micropylaire considérablement distendu. Des granulations protoplasmiques de la pièce intermédiaire les unes, entourant le noyau, sont adjacentes à la pièce terminale, les autres se trouvent à la base de la coupe. Cette grosse gouttelette est-elle délimitée par une membrane circonscrivant un espace rempli de liquide? les images 59 et 60 s'expliquent-elles en ce sens, qu'elles résulteraient d'un soulèvement déjà très accusé d'une membrane dont la pièce intermédiaire serait pourvue? du liquide s'amasse-t-il entre cette membrane et le protoplasme? Je ne le pense pas. Tout le phénomène produit la même impression que s'il s'agissait du gonflement par imbibition d'une substance comparable à de la gomme. Dans mon opinion c'est la substance interfibrillaire du protoplasme qui s'imbibe peu à peu après la mort, gonfle et donne lieu à la formation non d'une vésicule, mais d'une goutte visqueuse.

La figure 60 montre que ce n'est pas seulement la pièce intermédiaire qui peut ainsi s'imbiber, mais aussi la pièce terminale. Or, il n'existe pas plus de membrane à la face externe de la pièce terminale que sur les faces latérales de la pièce intermédiaire.

Il se produit des phénomènes d'imbibition analogues chez des zoospermes non encore copulés. Les figures 20 et 21 (pl. XI) montrent des zoospermes libres, altérés par imbibition. J'ai déjà exprimé plus haut l'opinion que l'on ne peut nullement conclure d'images semblables à l'existence d'une membrane autour de l'hémisphère céphalique des zoospermes.

Mais l'on peut je crois légitimement conclure d'images comme celles que j'ai représentées figures 59, 60 et 61 que la substance interfibrillaire du protoplasme du zoosperme constitue en quelque sorte le ciment par lequel se fait la réunion des bords de la membrane vitelline à la coupe spermatique.

Les préparations d'œufs traités par l'alcool au tiers, colorés par le carmin boracique et montés dans la glycérine sont de

la plus haute utilité en ce qu'elles confirment d'une manière
éclatante quelques-uns des conclusions formulées plus haut,
particulièrement en ce qui concerne l'existence de la membrane spermatique et l'occlusion du micropyle par soudure de
la membrane vitelline avec la membrane spermatique. Par
l'action de l'alcool au tiers la membrane spermatique se décole
fréquemment du protoplasme sous jacent et la membrane
vitelline se détache du disque polaire; en même temps le
zoosperme déjà fixé au bouchon est éloigné du vitellus, comme
s'il se trouvait entre ces parties une substance particulière
jouissant de la propriété de gonfler énormément par l'action
de l'alcool au tiers. Un espace artificiel, souvent très étendu,
se constitue au pôle d'imprégnation entre le disque et la
membrane vitelline. Dans les cas où celle-ci se trouvait déjà
soudée à la membrane spermatique, cette dernière intervient
dans la délimitation de cet espace, dans lequel se voit alors
le spermatozoïde plus ou moins écarté de la surface du vitellus.
Presque toujours cependant il reste relié au milieu du disque
polaire par quelques filaments dont il sera question plus loin.
Ce n'est qu'exceptionnellement qu'il reste accolé et intimement uni au bouchon.

Jamais un semblable soulèvement de la membrane vitelline
ne se produit en aucun autre point de la surface de l'œuf et,
chose bien remarquable, les phénomènes dont il vient d'être
question ne se produisent que pour autant que le zoosperme ne
soit pas encore profondément engagé dans le vitellus, comme
c'était le cas pour ceux que j'ai représentés figures 71, 72, et 76.
A partir du moment où la papille terminale du zoosperme, fait
seule encore saillie à la surface de l'œuf, la membrane vitelline
a complètement perdu la propriété de se soulever et de donner
lieu, autour du pôle d'imprégnation, à la chambre périspermatique artificielle.

Je passe à la description objective de quelques images
justificatives.

Figure 64. Cette figure nous montre sous un aspect un peu
différent, résultant de la différence des méthodes employées

le même stade que j'ai représenté figure 33. La tête du zoosperme n'a encore traversé ni en tout, ni en partie, l'orifice micropylaire.

Figure 65. La membrane vitelline est restée appliquée sur le vitellus; le zoosperme se trouve légèrement écarté du bouchon; la membrane spermatique a été soulevée. On distingue nettement la partie de la membrane qui se trouvait appliqué sur la coupe de celle qui recouvrait la papille; il parait y avoir déjà continuité entre la membrane vitelline et la membrane spermatique, sur le pourtour de la tête fortement applatie et bouchant exactement l'orifice micropylaire. (Alcool au tiers, carmin boracique, glycérine, 1/12. Imm. hom. Zeiss, chambre claire. Mêmes renseignements pour la figure 64 et les figures 66, 67, 68, 69, 70, 73, 74, 75 et 76 dont il va être question. Toutes ces figures sont dessinées au même grossissement.)

Figure 66. Même stade que le précédent; mais ici la membrane vitelline a été soulevée, de même que la membrane spermatique, qui s'est décolée de toute la surface du zoosperme. Les deux sont en continuité l'une avec l'autre et délimitent ensemble un espace périspermatique très étendu, dans lequel se voit le spermatozoïde libre de toute membrane.

Figure 67. Le zoosperme est vu obliquement; la membrane spermatique ne s'est pas décollée, tandis que la membrane vitelline délimite extérieurement un espace rempli de liquide.

Figure 68. Le spermatozoïde se trouve légèrement écarté du vitellus, comme c'est aussi le cas dans les figures 65, 66 et 67. Cet écartement résulte de l'action de l'alcool : l'image représentée montre l'altération produite par ce liquide sur des stades comme ceux que j'ai représentés figure 58 (d'après le frais) et figures 42 et 53 (ac. osmique). La membrane spermatique est restée unie au corps protoplasmique sous-jacent; elle est en continuité avec la membrane vitelline qui délimite extérieurement l'espace triangulaire que l'on observe sur le frais (fig. 58) et dans les préparations à l'acide osmique (fig. 42, 53 et autres).

Figure 69. Même stade que le précédent. Mais le zoosperme est resté fixé sur le vitellus, auquel il est intimement uni suivant une surface très étendue.

Figure 70. Même stade que ceux qui sont représentés dans les figures 68 et 69; mais l'on constate ici une distention plus considérable de la membrane vitelline. Cette figure montre une particularité assez fréquente dans les préparations à l'alcool : La papille caudale est entourée par une sorte de cornet très délicat, finement granuleux, légèrement strié transversalement, qui reproduit assez bien la forme de la papille. Ce cornet est-il formé par la membrane soulevée et détachée de la papille? Il semble qu'il en est ainsi. Mais je ne pense pas qu'il s'agisse ici d'autre chose que d'une altération accidentelle, car on ne voit jamais rien de semblable ni sur le frais, ni dans les préparations à l'acide osmique, ni dans les préparations à l'acide nitrique.

Figure 73. Image très semblable à la précédente, mais qui montre nettement la continuité entre la membrane vitelline et la membrane spermatique décollée.

Figure 74 et 75. Le spermatozoïde a été fortement écarté de la surface du vitellus et occupe une chambre périspermatique très étendue. Dans la figure 74 on distingue encore assez bien la partie de la membrane délimitant cette chambre qui vient du zoosperme (membrane de la coupe), de celle qui dérive de l'œuf.

Le seul auteur qui ait figuré des altérations de l'œuf, résultant de l'action des réactifs employés, au moment de l'entrée du zoosperme, rappellant celles que je viens de décrire c'est Fol. Il a représenté planche V, figure 13, 14 et 15 de son grand mémoire, trois phases de la pénétration du zoosperme dans le vitellus et du soulèvement de la première membrane vitelline chez *Toxopneustes*, d'après des œufs coagulés quelques instants après la mise en présence des œufs et du sperme, par l'acide acétique à 2 % et traités ensuite par l'acide osmique à 1 %.

La remarquable analogie que présentent les figures de Fol,
surtout sa figure 14, avec celles que je publie constituent une
forte présomption en faveur de l'idée que j'ai exprimée plus
haut relativement à la différentiation de l'œuf au pôle d'imprégnation et l'existence, dans l'œuf des échinodermes, d'une structure
organique et physiologique préalablement à la fécondation.

La concordance de mes observations et de celles de Fol avec
celles de Aug. Müller, de Calberla, de Kupffer et de Benecke,
au sujet des faits qui s'accomplissent normalement au pôle
d'imprégnation chez les lamproies mérite d'être signalée encore
ici. Je pense en effet, que cette prédisposition que l'on constate chez nos Ascaris, au soulèvement de la membrane
vitelline dans toute la région avoisinant le pôle d'imprégnation, d'où résulte, sous l'influence de certains réactifs, la formation d'une chambre périspermatique artificielle ou d'espaces
tels que les ai figurés 35, 36 et 37, doit être interprétée en
ce sens qu'il apparaît ici *virtuellement* un espace périvitellin
dans la région correspondante à celle où, chez les échinodermes
et chez les lamproies, ce même espace apparaît effectivement.
Si l'on jette un coup d'œil comparatif sur la figure 14 (pl. II)
de Fol, les figures 2, 3, 4, 5 et 7 de Kupffer et Benecke, la
figure 5 de Calberla, on reconnaîtra que l'espace périvitellin
tant chez les échinodermes que chez les lamproies, se forme
en quelque sorte en deux phases et que cet espace se constitue
de deux portions. L'une relativement peu étendue règne tout
autour du point par lequel se fait la pénétration; l'autre intéresse le reste de la surface du vitellus. Il semble même que
ces deux espaces peuvent avoir, à un moment donné, une
existence indépendante (voir la figure 5 de Calberla et la
figure 7 de Kupffer et Benecke). Ces figures montrent que
le vitellus est encore en continuité avec la membrane vitelline
suivant un cercle dont le centre répond au pôle d'imprégnation; en dedans et en dehors de ce cercle le vitellus est déjà
en retrait. Je pense que la partie de la surface du vitellus
qui se trouve en dedans de ce cercle répond à la région
parapolaire ou au disque polaire des nématodes. La membrane

vitelline a, chez ces vers, une grande tendance à se décoler du vitellus, pour les mêmes motifs qui font que chez les lamproies la cavité périvitelline se forme suivant la région circonscrite par ce même cercle, avant de se former ailleurs.

Il est remarquable aussi que Calberla, Kupffer et Benecke ont observé dans cette partie de l'espace périvitellin des filaments radiés reliant le vitellus à la face interne de la membrane soulevée. Peut-être y aurait-il lieu de rapprocher ces filaments de ceux que j'ai représentés dans un grand nombre de figures telles que 73, 74 et 75. Le groupe médian formé par des cordons plus considérables pourrait peut-être être comparé au *Samenleitband* de Calberla, les filaments périphériques plus grêles aux *Protoplasmafäden* du même auteur. Le fait qu'il s'agit certainement dans mes figures d'éléments altérés ne prouve rien contre ce rapprochement. Ils existent de la façon la plus évidente dans les préparations à l'alcool; cela prouve qu'il existe dans l'œuf vivant des dispositions normales qui déterminent les apparences représentés dans les figures 73, 74 et 75. J'y reviendrai d'ailleurs plus loin. Ransom a observé il y a longtemps que chez les poissons osseux la chambre périvitelline apparait tout d'abord autour du centre du germe, qui répond au pôle d'imprégnation. Hoffmann vient de confirmer ce fait chez plusieurs Téléostéens marins.

Avant de quitter ce sujet je veux ajouter encore que je considère l'espace triangulaire que j'ai représenté notamment dans les figures 42, 52, 53, 56 et 58 comme représentant un espace périvitellin rudimentaire, si je puis ainsi m'exprimer. Cet espace n'a ici qu'une existence temporaire et transitoire; il est bientôt envahi par le vitellus.

V. Le spermatozoïde pénètre de plus en plus profondément dans l'intérieur du vitellus; il arrive bientôt un moment où, seule la papille terminale de la queue du zoosperme forme encore un légère saillie à la surface externe de l'œuf. Voyez les figures 55, 56, 62, 71, 72, 76, 63, 78. Cette saillie devient de moins en moins saillante, elle finit par disparaître à son tour et il ne reste plus alors, dans la membrane, qu'une cicatrice de forme circulaire (fig. 68, 80 et 81). Il semble, si l'on examine des images comme celles que nous avons représentées figure 80 et 81 qu'il y ait encore dans la membrane un trou et que l'extrémité de la queue du zoosperme bouche ce trou. En fait ce trou n'existe pas; la membrane mince et probablement molle qui entourait la papille du zoosperme est tendue en travers du trou et elle se continue par ses bords avec la membrane qui entoure le vitellus. Cette membrane se rétracte progressivement au fur et à mesure que la papille pénètre à la suite du zoosperme; de sorte que le diamètre de la cicatrice diminue progressivement. Il ne reste bientôt plus qu'une petite figure circulaire comme je l'ai représenté figure 80 et 81. Le zoosperme reste fixé pendant longtemps par un petit épatement terminal de l'extrémité de sa queue (fig. 68).

Dans certaines préparations soit à l'alcool (fig. 71), soit à l'acide nitrique (fig. 78), l'on voit à l'extérieur de la cicatrice un petit amas finement granuleux, renfermant quelquefois un globule réfringent; il paraît dépendre de la queue du zoosperme et semble être éliminé. Je ne pourrais affirmer si oui ou non il se produit une élimination quelconque pouvant rappeler le cône d'exsudation de Fol. Des images comme celle que j'ai représentée figure 73 démontrent clairement que la membrane de la papille caudale du zoosperme est parfaitement isolable dans la plus grande partie de son étendue. En est-il de même pour l'extrême bout? je n'oserais l'affirmer.

VI. La substance protoplasmique du zoosperme acquiert, au moment où il se fixe au bouchon, avant de s'engager dans le vitellus, mais surtout après la pénétration, des propriétés toutes particulières : 1° elle acquiert une remarquable affinité pour toutes les matières colorantes, alors que les spermatozoïdes libres ne montrent aucune affinité pour ces mêmes matières; 2° les granules nodaux des fibrilles protoplasmiques, relativement volumineux et très brillants dans les spermatozoïdes libres, deviennent beaucoup plus petits et, en général, très peu distincts dans les zoospermes copulés. Souvent même il devient impossible de les distinguer et le protoplasme devient homogène, au moins en apparence, plus sombre et plus réfringent; 3° la direction générale des filaments protoplasmiques se modifie. Dans l'immense majorité des zoospermes libres on distingue, dans l'hémisphère céphalique, deux systèmes de stries : les unes radiaires, les autres concentriques. Dans les zoospermes en copulation les stries sont d'ordinaire les unes perpendiculaires à la surface de fixation, les autres parallèles à cette surface (fig. 39, 40, 41, 42, 47, 56, 64, 65, 66, 68, 70, 74, 75).

Je vais donner quelques renseignements plus détaillés sur chacun de ces points.

Toutes les préparations à l'acide nitrique, à l'acide acétique ou à l'alcool, coloriées par le carmin boracique, les matières d'anhyline ou le picrocarmin, démontrent avec une évidence frappante le changement qui se produit, au moment de la fixation du zoosperme, dans les propriétés du corps protoplasmique de cet élément. Il n'est pas possible de faire une préparation d'œufs utérins, sans que cette préparation montre, en même temps qu'un grand nombre d'œufs imprégnés, des quantités de spermatozoïdes libres. Tandis que le corps protoplasmique de ces derniers ne renferme pas trace de matière colorante, l'hémisphère céphalique et le revêtement protoplasmique de la queue de tout spermatozoïde copulé, qu'il ait ou non pénétré dans l'œuf, se montrent colorés en rose, en bleu ou en violet, suivant la matière colorante employée. Cependant la papille a moins d'affinité pour le carmin que la tête et la coupe, tant qu'elle fait saillie à la surface de l'œuf (fig. 73, 74 et 75); mais dès que l'éminence papillaire a disparu la papille se colore comme le reste (fig. 78, 80 et 81). Il faut donc bien admettre qu'il se produit au moment de la copulation du zoosperme et de l'œuf un changement chimique du corps protoplasmique du spermatozoïde, changement qui atteint son apogée quand il est complétement entré.   12

Les figures 45 et 46 sont très instructives en ce qu'elles montrent bien la différence qui se manifeste dans la structure du protoplasme au moment de la pénétration. J'ai cherché à rendre aussi exactement que possible, dans les dessins *b* et *c*, l'aspect de deux spermatozoïdes libres se trouvant à côté du spermatozoïde copulé représenté figure 45*a*, et en 46*b*, un spermatozoïde libre placé à côté du spermatozoïde copulé 46*a*. Toutes ces figures 45 *a*, *b*, *c* et 46 *a* et *b* sont dessinées au même grossissement (Imm. hom. 1/12 de Zeiss, chambre claire) d'après une même préparation. Les œufs et les zoospermes ont été traités sur porte objet par l'acide osmique à 1 °/₀ et montés dans la glycérine sans coloration préalable. D'habitude les préparations au baume sont encore plus démonstratives à cet égard. Les dessins 43 et 44 représentent des zoospermes copulés, montés dans le baume, après éclaircissement par la créosote. Des zoospermes libres de la même préparation montraient plus clairement encore que ceux que j'ai dessinés figures 18, 19, 27, 28 et 29, les fibrilles moniliformes treillissées de l'hémisphère céphalique.

La netteté des granulations dans les zoospermes copulés dépend cependant, jusqu'à un certain point, de la méthode employée. Si l'on colore par le picrocarmin, après une action très passagère de l'acide osmique, la différence entre les spermatozoïdes libres et copulés, d'une même préparation, est beaucoup moins apparente qu'en employant n'importe quelle autre méthode.

Je dois ajouter que cette différence se constate aussi très bien sur le vivant.

La plupart des méthodes auxquelles j'ai eu recours accusent d'autre part une différence manifeste, au point de vue qui nous occupe, entre la pièce terminale et la pièce intermédiaire de la tête du zoosperme. Cette différence est surtout très évidente dans les préparations à l'alcool : la plaque terminale est beaucoup plus homogène que la pièce intermédiaire (fig. 65, 66, 68, 69, 70, 71, 73, 74 et 75). Cette différence se marque davantage après la pénétration du spermatozoïde. Elle se remarque aussi dans des préparations faites par d'autres méthodes (fig. 45 et 46) et même sur le frais (fig. 58 et 59).

En ce qui concerne l'arrangement particulier des granules ou renflements nodaux des fibrilles treillissées du protoplasme, au moment de la copulation, j'ai à ajouter seulement qu'il se produit dans la direction des fibrilles des modifications qui sont en rapport avec la forme générale de la tête du zoosperme. C'est ce que montrent bien les figures 47, 48, 49, 50 et 51; la tête est ici développée en un éventail et les rangées de points nodaux sont alors dirigées radiairement.

VII. Le noyau du zoosperme subit, au moment de la copulation, une modification très apparente, surtout sur le vivant et dans les préparations non colorées : *il devient beaucoup moins réfringent* au moment où le spermatozoïde se fixe. Dans les zoospermes libres il apparaît distinctement sous la forme d'un globule *très-brillant;* immédiatement après il devient pâle et il est alors beaucoup plus difficile à voir. (Comparez dans les figures 45 et surtout 46 les zoospermes libres aux spermatozoïdes copulés.) On remarque en outre dans les préparations colorées que le noyau apparaît beaucoup moins distinctement après la copulation qu'avant; il se charge moins fortement de matières colorantes.

N'y a-t-il pas lieu de rapprocher ce fait de celui que je signalais plus haut en ce qui concerne le changement qui se produit dans l'affinité du protoplasme pour le carmin et les matières d'anhiline? Est-ce que l'un des phénomènes n'est pas la cause de l'autre?

Les deux phénomènes sont concommittants : au moment où le noyau devient moins réfringent et qu'il perd en partie son affinité pour les matières colorantes, le protoplasme du zoosperme acquiert lui la faculté de fixer ces matières colorantes, faculté qu'il ne possédait pas auparavant. Il semble qu'une partie de la substance chromatique du noyau se dissout dans le protoplasme cellulaire et la circonstance que le noyau perd

en même temps, du moins en partie, son pouvoir chromatique
indique clairement que cet élément nucléaire ne se constitue
pas exclusivement de chromatine, mais que le petit nucléus
est formé d'une stroma achromophile combiné à une substance
chromophile. Le protoplasme du zoosperme copulé se constitue
lui aussi d'une substance achromophile (le protoplasme primitif)
uni à une certaine quantité de substance chromophile, et
celle-ci est probablement d'origine nucléaire.

Il y a lieu dès lors de se poser la question de savoir si ce
stroma nucléaire achromophile diffère essentiellement du protoplasme cellulaire. La portée du fait que je signale ici, au
point de vue de la théorie de la cellule, et notamment des
rapports organiques qui existent entre le corps de la cellule
et son nucléus n'échappera à personne.

Il y a lieu de faire remarquer aussi que la dissémination
de la substance chromophile dans le protoplasme cellulaire se
fait avec une remarquable rapidité : jamais je n'ai vu un seul
zoosperme où l'intensité de la coloration fût décroissante du
centre vers la périphérie.

Lors de la dissémination de la chromatine dans le protoplasme, les granules et les fibrilles treillissées ne deviennent
pas plus distinctes, au contraire. Cela semble indiquer que la
chromatine se répand, non pas dans les éléments figurés du
protoplasme, mais au contraire dans la substance interfibrillaire. Elle paraît soluble dans cette substance.

VIII. Des changements se produisent dans la forme générale
du zoosperme pendant la pénétration, ces changements résultent très probablement des mouvements amœboïdes qu'exé-
cutent les zoospermes aussitôt après la fixation. J'ai signalé
déjà plus haut une série de faits que je ne puis expliquer
autrement (comparer les fig. 33, 35 et 36, aux fig. 39, 40, 41
et suivantes). J'ajoute seulement ici que des formes comme
celles que présentent les spermatozoïdes représentés figures 68,
69, 70 ne se rencontrent jamais chez des zoospermes libres.
Ces changements de forme qui paraissent surtout consister

dans un raccourcissement de l'axe des zoospermes et dans
un élargissement simultané de toute la partie engagée reten-
tissent sur la forme du corps réfringent. Il semble qu'une
fois engagé par sa tête, la soudure de la membrane vitelline
avec la membrane spermatique s'étant accomplie, le zoosperme
se raccourcit, qu'il se ramasse en quelque sorte sous la membrane, pour prendre ensuite un point d'appui sur elle. Des
contractions comme celles qui ont amené les formes représentées figures 68, 69 et 70 entraînent nécessairement l'applatissement progressif de la coupe et par conséquent de la
membrane y adhérente. Des contractions semblables amènent
probablement plus tard l'applatissement de l'éminence papillaire et la transformation du cône membraneux de la papille
en un disque qui a pour centre la cicatrice plane représentée figures 63, 80 et 81. Ces changements dans la forme
générale du corps du zoosperme semblent indiquer une participation active du spermatozoïde à l'acte de la pénétration.

Dès qu'il est complétement entré, le zoosperme s'allonge
de nouveau; il reprend la forme qu'il avait avant la pénétration (fig. 76, 78, 80 et 81). Jamais on ne trouve, chez des
zoospermes complètement engagés, par suite de l'effacement
de l'éminence papillaire, des formes ramassées comme celles
que j'ai représentées dans les figures 68, 69 et 70.

IX. Aussitôt après son entrée le zoosperme change de
direction. Son axe principal d'ordinaire normal à la surface
de l'œuf pendant la pénétration se place bientôt obliquement
à cette surface. Le spermatozoïde reste fixé à la cicatrice
par l'extrémité de sa queue; mais son axe s'incurve bientôt
et dans l'immense majorité des œufs, la tête du spermatozoïde
se rapproche notablement de la surface du vitellus (pl. XIII,
fig. 80, pl. XIV, fig. 9, 10, 14, 15). Il reste entouré par une
portion différentiée du vitellus, qui forme autour de lui un
disque circulaire plus ou moins distinct; mais il n'est plus
possible de distinguer, ni bouchon d'imprégnation, ni disque
polaire.

X. Il ressort avec assez d'évidence de l'examen comparatif de mes dessins que des spermatozoïdes campanuliformes aussi bien que des spermatozoïdes conoïdes peuvent entrer en copulation, qu'il est indifférent qu'il existe un corps réfringent ou que celui-ci fasse défaut, que la constitution et le développement de ce corps soient plus ou moins compliqués, pour que je n'ai pas besoin d'insister. La forme du zoosperme paraît être tout-à-fait indifférente; le corps réfringent ne présente certainement aucune importance ni au point de vue du développement ultérieur de l'œuf, ni pour le mécanisme de la pénétration. Dans certaines femelles les zoospermes, qu'ils soient libres ou copulés, présentent presque tous des corps réfringents volumineux. Dans d'autres individus presque tous les spermatozoïdes libres et copulés en sont dépourvus. Cette différence dépend probablement de l'âge de la femelle. Les zoospermes conoïdes et pourvus d'un corps réfringent sont très probablement plus âgés que les autres.

XI. Le bouchon d'imprégnation et le disque polaire présentent, pendant la copulation, des particularités de structure des plus remarquables, qui indiquent que si, pendant la pénétration, le zoosperme déploie une certaine activité, l'œuf de son côté est loin de jouer un rôle purement passif.

D'abord la comparaison des figures 34, 35, 36, 37, 38 avec les figures 41, 42 et suivantes montre clairement que le bouchon rentre peu à peu et qu'il se rapproche graduellement du centre de figure de l'œuf.

L'on observe fréquemment dans des préparations faites par diverses méthodes, après l'emploi de l'acide osmique (fig. 37, 41, 42, 45, 46, 53), mais surtout après l'action de l'alcool au tiers, (fig. 64, 68, 73), que le bouchon montre des stries dirigées perpendiculairement à la surface de fixation du zoosperme. Ces stries, qui sont dues à la présence de filaments moniliformes ou de minces cordons striés en travers (fig. 73), on peut les suivre à une profondeur variable vers l'intérieur de l'œuf.

Le nombre de ces filaments est en général peu considérable ; leur épaisseur est très variable. Les cordons striés en travers ne sont, je pense, que des faisseaux de filaments dans lesquels, comme dans les fibres musculaires striées, les renflements nodaux se correspondent.

Dans un certain nombre de ces cordons on peut voir en effet, si l'on se sert du 1/18 à immersion homogène de Zeiss, une striation à la fois longitudinale et transversale. Les lignes transversales se décomposent en trois ou quatre petits points rangés les uns à côté des autres, dans une direction perpendiculaire à celle de la striation longitudinale. Ces petits points semblent être des renflements de fibrilles, dont la présence détermine les stries longitudinales.

Parfois aussi l'on voit, dans les préparations à l'acide osmique, des stries partir du zoosperme et se porter obliquement, soit en ligne droite, soit en décrivant de légères courbes, dans le disque polaire (fig. 41 et 42).

Dans les préparations d'œufs traités par l'alcool au tiers, quand le zoosperme a été écarté du vitellus, l'on peut voir très distinctement des filaments ou de petits cordons, que l'on peut parfois poursuivre jusques dans l'intérieur du bouchon, traverser l'espace qui sépare ce dernier du spermatozoïde et s'insérer à lui (fig. 68, 70, 73). Ils atteignent parfois une longueur remarquable, dans les cas où l'espace périspermatique a pris une grande extension et où le zoosperme se trouve fortement écarté de la surface du vitellus (fig. 74 et 75). Ils sont alors soit rectilignes, soit incurvés, voire même sinueux. Leur épaisseur est variable. Tantôt on ne distingue au 1/18 à immersion homogène qu'une rangée unique de granulations ; tantôt les filaments présentent tous les caractères des petits cordons décrits plus haut (fig. 75). Ces filaments et ces cordons sont tout à fait incolores, ce qui démontre qu'ils ne dépendent nullement du corps plotoplasmique du zoosperme. Le contour de ce dernier est d'ailleurs toujours très net et l'on reconnait sans peine que ces filaments s'insèrent au spermatozoïde, souvent par un petit renflement terminal.

Si l'on examine avec soin le contour du zoosperme, on remarque l'existence fréquente, aux points d'insertion des filaments, d'une petite saillie du corps protoplasmique. Ces saillies sont colorées en rose par le carmin; le plus souvent elles donnent au contour du spermatozoïde un caractère anguleux ou denticulé (fig. 73, 75 et 67). Dans certains cas, la saillie devient assez proéminente pour constituer un véritable prolongement en forme de pédicule, qui, étant une dépendance de la pièce terminale du zoosperme, présente l'homogénéité apparente de cette dernière. Ces pédicules sont teintés en rose. Tantôt il n'existe qu'un pédicule semblable, tantôt il y en a plusieurs. Ces pédicules ont d'ordinaire une forme conoïde; ils se terminent en pointe et à l'extrémité du pédicule s'insère un filament ou un cordon ovulaire; d'autres fois les pédicules sont cylindriques ou même légèrement renflés à leur extrémité libre (fig. 65 et 66). La figure 65 montre qu'ils s'avancent parfois jusqu'à la surface du vitellus, tandis qu'à côté d'eux l'on voit des filaments incolores du protoplasme ovulaire s'insérer directement au zoosperme.

L'existence des petites saillies, dont les pédicules ne sont que l'exagération, démontre clairement que les filaments et les cordons du protoplasme ovulaire exercent sur le corps du zoosperme une traction suffisante pour déterminer la déformation de la tête du spermatozoïde. Ils ne peuvent donc être un produit de coagulation et la circonstance qu'on voit ces filaments se prolonger dans le bouchon, aussi bien dans les préparations à l'acide osmique que dans les œufs traités par l'alcool, prouve bien qu'il s'agit là d'éléments préformés. Ce n'est pas d'ailleurs dans le bouchon d'imprégnation seulement que l'on voit les fibrilles moniliformes qui constituent les filaments et les cordons dont il s'agit : on les distingue partout dans le vitellus et, comme je l'ai dit plus haut, les lames protoplamisques réticulées du vitellus sont exclusivement formées de semblables fibrilles réunies entre elles par une substance interposée entre les fibrilles (fig. 65, 66, 70, 71). L'apparence radiaire de l'œuf paraît dépendre de ce que çà et là on peut poursuivre ces fibrilles sur une grande longueur et que la plupart d'entre eux sont dirigés vers le centre de figure de l'œuf (fig. 79). Je crois ne pas me tromper en considérant les filaments et les cordons (faisseaux de fibrilles) du bouchon comme n'étant que des fibrilles protoplasmiques de l'œuf dirigées plus ou moins normalement à la surface de fixation du zoosperme et en général parallèlement les unes aux autres. Elles se perdent inférieurement dans le réticulum protoplasmique de l'œuf.

Quand par l'action de l'alcool une chambre périspermatique artificielle tend à se former et se constitue en effet, que le zoosperme est sollicité à s'écarter du vitellus, les filaments fixés au spermatozoïde sont entraînés avec lui; ils sont comme tirés en dehors du bouchon; mais leur résistance est assez grande pour qu'aux points où ils se fixent à la tête du zoosperme le protoplasme de ce dernier soit lui-même étiré en saillies, en dentelures, voici même en pédicules de longueur et d'épaisseur variable. Il est difficile d'écarter l'idée que ces filaments interviennent dans la pénétration du zoosperme, qu'ils sont comparables à des fibrilles musculaires, dont leur structure les rapproche d'ailleurs et qu'ils sont les agents véritables de la contractilité du protoplasme de l'œuf.

CHAPITRE III.

De la seconde période de la maturation de l'œuf et des changements que subit le zoosperme pendant cette période.

L'on sait que la formation des globules polaires est de tous les phénomènes qui se rattachent à la maturation de l'œuf le plus apparent et probablement aussi le plus important. Il n'est plus guère possible de douter de sa généralité depuis que les découvertes de Strasburger (59) ont démontré que l'élément de l'œuf des conifères, connu sous le nom de *Kanalzelle* est l'équivalent des globules polaires des animaux et que des formations similaires sont fort répandues dans le règne végétal. Si la présence des globules polaires n'a pas été constatée jusqu'ici chez tous les animaux, chez lesquels les premières phases du développement embryonnaire ont été étudiées, cela tient probablement à différentes causes : à l'insuffisance des recherches dont ils ont été l'objet, à la circonstance que ces éléments affectent des apparences diverses et que le moment de leur expulsion est loin d'être constant.

L'histoire de la découverte des globules directeurs chez les Echinides est fort instructive à cet égard. Dans son premier mémoire sur la fécondation et la maturation de l'œuf chez le *Toxopneustes lividus*, (9) O. Hertwig émettait des doutes sur la présence des globules polaires chez cet Echinide. J'ai combattu cette manière de voir (10); j'avais constaté que chez l'*Asteracanthion rubens*, il se forme successivement deux globules polaires; il paraissait fort improbable à priori que des éléments qui se rencontrent chez des animaux appartenant aux types les plus divers, qui se forment chez une étoile de mer feraient défaut chez les Echinides.

Les recherches ultérieures entreprises par divers auteurs par Fol (12), par Selenka (13) et par O. Hertwig (11) lui-même ont établi que non-seulement l'élimination des globules polaires s'observe chez le *Toxopneustes lividus*, comme chez l'*Asteracanthion rubens*, mais en outre que les phénomènes qui accompagnent leur génèse sont les mêmes de part et d'autre. Mais tandis que chez l'étoile de mer l'expulsion a lieu après la ponte, elle se fait chez l'Oursin, alors que l'œuf se trouve encore dans l'ovaire : au moment où l'œuf est pondu les globules ont déjà disparu.

D'après Calberla (24) la disparition de la vésicule germinative, entraînant la formation du pronucleus femelle et celle des globules polaires, coïnciderait, chez le *Petromyzon Planeri*, avec la métamorphose de l'Ammocète. Elle précèderait donc de beaucoup le moment de la maturation complète des œufs. Si l'élimination des globules polaires peut se faire avant le moment où l'œuf atteint sa maturité, l'on comprend qu'il soit difficile, dans certains cas, de constater la présence de ces éléments.

L'on sait depuis longtemps que chez les Ascidies la vésicule germinative disparaît longtemps avant la ponte. Cette circonstance, jointe à la présence des cellules du test, à l'intérieur de l'œuf de ces animaux, expliquent comment il se fait que jusqu'à présent les globules polaires n'aient pas encore été observés chez ces Tuniciers.

Il semble d'ailleurs que chez beaucoup de vertébrés les éléments que l'œuf expulse n'affectent pas la forme de globules. Œllacher (60), Van Bambeke (55) et O. Hertwig (61) ont fait connaître l'apparence toute particulière qu'affectent, chez la truite et chez certains amphibiens, les résidus que l'on doit considérer comme équivalents aux globules polaires des autres animaux.

La formation des globules polaires précède, dans l'immense majorité des cas la copulation des produits sexuels. Mais parfois aussi elle est consécutive à la pénétration des zoospermes. Bütschli (3) a montré qu'il en est ainsi chez les Nématodes; Hoffmann (57) pense qu'il en est de même chez plusieurs poissons osseux : il affirme que chez eux aussi l'élimination des globules ne s'effectue qu'après qu'un zoosperme a gagné le fond du micropyle. D'après le savant embryologiste Hollandais le ou les globules polaires seraient rejetés par le micropyle, ils obstrueraient cet orifice et constitueraient un obstacle à la pénétration de plus d'un zoosperme. Fol (12) dans ses belles recherches, a démontré que chez une même étoile de mer le rejet des globules polaires peut se faire indifféremment avant ou après la copulation des produits sexuels. Tout cela démontre clairement que la génèse des globules est indépendante de la fécondation, qu'elle se rattache à la maturation de l'œuf et ne peut pas être considérée comme un phénomène de développement de l'embryon.

Je ne ferai point ici un exposé complet de l'histoire de nos connaissances sur la disparition de la vésicule germinative.

Ce serait consacrer inutilement de la place et du temps à reproduire un historique que l'on peut trouver tout au long dans plusieurs publications récentes. Je me bornerai à exposer l'état actuel des idées sur la génèse des globules polaires.

La formation des globules polaires est généralement considérée aujourd'hui comme consistant essentiellement dans une division cellulaire. Une figure fusiforme, dont la découverte est encore due aux consciencieuses recherches de Bütschli(3), et qui a reçu de cet éminent observateur le nom de *fuseau de direction* " *Richtungsspindel* „ se forme aux dépens de la vésicule germinative. L'on a identifié ce fuseau à celui qui apparait au moment où un noyau de cellule se divise; ses extrémités deviennent les centres de formation de deux étoiles; l'ensemble de la figure a reçu de Fol le nom d'*amphiaster de rebut*. Le premier globule polaire n'est en réalité qu'une petite cellule, formée par division aux dépens de la cellule œuf et l'amphiaster intervient dans la formation de cette cellule au même titre et de la même manière que le fuseau qui prend naissance chaque fois qu'une cellule ordinaire se divise. Cette première cellule polaire, comme l'appelle Giard (62), peut se diviser et les recherches récentes de Trinchese (63) et de Blochmann (64) ont montré que quand cette division se produit c'est après que la moitié externe de l'amphiaster de rebut, éliminée dans le globule polaire, s'est complétée au préalable et a donné lieu à un fuseau complet qui, alors seulement, se divise à son tour comme s'est divisé l'amphiaster dont il provient.

La partie de l'amphiaster restée dans l'œuf se complète aussitôt après la formation du premier globule polaire et donne lieu à un second amphiaster de rebut. Celui-ci se divise à son tour et donne lieu à un second globule polaire : une seconde cellule de rebut se forme par voie de division. La moitié interne du second amphiaster, celle qui est restée à l'intérieur du vitellus, donne naissance à un élément nucléaire, le pronucleus femelle.

C'est avant tout aux travaux de Oscar Hertwig (11 et 61)

et de Fol (12) que l'on est redevable de la connaissance de ces faits. Bütschli pensait que le " fuseau de direction „ est éliminé tout entier. Oscar Hertwig et Fol ont reconnu qu'il n'en est pas ainsi, et que non seulement les globules polaires, mais aussi le pronucleus femelle dérivent du fuseau de direction, à la suite de deux divisions successives.

Les phénomènes qui caractérisent la formation des globules polaires ont été rapprochés de ceux qui se produisent chaque fois qu'une cellule se divise et c'est avant tout à la suite des recherches de Oscar Hertwig et de Fol que la notion d'après laquelle la génèse de ces éléments serait une division cellulaire s'est introduite dans la science. Les recherches de Trinchese, de Mark, de Blochmann, de Hoffmann et de plusieurs autres auteurs n'ont fait que confirmer cette conclusion fondamentale des observations de Hertwig et de Fol.

S'il ne reste plus aucun doute aujourd'hui sur l'existence d'un lien génétique entre la vésicule germinative pourvue de son nucléole et le fuseau de direction, l'on est bien loin d'être édifié sur le mode de formation du fuseau et sur la filiation des diverses parties dont se constitue l'amphiaster de rebut.

L'on est généralement d'accord pour affirmer que la membrane de la vésicule germinative, vers le moment de l'apparition du fuseau, se rattatine et se dissout. Mais où et comment se forme le fuseau? La distinction qu'il y a lieu d'établir entre les éléments chromatiques et achromatiques des figures karyokynétiques n'a été bien précisée qu'à la suite des travaux récents de Flemming (65) et de Strasburger (66). Pour Bütschli, comme pour Fol le fuseau est une formation unique et les " granules de Bütschli „ sont de simples renflements des " filaments bipolaires „.

A en croire Fol, les filaments bipolaires constitutifs du fuseau ne seraient pas essentiellement différents des filaments unipolaires ou rayons des asters terminaux.

Chez *Asterias glacialis* le premier amphiaster de rebut prend naissance au bord des derniers restes de la vésicule

germinative, du côté périphérique. Fol n'a pas déterminé la
part que les restes de la tache germinative peuvent prendre
à la formation de l'amphiaster, mais il incline à croire que
cette part est nulle. Chez *Pterotrachœa* l'amphiaster de rebut
se forme excentriquement, après la ponte, dans la vésicule
germinative et l'enveloppe de la vésicule ne disparait qu'après
la formation complète de l'amphiaster. Mais la substance qui
constitue les amas centraux des asters et les filaments polaires
qui en partent dérivent-ils du protoplasme cellulaire ou de
la substance de la vésicule? Fol n'a pas pu trancher cette
question.

D'après O. Hertwig (*Hœmopis* et *Nephelis*) la vésicule
germinative subit une sorte de dégénérescence; la tache germinative, conformément à ce que j'ai été le premier à signaler,
à la suite de mes observations sur l'*Asteracanthion rubens*, se
divise en fragments. Ces fragments donnent naissance à un
amphiaster; mais l'auteur ne peut préciser comment s'opère
cette transformation : s'il soutient encore que les résidus de
la tache de Wagner sont les éléments formateurs du fuseau,
c'est apparemment parce qu'il est encore sous l'influence de
l'idée soutenue par lui dans son premier travail, à savoir que
le pronucleus femelle serait identique à la tâche germinative.
Dans un travail ultérieur, où il rend compte des observations
qu'il a faites sur la même question chez *A. glacialis*, Oscar
Hertwig décrit des phénomènes bien singuliers qui s'écartent
si complètement de tout ce qui a été signalé par d'autres
observateurs, qui diffèrent à tel point des faits dont je vais
rendre compte moi-même que je crois inutile de les résumer ici.

Trinchese (63) et Blochmann (64) reconnaissent l'un et l'autre
que les fragments du nucléole interviennent dans la formation
du fuseau de direction en ce sens que les soi-disant renflements
des fibres bipolaires, les granules de Bütschli, ne sont autre
chose que des résidus du nucléole de l'œuf. Quand au fuseau
lui-même Trinchese le considère comme identique à la vésicule
germinative allongée et transformée, tandis que Blochmann
qui constate la dissolution complète de la membrane de la

vésicule, avant l'apparition de l'amphiaster ne se prononce pas sur l'origine des éléments achromatiques de la figure karyo-kinétique.

Je ne connais le travail de Wolfson (67) sur le développement du *Limnæus Stagnalis* que par les extraits qui en ont été donnés (68). Au moment de la ponte l'œuf renferme un amphiaster dont les rayons bipolaires entourent les restes du noyau. L'auteur a observé l'origine de l'amphiaster pendant les premiers stades du fractionnement; mais comme il résulte de mes observations que l'amphiaster de rebut ne peut être identifié à un amphiaster de division, je crois inutile de reproduire ici le compte rendu, difficile à comprendre des observations de Wolfson sur cette question.

On sait donc positivement que le premier amphiaster de rebut se forme, au moins en partie, aux dépens de la vésicule germinative; mais on est loin d'être d'accord sur la question de savoir si toute la vésicule ou une partie de cet élément interviennent dans la formation de ce fuseau. D'après Blochmann et Trinchese les éléments chromatiques du fuseau de direction, les granules de Bütschli, dérivent du nucléole de l'œuf; mais on ignore la génèse des éléments achromatique de la figure.

La formation des globules polaires peut-elle bien être assimilée à une division cellulaire?

Si l'on se fonde sur les données que l'on possède aujourd'hui, il est incontestable qu'il existe des analogies frappantes entre la formation de ces globules et les phénomènes de la division indirecte, tels qu'ils se montrent lors de la segmentation de l'œuf, et tels qu'ils ont été décrits par la plupart des auteurs. Les études approfondies qu'il a faites sur la multiplication des cellules constitutives des tissus de la Salamandre et d'autres animaux ont conduit Flemming (17) à formuler un schema de la division indirecte. Le noyau maternel passe par une série de phases successives bien définies, qui se reproduisent constamment dans le même ordre, et avec le même carac-

germinat
part qui
à la for
cette par
se form
germin
la form
constitu
qui r
la sub
quant
D'u
ger
m900t
à l
dive
sur
h
I'u
h
l

qua
du
A
ch
lab
germi
qui const

conviction que l'opposition signalée par Strasburger n'est nullement fondée et que la division de l'œuf et des globes de segmentation suit exactement, dans tous ses traits essentiels, le schéma qui exprime la karyokinèse des cellules constitutives des tissus animaux et végétaux. Mais tandis que dans les cellules des tissus les figures chromatiques présentent une importance dominante, à raison du volume et du nombre des éléments chromatiques, dans l'œuf et dans les blastomères la figure achromatique l'emporte de beaucoup en étendue sur les éléments chromatiques. Voilà pourquoi les fibres achromatiques et le fuseau qu'elles forment ensemble ont échappé d'abord dans les cellules ordinaires en voie de division, tandis que dans l'étude de la division de l'œuf on n'a pas attaché, aux éléments chromatiques, considérés à tort comme des éléments constitutifs du fuseau achromatique, l'importance qui leur revient.

Il y a lieu de se poser maintenant la question de savoir si lors de la formation des globules polaires les mêmes phases caractéristiques de la karyokinèse se présentent, si elles se succèdent dans le même ordre, en d'autres termes s'il s'agit là d'une division cellulaire indirecte, telle qu'on peut aujourd'hui la caractériser; s'il s'agit d'un autre procédé de multiplication cellulaire ou s'il y a lieu de douter que les globules polaires soient réellement des cellules. La longue et minutieuse étude que j'ai faite des transformations que subit la vésicule germinative, de la formation du fuseau de direction et de la génèse des globules polaires chez l'*Ascaris megalocephala* a eu pour but de résoudre les diverses questions que je viens d'indiquer. Les œufs de ce nématode constituent un matériel incomparable et que je ne puis assez recommander à tous ceux qui voudront s'éclairer par eux mêmes sur les ses questions qui se rattachent à la fécondation.

a une uniformité merveilleuse dans les dessins par la plupart des auteurs récents représentent le fuseau ction aussi bien que dans la manière dont ils décri- participation de ce fuseau et du protoplasme ovulaire

à la génèse des globules polaires. Mais il n'est pas
moins étonnant que jusqu'à présent l'on a cherché en vain,
chez les vertébrés, des images rappelant de près ou de loin
l'amphiaster de rebut. Si la forme globulaire des globules
polaires de beaucoup d'invertébrés et même de quelques
vertébrés (les mammifères) permet de les comparer à des
cellules, il est bien difficile d'attribuer cette signification aux
formations homologues des Amphibiens et des Sauropsides. Il
ne semble pas que l'élimination de ces produits puisse être
comparée, en ce qui concerne ces vertébrés, à une division
cellulaire. Hoffmann est le seul auteur, à ma connaissance, qui
ait trouvé dans un œuf de vertébré en voie de maturation un
véritable amphiaster. J'ai en vain cherché rien de comparable
chez les mammifères et il me reste des doutes sur la question
de savoir si l'amphiaster, tel qu'on le décrit, se montre bien
chez tous les animaux; il ne m'était nullement prouvé, quand
j'ai commencé mes recherches sur l'Ascaride mégalocéphale,
que la génèse des globules polaires consiste essentiellement
dans une division cellulaire indirecte.

Il se forme successivement chez ce Nématode, comme chez
la plupart, si pas chez tous les animaux, deux globules polaires.
La génèse de ces éléments s'accomplit avec une grande lenteur : la vésicule germinative qui a déjà subi des modifications
importantes avant le moment où s'accomplit la copulation des
éléments sexuels, donne naissance, aussitôt après l'entrée du
zoosperme, à l'ébauche du premier fuseau de direction. Ce n'est
que dans la partie tout à fait inférieure de l'uterus que le
second globule polaire se trouve constitué. La génèse de ces
éléments pour s'accomplir exige tout le temps que met l'œuf
à traverser la longueur de l'uterus. Quel est ce temps?
Nous ne pouvons rien affirmer à cet égard; mais si l'on
tient compte de la longueur considérable de l'uterus, de
l'étroitesse de la vulve comparée à la largeur considérable
de l'uterus, de la circonstance que l'on ne rencontre d'habitude dans l'oviducte qu'un nombre relativement peu considérable d'œufs, que souvent même l'oviducte est vide sur une

assez grande partie de sa longueur, qu'il y a lieu de supposer
dès lors que l'ovogenèse s'accomplit lentement, il devient probable que les œufs mettent un temps considérable à parcourir
toute la longueur de l'uterus, qu'ils y séjournent pendant
longtemps. L'évaluation numérique de ce temps ne présente
d'ailleurs aucune importance dans la question dont il s'agit.
Aussi peu il importe de savoir si un œuf met quelques heures
ou quelques jours à produire ses globules polaires, autant il est
important de constater que dans une même portion de l'uterus
tous les œufs se trouvent au même stade de développement et
que ce stade est le même chez tous les individus.

Pour suivre les phases successives de la genèse des globules
polaires, pour voir les modifications successives que subit
l'œuf d'une part, le zoosperme engagé dans le vitellus de
l'autre, il suffit de prendre des œufs utérins dans des points
de plus en plus écartés de la poche copulatrice. En prenant
chez diverses femelles des œufs dans une même région de
l'uterus on est certain de trouver ces œufs au même stade de
développement.

Rien n'est donc plus facile que d'avoir sur un même porte
objet des milliers d'œufs qui se trouvent tous exactement au
même stade de développement et d'obtenir des séries complètes de préparations montrant toute la suite des modifications que je vais décrire. Avec quelque expérience on peut en
cinq minutes faire une préparation permettant l'étude de tel
ou tel phénomène se rattachant soit à la maturation, soit à la
fécondation. Il suffit pour cela de prendre des œufs dans une
région connue à l'avance d'un uterus coloré au préalable.

Je diviserai la description que je vais faire des modifications qui s'accomplissent dans l'œuf depuis le moment de la
pénétration du zoosperme jusqu'au moment de la formation
des pronucleus en deux parties.

La première comprendra l'étude de la genèse du premier
globule polaire; j'y rattacherai l'ensemble des changements
qui s'accomplissent dans l'œuf et dans le zoosperme jusqu'au
moment de l'expulsion du premier globule.

La seconde comprendra l'exposé de la formation du second globule polaire et des changements concommitants dans l'œuf et dans le zoosperme.

§ I. DE LA FORMATION DU PREMIER GLOBULE POLAIRE ET DES PHÉNOMÈMES CONCOMMITANTS.

Je décrirai successivement :

I. La formation de ce que l'on a appelé le premier fuseau de direction (Bütschli) ou le premier amphiaster de rebut (Fol). Je propose, à raison du caractère particulier des images, chez l'Ascaride du cheval, de substituer à ces dénominations celle de *figure Ypsiliforme*. Ce nom ne préjuge rien.

II. La formation du premier globule polaire aux dépens de la figure Ypsiliforme.

III. Les modifications que subit le vitellus pendant cette période.

IV. La formation de la première couche périvitelline.

V. Les changements que subit le zoopérme pendant cette période.

I. — La figure Ypsiliforme et sa génèse.

A. — DESCRIPTION DE LA FIGURE YPSILIFORME.

(Planche XV. 3, 4, 5, 6.)

Avant de faire connaître le mode de formation de la figure, je la décrirai telle qu'elle se présente dans des préparations à l'acide nitrique, colorées soit par le carmin boracique, soit par la fuchsine et montées dans la glycérine.

Comme le nom l'indique, la figure a trois branches; elle rappelle dans son ensemble la forme d'un Y. On remarque tout d'abord qu'elle se constitue d'éléments très divers : d'abord d'un nombre peu considérable de corpuscules ou de globules très réfringents, se colorant vivement par les matières colorantes, ensuite d'éléments incolores, tels que filaments,

amas de granulations, gouttelettes volumineuses d'une substance claire. Les globules situés à la rencontre des trois
branches de l'Y sont, avec le spermatozoïde que l'on distingue
immédiatement et qui n'a guère encore changé de forme,
les seules parties de l'œuf qui retiennent énergiquement
les matières colorantes. Je les désignerai sous le nom de
corpuscules chromatiques. Tous les autres éléments qui entrent
dans la composition de la figure sont achromatiques, telles
sont les fibrilles, les amas de granulations, les gouttelettes
claires.

Je commence par la description des trois branches de
la figure. Ces branches sont formées par des faisseaux de
fibrilles d'une parfaite netteté. L'on peut, en se servant du
douzième à immersion homogène de Zeiss, et en s'aidant
de l'appareil d'éclairage de Abbe, suivre facilement le trajet
de chacune des fibrilles et se convaincre qu'elles sont loin
de présenter toutes les mêmes caractères. Des trois branches
deux présentent des caractères similaires; elles ont incontestablement la même valeur; elles se réunissent entre elles sous
un angle obtus. La troisième a une tout autre constitution;
elle est aux deux premières ce qu'est la branche verticale
d'un Y relativement aux deux branches divergentes de la
lettre. C'est assez dire que l'ensemble de la figure présente
une symétrie bilatérale évidente : le plan de symétrie passe
par la branche verticale de la figure. Cette symétrie n'est
cependant jamais parfaite : il n'y a là rien qui ressemble
à une symétrie mathématique, ce qui n'empêche pas que, dans
son ensemble, l'image présente d'une façon évidente le caractère que je viens de définir.

Chacune des branches divergentes de l'Y prend naissance
dans un amas de granulations assez volumineuses et parfois
l'on trouve vers le centre de chaque amas un ou quelques
globules plus volumineux. Ces amas ne sont pas sphériques,
mais chacun d'eux représente plutôt un ensemble hémisphérique. De chacun d'eux partent quelques rayons de granulations, de sorte que l'aspect général de l'amas rappelle celui

d'une étoile ou d'un aster. Ces rayons divergents font partie
du réseau protoplasmique que l'on observe dans toute l'étendue
du vitellus et je ne pourrais dire si ces rayons sont des lames
rayonnantes ou des filaments radiaires. Le nombre des rayons
est toujours fort restreint et il arrive même que le réseau
protoplasmique n'affecte autour des amas granuleux aucune
disposition radiaire.

Les fibrilles de la figure ypsiliforme prennent leur origine
dans les amas granuleux, non pas en un point unique, mais
suivant la surface de section de l'hémisphère. La plupart de
ces fibrilles sont formés d'une substance homogène; elles ont
l'apparence de simples lignes d'épaisseur variable. On en voit
cependant aussi çà et là qui présentent des varicosités; il en
est même qui sont moniliformes : elles paraissent formées de
fines granulations reliées entre elles. Parmi elles il s'en trouve
deux ou trois dans chaque branche qui se distinguent des
autres : elles sont rectilignes, plus épaisses que les autres
surtout au voisinage de leurs extrémités internes; elles paraissent s'insérer aux corpuscules chromatiques, converger l'une
vers l'autre de dedans en dehors et le plus souvent elles semblent occuper l'axe de la branche. Plus la figure est jeune,
plus facilement elles se distinguent au milieu du faisceau
fibrillaire dont la branche se constitue. Les autres fibrilles
sont loin de présenter toutes la même direction : elles s'écartent en divergeant des amas granuleux; leur trajet est très
rarement rectiligne : le plus souvent elles sont incurvées de
telle manière que la concavité de la courbe qu'elles décrivent
regarde vers le pied de l'Y (pl. XV, fig. 3 et 4). Non seulement elles décrivent des courbes mais souvent elles se brisent
dans leur longueur en changeant brusquement de direction.
C'est ce qui s'observe régulièrement aux points où elles arrivent au contact d'un corps clair au milieu duquel se voient
les globules chromatiques (pl. XIV, fig. 17). Elles ne péné-
trent pas dans ce corps, mais le contournent en suivant pendant un instant sa surface ou en se plaçant tangentiellement
relativement à lui. Il n'en est pas de même des fibrilles

axiales qui pénètrent dans la substance du corps clair pour se terminer dans les granules chromatiques (pl. XIV, fig. 17). Il est à remarquer cependant que tandis que dans la figure jeune on n'observe de fibrilles, abstraction faite des fibrilles axiales, qu'à la surface du corps clair dont les limites sont toujours bien distinctes, dans les figures plus âgées on ne constate plus aussi nettement ces rapports de position. Quand le corps clair est bien visible on distingue dans chaque branche deux portions bien nettement séparées (pl. XIV, fig. 17) : l'une terminale s'étend depuis l'amas granuleux jusqu'au corps clair; l'autre médiane dans les limites de laquelle les fibrilles s'épanouissent en un éventail à la surface du corps clair. Les fibrilles des branches droite et gauche, en se rapprochant du plan médian de la figure, finissent par se rencontrer. Elles s'entrecroisent fréquemment dans ce plan; mais toujours sous des angles très aigus, de sorte qu'elles cheminent tout près du plan équatorial du corps clair. Seules les fibrilles qui se dirigent vers le pied de l'Y peuvent se poursuivre sur une assez grande longueur et la branche médiane de la figure se constitue exclusivement d'un faisseau ou plutôt d'une lame de fibrilles entrecroisées qui ont leur origine dans les amas granuleux terminaux des branches divergentes (pl. XIV, fig. 17) L'examen des figures 3 et 4 (pl. XV) et de la figure 17. (pl. XIV) feront bien comprendre les particularités dont il s'agit.

Je dois revenir un instant encore à la branche verticale de l'Y. Il ressort de ce qui vient d'être dit que cette branche n'est que la coupe optique d'une lame formée de fibrilles divergentes à partir de deux centres et s'entrecroisant entre elles dans un plan dont la direction est perpendiculaire à une droite qui unissait entre eux les deux centres que nous appelons les pôles de la figure. Il est donc clair que si la droite réunissant les pôles entre eux se trouve dans un plan perpendiculaire à l'axe visuel de l'observateur, le plan dans lequel se développe la branche médiane de l'Y se trouve dans le plan de l'axe visuel. C'est pourquoi une partie de la lame,

comprenant l'ensemble des fibrilles qui courent vers l'observateur montre ces fibrilles en coupes optiques ; on ne distingue
dans ces portions de la lame qu'une bande ou une ligne dans
laquelle les fibrilles vues en coupe apparaissent sous la forme
de points. Je dois faire remarquer encore que la lame se
développe surtout dans une direction, c'est celle qui répond
à la branche verticale de l'Y. L'épaisseur de cette lame que
j'appelle *lame équatoriale* varie beaucoup d'un œuf à l'autre.
Peut-être son épaisseur est-elle en rapport avec l'âge de la
figure; peut-être aussi y a-t-il des variations individuelles;
mais il est probable que la raison principale des différences que
l'on constate réside dans la position de la figure par rapport
à l'observateur. Comme le montre nettement la figure 3
(pl. XV) la lame équatoriale est plus mince vers son milieu,
elle s'épaissit progressivement en se continuant dans les branches transversales de l'Y, et aussi à son extrémité, où s'observe
un enchevêtrement inextricable qui donne lieu à la formation
d'un corps d'apparence granuleuse. Ce corps se voit assez
nettement dans la figure 4. Un certain nombre de filaments
d'habitude très grêles et moniliformes se rend directement à
ce corps que j'appelle " *corps pédieux* „, parce qu'il occupe
le pied de l'Y. Parmi ces derniers filaments les uns suivent
une direction rectiligne, les autres décrivant une courbe à
convexité dirigée soit en dehors s'ils sont placés au voisinage
de la lame, soit en dedans s'ils en sont fort écartés (fig. 4).
Ces filaments partent soit directement des amas polaires, soit
des faisceaux fibrillaires qui en proviennent, pour constituer
ce que nous avons appelé les branches divergentes de la figure
ypsiliforme.

Je dois revenir un instant encore sur la comparaison que
j'ai faite entre la figure que j'ai décrite et un Y. Un Y est
une figure plane; la figure dont il s'agit ne peut donc
être comparée que parce qu'elle se présente toujours en coupe
optique dans les préparations. En réalité les branches divergentes de la figure sont excavées de façon à se mouler sur le
corps clair pourvu des globules chromatiques. Ces branches
forment donc ensemble une sorte de coupe dans laquelle

trouve logée une masse sphérique hyaline pourvue de corpuscules colorés (fig. 3). Si la branche verticale de l'Ÿ, au lieu d'être une lame était une tige, ce qui paraît être le cas, quand on représente la figure en projection, la forme générale de la figure pourrait être comparée à un bilboquet pourvu de sa boule.

Le corps clair paraît dépourvu de toute structure : il est constitué d'une masse homogène et hyaline, dans laquelle se trouvent logés les globules chromatiques. Il fait saillie par l'ouverture du bilboquet. Ses limites, bien nettes dans de jeunes figures, deviennent moins distinctes avec l'âge.

Globules chromatiques. — On en voit d'ordinaire deux groupes, à la coupe optique, l'un à droite, l'autre à gauche du plan équatorial ou médian. Chaque groupe en montre au moins deux; cependant leur nombre est plus considérable : il en existe au moins huit en tout, quatre à droite et quatre à gauche du plan médian.

Leur volume n'est pas constant : on observe des différences dans les dimensions des globules d'un même œuf; en outre il existe des différences d'un œuf à l'autre. Dans les préparations à l'alcool les corpuscules chromatiques vivement colorés paraissent réliés entre eux par des bandes formées d'une substance moins avide de matières colorantes : les corpuscules ainsi réunies entre eux forment deux petits disques juxtaposés (pl. XV, fig. 2); on constate aussi sur les préparations à l'acide nitrique l'existence de traits d'union entre les corpuscules. Mais ces traits d'union sont très fins (fig. 4) et il est difficile de dire s'ils se colorent ou non. Les corpuscules chromatiques sont de forme variable : ils sont tantôt arrondis d'autres fois à faces tronquées. Souvent chacun d'eux se prolonge vers le pôle correspondant en une pointe courte qui elle même se continue, sans ligne de démarquation bien tranchée, dans un filament axial (fig. 5 voyez aussi pl. XVI, fig. 7 et 9).

On observe fréquemment qu'il existe à droite et à gauche

régulières, et reliés entre eux de façon à constituer des fibrilles.
Comme le montre la figure 10 et surtout la figure 12 ces
filaments sont groupés en deux éventails concaves d'un côté
convexes de l'autre, qui se moulent sur la masse hyaline du
prothyalosome. L'examen minutieux de la préparation représentée figure 12, au 1/18 homogène de Zeiss, ne m'a pas permis
de décider si les deux éventails sont indépendants l'un de
l'autre, ou si les filaments des deux groupes se continuent les
uns avec les autres au dessus des disques chromatiques. Mais
en examinant au moyen du même objectif d'autres ovules et
particulièrement celui que j'ai représenté, faiblement grossi
figure 10, j'ai acquis la conviction qu'il y a continuité entre
les deux systèmes qui, en réalité, n'en forment qu'un. Les
filaments semblables à des méridiens convergent vers deux
pôles (fig. 12).

Les filaments disposés en éventail, que j'ai représentés
figure 12, étaient constitués de granules reliés les uns aux
autres. Dans tous les filaments les granules de même ordre se
trouvaient à égale distance de l'équateur de la figure, de
façon à former ensemble une série de granules dirigés parallèlement à l'équateur; delà une striation transversale manifeste.
Les granules d'une même rangée transversale présentaient
tous le même caractère; mais, tandis que tous ceux de certaines rangées étaient punctiformes, ceux d'une rangée
voisine se montraient allongés dans le sens de la longueur
des filaments. Je ne puis m'empêcher de faire remarquer que
des images comme celles que je viens de décrire, fort semblables d'ailleurs à celles que présente le protoplasme du
zoosperme et même celui du vitellus de l'œuf, rappellent sin-
gulièrement la structure du tissu musculaire strié. Il suffit
d'examiner attentivement au 1/18 la constitution du protoplasme ovulaire, dans un œuf devenu transparent (fig. 17,
pl. XIV, fig. 1, 3, 4 de la pl. XV.), soit en mettant au point
sur la couche superficielle continue qui tapisse intérieurement
la membrane de l'œuf, soit sur une lame protoplasmique vue
de face ou même de profil, dès qu'elle est suffisamment

pour constater des phénomènes de structure sembla-
...eux que je viens d'indiquer. (Voyez notamment pl. XV,
...sur le pourtour du zoosperme).

...après la pénétration du zoosperme, il apparait en deux
...opposés du prothyalosome de la vésicule germinative.
...venant dépourvue de membrane, deux amas protoplas-
...assez considérables, de la surface desquels partent des
...tions granuleuses. Au début les deux étoiles sont bien
...crites et peu étendues (pl. XIV, fig. 12); les amas
...aux, qui ont eux même une apparence stellaire, se trouvent
...tement à la limite de l'hyalosome; mais ils sont manifes-
...ment d'origine cellulaire et non nucléaire. Les pôles des
...groupes de filaments disposés en éventails, qui naissent
...dépens de la membrane de l'hyalosome, répondent aux
...tres des asters et les éventails eux mêmes constituent un
...tour de l'aster et paraissent faire corps avec lui.

...Il en résulte que des filaments, qui ont pour origine la
...mbrane de la vésicule germinative, entrent dans la consti-
...d'une étoile, qui se forme en grande partie aux dépens
...protoplasme cellulaire. Ce fait tend à prouver que la por-
...chromatique de la vésicule, qui se transforme en filaments
...ormes, n'est pas essentiellement différente du proto-
...cellulaire. La même conclusion peut s'étendre à toute
...se granuleuse qui se développe aux dépens de la portion
...are de la vésicule et qui donne naissance aux filaments
...dus grande portion de la figure ypsiliforme. Cette
...granuleuse, dans laquelle on reconnaît ça et là des
...ts, a été partiellement représentée figure 12.

...ut noter cependant que l'aspect des filaments n'est
...même dans les éventails, le reste de l'aster et la
...du bilboquet en voie de formation (fig. 12). Les
...ts des éventails ont des grains exceptionnellement
...ineux.

...figure 11 (pl. XIV), dessinée d'après une préparation
...cide nitrique colorée par la fuchsine, est intéressante
...qu'elle montre distinctement les deux étoiles, avec leurs

amas centraux granuleux, alors que la portion accessoire de la vésicule germinative, réduite à une simple lame transversalement dirigée et projetée sur le prothyalosoma, paraît encore totalement homogène. La membrane du prothyalosoma semblait exister encore et l'on distinguait, à l'intérieur de cette portion, les fibrilles axiales parfaitement reconnaissables.

Les figures 9 et 17 montrent que les amas centraux des asters, d'abord adjacents au prothyalosome, s'en écartant progressivement. Dans la figure 9 ces amas renferment encore des globules réfringents du vitellus, ce qui démontre bien leur origine protoplasmique. Les fibrilles axiales sont déjà très visibles; elles se distinguent nettement des autres fibrilles, que j'appelle périphériques, à raison de leur position relativement à l'hyalosome. La plupart de ces dernières ne sont déjà plus moniliformes : il semble que les grains en s'allongeant se sont confondus entre eux, d'où résulte que les filaments apparaissent maintenant comme de simples lignes. Si l'on compare les figures 9, 16 et 17 (pl. XIV) à la figure 12 il devient évident que les fibrilles périphériques proviennent en partie des éléments constitutifs des éventails, en partie des autres rayons des deux asters, en partie des résidus de la portion accessoire de la vésicule germinative (fig. 16, pl. XIV et fig. 1 et 2, pl. XV).

Que des filaments du protoplasme cellulaire semblent peuvent venir s'insérer aux fibrilles périphériques de la figure ypsiliforme et qu'il est impossible de distinguer exactement les éléments qui entrent dans la composition de cette figure de ceux du protoplasme, cela résulte clairement d'un coup d'œil jeté sur les figures 17 (pl. XIV), et 1, 3 et 4 (pl. XV). Dans la figure 17 la lame équatoriale se prolonge jusqu'à la périphérie de l'œuf et l'on distingue fort bien des filaments rectilignes qui relient l'un des asters au spermatozoïde. A côté de ces filaments rectilignes il en est qui ne paraissent pas tendus, qui sont sinueux (fig. 17).

Je dois faire remarquer encore qu'à mesure que les rayons des asters qui interviennent dans la formation de la figure ypsiliforme et deviennent des fibrilles périphériques de cette figure se développent, ceux qui sont dirigés vers l'extérieur diminuent d'importance et probablement même peuvent disparaître. (Comparez les fig. 9 et 17 à la fig. 12.)

Dans les figures 9 et 17 (pl. XIV) comme dans les figures 3 et 4 planche XV un contour circulaire marque encore la place que la vésicule germinative occupait dans le vitellus avant de se rattatiner. Des gouttelettes hyalines, d'origine vitelline, sont venues occuper cette place (fig. 2, 6 *b* et *c*, 4 et 10 pl. XIV). Elles forment ce que nous avons appelé plus haut la masse sphéroïdale, dans la description que nous avons faite de la figure ypsiliforme.

Il résulte clairement de l'exposé que je viens de faire que *les résidus de la vésicule germinative et notamment sa membrane, transformée en une substance granulo-fibrillaire, interviennent, concurremment avec le protoplasme ambiant, dans la constitution de la portion fibrillaire de la figure ypsiliforme.* Cette transformation de la substance granulo-fibrillaire du noyau et du protoplasme cellulaire en fibrilles homogènes se fait à la suite de l'apparition de deux centres d'attraction au contact du prothyalosome. Les fibrilles axiales, qui existent déjà avant que ces centres aient donné lieu à la formation de deux asters, deviennent de plus en plus apparentes et forment ensemble un fuseau achromatique, qui se rattache aux disques chromatiques adjacents que renferme l'hyalosome. Le groupement particulier qu'affecte le système des fibrilles périphériques de la figure ypsiliforme a sa raison d'être dans le processus du rattatinement de la vésicule germinative. Cette déformation de la vésicule se fait de telle manière que les résidus du noyau de l'œuf forment par leur ensemble une figure qui rappelle un bilboquet, dont la coupe renferme l'hyalosome.

J'ai dit plus haut que la substance chromatique de la vésicule germinative se retrouve dans les corpuscules chromatiques de la figure ypsiliforme : ceux-ci dérivent directement du corpuscule germinatif.

La substance achromatique du noyau de l'œuf se retrouve en partie dans la matière claire du prothyalosome, en partie dans les fibrilles axiales, en partie dans les fibrilles périphériques. Une partie s'est perdue dans le vitellus au moment du rattatinement.

Il me reste à dire un mot de ce que deviennent les pseudonucléoles de la vésicule germinative et de l'origine du *corps pédieux.*

Les pseudonucléoles très distincts dans la vésicule germinative, tant que celle-ci est pourvue de sa membrane, disparaissent avec cette dernière. On les voit nettement dans les figures 1, 2, 4, 5, 10 (pl. XIV), parce qu'ils présentent une certaine affinité pour le carmin. Ils ont disparu aux stades représentés figures 12, 13, 14 et suivants. Je ne pourrais dire ni ce qu'ils deviennent, ni comment ils disparaissent. Mais il n'est pas douteux pour moi qu'ils ne se rattachent à la catégorie des substances achromatiques de la vésicule germinative. Je n'ai pas non plus de données précises sur l'origine du corps pédieux; par sa position il répond bien certainement à l'élargissement que présente la poignée du bilboquet à son extrémité inférieure (pl. XIV, fig. 10). Peut-être les pseudonucléoles jouent-ils un rôle dans sa formation.

Un mot encore sur un autre point. Grâce à l'apparition des filaments en éventails dans cette partie épaissie de la paroi de la vésicule germinative, qui répond au prothyalosome, des fibrilles périphériques se développent tout autour de ce corps clair. Il est même probable que quelques rayons protoplasmiques des asters interviennent, avec les filaments en éventail, dans la formation des fibrilles périphériques qui forment ensemble une sorte de couvercle à la coupe du bilboquet (pl. XV, fig. 2). Il en résulte que la figure fibrillaire a plutôt à son début l'apparence d'un T. Elle ne devient ypsiliforme que parce que les branches horizontales du T deviennent obliques et divergentes par rapport à la branche verticale de la lettre. Ce changement dans la direction des branches divergentes s'accompagne de l'ouverture du couvercle primitif, ce qui résulte simplement de ce que les fibrilles périphériques du couvercle se groupent en quatre faisceaux qui s'écartent progressivement l'un de l'autre. Chaque éventail se divise par son milieu. La masse hyaline du prothyalosome fait hernie par la fente ainsi produite (pl. XV, fig. 3).

II. — Formation du premier globule polaire aux dépens de la figure Ypsiliforme.

Je décrirai successivement les changements de position de la figure dans le vitellus et les modifications qui se produisent dans sa constitution.

A. — Changements de position.

Pendant la première période de la maturation de l'œuf la vésicule germinative est logée au milieu du vitellus qui l'entoure de toutes parts. Il en est de même, au début, de la figure ypsiliforme qui, nous l'avons vu, se développe en grande partie aux dépens de cette vésicule.

Mais elle n'occupe jamais le centre du vitellus; elle est toujours excentriquement placée et s'approche progressivement de la périphérie. Les figures 5, 15, 16, 22 de la planche XV démontrent qu'il en est bien ainsi.

Pendant la première période de sa maturation l'œuf présente un axe et deux pôles et toute sa structure témoigne de cette polarité. Le micropyle et le bouchon d'imprégnation répondent à l'une des extrémités de l'axe ovulaire, que nous avons appelée, pour ce motif, le pôle d'imprégnation. De plus, à certains stades, l'œuf présente une symétrie bilatérale manifeste. Il suffit de considérer avec attention la figure 4 de la planche X pour voir qu'il n'existe qu'un seul plan capable de diviser l'œuf en deux moitiés symétriques, c'est un plan passant d'une part par l'axe organique de l'œuf, d'autre part

par le grand axe de l'ovoïde irrégulier qui constitue la tête
de la massue ovulaire. Malheureusement, quand l'œuf a atteint
sa maturité, sa forme est devenue celle d'un ovoïde : la papille
répondant à la poignée de la massue et qui portait à son
extrémité le bouchon d'imprégnation, cette papille a disparu
et il faut y regarder de près pour reconnaître encore le pôle
d'imprégnation. Au moment où un zoosperme vient se fixer
à l'éminence de fixation, le pôle d'imprégnation, et par conséquent l'axe de l'œuf, restent facilement reconnaissables; il en
est de même tant que le zoosperme reste uni à l'enveloppe
ovulaire, fut-ce par l'extrémité de sa papille caudale. Mais il
arrive un moment où le spermatozoïde devient libre dans le
vitellus. Rien ne peut plus faire reconnaître dès lors l'empla-
cement du micropyle et il est impossible de se rendre compte
du trajet que suit le zoosperme avant d'atteindre le centre
du vitellus.

Je me suis beaucoup préoccupé de la question de savoir
si la figure ypsiliforme se dirige vers un point déterminé de
la surface du vitellus et, dans le cas où il en serait ainsi,
quelle est la position de ce point relativement à l'axe primitif
de l'œuf. Il faudrait pouvoir, pour résoudre ces problèmes,
rapporter la position de la vésicule germinative, en voie de
transformation, à un point fixe dont la position serait connue
relativement à la direction de l'axe ovulaire. Tant que le
zoosperme reste fixé à la place qu'occupait le micropyle ce
point fixe existe; mais il cesse d'être reconnaissable dès
le moment où le zoosperme se détache de l'enveloppe de
l'œuf. Or, le plus souvent il se libère bien avant que la figure
ypsiliforme ait gagné la surface de l'œuf.

La position relative des deux éléments, à un même stade de
développement, paraît éminemment variable. Tantôt ils semblent situés tout près l'un de l'autre, tantôt on les trouve aux
pôles opposés de l'œuf. J'ai représenté figure 13 (pl. XIV) un
œuf où le spermatozoïde, encore fixé à la membrane, occupait
l'un des pôles, et où la figure ypsiliforme, déjà superficielle,
se trouvait au pôle opposé. Il en était de même dans l'œuf

représenté figure 9, en ce sens que la ligne reliant la figure ypsiliforme au point de la surface le plus voisin aboutissait à peu près au pôle opposé à celui qu'occupe le zoosperme encore fixé. Mais il n'en est pas toujours ainsi, tant s'en faut, et je ne puis rien affirmer, quant à la position du point d'affleurement de la vésicule germinative, par rapport au pôle d'imprégnation et par conséquent à l'axe organique de l'œuf primitif.

Ce qui ressort clairement de l'examen d'un grand nombre d'œufs et particulièrement de celui que j'ai représenté figure 13, c'est que, dans certains œufs tout au moins, la vésicule ne tend pas à se rapprocher du pôle d'imprégnation, mais que, bien au contraire, elle gagne plutôt le pôle opposé. Est-ce toujours ainsi? Il est permis d'en douter. Je ferai observer que dans les œufs qui ont conservé leur forme ovoïde dans les préparations, presque toujours la figure ypsiliforme et les globules polaires qui en dérivent se trouvent au voisinage de l'une des extrémités du grand axe de l'ovoïde. (Pl. XV, fig. 8, 9, 16, 17, 18, 20, 21, 22. Pl. XVI, fig. 2 et 4. Pl. XVIII, fig. 4. Pl. XIX, fig. 7, 8, 10.) Quand l'œuf est mur il affecte aussi d'ordinaire une forme ovoïde et le micropyle répond approximativement à l'une des extrémités de l'axe de figure de l'œuf. En se fondant sur des images comme celle que j'ai représentée planche XIV, figure 13, et où le zoosperme était certainement fixé encore par l'extrémité de sa queue, on peut donc supposer que le point d'affleurement de la figure ypsiliforme répond à ce que j'ai appelé le pôle neutre de l'œuf. Mais ce fait est-il constant? c'est là encore, à l'heure qu'il est, une hypothèse.

Si j'ai insisté sur ce point, c'est que la question me parait avoir une réelle importance. La présence de la figure ypsiliforme à la surface de l'œuf, au moment où le zoosperme a gagné le centre du vitellus, montre qu'après comme avant la copulation l'œuf présente une polarité manifeste et le caractère de symétrie de la figure ypsiliforme semble indiquer que l'œuf lui-même est à symétrie bilatérale. Le plan de symétrie serait le plan équatorial

de la figure ypsiliforme. Il importe de savoir si les plan
répond au plan de symétrie de l'œuf non imprégné, si l'axe
organique de l'œuf pourvu d'un zoosperme est le même que
l'axe de la massue ovulaire en voie de maturation, si le point
occupé par la figure ypsiliforme et plus tard par le globule
polaire correspond au pôle d'imprégnation, au pôle neutre
ou à tout autre point de l'œuf non imprégné, si enfin les
plans de symétrie de l'œuf répondent au plan médian du
nématode auquel l'œuf donnera naissance. Il semble résulter
des belles recherches de Auerbach que l'extrémité rétrécie
de l'œuf, celle où se forment les globules polaires, celle où l'on
observe une plus grande accumulation de protoplasme hyalin,
devient l'extrémité antérieure de l'embryon, tant chez *Ascaris*
nigrovenosa que chez *Strongylus auricularis*. Si, comme quelques indices pourraient le faire croire, le pôle d'imprégnation
répond à l'autre extrémité de l'œuf, l'extrémité antérieure
aussi bien que l'extrémité postérieure de l'embryon seraient
préformées dans l'œuf même avant l'imprégnation. Il deviendrait probable dès lors qu'il en est de même pour les faces
ventrale et dorsale, droite et gauche de l'animal futur. Mais
tout cela est encore hypothétique à l'heure qu'il est.

La figure ypsiliforme vient se mettre en rapport avec la
surface du vitellus par les extrémités des deux branches
divergentes de l'Y. Comme ces extrémités répondent aux deux
amas centraux des asters primitifs, ou, si l'on veut, aux extrémités polaires du fuseau de direction, il s'en suit que la figure
ypsilfforme se comporte ici tout autrement qu'on ne l'a décrit
chez la plupart des animaux où la formation des globules
polaires a été étudiée. (Voir fig. 5, 7, 8, 15, 16, 22 et 23 de
la pl. XV.) Bientôt après que les extrémités des branches
divergentes de l'Y sont arrivées à la surface, l'angle que ces
branches forment entre elles devient de plus en plus obtus;
elles finissent par se placer dans une même direction, voire
même à s'incurver légèrement en sens inverse; l'Y devient un
T dont la branche horizontale se place parallèlement à la
surface du vitellus, immédiatement en dessous de la membrane

périvitelline. La portion principale de la figure ypsiliforme est pour ainsi dire éliminée (pl. XV, fig. 16 et 22). L'observation de Bütschli, qui a décrit et figuré chez le *Cucullanus elegans* des figures qui se rapportent fort bien à celles que nous faisons connaître, se trouve donc pleinement confirmée chez l'Ascaride du cheval. Le fuseau éliminé de Bütschli (pl. III, fig. 11 et 12 de son mémoire) n'est autre chose que la portion principale, devenue superficielle de la figure ypsiliforme. Il est à noter cependant que Bütschli représente dans cette position le second fuseau de direction; car il figure à une des extrémités de celui-ci une petite vésicule qui ne peut être que le premier globule polaire.

D'habitude, les deux pôles de la figure n'atteignent pas en même temps la surface; l'un y arrive un peu plus tôt que l'autre : dans les figures 17, 19 et 20 de la pl. XV, tandis que l'un des amas polaires se continuait manifestement avec la surface du vitellus, l'autre était encore à quelque distance de cette surface. Il était facile de s'assurer, en changeant progressivement le foyer, que l'autre pôle de la figure se trouvait entouré de toutes parts par la substance vitelline. Au contraire, dans les figures 18, 21 et 23, non-seulement les amas polaires, mais le fuseau tout entier étaient superficiels. Les fuseaux ne se trouvant pas dans la coupe optique de l'œuf, la ligne réunissant les pôles ne se confondant pas avec cette coupe optique, ils paraissent plongés dans le vitellus. Mais cela dépend uniquement de l'orientation de l'œuf relativement à l'observateur.

Comment la figure ypsiliforme est-elle amenée à la surface de l'œuf? Tant que la figure est plongée dans le vitellus on voit dans la plupart des œufs des filaments protoplasmiques se porter de divers points de la figure, plus particulièrement des amas polaires, vers la surface de l'œuf. Ces filaments n'ont aucun caractère spécial, si ce n'est leur direction; leur constitution paraît être la même que celle des autres filaments réticulés du vitellus. Voir les figures 1, 3, 4, 6, et 7 de la planche XV. Que tous ces filaments sont doués de contractilité, cela

résulte clairement de ce fait que, dans tous les points où de
semblables filaments ou faisseaux de filaments s'insèrent
à un zoosperme, le corps protoplasmique de ce dernier se
soulève en une éminence conique ou arrondie, tandis que,
entre ces points d'insertion, l'on observe au contraire des
dépressions. (fig. 3 de la pl. XV et fig. 17 de la pl. XIV).

Comme ce sont les amas polaires qui sont attirés les premiers vers la surface, c'est d'habitude de ces amas que partent
le plus grand nombre de filaments. Ils forment souvent des
sortes de pinceaux ou d'éventails. Souvent la partie de la
surface du vitellus dans les limites de laquelle s'insèrent ces
filaments est circonscrite par un contour circulaire bien marqué,
et au centre de ce contour se voit un petit corpuscule réfringent, à prolongements radiés, simulant une sorte de roue pourvue d'un petit nombre de rayons, (fig. 8, 9 et 18, pl. XV).
Il semble que c'est à ces petites étoiles qu'aboutissent les
amas polaires (fig. 18). La présence de ces petites étoiles est
loin d'être constante. On en observe aussi quelquefois dans
l'intérieur du vitellus, au point de convergence de plusieurs
filaments réticulés, ou bien aussi en d'autres points de la surface et notamment au point où l'hyalosome de la figure ypsiliforme semble devoir aboutir (fig. 8 de la pl. XV).

B. — Changements dans la constitution de la figure ypsiliforme.

Le contour des amas polaires, d'abord très irrégulier et
vaguement indiqué, se régularise et se marque de plus en
plus nettement. Ces amas se transforment en un corps hémisphérique bien circonscrit, qui s'applatit de plus en plus et
finit par devenir discoïde (pl. XVI, fig. 8, 9, 10, 11, 12 puis
fig. 13 et 7 de la même planche, et la série des fig. 15 à 23
de la planche XV).

La substance constitutive des amas, formée d'abord de granules assez volumineux, devient de plus en plus homogène et
donne lieu à la formation d'un disque brillant et fort réfringent.

Les fibrilles axiales et périphériques de la figure ypsiliforme peuvent s'unir transversalement les unes aux autres et, en se soudant entre elles, donner lieu à la formation de cordons plus ou moins épais d'une substance très réfringente et d'apparence homogène. Ce sont surtout les fibrilles de la lame équatoriale qui manifestent une tendance marquée à la formation de semblables cordons, dans lesquels on ne distingue plus même aucune trace de striation. (Voir pl. XVI, fig. 9, 11 et 13 et aussi pl. XV, fig. 7, 15, 19 et 21.) Mais les faisceaux de fibrilles qui constituent les branches divergentes de l'Y tendent à devenir aussi de plus en plus homogènes et de plus en plus réfringents. Dans beaucoup de cas, surtout dans les préparations d'œufs traités par l'alcool, il devient fort difficile de distinguer aucune striation : (fig. 21 de la pl XV.) On observe sous ce rapport des différences d'un œuf à l'autre èt, dans les préparations d'œufs traités par l'acide nitrique la composition fibrillaire persiste plus longtemps. Mais cependant on remarque d'une manière constante que la netteté des contours de la figure ypsiliforme, résultant de ce que toute la figure devient plus sombre et plus homogène, augmente avec l'âge. En même temps toute la figure se rapetisse.

La lame équatoriale présente au début son plus grand développement vers la profondeur, de façon à constituer la branche verticale de l'Y (fig. 3, 4, 5, 7 etc. de la pl. XV). Cette branche on peut souvent la poursuivre sur une grande longueur. Quand le zoosperme est arrivé au centre ou dans le voisinage du centre de l'œuf, l'on peut voir souvent les filaments de la branche verticale de l'Y s'insérer sur le spermatozoïde. Les filaments périphériques de la figure, en partant des amas polaires droit et gauche, convergent vers un point ou plutôt vers un corps granuleux, vaguement délimité, que j'ai appelé le corps pédieux. Au delà du corps pédieux les fibrilles divergent de nouveau, de façon à donner lieu à un figure conique dont les fibrilles représenteraient autant de génératrices (fig. 5, 6 et 7 de la pl. XV). La cavité du

cône paraît occupée, dans beaucoup de cas, par une partie
différentiée du vitellus, de forme sphéroïdale et de volume
variable, que j'appelle le corps intermédiaire (fig. 9 et 20,
de la planche XV). Des filaments périphériques partant des
amas polaires se rendent directement, les uns au corps
pédieux, les autres au corps intermédiaire, qui lui même paraît
se rattacher au spermatozoïde par des filaments convergents
(fig. 9, 18 et 22). A un certain stade les fibrilles périphériques
les plus externes, celles qui marquent la limite externe de
la masse sphéroïdale sont extrêmement nettes (fig. 6, 7 et 8).
Plus tard ces fibrilles ne sont plus guère visibles : on ne
distingue plus de la figure ypsiliforme que les trois branches
principales : les branches divergentes et la lame équatoriale.

Le corps intermédiaire aussi bien que le corps pédieux
avec les fibrilles qui y aboutissent et qui en partent se rattachent à la branche verticale de la figure ypsiliforme, quoiqu'ils ne soient très probablement, par leur origine, que des
portions différentiées du corps protoplasmique de l'œuf. Tous
ces éléments se trouvent dans la prolongation de la poignée
du bilboquet et se rattachent les uns aux autres. Dans la
plupart des œufs, peut être dans tous, ils constituent ensemble
une chaine continue, qui rattache le zoosperme devenu central
aux restes transformés de la vésicule germinative devenue
superficielle (fig. 16 et 18).

A une certaine période du développement le vitellus est tout
à fait clair; on n'y distingue plus rien autre chose qu'un
beau reticulum protoplasmique, totalement dépourvu de toute
granulation autre que les fines ponctuations qui entrent dans
la composition du protoplasme lui même (pl. XV, fig. 1).

Mais bientôt des globules apparaissent tout autour du
zoosperme devenu central (fig. 5) et ce dépôt granuleux
s'étend progressivement et rapidement vers la périphérie,
concentriquement au spermatozoïde. Le réseau protoplasmique
qui s'étendait dans toute l'étendue du vitellus ne s'observe
bientôt plus qu'à la périphérie (fig. 7 et 23). La constitution

cale réticulée devient de moins en moins épaisse et, au moment de la formation du premier globule polaire, tout le corps de l'œuf est devenu granuleux (pl. XVI, fig. 3, 5 et 6.) Pour suivre ces changements progressifs dans la constitution du vitellus il faut avoir recours à une série de préparations faites aux dépens d'un seul et même individu, par une seule et même méthode. C'est en se servant à cet effet d'un uterus traité par l'acide nitrique à 3 %, et coloré, soit par la fuchsine, soit par le carmin boracique, et en montant dans la glycérine des œufs pris en des points de plus en plus éloignés de la poche séminale, que l'on peut voir le mieux cette réduction progressive du réticulum et la transformation du vitellus réticulé, du centre vers la périphérie, en une substance granuleuse dans laquelle il n'est plus guère possible de distinguer le réseau. (pl. XV, fig. 5, 6. 7, 23 et pl. XVI, fig. 3).

Mais ce n'est pas seulement autour du spermatozoïde que débute le changement qui s'opère dans l'aspect du vitellus. La partie profonde de la figure ypsiliforme s'entoure elle aussi de substance opaque et, dans beaucoup d'œufs, on distingue à un certain stade, deux amas granuleux qui restent. pendant quelque temps indépendants et séparés l'un de l'autre : l'un est en rapport avec le spermatozoïde, l'autre avec la vésicule germinative modifiée (fig. 5, pl. XV, voyez aussi pl. XIV, fig. 16). Mais bientôt les deux amas granuleux, qui s'étendent rapidement l'un et l'autre, en arrivent à se toucher, puis à se confondre en une masse commune. Cependant l'on distingue longtemps encore une limite plus ou moins distincte entre les deux portions de cette masse granuleuse, unique en apparence, et entourée de toutes parts d'une zone transparente réticulée. (pl. XV, fig. 7, 15 et 20). Dans la plupart des œufs traités par l'alcool on observe même un sillon superficiel répondant au plan de séparation entre les deux parties du corps vitellin. (pl. XV, fig. 16, 19, 21, 22, pl. XVI, fig. 1 et 2).

La portion principale de la figure ypsiliforme, et notamment ses deux branches divergentes restent constamment dans la zone corticale réticulée, cette partie de la figure devenant

bientôt superficielle, tandis que la partie profonde de la tige
du bilboquet plonge dans la masse granuleuse. Parfois celle-ci
s'élève alors en une sorte de cratère et la limite entre les deux
portions de la figure se marque par une ligne transversale
très nette. L'œuf représenté planche XV, figure 8 montrait
admirablement cette particularité.

Quand la portion principale de la figure ypsiliforme est
devenue superficielle, que l'angle ouvert en dehors que les
branches divergentes formaient entre elles s'est effacé, quand
la figure a pris l'apparence que j'ai représentée (fig. 22, pl. XV)
on ne distingue plus de la tige du bilboquet que quelques traces
dirigées suivant l'axe de l'œuf. Ce qui reste encore de l'ancienne figure ypsiliforme affecte l'apparence d'un fuseau, dont
l'axe est dirigé parallèlement à la surface de l'œuf et, comme
le fuseau est tout à fait superficiel, l'on pourrait croire qu'il
a été expulsé en dehors du vitellus. Mais il n'en est rien;
nous verrons plus loin ce qu'il advient du fuseau.

Examiné non plus en coupe optique, mais à la surface du
vitellus, le fuseau montre deux branches collatérales dirigées
perpendiculairement à son axe. De là une figure cruciale. Nous
avons représenté figures 17, 20, 21 et 23 de semblables
images. Les branches collatérales de la croix sont de longueur
variable; tantôt semblables entre elles (fig. 20), d'autre fois
elles sont très dissemblables (fig. 17 et 21). Elles ne sont
que des faisseaux de fibrilles périphériques agglutinées dans
le plan équatorial de la figure et dirigées suivant deux directions opposées. Quand les deux branches se trouvent dans un
même allignement leur direction commune est perpendiculaire
à la direction primitive de la tige du bilboquet : celle-ci répondait à un rayon de l'œuf, celle-là est parallèle à la surface de
l'œuf ou à peu près.

Le fuseau, formant la branche verticale de la croix, et les
deux branches collatérales se trouvent dans un même plan.
C'est pourquoi on ne voit pas ces dernières dans un œuf
orienté comme celui que nous avons représenté figure 22. Les
quatre branches de la croix rayonnent autour d'un centre

commun occupé par les éléments chromatiques de l'ancienne
vésicule germinative. De ce même centre l'on voit rayonner
d'autres filaments d'épaisseur variable; leur direction est
souvent incurvée. Les quatre branches de la croix, aussi bien
que les rayons secondaires que l'on distingue entre ces branches, forment ensemble un disque circulaire (pl. XV, fig. 23)
dont le contour répond à la surface du vitellus.

La comparaison entre des figures comme celle que nous
avons représentée figure 23 et l'image figure 20, où l'on distingue déjà vaguement une radiation formée par des stries de
ponctuations, tend à montrer que les rayons secondaires se
forment à nouveau dans le protoplasme. Il en est de même,
je pense, de l'une des branches collatérales de la croix,
(pl. XVI, fig. 7 et 11), tandis que l'autre résulte de
ce que la substance constitutive de la tige du bilboquet se
déplace progressivement dans le plan équatorial, de façon
à ce que, après avoir formé un faisceau radiaire, elle finit par
constituer, dans le même plan, un faisceau tangentiel. Cependant la trace de la tige du bilboquet persiste dans le vitellus
où l'on distingue toujours des trainées de granulations
reliant le centre de la figure cruciale au spermatozoïde.
Je pourrais encore exprimer l'opinion que j'émets, sur l'origine de la figure cruciale, en disant que la figure ypsiliforme décrit autour de l'axe reliant ses deux pôles une
rotation équivalente à un angle de 90°. En même temps la
figure tend à devenir symétrique, et à se compléter par la
formation, au côté du fuseau opposé au point d'insertion de
la tige du bilboquet, une branche nouvelle dirigée comme la
première dans le plan équatorial de la figure. A un certain
stade du développement la tige du bilboquet, formée par un
faisceau de fibrilles agglutinées en un cordon homogène, cesse
d'être rectiligne; elle décrit des ondulations, comme si après
avoir été d'abord tendue, grâce aux cordons qui s'inséraient
à son extrémité, elle cessait tout à coup d'être sollicitée par
la traction de ces éléments (pl. XVI, fig. 9).

Les branches collatérales de la croix sont formées l'une et

l'autre non par un, mais par deux faisseaux de fibrilles périphériques agglutinées (pl. XV, fig. 23). Ces deux faisseaux
d'abord confondus dans la tige du bilboquet se séparent
progressement l'un de l'autre et se disposent parallèlement
l'un à l'autre. Cette division s'étend dans toute l'étendue du
plan équatorial; non seulement elle se montre dans les deux
branches collatérales de la croix, mais aussi à la surface de
l'hyalosome, comme si toute la figure cruciale se fendait
en deux. La subdivision commence toujours d'abord dans la
tige du bilboqnet et s'étend delà, de proche en proche dans
la branche opposée (pl. XV, fig. 15, 17, 19, 21, 23 et aussi
pl. XVI, fig. 13).

Cette division qui s'opère dans tout le système des fibrilles
périphériques, dans un plan normal à la surface du vitellus,
tout autour de la masse claire qui renferme les corpuscules
chromatiques, a pour conséquence la subdivision de la figure
achromatique et la mise à nu de la sphère du bilboquet. A
ce moment il n'est plus possible de distinguer les fibres
achromatiques axiales. La division en deux lames de la
plaque équatoriale parait jouer un rôle important dans la
libération du premier globule polaire. J'ai dit plus haut que
la figure cruciale, dont j'ai indiqué la constitution et le mode
de formation, forme dans son ensemble un disque circulaire.
La division de la plaque équatoriale en deux lames intéresse
naturellement le disque tout entier, qui se décompose en deux
moitiés (fig. 23). Je considère le plan suivant lequel se fait
la division, c'est-à-dire le plan équatorial de la figure ypsiliforme, comme le plan médian de l'œuf. Tandis que les deux
moitiés du fuseau sont symétriques, ce qui parait résulter de
la génèse de toute la figure ypsiliforme, il n'en est pas de
même des deux branches collatérales de la croix. Celles-ci ne
sont pas équivalentes, pour autant que l'on puisse en juger
par leur mode de formation; et de fait elles sont encore dissemblables au moment où la figure a atteint son complet
développement (fig. 23). De sorte qu'un plan passant d'une
part par le centre de l'œuf, de l'autre par les branches colla-

térales, c'est-à-dire le plan équatorial de la figure ypsiliforme est le seul qui divise l'œuf en deux moitiés symétriques.

D'après cela l'œuf présenterait à ce moment non pas seulement un axe organique et deux pôles d'inégale valeur, mais aussi un plan de symétrie unique; il aurait une structure bilatérale.

Dans quelques œufs j'ai observé deux paires de branches divergentes dans la figure ypsiliforme. Je ne sais si cela est constant (pl. XV, fig. 9).

Je ferai remarquer aussi que dans la période qui précède immédiatement l'achèvement de la figure cruciale les deux moitiés du fuseau (branches divergentes de la figure ypsiliforme) sont souvent très dissemblables, l'une devenant extrêmement volumineuse et montrant très-nettement sa composition fibrillaire, l'autre beaucoup plus réduite est aussi plus homogène, figure 13 (pl. XVI).

Peu de temps après que le disque, avec sa figure cruciale, se sont constitués il devient impossible de distinguer le fuseau. Il m'a paru qu'il se raccourcit de plus en plus et qu'il se confond progressivement avec les autres filaments radiaires du disque. Ceux-ci deviennent aussi de moins en moins distincts et tous les éléments constitutifs du disque se réduisent en une substance finement ponctuée. Au début les limites du disque restent parfaitement apparentes : son contour circulaire se voit avec une grande netteté à la surface du vitellus. Épais vers son milieu, où il renferme le corps clair pourvu des corpuscules chromatiques, il s'amincit vers ses bords, qui se continuent avec le contour externe du vitellus (pl. XVI, fig. 4 et 15).

Dans les œufs qui n'ont subi de la part des réactifs employés pour les durcir aucune rétraction, on remarque que le disque se termine extérieurement par une surface à peine convexe qui se moule exactement sur la face interne de la couche périvitelline (pl. XVI, fig. 4). La région médiane du disque proémine fortement dans le vitellus. Mais quand le vitellus s'est un peu rétracté, le milieu du disque se soulève en un mamelon qui fait saillie à la surface de l'œuf. Dans ces œufs

le contour du disque est presque toujours indiqué par un léger
sillon circulaire. Peu à peu la substance du disque devient de
plus en plus semblable au reste du vitellus et il arrive un
moment où il devient très difficile de la distinguer. De toute
la figure ypsiliforme il ne reste plus qu'un seul élément bien
reconnaissable : c'est le prothyalosome avec ses corpuscules
chromatiques (pl. XVI, fig. 5). Néanmoins il persiste toujours
quelques traces de la figure ypsiliforme. L'axe organique de
l'œuf, suivant lequel la figure devenue superficielle se trouvait
reliée au zoosperme par une série d'éléments tels que la tige
du bilboquet, le corps pédieux, le corps intermédiaire et les
filaments qui s'y rattachent, cet axe reste indiqué par des
traces peu distinctes, mais dans lesquelles je crois reconnaître
encore, dans certains cas, le corps pédieux et le corps intér-
médiaire (pl. XVI, fig. 5). Autour du pôle occupé par l'hyalosome pourvu de ses corpuscules chromatiques se voient
des cercles concentriques; d'habitude on en distingue trois.
Le plus interne marque probablement l'ancienne limite du
disque; le plus externe la limite que nous avons signalée
plus haut entre la portion du vitellus qui se rattache au
zoosperme et celle qui se développe autour de la portion
profonde de la figure ypsiliforme; l'intermédiaire provient
je pense de l'extension, vers la surface du vitellus, de la
ligne qui sépare la portion superficielle de la figure ypsiliforme de la partie profonde engagée dans le vitellus granuleux
(voir fig. 7 et 8 de la pl. XV). Les figures 16 et 22 de la
planche XV sont instructives pour l'étude de l'origine de ces
cercles concentriques.

Tant que le disque reste distinct on retrouve des indices
manifestes de sa division en deux moitiés, suivant le plan
équatorial de l'ancienne figure (pl. XVI, fig. 8); sur tout
le pourtour du corps clair une fente assez large se montre
et il semble que suivant cette fente le corps clair soit à sec.

Nous en sommes arrivés au moment où le premier globule
polaire va être expulsé; mais avant de décrire ce phénomène
nous devons revenir un instant sur nos pas. Il n'a été que

tion jusqu'ici que des modifications que subit la portion achromatique périphérique de la figure ypsiliforme. Nous avons vu qu'au moment où la figure vient de se constituer aux dépens des restes de la vésicule germinative, la coupe du bilboquet renferme une sphère claire et que dans cette sphère il existe deux disques chromatiques généralement formés chacun de quatre corpuscules agglutinés. Ce corps n'est que le prothyalosome de la vésicule germinative et les éléments chromatiques qu'elle renferme ne sont autre chose que le corpuscule germinatif dédoublé. Avant la copulation de l'œuf et du zoosperme le nucléole se montrait déjà constitué de deux disques adjacents (pl. XIV, fig. 8) et si l'on compare la figure 13 de la planche XVI aux figures 10, 11, 12, 13 et 9 de la planche XIV ou même à la figure 8 de la même planche on verra que la figure chromatique ne subit guère de modifications dans le cours des métamorphoses de la vésicule germinative. C'est ce que montre encore bien une comparaison entre les figures 3 et 4 de la planche XVI et les figures 16 et 17 de la planche XIV qui représentent la même figure chromatique différemment orientée.

L'image de la figure chromatique dans la figure 1 (pl. XVI) qui montre les deux disques superposés vus obliquement est très semblable aux images que nous avons représentées planche XIV, figures 14 et 15. Les éléments chromatiques se maintiennent sans subir aucun changement depuis le moment où la vésicule germinative disparait, jusqu'au moment où le globule polaire va être expulsé. D'habitude l'on voit quatre corpuscules dans chaque disque chromatique; quelquefois cependant leur nombre est manifestement plus considérable.

A tous les stades du développement la figure chromatique se trouve entourée d'une substance claire, comme c'est déjà le cas dans la vésicule germinative avant sa transformation. Cependant le volume du prothyalosome de la vésicule germinative est plus considérable que celui du corps clair qui renferme la figure chromatique au moment où le globule

polaire est sur le point de se former. Je ne suis pas en mesure
de dire comment se fait cette réduction. Des images comme
celle que j'ai représentée planche XVI, figure 9 semblent
indiquer une expulsion d'une partie de la masse claire préalablement à la formation de l'une des branches transversales de
la figure cruciale. A voir des images comme celle que j'ai
représentée planche XIV, figure 16 l'on serait porté à croire
que la partie centrale de la masse claire se différencie à un
moment donné; peut-être la zone corticale est elle ensuite
éliminée, (pl. XVI, fig. 9, pl. XV, fig. 3, 6, 7 et 8). Peut-
être aussi la réduction se fait-elle par exosmose. Mais ce qui
n'est pas douteux, c'est qu'une partie de la masse claire se
maintient, à tous les stades du développement autour de la
figure chromatique.

Le premier globule polaire se forme aux dépens du prothya-
losome réduit et aux dépens des éléments chromatiques qu'il
renferme. Chacun des deux disques chromatiques fournit au
globule polaire la moitié de sa substance et le prothyalosome
se divise tangentiellement; ce n'est pas l'un des pôles du fuseau
qui est éliminé; mais dans le plan équatorial que se fait
l'élimination.

Le corps clair est encore indivis dans les figures 3, 4 et 14
de la planche XVI. On y distingue les deux disques chromatiques se regardant par leurs faces. Dans la figure 2 (pl. XV)
les deux disques chromatiques se sont allongés dans le sens
du rayon de l'œuf et le corps clair montre un commencement
d'étranglement. Cet étranglement est beaucoup plus marqué
dans la figure 15 de la même planche; cette figure montre
une ligne transversale très nette entre les deux moitiés de la
masse claire et les figures 16, 17, 18 et 20 de la même
planche montrent la moitié externe de la masse claire complètement séparée par étranglement progressif de la moitié
interne; la première semble sortir par la fente qui sépare le
disque en deux moitiés.

La figure chromatique est bien reconnaissable dans

figures 15, 16, 17, 18 et 20. Il ressort clairement de
l'examen comparatif de ces figures que chaque disque chromatique, après s'être transformé en un bâtonnet renflé à ses
deux bouts, fortement étranglé à son milieu, se divise en deux
parties dont l'une reste dans la moitié externe, l'autre dans
la portion interne du corps clair en voie de se dédoubler. Que la
constriction qui amène la séparation complète des deux moitiés
du corps clair agit sur les bâtonnets de façon à les rapprocher
l'un de l'autre au niveau de leur portion étranglée en un
filament, c'est ce qui me parait résulter d'images comme
celle que nous avons représentée figure 20, où les deux
filaments fortement étirés en longueur relient encore l'un à
l'autre les deux renflements terminaux. On distingue parfois
un petit bouton vers le milieu du filament (fig. 20). Il semble
même que par suite de la constriction de plus en plus pro-
noncée les filaments peuvent se rapprocher au point de se
toucher et même de se confondre. Je ne puis m'expliquer
autrement des images comme celle de la figure 16 où les
portions externes des deux disques chromatiques sont réunies
entre elles par leur bout effilé. Ce qui est moins douteux
encore c'est qu'à un moment donné la continuité entre les
renflements terminaux externes et internes des bâtonnets
s'interrompt, par suite de la rupture des filaments qui les
réunissaient entre eux (fig. 18).

La moitié externe du prothyalosome avec ses deux éléments chromatiques, constitue certainement la plus grande
partie du globule polaire. Constitue-t-elle à elle seule ce
corpuscule? Une ligne très nette dirigée perpendiculairement
aux bâtonnets chromatiques apparait dans l'épaisseur du
disque achromatique et divise la substance de ce dernier en
deux portions inégales dont l'une se rattache au globule
polaire soulevé au dessus de la surface du vitellus, et dont
l'autre renferme le corps clair interne que je propose de
désigner sous le nom de *deuthyalosome*. Cette ligne apparait
au niveau de l'étranglement qui amène la division du prothyalosome en deux moitiés. L'on pourrait croire que c'est suivant

cette ligne que se fait la séparation du globule polaire. Le
globule se constituerait dans ce cas du corps clair externe
pourvu de ses deux éléments chromatiques et de la portion
externe du disque achromatique. (Voir les fig. 16, 17, 18 et
20 de la planche XVI.) Mais je ne suis nullement convaincu
de l'intervention d'une portion quelconque du disque dans la
constitution du globule polaire et des images comme celles que
j'ai représentées planche XVII, figures 1 et 3 sont de nature
à justifier mes doutes à cet égard. Les figures 16 et 20 de
la planche XVI montrent une véritable expulsion du globule
polaire par une sorte d'orifice, par une déchirure circulaire
du centre du disque. S'il entre dans la constitution du globule
polaire autre chose que la masse claire dérivée du prothyalosome et les deux éléments chromatiques qui descendent directement du corpuscule germinatif de l'œuf, ce ne peut être qu'un
très mince revêtement superficiel, dont l'origine doit être cher-
chée dans les éléments constitutifs du disque achromatique.

Aussitôt libéré le premier globule polaire s'applatit à
la face interne de la première couche périvitelline et, aux
stades suivants, on le trouve toujours adjacent à la face
interne de cette zone. Dans les préparations à l'acide
nitrique il se présente d'habitude sous la forme d'un petit
disque très réfringent souvent un peu irrégulier. L'alcool
détermine un léger gonflement du disque; souvent il devient
irrégulier, bosselé à sa face interne et montre constamment
un certain nombre de corpuscules vivement colorés. Leur
nombre et leur forme varient d'un œuf à l'autre. Parfois on
observe des indices de fragmentation (pl. XVIII, fig. 2);
mais c'est là un fait très accidentel et je n'ai jamais vu le
corpuscule complètement dédoublé. Cependant la substance
chromatique du globule forme fréquemment deux amas qui
eux même sont composés chacun de deux éléments accolés.

Ce qui paraît ressortir de ce long exposé difficile à comprendre et relatant une série de détails dont je ne puis saisir
la portée, c'est 1° que le premier globule polaire est principalement et peut être même exclusivement formé d'éléments

dérivés de la vésicule germinative de l'œuf. Ces éléments sont
en partie chromatiques, en partie achromatiques. Les globules
chromatiques constituent dans le globule polaire deux amas
distincts; ceux-ci dérivent de la subdivision en deux moitiés
de chacun des deux disques chromatiques qui formaient le
corpuscule germinatif (nucléole de l'œuf). La substance achromatique du globule polaire est une partie du corps clair ou
prothyalosome de l'œuf.

2° La seconde moitié du prothyalosome, avec les deux amas
chromatiques qu'elle renferme, reste dans l'intérieur de l'œuf.
Cette partie qui reste dans l'œuf est de tous points semblable
au globule polaire éliminé. Je l'appelle deuthyalosome.

3° La division du prothyalosome ne se fait pas perpendiculairement à l'axe du fuseau de direction, mais suivant
l'axe réunissant les pôles de la figure. Les deux disques
chromatiques, que l'on serait tenté de comparer aux deux
moitiés chromatiques d'un noyau en voie de division, ne
peuvent être comparés aux deux moitiés d'une plaque équatoriale divisée; l'un ne passe pas dans le globule polaire, l'autre
dans le deuthyalosome, auquel cas la formation du globule
polaire pourrait être comparée à une division cellulaire; chacun
des disques chromatiques se segmente, lors de la formation de
ce globule, suivant un plan passant par l'axe du fuseau.

L'on ne peut donc pas comparer la génèse du premier
globule polaire à une division cellulaire indirecte. Il ne s'accomplit d'ailleurs ici rien qui rappelle les transformations bien
connues des filaments chromatiques d'un noyau de cellule au
moment de la division et le corps protoplasmique de l'œuf
paraît n'intervenir en rien dans la constitution du globule
polaire.

L'apparition, au voisinage du prothyalosome, lorsque la vésicule germinative commence la série de ses métamorphoses, de
deux centres d'attraction, certaines analogies entre la figure
ypsiliforme et un fuseau achromatique pourraient faire songer
à une division karyokinétique. Mais il n'en est rien. La raison
d'être des détails de structure que révèle l'étude de la figure

ypsiliforme, les changements multiples et compliqués qui se
produisent dans sa constitution sont inexplicables à l'heure
qu'il est. Mais en tous cas ils semblent bien plutôt avoir pour
but de donner au vitellus une structure appropriée à la fonction
que l'œuf doit accomplir, le dédoublement du prothyaloscme et
l'expulsion d'une de ses moitiés, que de former le globule.

Le soit disant fuseau de direction s'est déjà confondu avec
le protoplasme de l'œuf au moment où le globule se constitue
et les fibrilles achromatiques n'interviennent nullement dans
la composition de cet élément.

III. — Des modifications du vitellus pendant la période de formation du premier globule polaire.

Dans la description que j'ai faite de l'œuf tel qu'il est
constitué avant l'imprégnation j'ai dit que le vitellus se constitue : 1° de sphères hyalines se colorant en rose dans le
picrocarmin, après l'action de l'acide osmique; 2° de gouttelettes homogènes claires et transparentes difficiles à distinguer
sur le frais des sphères hyalines, mais que l'on ne peut confondre avec ces dernières dans les préparations au
carmin; 3° d'un réseau protoplasmique comprenant une
couche superficielle ininterrompue, d'une couche enveloppant
la vésicule germinative et d'un système de lames réticulées
remplissant tous les espaces, d'ailleurs forts réduits, que
laissent entre elles les sphères et les gouttelettes; 4° de corpuscules réfringents disséminés dans la substance protoplasmique. Suivant la méthode que l'on emploie pour durcir et
pour colorer les œufs, suivant que l'on monte dans la glycérine
ou dans le baume, tantôt certains éléments deviennent plus
apparents, tantôt ces mêmes éléments deviennent peu distincts;
et d'autres se montrent avec une parfaite netteté.

Dans les préparations d'œufs traités par l'alcool et colorés
par le carmin boracique les corpuscules réfringents disparaissent, les sphères hyalines se confondent avec les gouttelettes
homogènes et le réticulum protoplasmique devient très

rent. Dans les préparations à l'acide nitrique au contraire les
corpuscules réfringents conservent tous les caractères qu'ils
présentent sur le vivant; il en est de même des gouttelettes
homogènes et des sphères hyalines, et le réseau protoplasmique est bien distinct.

L'acide osmique et le picrocarmin rendent de grands services, quand il s'agit d'étudier les éléments formés du vitellus;
mais le réseau protoplasmique est difficile à voir dans des
œufs traités par cette méthode. Si elle mérite d'être recom-
mandée pour l'examen de l'œuf avant l'imprégnation et même
pour l'étude de la pénétration du zoosperme, elle doit être
écartée pour l'analyse des changements consécutifs à la copulation de l'œuf avec le spermatozoïde et cela pour cette raison
qu'aussitôt que la zone périvitelline a commencé à se former,
il n'est plus possible de faire pénétrer le carmin : tout l'œuf
prend une couleur jaune uniforme. Or, comme cette méthode
est la seule qui permette de distinguer les sphères hyalines,
il est difficile de se rendre compte de ce que deviennent ces
éléments. Cependant j'ai réussi à résoudre partiellement cette
question en recourant à des préparations d'œufs traités par
l'acide osmique. Les sphères hyalines disparaissent très probablement sans laisser de traces, peu après l'entrée du zoosperme
et les gouttelettes homogènes prennent au contraire une importance croissante; elles deviennent plus nombreuses et surtout
plus volumineuses. C'est exclusivement à leur présence que le
vitellus est redevable de son apparence réticulée, peu après
la copulation. Je renvoie pour l'exposé des faits relatifs à la
disparition des sphères hyalines à l'exposé que j'en ai fait
dans le premier chapitre de ce mémoire. Comme l'aspect que
présente le vitellus varie, suivant la méthode que l'on emploie,
il est nécessaire, si l'on veut étudier les modifications successives du corps ovulaire, pendant la seconde période de sa
maturation, de recourir à des séries d'œufs préparés en suivant
une seule et même méthode. Je recommande tout particulièrement, pour l'étude de ces changements, l'emploi de l'acide
nitrique à 3 °/₀. L'uterus traité en entier par la solution acide

est placé dans l'alcool au tiers, puis dans l'alcool à 70, coloré
par le carmin boracique ou la fuchsine et les œufs sont montés
dans la glycérine. L'étude de séries d'œufs traités par l'alcool
colorés par le carmin boracique et montés dans la glycérine
rend aussi de bons services. Il est nécessaire de controler sur
le vivant les résultats de l'examen des œufs traités par les
méthodes que je viens d'indiquer.

Pendant la copulation des produits sexuels, tant que le
zoosperme proémine à l'extérieur de l'œuf, et que la vésicule
germinative conserve encore ses caractères de vésicule, de
nombreux corpuscules réfringents, disséminés dans le protoplasme, se voient distinctement dans toute l'étendue du
vitellus (pl. XIII, fig. 77 et 78). Mais à peine la trace
du micropyle a-t-elle disparu, le spermatozoïde se trouve-t-il
engagé dans l'intérieur de l'œuf, la figure ypsiliforme est-elle
en voie de formation, que les corpuscules réfringents se
concentrent dans la couche superficielle du vitellus d'une
part, autour de la vésicule en voie de transformation et
particulièrement autour des amas polaires de la figure ypsiliforme de l'autre. Bientôt il ne s'en montre plus un seul
dans le réticulum protoplasmique qui s'étend dans la plus
grande partie du corps ovulaire (pl. XIV, fig. 9). Les corpuscules fort nombreux dans la couche superficielle et aussi
au voisinage de la figure ypsiliforme en voie de formation
présentent les mêmes caractères que précédemment : ils sont
de volume et de forme très variables; ils sont très réfringents
et si on les examine, en se servant de forts grossissements, ils
se montrent constitués de granules agglomérés, comme s'ils
n'étaient autre chose que des grumeaux de petits éléments
réfringents agglutinés entre eux. Au fur et à mesure que la
zone périvitelline s'épaissit le nombre des corpuscules réfringents diminue dans la couche superficielle du vitellus et
aussi autour de la figure ypsiliforme. Il arrive bientôt un
moment où toute trace de ces corpuscules a disparu et où
l'on ne distingue plus, dans le vitellus, que des gouttelettes

homogènes remplissant complètement les mailles fort inégales d'ailleurs d'un réseau formé par le protoplasme de l'œuf. Tout l'œuf est alors d'une transparence parfaite et le. protoplasme qui forme le reticulum est devenu notablement plus abondant. Ce fait joint à la circonstance que le contour des corpuscules réfringents devient de moins en moins foncé me font croire que les corpuscules réfringents ne sont pas résorbés, mais que la substance ponctuée qui les constitue se confond peu à peu avec le protoplasme et contribue directement à augmenter la masse protoplasmique réticulée. Les figures 17 de la planche XIV, 1, 3 et 4 de la planche XV représentent l'aspect du vitellus au stade que nous considérons.

La structure radiaire du vitellus si apparente avant l'imprégnation n'est plus guère visible maintenant.

A ce moment le zoosperme et la figure ypsiliforme changent de place : la spermatozoïde qui était resté pendant un certain temps adhérent à la membrane de l'œuf par l'extrêmité de sa queue et qui, dans beaucoup si non dans tous les œufs, s'était, si je puis ainsi m'exprimer, couché sous la membrane, son axe étant dirigé non pas normalement, mais plutôt tangentiellement à la surface du vitellus (pl. XIV, fig. 9, 10, 14, 15), se rapproche progressivement du centre de l'œuf. La figure ypsiliforme au contraire qui occupait d'abord une position plutôt centrale gagne peu à peu la surface. Il semble même que le déplacement centrifuge de cette dernière commence avant le mouvement centripède du zoosperme. A peine ces changements de position se sont-ils accomplis que l'aspect du vitellus se modifie au contact du zoosperme d'une part, de la figure ypsiliforme de l'autre. Tout autour du zoosperme le vitellus devient granuleux et partant il perd de sa transparence; les gouttelettes homogènes disparaissent et la place qu'elles occupaient est envahie par une masse granuleuse. Les granulations vitellines prennent naissance, non pas dans les gouttelettes, mais dans les trabécules protoplasmiques qui augmentent rapidement de volume et cela aux dépens des

gouttelettes qui finissent par être complètement résorbées.
Cette même transformation du vitellus s'opère autour de la
portion profonde de la figure ypsiliforme (pl. XV, fig. 5 et 6).
De là la formation dans l'œuf de deux amas granuleux : l'un,
beaucoup plus considérable, renferme à son intérieur le zoosperme, l'autre excentriquement placé se rattache à la figure
ypsiliforme. On distingue alors dans le vitellus deux parties
l'une granuleuse et plus sombre, l'autre réticulée et transparente. Les deux amas granuleux primitivement distincts
s'étendent aux dépens de la partie réticulée et bientôt se
confondent en un seul. Il semble, à première vue, comme le
zoosperme occupe le centre de cet amas, que celui-ci s'est
formé exclusivement autour du zoosperme; mais en y regardant de près on distingue d'habitude l'existence d'une ligne de
séparation entre les deux portions d'origine distincte qui, en se
juxtaposant, ont donné lieu à une masse en apparence unique
qui occupe toute la partie médiane de l'œuf (pl. XV, fig. 1).
On distingue parfois vaguement, dans la masse granuleuse, une
striation radiaire autour du zoosperme comme centre. La marche
du phénomène et l'aspect de l'œuf semblent indiquer que le
zoosperme d'une part, la figure ypsiliforme de l'autre attirent
à eux une partie du vitellus et se partagent en quelque sorte
le corps ovulaire, dans lequel ils sont plongés l'un et l'autre.
Les préparations d'œufs traités par l'alcool sont au moins
aussi instructives à cet égard que ceux qui ont été traités
par l'acide nitrique, et les radiations que l'on observe autour
du zoosperme y sont même plus apparentes (pl. XIV, fig. 7
pl. XV, fig. 2 et 15).

La couche périphérique réticulée bien distincte sur tous les
œufs quelque soit le traitement auquel ils ont été soumis
qu'on les observe frais, dans la glycérine ou dans le baume
diminue peu à peu d'épaisseur. Elle se transforme peu à peu
en substance granuleuse sombre et, au moment de la forma
du premier globule polaire, elle a disparu. Tout le vitellus est
granuleux. (pl. XVI, fig. 3, ac. nitr. fig. 5 et 6 alcool).

On distingue néanmoins encore dans ces œufs une partie

corticale et une masse médullaire; l'axe organique de l'œuf
reste distinct et sur le pourtour du pôle, où se forme le
globule polaire, on distingue divers cercles concentriques.
J'ai donné dans le paragraphe précédent l'explication de ces
particularités, en rendant compte de leur origine. J'ai représenté (pl. XVI, fig. 19) divers détails de structure que j'ai
observés sur plusieurs œufs. Le globule polaire est entièrement constitué. Les éléments chromatiques qui restent dans
le vitellus se sont déjà dédoublés; ils reposent sur un corps
circulaire. Au milieu de cet espace se trouve un autre
élément circulaire renfermant un corpuscule d'où partent des
radiations. Plus profondément se voit un autre corps arrondi;
de ce corps partent des lignes l'une axiale, les autres
obliques. Ces dernières aboutissent à des sillons circulaires
qui règnent à la surface du vitellus. La figure montre d'autres détails de structure dont j'ignore aussi la signification,
mais que j'ai figurés tels que je les ai vus, parce qu'ils
indiquent d'une manière évidente la symétrie de l'œuf.

IV. — Formation de la première couche périvitelline.

J'ai fait plus haut l'histoire de la membrane vitelline; elle
se forme peu à peu aux dépens de la couche superficielle du
protoplasme ovulaire pendant la première période de la maturation de l'œuf. Au moment où l'œuf est prêt à recevoir le
zoosperme, cette membrane peut être isolée. Elle présente à
ce moment une solution de continuité au pôle d'imprégnation
et, au moment de la copulation, la membrane du zoosperme
vient se mettre en continuité par son bord libre avec le bord
libre de la membrane vitelline. Il en résulte la formation
d'une membrane unique qui s'étend d'une part sur tout le
pourtour du vitellus, abstraction faite du bouchon d'imprégnation, et d'autre part autour de la partie du zoosperme
qui s'élève, sous la forme d'une papille conique, au dessus de
la surface de l'œuf. Cette membrane unique je l'ai appelée
la membrane ovo-spermatique. Dès le moment où cette

quand on se sert du 1/18 à immersion homogène (pl. XV, fig. 16). En traitant par l'acide acétique, produit aussi le soulèvement de la membrane ovo-spermatique. Il ne peut donc y avoir de doute sur l'origine de la substance qui forme la zone périvitelline; cette substance vient du vitellus de l'œuf.

Des mensurations exactes du globe vitellin viennent confirmer cette conclusion; le globe vitellin diminue de volume au fur et à mesure que la zone s'épaissit.

Il se fait donc pendant cette période de la maturation de l'œuf qui se caractérise par la série des phénomènes relatifs à l'expulsion du premier globule polaire, un dépôt progressif de substance hyaline à la face interne de la membrane ovo-spermatique. Le corps protoplasmique de l'œuf est le formateur de cette substance qui est peu à peu éliminée par le vitellus, pendant que la vésicule germinative, qui a donné lieu à la formation de la figure ypsiliforme, se prépare elle-même à rejeter sans la forme de globule polaire, une partie de sa substance.

Je propose de désigner ce dépôt hyalin sous le nom de *première couche* ou de *première zone périvitelline*, afin d'indiquer par là le rapprochement que je crois pouvoir établir entre cette substance et le *liquide périvitellin* qui, chez une série d'animaux, est expulsé par le corps ovulaire, lors de la maturation du vitellus.

L'on trouvera plus loin la justification de cette manière de voir.

V. — Changements que subit le zoosperme pendant l'expulsion du premier globule polaire.

Au moment où il vient de pénétrer dans le vitellus, le zoosperme présente encore la même forme et à peu près la même constitution que le zoosperme libre (pl. XIV, fig. 13, 14, 15, pl. XV, fig. 1). Les différences que l'on observe entre œufs d'un même stade dépendent de ce que, suivant de la copulation, les zoospermes n'ont pas tous la même forme ni la même constitution : tantôt ils renferment un corps réfringent, tantôt ils en sont dépourvus; la forme et les dimensions du corps réfringent sont éminemment variables; bref les zoospermes affectent indifféremment les formes que nous avons décrites plus haut sous les noms de type pyriforme, type campanuliforme et type conoïde.

Mais tout spermatozoïde dès qu'il a pénétré dans le vitellus diffère d'un spermatozoïde libre par les caractères suivants :

1° Son corps protoplasmique se colore tout entier en rose sous l'action du picrocarmin ou du carmin boracique, tandis que les zoospermes libres traités de la même manière et que l'on trouve entre les œufs, sur les mêmes préparations, sont absolument incolores.

2° Tandis que dans les zoospermes libres le protoplasme de l'hémisphère céphalique se constitue de grosses granulations régulièrement espacées et reliées entre elles par des filaments grêles, que l'on y distingue des systèmes de lignes régulières les unes radiaires, les autres concentriques, dans le zoosperme, après son entrée, l'hémisphère céphalique paraît formé d'une substance homogène ou finement ponctuée. L'on y distingue plus nettement que dans le zoosperme libre une zone périnucléaire très pâle et une masse corticale plus foncée. Cette dernière est d'ordinaire fortement épaissie en un bourrelet entourant la zone périnucléaire, amincie, au contraire, au voisinage du pôle d'imprégnation du zoosperme. Il en résulte qu'à la coupe optique on distingue d'habitude trois lobes dans l'hémisphère céphalique : un lobe médian principalement formé par la zone périnucléaire et deux lobes latéraux constitués par la substance corticale seule (pl. XIV, fig. 13 et 17).

3° Le contour de la queue n'est pas marqué par une ligne régulière, mais au contraire inégal et comme denticulé. Les stries transversales de la queue, résultant de la structure du protoplasme, sont souvent plus apparentes que dans le zoosperme libre; elles sont formées par des séries régulières de granulations assez volumineuses et qui font saillie à la surface.

4° Le corps réfringent de la queue commence à diminuer de volume, aussitôt après la pénétration et, par contre, son revêtement protoplasmique s'épaissit d'autant (fig. 10, 13 et 14 de la pl. XIV, fig. 1 de la pl. XV).

Les changements ultérieurs que subit le zoosperme peuvent être énumérés en peu de mots.

Le corps réfringent diminue rapidement de volume : il perd sa forme conoïde, et devient globulaire. Sa réfringence reste la même. Le globule devient de plus en plus petit et, parfois, il finit par se fondre complètement. Les derniers vestiges du corps réfringent ne disparaissent d'habitude que lorsque le zoosperme est déjà devenu central. Cette circonstance est très précieuse en ce qu'elle permet de reconnaître, avec une parfaite évidence, que l'élément coloré qui occupe le centre de l'œuf n'est pas la vésicule germinative, qui occupait cette place avant l'imprégnation, mais bien le zoosperme. D'habitude toute trace de corps réfringent a déjà disparu bien avant la formation du disque achromatique qui se constitue aux dépens des éléments de la figure ypsiliforme. Mais il n'en est pas toujours ainsi. L'on retrouve parfois le résidu du corps réfringent sous la forme d'un globule réfringent arrondi au moment de la formation du premier globule polaire et même encore après. Ces différences dépendent probablement de ce que le volume du corps réfringent des zoospermes est éminemment variable au moment de l'imprégnation.

Le contour du corps réfringent, quelque soit sa réduction, reste toujours très net et bien régulier, de sorte que l'on pourrait croire à une dissolution progressive de sa substance. Mais je ne pense pas qu'il s'agisse là d'un phénomène de dissolution ou de résorption : au fur et à mesure que le corps réfringent diminue de volume la queue du zoosperme se remplit d'une substance claire et finement granulée, qui présente l'apparence du protoplasme. Je pense que cette substance est un produit de transformation du corps réfringent.

L'on constate dans les œufs de certaines femelles une persistance remarquable du corps réfringent. Chez l'une d'entre elles, j'ai retrouvé le résidu de ce corps, dans presque tous les œufs, alors que le second globule polaire était déjà éliminé. Ces œufs occupaient la portion tout à fait inférieure de l'uterus. Ce qui est bien remarquable, c'est que dans tous ces œufs, ce résidu, sous la forme d'un corpuscule arrondi, de volume variable, mais toujours bien reconnaissable à sa réfringence particulière, se trouvait non plus dans le zoosperme, mais au contraire librement suspendu dans le corps vitellin de l'œuf. Il avait été expulsé par le zoosperme. Dans les œufs, qui avaient déjà éliminé leur second globule polaire, le corpuscule réfringent se trouvait invariablement tout près de la surface du vitellus, souvent, mais non toujours, dans le voisinage du globule polaire. Dans les œufs pourvus de deux pronucleus le corpuscule avait été rejeté par le vitellus et se trouvait dans le liquide périvitellin. En examinant des œufs de moins en moins avancés dans leur développement, j'ai vu le corpuscule réfringent de plus en plus rapproché du zoosperme et enfin logé dans le corps de cet élément. Il n'y a pas le moindre doute ni sur l'origine ni sur le rejet définitif de ce corpuscule par le vitellus en voie de rétraction. Après qu'il est arrivé dans le liquide périvitellin il se dissout et disparait. *Certains éléments qui entrent dans la composition du spermatozoïde peuvent donc, pendant la maturation de l'œuf, être éliminés d'abord par le zoosperme copulé puis par le corps protoplasmique de l'œuf lui-même.* Mais, dans la plupart des œufs, l'on n'observe rien de semblable : l'élément expulsé dans certains cas, subit des changements dans ses propriétés qui font qu'il se soustrait à la vue.

Il semble extraordinaire qu'un phénomène semblable puisse se présenter chez certaines femelles et faire défaut chez d'autres. Je pense que ces différences dépendant uniquement du volume que présente, au moment de la copulation, le corps réfringent du zoosperme. J'ai dit plus haut que chez certaines femelles presque tous les zoospermes, aussi bien ceux qui sont libres que ceux que l'on observe soit en copulation, soit après leur entrée dans le vitellus, sont dépourvus de corps réfringent,

tandis, que chez d'autres, presque tous affectent le type conoïde;
d'autre part le volume moyen du corps réfringent varie beaucoup d'une femelle à l'autre. Il est probable que ce n'est que
dans les cas où ce corps est exceptionnellement développé que
sa résolution ne se fait qu'incomplètement. Dans ces cas là
seulement l'élimination peut-être observée. Peut-être l'expulsion se fait-elle dans tous les cas; mais la substance expulsée,
n'affectant pas la forme d'un corps visible, échappe-t-elle à
l'observation.

De même que les corpuscules réfringents du vitellus disparaissent peu à peu et se transforment en protoplasme
ovulaire, de même le corps réfringent du zoosperme contribue
à augmenter la matière protoplasmique du spermatozoïde.
Dans l'œuf comme dans le zoosperme cette résolution des
éléments réfringents commence aussitôt après la copulation
des produits sexuels. A certains points de vue le corps réfringent du zoosperme peut être comparé aux corpuscules deutoplasmiques du vitellus. Les uns et les autres ont une raison
d'être d'ordre physiologique; mais ils n'ont aucune importance
morphologique.

La forme générale du spermatozoïde change; elle est
éminemment variable d'un œuf à l'autre; mais on peut dire
cependant qu'en règle générale cette forme tend à devenir
irrégulièrement globuleuse. En même temps le contour du zoosperme devient de moins en moins distinct et, n'étaient les
matières colorantes, il serait fort difficile de le retrouver au
milieu du vitellus. Souvent le reste du corps réfringent se
retrouve dans la portion terminale de la queue qui tend à se
séparer par un étranglement du reste du spermatozoïde.
(pl. XV, fig. 14, 8 et 9). Mais il n'en est pas toujours ainsi :
(pl. XV, fig. 12 et 13).

Le protoplasme de la queue perd peu à peu son affinité
pour les matières colorantes et, de toutes les parties du
zoosperme, celle qui perd le plus vite et le plus complètement
cette affinité, c'est la portion du corps protoplasmique qui
héberge le reste du corps réfringent (pl. XV, fig. 8 et 9). La

plus grande partie de la queue se résout en une substance granuleuse qui devient très difficile à distinguer du protoplasme ovulaire avec lequel elle paraît se confondre.

La masse corticale du protoplasme céphalique conserve au contraire, en tout ou en partie, son affinité pour le carmin; elle se concentre autour de la masse claire périnucléaire, à laquelle elle constitue une auréole formée de gros globules chromophiles, dont les dimensions sont parfois très considérables (pl. XVI, fig. 3). Cette auréole a un contour très irrégulier et son apparence est éminemment variable. Je ne pense pas que toute la substance corticale de l'hémisphère céphalique soit employée à la formation de cette auréole colorée; mais le protoplasme de la queue intervient lui aussi dans sa génèse. L'examen d'un grand nombre de préparations m'a donné la conviction que le protoplasme du zoosperme, abstraction faite de la masse périnucléaire qui conserve pendant toute cette période les mêmes caractères, se divise en deux parties : une portion chromophile qui se concentre autour de la masse périnucléaire pour lui former son auréole de globules réfringents et colorés, et une portion achromophile qui occupe, relativement à la première, une position périphérique. La limite de cette dernière, formant le contour du spermatozoïde, est souvent difficile à distinguer.

La substance de l'auréole est beaucoup plus avide de carmin que la substance protoplasmique du zoosperme primitif; elle se colore vivement en rouge dans les préparations au carmin boracique et à la fuchsine et souvent même cette coloration est si intense, qu'il est difficile de distinguer le noyau chromatique, logé dans la masse périnucléaire, de l'un des gros granules constitutifs de l'auréole.

Le noyau ne subit guère de changements; il n'augmente probablement pas de volume; les différences que l'on constate à cet égard d'un œuf à l'autre peuvent être attribuées à ce que les zoospermes libres présentent, au point de vue des dimensions de leur noyau, des différences individuelles considérables. Tantôt le noyau, pendant la période que nous considérons, affecte une forme sphéroïdale et il est indivis; d'autres fois il parait bosselé à sa surface, ou bien encore il ressemble à une petite rosace; souvent l'on voit de sa surface partir des filaments d'épaisseur variable, dont la direction est d'ordinaire radiaire. J'ai trouvé des noyaux fragmentés. Dans un noyau exceptionnellement volumineux j'ai observé des granules plus vivement colorés, reliés entre eux par une substance plus claire; il semblait que ces granules étaient situés aux extrémités de tractus ou de boudins formés par une substance plus pâle. Le noyau de ce zoosperme ressemblait beaucoup à la figure chromatique de la figure ypsiliforme (pl. XVI, fig. 1). Peut-être ces différences d'aspect sont-elles dues à ce que la substance nucléaire est capable de mouvements amœboïdes; car je n'ai jamais pu trouver une relation entre la forme du noyau et le degré de développement de l'œuf.

La masse périnucléaire est d'ordinaire sphéroïdale. Son contour est marqué par une ligne bien régulière; son volume est très variable d'un œuf à l'autre.

Ce qui ressort clairement de ce qui précède, c'est que le zoosperme ne parait pas subir pendant la période que nous venons de considérer de changements bien importants : il ne se confond pas avec le vitellus; dans certains cas ses limites deviennent difficiles à voir; mais il n'est pas douteux qu'autour de son noyau chromatique, logé dans sa zone périnucléaire claire, il reste une couche protoplasmique d'origine spermatique. Non seulement au moment de la copulation il ne se produit aucune fusion comparable à celle qui s'opère lorsque deux ou plusieurs cellules se confondent pour donner naissance à un syncytium; mais, au moment où le premier globule polaire est expulsé, le spermatozoïde parfaitement reconnaissable, dans toutes ses parties, est encore distinct du corps vitellin qui l'enveloppe de toutes parts.

Il semble cependant, d'après les indices signalés plus haut, que le zoosperme expulse certains éléments qui dépendent de son corps protoplasmique, qu'il les transmet au vitellus et que celui-ci les rejette à son tour dans le liquide péri-vitellin. L'on peut constater d'autre part que les éléments chromophiles du protoplasme spermatique se concentrent peu à peu autour de la zone périnucléaire, de façon à lui former une auréole colorée, tandis que la portion achromophile du protoplasme se porte vers la périphérie, où elle devient difficile à distinguer du vitellus ambiant.

§ II. DE LA FORMATION DU SECOND GLOBULE POLAIRE ET DES CHANGEMENTS CONCOMMITANTS DE L'ŒUF.

Comme je l'ai fait dans le chapitre précédent je décrirai successivement :

1° la formation du second globule polaire;

2° les changements que subit le vitellus pendant cette période et la formation de la seconde couche périvitelline;

3° les modifications que subit le zoosperme pendant cette période.

I. — Formation du second globule polaire.

Aussitôt après l'élimination du premier globule polaire il apparaît dans le vitellus, au voisinage immédiat de sa surface, une nouvelle figure très compliquée qui, dans son ensemble, représente bien certainement le second fuseau de direction ou le second amphiaster de rebut.

Des éléments de trois catégories distinctes interviennent dans la génèse de la figure :

1° la masse claire du deuthyalosome;

2° les éléments chromatiques qui dérivent du corpuscule germinatif;

3° le protoplasme ambiant.

La première question qui se présente est celle-ci : où se forme le second fuseau de direction? Est-ce au pôle orga-nique de l'œuf, où siégeait, aux stades précédents, la figure ypsiliforme? Est-ce en un autre point de la surface du vitellus? Ce lieu de formation est-il toujours le même ~~~~~~ est-il indifférent?

Au moment de la formation du premier globule ~~~~~ l'axe organique de l'œuf était facile à reconnaître; il ~~~~~ pas ainsi plus tard. Cependant si l'on admet, ce qui ~~~~~ fort plausible, que le globule polaire accolé à la ~~~~~ de la première couche périvitelline ne change pas ~~~~~ ce globule devient un point de repère, qui permet de ~~~~~ guer le point des enveloppes ovulaires par où passait ~~~~~ l'œuf au moment de l'expulsion du globule.

Or, il se fait que dans beaucoup de cas le globule ~~~~~ à une assez grande distance du second fuseau de ~~~~~ parfois même ils se trouvent écartés l'un de l'autre ~~~~~ de grand cercle (pl. XVII, fig. 19). Est-ce à dire que le ~~~~~ fuseau ne se forme pas dans l'axe organique de ~~~~~ évidemment non; le globe vitellin, grâce à des ~~~~~ amœboïdes qui paraissent très actifs au moment de l'expulsion ~~~~~ du premier globule, peut se déplacer à l'intérieur de ~~~~~ loppes et y exécuter une rotation. Ce qui tend à prouver ~~~~~ en est bien ainsi, c'est que dans la plupart les œufs qui ~~~~~ le fuseau à son début, celui-ci se trouve immédiatement ~~~~~ jacent au premier globule polaire et son axe se confond ~~~~~ l'axe organique de l'œuf (pl. XVII, fig. 1). De plus ~~~~~ que le vitellus laisse apercevoir encore les traces, ~~~~~ différentiations axiales, soit des cercles circonpolaires ~~~~~ demment décrits, l'on peut constater que le centre ~~~~~ périphérique du fuseau répond au centre de ~~~~~ cercles (pl. XVII, fig. 9). Il est donc probable ~~~~~ après la formation du premier globule polaire, le ~~~~~ exécute une rotation et que l'axe organique de l'œuf ~~~~~ avec l'axe passant par le premier globule polaire ~~~~~ dont la valeur varie; aigu d'ordinaire, il peut devenir ~~~~~ droit (fig. 19).

Il semble cependant qu'après s'être écarté de sa ~~~~~ primitive l'axe du vitellus revient à sa direction ~~~~~ ou à peu près; car dans la plupart des œufs le second ~~~~~

rences, pas plus que je ne m'explique comment il se fait que
le nombre des fragments varie beaucoup d'un œuf à l'autre
(voir fig. 1 à 14 de la pl. XVII). Mais ce qui ressort clairement de l'examen d'un grand nombre d'œufs durcis par l'acide
nitrique, c'est que les fragments des deux éléments chromatiques primitifs, quelque soit d'ailleurs leur nombre, se
groupent en deux disques adjacents, dans des plans perpendiculaires à l'axe du fuseau, au voisinage de son équateur
(pl. XVII, fig. 10, 12 et 6).

Dès que le deuthyalosome a atteint un certain volume,
souvent même avant la fragmentation des éléments chromatiques, il apparait, en deux points opposés de sa surface, des
étoiles. Dans chacune d'elles on distingue un amas central
formé par une agglomération de granules et un grand nombre de
radiations qui paraissent formées par des fibrilles moniliformes.
Les amas centraux aussi bien que les rayons qui en partent
résultent de l'arrangement régulier des éléments constitutifs
du protoplasme ambiant. Au début tous les rayons ont même
longueur dans une même étoile. Des deux étoiles l'une est périphérique, l'autre centrale; leurs centres se trouvent situés l'un
et l'autre suivant un même rayon de l'œuf, comme le montre
clairement la figure 1 de la planche XVII. Ici le doute n'est
pas possible, les éléments chromatiques du globule polaire et
ceux du deuthyalosome se trouvent encore reliés entre eux
et l'amas central de l'étoile périphérique s'est formé tout
autour des filaments convergents vers le centre de l'étoile.
Aussitôt après la libération complète du globule polaire la
rotation du vitellus commence et alors les rapports changent.
J'ai dit plus haut que les deux asters se forment aux dépens
du protoplasme. Il ne faut pas oublier cependant que les
éléments constitutifs de l'ancienne figure ypsiliforme, qui déri-
vaient, tout au moins en partie, de la substance achromatique
de la vésicule germinative, ont été amenés au pôle de l'œuf
où s'est formé le globule polaire. Il est donc possible qu'ils
interviennent dans la formation du second fuseau de direction;
mais il n'est pas permis de rien affirmer à cet égard. Je ne

sais pas davantage si les éléments différentiels du vitellus que je les ai représentés notamment figure 10 (pl. XVII) [...] un rôle quelconque à jouer dans la génèse du second [...] de direction. J'ai cru observer que les deux astres ne [...] pas simultanément, mais successivement. Les deux [...] sont pas non plus parfaitement semblables : cela résulte de ce que l'amas central de l'étoile périphérique se [...] surface même du vitellus, tandis que l'amas central de [...] étoile, siégeant au milieu du vitellus, peut s'entourer de rayons de tous côtés. L'étoile centrale a la forme d'une sphère tandis que l'étoile périphérique est tout au plus hémisphérique.

En installant le foyer de façon à voir la surface du vitellus on distingue bien la forme de l'étoile périphérique (pl. XVII, fig. 9). Son contour n'est pas circulaire, mais bien plutôt quadrilatère : elle se constitue de quatre lobes bien séparés.

Les rayons des asters, d'abord tous semblables entre eux présentent bientôt des différences importantes. Les rayons immédiatement adjacents au deuthyalosome et même ceux qui avoisinent de moins près le corps clair deviennent homogènes et plus apparents; ils s'allongent considérablement [...] même temps ils s'incurvent de façon à décrire des [...] concavité dirigée en dehors. En même temps tous les [...] rayons des asters deviennent moins visibles et notablement plus courts. Il en résulte qu'à la coupe optique on [...] quatre faisceaux de fibrilles formant ensemble une [...] quadrilatère (pl. XVII, fig. 2) en forme de losange. Le [...] thyalosome occupe le milieu de la figure; les amas [...] des asters répondent aux angles obtus du losange; aux [...] aigus se produirait un entrecroisement de fibrilles, [...] que les rayons des asters en s'approchant du plan équatorial de la figure tendent à fuir parallèlement à l'équateur. [...] dant, aux stades suivants, l'entrecroisement se produit [...] tement (pl. XVII, fig. 5, 6, 7, 11 et 12). Les fibrilles [...] moniliformes sont devenues homogènes. Les figures [...] représentent en relief le même stade que j'ai représenté [...] coupe figure 2. La figure 8 montre l'image de profil, [...]

obliquement. Les figures 5, 6, 7, 8, 10, 11 et 12 représentent des stades ultérieurs du développement du second fuseau de direction, d'après des œufs traités par l'acide nitrique. On remarque que les amas centraux des asters deviennent tout à fait clairs, homogènes et transparents, et qu'en même temps il se constitue, à la périphérie des amas, des plaques incurvées d'où partent les faisceaux de filaments.

Ces plaques sont formés d'une substance très réfringente, se colorant légèrement en rouge par le carmin boracique et la fuchsine; elles sont constituées de corpuscules adjacents qui paraissent en continuité de substance avec les fibrilles. Ces plaques sont concaves suivant leur face dirigée vers le centre de l'étoile (pl. XVII, fig. 8, 10, 11 et 12). Je ne sais si ces plaques se constituent aux dépens des granules qui remplissent d'abord les espaces centraux, où si elles résultent d'une confluence des fibrilles.

Les quatre faisceaux de fibrilles périphériques principales (nous donnons ce nom aux rayons des asters adjacents au deuthyalosome) sont parfois très nettement délimités (pl. XVII, fig. 11). Ils sont surtout bien distincts au voisinage des plaques stellaires, beaucoup moins apparentes au contraire près de l'équateur de la figure; dans certains cas il est même impossible de les poursuivre au delà d'une certaine distance des pôles où elles paraissent s'arrêter toutes suivant une ligne concave vers le pôle correspondant de la figure (pl. XVII, fig. 8). Cependant les angles aigus du losange sont toujours bien dessinés et ils se prolongent dans le plan équatorial par une trainée granuleuse qui s'étend parfois jusqu'à la surface du vitellus (pl. XVII, fig. 8). Mais il s'est formé maintenant aux angles aigus du losange, probablement aux dépens des entrecroisements de fibrilles, des amas de granulations de forme triangulaire et dans lesquels apparait parfois un corpuscule central d'où partent des filaments radiés.

Les rayons périphériques accessoires sont encore visibles; mais souvent peu distincts. Dans quelques œufs, j'ai vu les rayons accessoires de l'aster interne nettement divisés en trois faisseaux, un médian et deux latéraux. Le faisseau médian enveloppait partiellement un corps clair, adjacent au spermatozoïde et qui n'est peut être que le corps intermédiaire de la figure ypsiliforme (pl. XVII, fig. 10). Les deux faisseaux latéraux étaient en rapport avec deux amas sphéroïdaux de substance claire, au milieu de chacun desquels se voyait une figure stellaire bien manifeste (pl. XVII, fig. 10).

L'ensemble de la figure compliquée que je viens de décrire et qui répond à ce que l'on a appelé le second fuseau de direction est d'abord bien symétrique. Mais bientôt les caractères primitifs de l'image se modifient profondément : la figure s'applatit d'un côté, comme si les éléments constitutifs de l'une des moitiés du losange étaient résorbés (pl. XVII, fig. 13). La forme générale devient alors triangulaire : deux des angles du triangle répondent aux angles obtus du losange primitif, ou, si l'on veut, aux pôles du fuseau; le troisième, qui dérive de l'un des angles aigus du losange, aboutit à une formation sphéroïdale particulière : son centre occupé par un corpuscule assez volumineux est entouré de radiations. Nous avons vu apparaitre cette formation au stade précédent (pl. XVII, fig. 10). On ne distingue plus du second angle aigu du losange que des vestiges peu apparents (pl. XVII, fig. 13). L'image que présente à ce moment le fuseau de direction n'est pas sans analogie avec certains stades de la figure ypsiliforme (voir pl. XVI, fig. 7). L'un des pôles est toujours dirigé vers la surface, l'autre vers la profondeur de l'œuf. Néanmoins on constate une tendance manifeste à un changement dans la direction de l'axe du fuseau.

Au stade suivant (pl. XVII, fig. 14) l'axe du fuseau s'est brisé et les deux moitiés, au lieu de se retrouver sur la prolongation l'une de l'autre, forment ensemble un V ouvert vers la surface du vitellus. Des deux pôles du fuseau l'un est immédiatement adjacent à la surface, l'autre voisin de cette surface. Sur une préparation montrant des centaines d'œufs au stade que nous avons représenté figure 14 (pl. XVII), on en trouve d'autres dans lesquels les plaques stellaires, qui répondent aux deux pôles de la figure, sont l'une et l'autre adjacentes à la surface du vitellus. Ils donnent lieu à des images que l'on pourrait confondre avec celles que nous avons représentées (pl. XV, fig. 15).

Il en résulte que les deux pôles du second fuseau de direction se tournent l'un et l'autre vers l'extérieur, qu'ils deviennent tous deux superficiels, préalablement à la formation du second globule polaire, tout comme nous l'avons vu se produire, lorsqu'il s'agissait de la génèse du premier de ces éléments. Le second globule, pas plus que le premier, ne se forme aux dépens de l'un des pôles du fuseau, mais bien aux dépens de l'hyalosome pourvu de ses éléments chromatiques et, comme nous allons le voir, l'expulsion se fait dans le plan équatorial du fuseau et non pas par une de ses extrémités.

Toute la description qui précède est fondée sur la considération des images que présentent les œufs durcis par l'acide nitrique. Les œufs durcis par l'alcool et colorés par le carmin boracique fournissent de fort belles préparations; mais les images sont assez différentes dans les deux cas, comme on peut s'en assurer en comparant la série des figures 15 à 19 de la planche XVII, 1 à 8 de la planche XVIII, 1 à 6 de la planche XVIIIbis, 1 à 3 de la planche XIX, aux figures 1 à 14 de la planche XVII. Ce qui frappe tout d'abord ce sont les différences considérables dans le volume, la forme et la disposition des éléments chromatiques dans les deux séries de préparations. Je ne puis me rendre compte de ces différences et, comme il n'est pas possible de distinguer sur le vivant les détails de structure dont il s'agit, je ne pourrais dire si les préparations à l'alcool ou bien les préparations à l'acide nitrique expriment plus exactement la constitution réelle du fuseau.

Mais, avant d'aborder l'examen des faits que révèle l'étude des préparations alcooliques, je ferai remarquer combien les images que présente le second fuseau de direction diffèrent de celles que nous avons décrites en les rattachant à ce que nous avons appelé la figure ypsiliforme. Les figures 7, 8, 9, 15 à 23

de la planche XV, 1 à 6 de la planche XVI et les
à 18 de la planche XVII, 1 à 8 de la planche XV
toutes dessinées an même grossissement (Obj.
Chambre claire), d'après des préparations traitées
de la même manière. Il en résulte clairement que
mènes préalables à la formation du premier globule
peuvent être complètement identifiés à ceux qui
l'élimination du second de ces éléments et l'on
supposer d'après cela que les deux globules polaires
exactement la même valeur.

Le second fuseau de direction présente, dans les
tions à l'alcool, un tel degré de complication qu'il
mement difficile, malgré la netteté des images, d'
tous les détails de structure que l'on distingue. Il
aussi difficile de se rendre un compte exact de la
des phénomènes. J'ai représenté aussi exactement
sible les principales figures que j'ai observées, et je
nerai à donner sur chacune d'elles quelques mots d'

Figure 15. Les deux amas centraux des asters
étendus et il en est de même des plaques stellaires
délimitent. Celles-ci sont très apparentes et assez
teintées en rose dans toutes ces préparations. L'on
assez bien les limites de l'hyalosome, qui rend
paires de plaques chromatiques situées tout près
équatorial de la figure et, en apparence, soudées
en une plaque unique. Le volume des deux plaques
même. L'hyalosome parait divisé, suivant l'axe de la
deux moitiés; chacun d'elles renferme un groupe
Dans le plan équatorial, à la place répondant à l'
aigus du losange, se voit une formation claire arrondie
laquelle se distingue une petite étoile achromatique,
gnée de la surface du vitellus, et que je désigne sous le
micraster. L'axe de l'ensemble de la figure est
indiqué par une ligne brisée, divisant l'ensemble
en deux moitiés à peu près semblables. Cette figure
logue à celles que j'ai représentées planche XIX,

(Obj. 1/18 à Imm. hom. de Zeiss, chambre claire). Les différences proviennent probablement en grande partie de ce que l'orientation n'est pas la même : dans ces figures l'image n'est pas vue exactement en coupe : l'aster externe, qui n'est en définitive qu'un hémiaster, ne se trouve pas exactement dans la coupe optique de l'œuf.

Les amas centraux des asters, les plaques stellaires et les deux systèmes de radiations sont très apparents. Il y a, dans chacune de ces figures, deux groupes d'éléments chromatiques, répondant aux deux plaques de la figure 15 (pl. XVII). Dans chacun d'eux on distingue quatre éléments (fig. 2); mais ils sont autrement groupés que dans les plaques décrites plus haut. Il y en avait quatre aussi dans les objets représentés figures 1 et 3; mais ils ne se trouvaient pas dans un même plan. Les deux groupes d'éléments chromatiques sont assez éloignés de l'axe de la figure. L'hyalosome est subdivisé en deux moitiés, renfermant chacune un groupe d'éléments chromatiques. Les figures 1 et 3 montrent chacune deux micrasters équatoriaux. L'un des deux, dans la figure 1, est beaucoup plus rapproché de la surface du vitellus que l'autre. Ils siègent dans des masses sphéroïdales claires, auxquelles aboutissent des groupes de filaments périphériques. Les trois figures montrent une tendance manifeste à la subdivision de l'ensemble de l'image en deux moitiés. Cette division est déjà accomplie, en tout ou en partie, dans les systèmes de radiations, dans les plaques stellaires et dans le deuthyalosome.

La figure 16 (planche XVII) est surtout remarquable par l'obliquité de l'axe de fuseau, qui tend à se placer parallèlement à la surface du vitellus, après avoir été, au début, normal à cette surface (fig. 15). La plaque stellaire interne est complètement subdivisée. Chaque groupe chromatique se constitue de deux petites plaques adjacentes, renfermant chacune 4 globules chromatiques. Dans le plan équatorial se voit distinctement un micraster; il occupe le centre d'une zone claire délimité par un cercle de granulations.

L'œuf représenté figure 17, montre que la plaque stellaire

17

interne peut s'étendre considérablement en surface [...]
presque plane. Dans ce cas, l'amas polaire moule [...]
est lui même fort applati.

La figure 19 montre le dédoublement complet [...]
primitif en deux fuseaux secondaires. Dans chacun [...]
l'on distingue deux groupes d'éléments chromatiques [...]
droite, l'autre à gauche de l'axe du fuseau. Chaque groupe [...]
constitue de deux plaques chromatiques et chacune de [...]
comprend au moins deux globules.

La figure 1 de la planche XVIII représente [...]
deux fuseaux jumeaux, mais dans une position différente [...]
plaques stellaires sont divisées en deux sous-plaques [...]
l'une donne insertion aux filaments périphériques [...]
Les axes des deux fuseaux dérivés sont encore à [...]
parallèles l'un à l'autre et normaux à la surface du [...]

Les figures 2, 3, 4, 5, 6 et 7 montrent la réduction [...]
gressive des éléments fibrillaires des fuseaux. Pendant [...]
réduction la position relative des deux fuseaux change [...]
avoir été complètement séparés l'un de l'autre, les deux [...]
tendent à se confondre de nouveau; cependant les deux [...]
tiés du deuthyalosome restent constamment bien distincts [...]
arrive un moment où la droite qui réunit les deux corps [...]
pourvus de leurs éléments chromatiques ou, ce qui [...]
même, le plan équatorial du fuseau primitif, se trouve [...]
normalement à la surface du vitellus (fig. 6 et 7). [...]
l'ensemble de la figure a subi une rotation de [...]
figures 6 et 7 de la planche XVIII, comparées [...]
précédentes, ne peuvent laisser aucune doute sur la [...]
cette rotation. Des deux corps clairs, l'un est [...]
dirigé vers l'extérieur, l'autre vers le centre de [...]
voit, entre eux, une plaque formée par les résidus des [...]
fibrillaires et des plaques stellaires des fuseaux.

Le corps clair externe, avec les éléments [...]
qu'il renferme, va être éliminé pour donner [...]
second globule polaire; le corps clair interne [...]
vitellus (pl. XVIII, fig. 8).

De tout le fuseau de direction il ne reste, au moment de l'expulsion du second globule, que les éléments que nous avons représentés planche XVIII, figure 8.

Trois faits importants se dégagent de l'exposé qui précède :

1° Le deuthyalosome pourvu, au moment de sa naissance, de deux éléments chromatiques se divise en deux parties, dont l'une est expulsée pour constituer le second globule polaire, tandis que l'autre reste dans le vitellus.

2° A peine le deuthyalosome a-t-il pris naissance, qu'il se forme autour de lui, aux dépens du protoplasme ambiant, une figure très compliquée qui rappelle, à certains égards, les figures karyokinétiques. Elle paraît avoir pour point de départ l'apparition, en deux points opposés du deuthyalosome, situés l'un et l'autre dans un rayon de l'œuf, de deux centres d'attraction. Des asters se forment autour de ces points comme centres. L'externe est adjacent à la surface du vitellus. Mais les éléments qui entrent dans la constitution de cette figure complexe ne sont pas employés à former le globule polaire : ils ont en grande partie disparu au moment de l'expulsion du globule.

3° La figure exécute, dans le vitellus, une rotation de 90° et le plan de séparation entre les deux moitiés du deuthyalosome ne répond pas à l'équateur du fuseau de direction, mais à l'axe du fuseau. A la suite de sa rotation, l'axe du fuseau, qui se confondait au début avec l'axe de l'œuf, est venu se placer perpendiculairement à cette direction radiaire. La raison d'être et la signification des détails de structure que j'ai figurés et partiellement décrits nous échappe totalement pour le moment.

Les phénomènes préalables à l'élimination du second globule polaire diffèrent, en beaucoup de points, de ceux qui préparent la genèse du premier globule. Mais les trois conditions que je viens de formuler s'appliquent aussi bien à la formation du premier globule qu'à celle du second. S'agit-il dans l'un ou dans l'autre cas d'un division cellulaire? les globules polaires sont-ils des cellules nées par voie

de division aux dépens de la cellule œuf de se ...
pas : les phénomènes préalables à l'expulsion ...
laissent pas que de présenter une certaine ...
figures karyokinétiques; mais, dans toute division ...
indirecte, les extrémités du fuseau achromatique sont ...
de formation des noyaux dérivés; les éléments ...
du noyau en voie de division se portent vers ces ...
globules polaires, au contraire, ne se forment ...
de la figure dicentrique; ils ne répondent pas aux ...
asters : l'expulsion se fait dans le plan équatorial ...
tivement tangentiel, devient plus tard radiaire, ...
ligne des pôles, qui était d'abord normale à la ...
secondairement tangentielle.

Depuis l'époque où les lignes précédentes ont été ...
et où la planche XVIII a été exécutée j'ai réuni ...
d'excellentes préparations colorées qui m'ont permis ...
beaucoup plus loin l'étude de la constitution et de ...
gaison des pronucleus. Les résultats auxquels je ...
m'ont engagé à reprendre l'étude de la formation ...
cleus femelle, à laquelle se lie intimement celle ...
globule polaire. J'ai donné dans la planche XVIII ...
ques figures complémentaires relatives à ces ...
Elles confirment pleinement les conclusions ...
dessus; mais elles me permettent de préciser ...
quelques détails. Ces préparations ont été ...
traitant par le carmin boracique les uterus ...
jetées vivantes dans de l'alcool à 40° et ...
six mois de séjour dans ce liquide. Les œufs ...
inférieure des uterus ont continué à vivre et se ...
ment développés dans l'alcool. L'alcool ne traverse ...
extrême lenteur les enveloppes ovulaires et il ...
contact avec le vitellus qu'après des semaines ...
temps le vitellus se segmente, l'embryon se forme ...
et l'on trouve, en remontant l'uterus à partir ...
chure, tous les stades du développement de l'em...
la formation du second globule polaire.

La figure 1 (pl. XVIII*bis*) représente à peu près le stade
que j'ai dessiné planche XVIII, fig. 4. L'ensemble de l'image,
qui répond au second fuseau de direction, au second amphiaster
de rebut des auteurs, ne peut pas être assimilé au fuseau
qui prend naissance quand un noyau se divise. On peut en
dire autant de la figure ypsiliforme, qui précède la formation du premier globule polaire. Cependant, et c'est là certes
l'un des caractères les plus apparents de l'une et l'autre
image, lors de la formation des globules polaires aux dépens
des résidus de la vésicule germinative, comme lors de la
division, d'une cellule par voie indirecte, il apparait, dans
le protoplasme cellulaire, au contact de l'élément nucléaire,
et cela en deux points opposés pris comme centres, des
images stellaires que l'on ne peut interpréter qu'en admettant qu'ils revèlent l'existence de deux centres d'attraction.
De là une certaine analogie d'aspect entre les images qui
caractérisent une division cellulaire indirecte ou karyokinétique et celles qui apparaissent dans l'œuf lors de la formation
des globules polaires. Les noms employés tant par Bütschli
que par Fol, pour désigner ces dernières images, reposent sur
le rapprochement que ces auteurs ont cru pouvoir faire entre
les phénomènes préalables à la formation des globules polaires
et ceux qui caractérisent une vraie division cellulaire. D'après
mes observations ce rapprochement ne repose que sur des
apparences trompeuses. C'est pourquoi je propose de substituer
aux dénominations de fuseaux de direction et d'amphiaster de
rebut le nom de " figures pseudokaryokinétiques. „ Chez
l'ascaride du cheval la première figure pseudokaryokinétique
est ypsiliforme; la seconde, celle qui donne naissance au
second globule polaire a une tout autre forme.

La figure 1 (pl. XVIII*bis*) est à peu près symétrique; elle est
divisée par une véritable plaque médiane, réunissant entre eux
les deux poles, c'est-à-dire les amas centraux des deux asters.
Cette plaque, qui répond à l'axe de la figure, est radiairement
dirigée. L'amas central de l'aster externe confine à la surface
du vitellus, où il donne lieu à une légère saillie. Il repose sur

la plaque stellaire externe, contournée en demi▮▮▮▮
celle-ci partent les rayons divergents de l'étoile. ▮▮▮
stellaire interne est brisée, de façon à former un V ▮▮
dedans. Le sommet du V se continue dans la plaque▮▮▮
comme c'était aussi le cas dans les œufs que nous ▮▮▮▮
sentés planche XVIII, fig. 4, 5 et 7. Dans chaque ▮▮▮▮
figure, à une certaine distance de la plaque médiane, ▮▮▮
un corps clair, arrondi, dans lequel s'observent deux ▮▮▮
chromatiques formées chacune de quatre globules ▮▮▮▮
très avides de carmin, réunis entre eux par une ▮▮▮▮
moins chromophile. Ces globules sont groupés deux ▮▮▮
Cette composition des éléments chromatiques de la ▮▮▮▮
ce stade et à tous les stades subséquents, est très ▮▮▮▮
seulement les globules sont plus ou moins nettement ▮▮▮
les uns des autres : dans certains cas les quatre globules▮
même plaque chromatique paraissent soudés en ▮▮▮▮
d'autres fois la plaque semble constituée de deux ▮▮▮
et alors on reconnaît nettement, dans certains cas, que ▮▮▮
de ces dernières est manifestement composée de deux ▮▮▮

La figure 2 ne diffère de la précédente que par l'▮▮▮▮
de la plaque médiane de la figure pseudokaryokinétique▮
lieu d'être dirigée radiairement, c'est-à-dire ▮▮▮▮
la surface de l'œuf, la plaque médiane est oblique, ▮▮
central de l'aster externe est moins distinct ; il ne ▮▮
guère saillie à la surface. Les plaques stellaires ▮▮▮▮
confondre avec la plaque médiane. Un faisceau de ▮▮▮
rattache à la surface l'un des deux corps clairs. Le ▮▮▮
lequel converge le faisceau se trouve au centre d'▮▮▮
vitelline très claire et nettement circonscrite par ▮▮▮
Je donnerai à cette saillie du vitellus, limitée par ▮▮
circulaire, le nom de saillie périglobulaire.

La figure 3 montre la plaque médiane de la figure▮▮
karyokinétique beaucoup plus obliquement dirigée ▮▮▮▮
précédent. Elle est devenue presque tangentielle. ▮▮
médiane se confond avec les plaques stellaires ▮▮▮
unique qui, à la coupe, présente l'apparence ▮▮▮▮

foncée. Celle-ci est fixée à la surface en un point qui répond au centre de l'ancien aster externe, dont on ne distingue plus les rayons. A son extrémité profonde la plaque se divise en deux branches divergentes, comme aux stades précédents. La biffurcation répond à l'aster interne de la figure pseudokaryokinétique primitive. La plaque règne suivant la ligne des poles de cette figure; mais de radiaire qu'elle était, elle est devenue à peu près tangentielle. La saillie périglobulaire est moins considérable; la plaque médiane se trouve dans un plan mené par le sillon périglobulaire.

En même temps la position des corps clairs pourvus de leurs éléments chromatiques a complètement changé. L'un des deux est devenu externe; il confine à la surface du vitellus; il se trouve toujours à quelque distance de la plaque médiane; mais cette distance est beaucoup moins grande que dans la figure 1. Complètement plongé dans le vitellus aux stades précédents, il n'est plus maintenant entouré par le corps vitellin que sur les côtés et suivant sa face profonde. Le corps clair interne se trouve à la face interne de la plaque médiane. Il a notablement augmenté de volume et se montre constitué de deux portions, pourvues l'une et l'autre d'une masse chromatique, dans laquelle on distingue tantôt deux, tantôt quatre parties. Je crois qu'il y en a toujours quatre; mais j'ai déjà dit plus haut que les quatre éléments sont intimement unis deux à deux, au moyen d'une substance unissante moins chromophile que la matière qui constitue les globules proprement dits. Le corps clair interne n'est autre chose que le pronucleus femelle. Toujours il se constitue, au moment de sa formation, de deux moitiés adjacentes, parfois même complètement séparées et écartées l'une de l'autre. Chaque moitié a sa plaque chromatique propre. L'on remarque que la zone claire qui entoure les éléments chromatiques et qui dérive du deuthyalosome est maintenant délimitée par une ligne de granules punctiformes. De semblables granules se voient aussi dans l'épaisseur de la zone claire; ils sont souvent rangés en lignes régulières,

parmi lesquelles quelques-unes, radiaire........
les éléments chromatiques au contour....
granules punctiformes paraissent reliés......
fibrilles d'une extrême ténuité. Granules......
parfaitement achromatiques.

Le corps clair externe est le second globule......
aussi renferme deux plaques chromatiques......
de quatre globules groupés deux par deux......
chromatiques sont adjacents au contour du globule......
externe. Chacun d'eux se prolonge en un filament......
très distinct, qui se dirige vers la plaque médiane......
biables filaments, également achromatiques, reliant......
médiane les éléments chromatiques du pronucleus......
aussi sont souvent marginalement placés (pl. XVIII......

La figure 4 montre un stade un peu plus avancé......
polaire et le pronucleus se trouvent l'un et l'autre......
même rayon de l'œuf, tandis que la plaque......
réduite, est dirigée perpendiculairement à ce......
plaque, qui se confond avec le plan limite de la......
globulaire, se reconnaît encore, à mi distance......
corps clairs. Le globule polaire est à nu suivant......
partie de sa surface. Il fait plus fortement saillie......
nence périglobulaire est plus réduite. Les fibrilles......
matiques, qui réunissent le globule polaire et la......
la plaque médiane, sont bien visibles.

La figure 5 représente un stade plus avancé......
polaire est complètement à nu par suite de la......
la saillie périglobulaire. Je pense que la substance......
nence rentre dans le vitellus. Le globule polaire......
appliqué par une assez large surface contre le......
fond d'une légère dépression, suivant laquelle......
encore très nettement la plaque médiane dédoublée......
qu'aux stades précédents le corps clair était........
(fig. 1, 2, 8) il est maintenant adjacent à......
fibrilles achromatiques qui relient à la plaque......
éléments chromatiques marginaux du globule......

pronucleus présentent, à ce stade, leur plus grande netteté. Je pense que ces fibrilles ne sont autre chose que les fibrilles axiales qui, lors de la formation de la seconde figure pseudo-karyokinétique rattachaient les éléments chromatiques aux pôles de la figure. Ces pôles confondus dans la plaque médiane se trouvent, par suite de la réduction progressive de cette plaque, interposés entre les deux corps clairs et occupent par conséquent le milieu de la figure pseudokaryokinétique transformée.

L'identité de composition et l'équivalence du globule polaire et du pronucleus femelle sautent aux yeux dans la figure 5. Les seules différences que l'on puisse signaler sont les suivantes : le pronucleus est un peu plus volumineux que le globule polaire. Tandis que le contour du globule polaire est marqué par une ligne très nette, continue et brillante, le contour du pronucleus est punctué. Le pronucleus n'est pas immédiatement adjacent à la plaque médiane; la portion interne des filaments achromatiques est donc en partie intra-nucléaire, en partie extranucléaire. Il n'en est pas ainsi pour le globule polaire.

La figure 6 montre une réduction plus complète de la plaque médiane. Les fibrilles achromatiques, qui se dirigent vers cette plaque et s'y insèrent, parallèles entre elles au stade précédent, convergent maintenant vers le point de la surface du vitellus où siège le dernier vestige de la plaque médiane. Le globule polaire est toujours intimement uni au vitellus par toute sa face profonde applatie. Il présente d'ailleurs la même composition qu'au stade précédent. Le pronucleus femelle est déjà plus éloigné de la plaque médiane; le faisceau de fibrilles achromatiques qui le relie à cette plaque s'est allongé. Le pronucleus se constitue manifestement de deux lobes; il montre un contour ponctué et une zone corticale claire et achromatique; les éléments chromatiques ont augmenté de volume; ils sont moins homogènes qu'au stade précédent.

La figure 1 de la planche XIX*bis* montre le pronucleus femelle encore relié au globule polaire par un cordon homo-

gène, qui n'est autre chose que le faisceau des fila...
matiques agglutinées entre elles. Il aboutit à une...
surface du vitellus qui répond à l'ancienne place...
L'on voit le cordon homogène se prolonger un...
point et se continuer, à travers le globule polaire, j...
les éléments chromatiques de ce globule. Du...
cleus, composé de deux moitiés semblables, il s'...
l'échancrure qui délimite ces deux moitiés; mais...
poursuivre à l'intérieur de l'élément nucléaire. C'...
cordon que j'avais déjà aperçu antérieurement à mes...
observations et que j'ai représenté planche XVIII...
et planche XIX, figure 4, 5 et 6. Bientôt toute...
cordon disparaît et le pronucleus femelle cesse d'être...
globule polaire.

Les conclusions formulés plus haut, en ce qui con...
genèse du second globule polaire, se trouvent donc pl...
confirmées par mes observations plus récentes;...
permis de préciser plus exactement la marche du phé...

Que le globule polaire est l'équivalent du pronuc...
et qu'on ne peut lui attribuer la valeur d'une cellule...
clairement, non seulement de l'étude du mode de fo...
des deux éléments, mais aussi de la similitude de le...
tution, au moment de l'expulsion du globule. Le seco...
polaire se constitue, comme le pronucleus femelle à...
d'une masse claire, qui n'est autre chose que l'une...
du deuthyalosome; il est délimitée par un contour...
tique, auquel on ne peut attribuer la valeur d'une...
laire. Il ressort clairement de l'examen des figures...
(pl. XVIIIbis) qu'il se produit dans le protoplasma...
nence périglobulaire une véritable solution de con...
globule polaire présente déjà son contour net,...
expulsé par ce trou. Les fig. 3 et 4 (pl. XVIIIbis)...
fait démonstratives à cet égard, et l'identité de...
du globule polaire et du pronucleus femelle ress...
dence d'images comme celle que j'ai représenté...
(même planche). Le globule polaire renferme à...

tiques marginaux et externes, comme le pronucleus femelle. Chacun de ces amas se constitue de deux petits masses chromatiques, se colorant vivement en rouge par le carmin, reliées entre elles par un cordon de substance moins chromophile. Les deux masses sont manifestement formées, dans certains cas, de deux globules distincts plus ou moins intimement unis l'un à l'autre. Il n'est pas douteux qu'ils n'existent dans tous les cas; mais parfois ils ne sont pas reconnaissables.

La constitution du premier globule polaire, que l'on trouve dans tous les œufs, applati à la face interne de la première couche périvitelline, est la même. L'on peut s'en assurer facilement quand les globules sont vus, nou pas de profil, à la coupe optique de l'œuf, mais de face; ils se projettent alors sur le vitellus et comme tous les éléments chromatiques se trouvent à peu près dans un même plan, il est beaucoup plus aisé de les compter et d'analyser leur groupement. Tandis que le premier globule polaire se détache du vitellus et se fixe à la face interne de la première couche périvitelline, aussitôt après sa formation, le second reste adhèrent au vitellus où on le retrouve à tous les stades subséquents.

II. Des changements que subit le vitellus pendant cette période: formation de la seconde couche périvitelline.

Au moment de la formation du premier globule polaire le vitellus remplit complètement la cavité délimitée par la couche périvitelline. Les espaces plus ou moins étendus que l'on observe entre cette couche et la surface du vitellus, que j'ai représentés sur un grand nombre d'œufs, sont un produit artificiel résultant de ce que les réactifs employés déterminent une rétraction du corps ovulaire. Ce retrait ne s'observe jamais sur les œufs vivants. Cette remarque s'applique également aux stades ultérieurs du développement. Un retrait physiologique du vitellus ne commence qu'après l'achèvement de la seconde couche périvitelline et après l'expulsion du second globule polaire (Voir pl. XIX, fig. 10).

J'ai dit plus haut qu'au moment de l'élimination du premier globule polaire tout le vitellus devient obscur et granuleux; les gouttelettes hyalines et les réticulations du protoplasme ont disparu (pl. XVII, fig. 3, 5 et 6). Cependant, indépendamment des cercles concentriques que l'on observe autour du pôle et des particularités de structure, qui permettent d'affirmer qu'il existe à ce moment un axe de structure et des indices évidents d'une symétrie bilatérale de l'œuf, on constate que la couche corticale du vitellus a un autre aspect que celle qui entoure le spermatozoïde (pl. XVI, fig. 5 et 6). Dès que la seconde figure pseudokaryokinétique s'est constituée, toute la partie corticale du vitellus redevient claire (pl. XVII, fig. 15). L'emploi de forts grossissements permet de reconnaître que cette couche corticale plus transparente reprend une structure reticulée bien manifeste (pl. XVII, fig. 5 et 7). On remarque bientôt l'apparition, dans la couche corticale claire, d'un contour circulaire vaguement indiqué, divisant cette couche périvitelline en une zone interne qui passe insensiblement à la masse granuleuse du vitellus (pl. XVII, fig. 16, 17, 18, pl. XVIII, fig. 1, 3, 6 et 7). Ce contour devient de plus en plus net, et, au moment de l'expulsion du second globule polaire, la zone externe s'est complètement séparée de la zone interne. Celle-là a donné lieu à la formation d'une membrane épaisse, la seconde couche ou zone périvitelline; celle-ci est devenue la couche périphérique du globe vitellin. Le globule polaire se forme à la limite entre les deux zones.

Dans les préparations à l'alcool, la seconde couche périvitelline en voie de formation, alors qu'elle commence seulement à se séparer du vitellus, montre déjà des stries irrégulièrement concentriques (pl. XVII, fig. 16, pl. XVIII, fig. 1); elle est rarement homogène; au contraire, dans les préparations à l'acide nitrique ou à l'acide acétique glacial, elle ne montre pas ces lignes concentriques, elle paraît parfaitement homogène et hyaline, au moment où elle devient isolable (pl. XVIII, fig. 8). Sur le vivant elle est partout accolée à la face interne de la première couche vitelline; mais sous l'action des acides les deux couches se décolent par places et s'écartent plus ou moins l'une de l'autre (pl. XVIII, fig. 8). Quand cette couche a atteint son complet développement elle présente, sur le frais, un aspect bien particulier : il semble qu'elle soit composée de fibrilles s'entrecroisant entre elles et fortement enchevêtrées; l'on peut même y distinguer deux assises, l'une externe plus granuleuse, l'autre interne d'apparence fibrillaire. J'ai essayé de représenter planche XIX, figure 10, l'apparence que présente cette couche sur le frais. Le premier globule polaire se trouve toujours interposé entre les deux couches périvitellines. Le second globule n'est éliminé qu'après la formation de la seconde couche.

Aussitôt après l'achèvement de la seconde couche périvitelline et la formation du second globule polaire, le vitellus commence à se rétracter : il prend invariablement une forme sphéroïdale; une espace périvitellin apparaît entre les couches périvitellines et le vitellus et le second globule polaire suit le corps ovulaire dans son retrait : il reste appliqué contre le globe vitellin rétracté. En cela le second globule parait, à première vue, se comporter tout autrement que le premier : celui-ci reste adhérent à la face interne de la première couche périvitelline : on le trouve invariablement placé, au stade que nous considérons, entre les deux couches (pl. XIX, fig. 7, 8 et 10).

Les caractères de la seconde couche périvitelline ne s'observent bien que sur les œufs frais. Si l'on soumet à l'action de l'alcool des œufs comme celui que j'ai représenté, d'après le vivant, planche XIX, figure 10, les membranes ovulaires opposent pendant des semaines entières un obstacle infranchissable à l'alcool. Mais il arrive un moment où l'œuf meurt, et où l'alcool pénètre. Il se produit aussitôt des altérations profondes dans les caractères de la seconde couche périvitelline; le feutrage fibrillaire si particulier et si caractéristique de cette couche disparait; il devient impossible de distinguer la seconde couche périvitelline; elle se confond avec le liquide qui occupe l'espace périvitellin proprement dit.

Il semble que la seconde couche périvitelline...
plètement; car dans beaucoup d'œufs le globe vitellin...
et durci se montre immédiatement adjacent à...
de la première couche périvitelline; celle-ci...
altération. Dans beaucoup d'œufs traités par l'alcool...
dans la glycérine, tout l'espace qui s'étend entre...
couche périvitelline et le vitellus se montre strié...
Les stries, très nettes sont tantôt droites, tantôt...
toutes dans le même sens (pl. XIXbis, fig. 1);...
cas une même strie peut se poursuivre aisément...
son étendue : elle semble s'insérer d'une part à...
de la première couche périvitelline, d'autre part...
Plus la moindre trace de la seconde couche...
pendant la vie, du liquide périvitellin. Il semble...
substance constitutive de la seconde couche périv...
des propriétés fort semblables à celles du liquide...
et, à mon avis, il faut considérer la seconde couche...
et le liquide vitellin comme une seule et même...
rement différentiée dans sa portion externe.

Mais quoiqu'il en soit de cette manière de voir, il...
ce qui précède, que le vitellus se débarrasse...
seconde période de sa maturation, d'une partie...
substance; cette élimination se fait en deux...
précède l'expulsion du premier globule polaire, qui...
à la première couche périvitelline; l'autre préc...
second globule polaire et se continue après la...
cet élément. Les couches périvitellines sont-elles...
de transformation de la couche superficielle du...
ou bien sont-elles un produit de secrétion rejeté par...
Si l'on va au fond des choses l'on reconnaîtra que...
tions n'ont aucune portée, en ce sens, qu'une se...
complissant uniformément suivant toute l'étendue...
d'un élément cellulaire ne peut être distinguée...
formation superficielle. Tout ce que l'on peut...
l'observation c'est que les matériaux qui doivent...
l'élaboration des couches périvitellines s'amass...

phérie du vitellus où ils forment une couche continue. Au début il n'est pas possible de décider la question de savoir s'il faut voir dans le contour externe ou dans le contour interne de la couche la limite du globe vitellin; couche périvitelline et vitellus ne font qu'un; mais plus tard il devient évident que le contour interne de la couche répond à la surface du vitellus; les deux choses sont bien séparées. La question de savoir s'il faut donner à ce phénomène de génèse le nom de transformation ou de secrétion est oiseuse. Il en est de ces couches périvitellines de l'œuf comme des substances intercellulaires en général. Elles sont engendrées par le protoplasme cellulaire à la périphérie de la cellule.

Pendant la seconde période de la maturation ovulaire, il se dépose, à l'extérieur de chaque œuf, à la face externe de la membrane vitelline, une couche granuleuse qui se colore vivement en rouge par le carmin, en bleu foncé par l'hématoxyline, alors même que l'œuf est encore parfaitement vivant et que les enveloppes ovulaires proprement dites s'opposent au passage de la moindre trace de matières colorantes. Si on examine cette couche granuleuse avec des grossissements suffisants, on remarque qu'elle se constitue de petits corpuscules ou de bâtonnets, allongés dans le sens du rayon de l'œuf, rangés les uns à côté des autres. Ils donnent à la couche une apparence striée, les stries étant toutes radiairement dirigées. Au début les corpuscules sont plutôt arrondis, comme je l'ai représenté pl. XIX, fig. 3.

Les œufs utérins sont agglutinés les uns aux autres au moyen d'une substance visqueuse, homogène ou granulée, qui gonfle beaucoup sous l'action de l'acide acétique; elle se coagule par l'alcool et se teinte en rose par les matières carminées. Cette substance est probablement un produit de secrétion de l'épithélium de l'uterus. Je pense que la couche à bâtonnets, qui revêt les œufs utérins, est un produit de différentiation de cette substance : par l'acide acétique les bâtonnets gonflent, s'allongent considérablement et tendent à se confondre avec la substance agglutinative interovulaire.

Les œufs renfermés dans la partie inférieure de l'uterus présentent donc de dehors en dedans les enveloppes suivantes :

1° Une couche, formée de bâtonnets, dont l'origine est extra-ovulaire : c'est une enveloppe formée par apposition.

2° Une membrane ovo-spermatique très mince. C'est la membrane vitelline complétée, au niveau du micropyle, par la membrane d'un zoosperme.

3° Une première couche périvitelline.

4° Une seconde couche périvitelline, à laquelle il faut rattacher le liquide périvitellin qui baigne immédiatement le globe vitellin rétracté.

Au moment de la libération du second globule polaire le vitellus se constitue manifestement de deux couches : une couche périphérique claire et reticulée et une masse médullaire granuleuse et plus sombre. Celle-ci se trouve déprimée, du côté où elle fait face au pronucleus femelle en voie de formation, par un espace clair assez volumineux, adjacent au noyau femelle (pl. XIX, fig. 4, 5 et 6). Celui-ci a une forme arrondie; il est délimité par un cercle de granules particuliers.

Les figures 13 et 14 de la planche XVII permettent de supposer qu'il s'agit là d'une formation qui, par son origine, se rattache au plan équatorial du fuseau; le corps clair est venu s'interposer entre le pronucleus femelle et le centre de figure de l'œuf, après que le fuseau a subi sa rotation. A la surface du vitellus l'on distingue parfois très nettement un ou même deux cercles concentriques au pôle (pl. XIX, fig. 5 et 6). L'interne, plus petit, plus voisin du pôle supérieur de l'ovule, est marqué par un sillon circulaire. Le globule polaire occupe le centre du cercle ou, tout au moins, un point voisin de ce centre. Le second, bien reconnaissable dans l'œuf représenté figure 4, semble indiquer une division de la masse vitelline en deux portions, dont l'une renferme les restes du zoosperme, tandis que l'autre se rattache au pronucleus femelle dérivé de la vésicule germinative (pl. XIX, fig. 4). Il semble reproduire une limite que nous avons souvent observée à des stades moins avancés du développement de l'œuf et que nous avons signalée plus haut.

Ces particularités ne s'observent pas dans les œufs traités par l'alcool et si l'on distingue chez eux une couche corticale et une masse médullaire, ces couches présentent d'autres caractères que dans les œufs traités par l'acide nitrique. Le spermatozoïde et le pronucleus mâle qui en provient sont entourés d'une masse médullaire plus claire; puis vient une zone intermédiaire chargée de globules arrondis, enfin la péririphérie du vitellus est dépourvue de ces globules. (Voir pl. XVIII et XVIIIbis).

Après la formation des pronucleus, quand les deux éléments nucléaires se sont rapprochés l'un de l'autre, le vitellus montre une striation radiaire manifeste. Elle s'observe bien sur le vivant (pl. XIX, fig. 10) et mieux encore dans les œufs traités par l'acide acétique glacial (pl. XIX, fig. 9).

III. — Changements que subit le zoosperme pendant la seconde période de la maturation de l'œuf.

Le spermatozoïde, modifié comme je l'ai exposé plus haut, occupe pendant toute la période qui se termine par l'expulsion du second globule polaire et la libération de la seconde couche périvitelline le centre géométrique de l'œuf. Dans toutes les préparations bien colorées l'on distingue nettement son noyau chromatique au milieu d'un corps sphéroïdal faiblement teinté en rose et entouré lui-même, soit totalement soit partiellement, d'une auréole formée de gros globules chromophiles. L'amas coloré qui se constitue de ces divers éléments occupe le milieu d'une portion claire et peu granuleuse du vitellus. (Préparations alcooliques pl. XVII, fig. 15 à 18, pl. XVIII, fig. 1 à 7.) La forme, le volume et la constitution du noyau varient d'un œuf à l'autre; mais les différences individuelles que l'on constate sont de même ordre que celles que nous avons constatées pendant la période qui précède l'expulsion du premier globule; ils ne sont nullement en rapport avec le degré de maturation de l'ovule. Le noyau chromatique se montre parfois constitué, comme au début, de granules plus avides

18

de matières colorantes, reliés entre eux par une substance
moins chromophile. Ces globules paraissent pouvoir s'écarter
ou se rapprocher plus ou moins les uns des autres, peut-être
même s'étendre en prolongements. Il semble même qu'une
vacuole claire peut se montrer dans la substance nucléaire
(pl. XVII, fig. 15). Mais il s'agit là de changements éphémères qui n'indiquent nullement une évolution du noyau du
zoosperme. Ce petit nucleus chromatique présente encore,
vers le moment de l'expulsion du second globule polaire les
mêmes caractères que dans les zoospermes non copulés et les
variations que l'on constate dans son aspect ne dépassent pas
les limites de celles que l'on observe chez les spermatozoïdes
libres.

Le corps ou, si l'on veut, la couche périnucléaire est formé
d'une substance claire, présentant peu d'affinité pour les
matières colorantes. La forme de ce corps est toujours
arrondie; ses dimensions varient légèrement d'un œuf à
l'autre. Il est habituellement délimité par un contour bien
net; parfois même on distingue manifestement un double
contour dans les préparations à l'acide nitrique; la ligne
externe est alors plus foncée et bien régulière; l'interne est
plus pâle et sinueuse (pl. XVII, fig. 11). Mais il n'est pas
toujours possible, tant s'en faut, de distinguer ce double
contour (pl. XVIII*bis*, préparations à l'alcool).

L'auréole est constituée comme précédemment d'éléments
globuleux très réfringents, parfois très volumineux et fort
avides de matières colorantes (pl. XVII, fig. 11). Le contour
externe de l'auréole est tout à fait irrégulier. Tantôt elle
parait entourer de toutes parts la couche périnucléaire, tantôt
elle semble former une calotte unilatérale, dont l'extension est
variable. Je crois qu'il existe sous ce rapport des différences
réelles entre les œufs. Mais il est possible aussi que si, dans certains cas, l'enveloppement du corps sphéroïdal parait complet,
il ne l'est pas en réalité, et que cette apparence dépende seulement de l'orientation de l'objet par rapport à l'observateur.

L'aspect de l'auréole varie autant que son étendue; la masse réfringente et chromophile qui la constitue est formée le plus souvent de globules dont le volume et le nombre varient considérablement d'un œuf à l'autre. Cette substance paraît douée d'une propriété commune à tous les liquides : quand deux gouttelettes se touchent elles peuvent se confondre en une seule. La limite de l'auréole, assez nettement marquée dans certains œufs (pl. XVII, fig. 11), est tout à fait indécise dans l'immense majorité des cas; les globules constitutifs de l'auréole passent insensiblement alors au vitellus ambiant.

J'ai montré au chapitre précédent qu'une partie du corps du zoosperme, comprenant l'ensemble des éléments achromophiles du protoplasme, se sépare des éléments chromophiles du protoplasme et tandis que ceux-ci se concentrent autour du corps périnucléaire pour donner naissance à l'auréole, ceux-là tendent à se confondre avec le vitellus ambiant. Cependant cette fusion n'est probablement pas encore complète aux stades que nous avons décrits : car dans certains œufs, montrant la seconde figure pseudokaryokinétique déjà constituée, voire même au moment de l'expulsion du second globule polaire, j'ai cru observer encore le contour vaguement indiqué de la portion achromatique du zoosperme (pl. XVII, fig. 10, 11, 16, pl. XVIII, fig. 4, 5, 7 et 8).

Pendant la période de formation du second globule polaire on distingue tout autour du zoosperme, au milieu de la masse granuleuse du vitellus, une zone plus pâle, dans laquelle on observe parfois une disposition radiaire (pl. XVII, fig. 16 et 19, pl. XVIII, fig. 6). Ces radiations siègent aussi bien dans le protoplasme d'origine zoospermique (pl. XVII, fig. 11, pl. XVIII, fig. 5) que dans le protoplasme ovulaire qui entoure le zoosperme transformé.

Dans certaines femelles presque tous les œufs montrent encore, à ce moment de leur évolution, un résidu du corps réfringent du zoosperme, soit à la périphérie du vitellus, (pl. XVIII*bis*, fig. 3 et 6) soit rejeté dans l'espace périvitellin (même planche, fig. 5).

CHAPITRE IV.

De la formation des pronucleus mâle et femelle, de la fécondation et de la division de la première cellule de l'embryon.

Jusqu'ici nous avons vu l'œuf et le zoosperme en présence l'un de l'autre à l'intérieur de la membrane vitelline. L'œuf a subi des changements importants, qui consistent essentiellement dans l'expulsion successive des deux globules polaires et dans la diminution de volume du vitellus, par suite de l'élimination d'une partie de sa substance. Cette élimination s'accomplit en deux phases; l'on peut dire qu'elle est le résultat de deux poussées successives : c'est d'abord la première, puis la seconde couche périvitelline qui se séparent. La formation de la première couche précède l'expulsion du premier globule polaire; celui-ci reste adhérent à la face interne de la couche et s'aplatit contre elle. Nous avons vu que la seconde couche prend naissance pendant la génèse du second globule. Le liquide périvitellin proprement dit se rattache a cette seconde couche, avec laquelle il se confond partiellement : l'on doit considérer la seconde couche périvitelline comme une simple différenciation de la portion corticale du liquide périvitellin. Les fibrilles entrecroisées que l'on observe dans la seconde couche périvitelline disparaissent sous l'action de l'alcool et aussitôt toute trace de séparation entre la couche et le liquide sous-jacent disparaît. Le second globule polaire qui reste appliqué à la surface du globule vitellin rétracté affecte, par rapport au liquide périvitellin, ou, si l'on veut, avec la substance constitutive de la seconde formation périvitelline, les mêmes rapports de position que ceux qui rattachent le premier globule polaire à la première couche périvitelline.

Le globe vitellin rétracté affecte toujours une forme sphéroïdale régulière, quelle que soit d'ailleurs la forme extérieure de l'œuf, qu'il soit sphérique ou ovoïde (pl. XIX, fig. 10).

La génèse des globules polaires et le retrait du vitellus s'accomplissent chez beaucoup d'animaux avant l'entrée du zoosperme et par conséquent indépendamment de toute influence du mâle.

Chez le Lapin, un premier globule polaire se forme normalement dans l'ovaire; une membrane, dont j'ai démontré l'existence et que j'ai désignée sous le nom de membrane vitelline, se constitue aux dépens de la couche corticale du vitellus. Pour des raisons qui seront développées dans un prochain travail, je crois devoir considérer cette membrane qui se forme au moment où l'œuf subit les phénomènes de maturation, comme une première couche périvitelline, comparable à la formation que j'ai décrite sous ce nom chez l'ascaride du cheval. Après la rupture du follicule de de Graaf et la chute de l'œuf, se produit un second globule polaire et le phénomène du retrait, résultant de l'expulsion du liquide périvitellin, accompagne la génèse de ce second globule.

Tous ces phénomènes sont absolument indépendants de l'action des spermatozoïdes; ils s'accomplissent de la même manière et au bout du même temps chez des femelles chez lesquelles on a fait la ligature des oviductes. Voici comment il faut opérer. L'on fait couvrir une femelle et aussitôt après on lie les deux oviductes, près de leur extrémité utérine. On referme la plaie avec soin et l'on sacrifie la femelle un certain nombre d'heures après. L'on réussit aussi, sans aucune difficulté, à faire piquer des femelles en chaleur chez lesquelles on vient de pratiquer l'opération et cela immédiatement après la fermeture de la cavité abdominale. Je me suis assuré de cette manière que la rupture des follicules de de Graaf s'accomplit invariablement chez les femelles en chaleur de 8 à 11 heures après le coït et que les zoospermes n'interviennent en rien dans cette rupture, ni directement, ni indirectement. C'est l'excitation des organes sexuels lors du coït qui détermine par voie reflexe la congestion des ovaires et la chute des ovules; il n'est pas nécessaire que les zoospermes soient introduits, ni dans l'oviducte, ni dans la matrice, pour que la rupture des follicules se produise. Je publierai prochainement le détail des expériences que j'ai faites pour établir ce point important.

Je me borne à dire ici, qu'à la suite de la rupture des follicules les œufs tombés dans les oviductes produisent leur second globule polaire et subissent le phénomène du retrait, alors même qu'aucun zoosperme n'a pu arriver jusqu'à eux. Si l'on sacrifie les lapines de 12 à 24 heures après la ligature on trouve invariablement les deux globules polaires expulsés et le vitellus rétracté dans la zone pellucide. Celle-ci est déjà débarrassée, quelques heures après la chute, des cellules granuleuses qui, au moment de la chute recouvraient sa surface.

L'on sait d'ailleurs aujourd'hui que chez les Echinides les globules polaires sont éliminés longtemps avant que l'œuf quitte l'ovaire et tout récemment Fol a fait connaître les recherches qu'il a entreprises pour établir, qu'à ce point de vue, les Ascidiens se comportent comme les Echinides. Fol et Hertwig ont montré d'autre part que chez les étoiles de mer la génèse des globules polaires peut indifféremment précéder ou suivre la pénétration du zoosperme.

S'il en est ainsi chez les Mammifères, les Echinides et les Ascidiens, pour ne citer que ces animaux, si l'expulsion des globules polaires et celle du liquide périvitellin précèdent chez eux la pénétration du zoosperme, l'on ne peut douter que la série des phénomènes que je viens de décrire, comme s'accomplissant chez l'ascaride du cheval, postérieurement à la copulation des produits sexuels, ne soient aussi des phénomènes de maturation. Il s'écoule, chez ce nématode, après l'entrée du zoosperme dans l'œuf, une longue période pendant laquelle l'œuf et le zoosperme restent en présence l'un de l'autre, sans se confondre ; l'œuf murit comme si le spermatozoïde n'avait pas pénétré ; tant que cette maturation n'est pas accomplie il n'est pas apte à s'unifier avec l'élément spermatique. Le zoosperme subit bien pendant cette période quelques modifications ; mais les seules parties qui se modifient sont celles qui paraissent n'avoir aucun rôle à jouer dans la fécondation : celles qui interviennent essentiellement dans la formation de la première cellule embryonnaire restent invariables pendant cette période.

Que parmi les parties du zoosperme qui se modifient pendant la seconde période de maturation de l'œuf, il en est qui n'ont aucun rôle à jouer dans la génèse de l'embryon unicellulaire, le corps réfringent par exemple, c'est ce qui résulte de ce fait que chez certaines femelles les résidus de ce corps sont éliminés et rejetés dans le liquide périvitellin (pl. XVIII*bis*).

Toutes les parties constitutives du spermatozoïde sont encore bien reconnaissables dans l'œuf que j'ai représenté planche XVIII, figure 7; et cependant cet œuf est bien près d'expulser son second globule polaire.

Le corps protoplasmique du zoosperme s'est, il est vrai, notablement modifié; il y a des raisons de croire qu'une partie du protoplasme se détache et s'éloigne du reste du zoosperme, emportant avec elle le résidu du corps réfringent, qui peut être rejeté dans le liquide périvitellin (voyez pl. XV, fig. 14 et pl. XVIII*bis*, fig. 5). Une autre partie du corps protoplasmique du zoosperme reste autour du noyau chromatique de l'élément : elle forme d'un part la couche périnucléaire, d'autre part l'auréole. Quand au noyau du zoosperme et à la couche claire, achromatique ou tout au moins peu chromophile qui l'entoure, ils sont encore, au moment où le second globule polaire va être expulsé, ce qu'ils étaient dans le zoosperme libre : pendant toute la seconde période de la maturation il ne se produit dans le zoosperme aucun changement que l'on puisse considérer comme un acheminement vers la genèse du pronucleus mâle.

Mais à peine cette expulsion a-t-elle eu lieu que tout à coup le tableau change : le zoosperme subit brusquement une transformation complète : l'activité a succédé à un long repos et le moment où la scène change et où le zoosperme commence à jouer son rôle coïncide avec l'élimination du second globule. Tout se passe donc comme si l'œuf, avant l'élimina-

tion des globules polaires et la formation des couches périvitellines était incapable d'influencer le zoosperme, de le faire
entrer en activité, comme si le vitellus constituait pour le
zoosperme un milieu indifférent, comme si le caractère sexuel
de l'œuf, son aptitude à être fécondé, prenait naissance seulement au moment de la maturation achevée. Jusqu'à ce moment
l'œuf était incapable de déterminer la métamorphose de ces
parties du zoosperme qui interviennent dans la génèse du
pronucleus mâle et le zoosperme n'empêchait nullement par sa
présence dans le vitellus le cours normal des phénomènes de
maturation tels qu'ils s'accomplissent dans un œuf non fécondé.
Il ressort clairement delà que l'œuf n'est pas fécondé dès le
moment où le zoosperme a pénétré dans le vitellus; cette
pénétration n'est pas la fécondation, mais un phénomène
préalable à la fécondation au même titre que les phénomènes
de maturation. C'est pourquoi nous avons distingué la copulation des éléments sexuels de l'unification de ces éléments.
C'est cette unification qui constitue la fécondation proprement
dite; c'est-à-dire la génèse de la cellule, capable de division,
qui représente virtuellement le nouvel individu. La formation
des pronucleus, le rapprochement de ces deux éléments, leur
participation à la formation de la première figure karyokinétique, tels sont les phénomènes essentiels de la fécondation et
ses conséquences immédiates. Ce sont ces phénomènes que nous
allons exposer.

I. - Formation du pronucleus femelle.

La génèse du pronucleus femelle marche parallèlement avec
celle du second globule polaire. Il ressort clairement des faits
exposés dans le chapitre précédent, que le pronucleus femelle
et le second globule polaire sont deux éléments équivalents,
ayant même origine et même constitution morphologique. L'un
et l'autre sont formés de deux parties essentielles : une masse
claire, délimitée par un contour ordinairement très net, et des
éléments chromatiques. La masse claire provient de la sub-

stance hyaline du deuthyalosome; le contour ordinairement
marqué par une ligne nette, mais très pâle et simple, même
aux plus forts grossissements, apparaît double dans beaucoup
d'œufs que l'on a réussi à tuer par un séjour prolongé dans
l'acide acétique glacial ou dans l'acide nitrique et que l'on a
ensuite montés dans la glycérine. Je n'ai réussi à faire pénétrer
ces acides qu'en laissant agir ces réactifs pendant plusieurs jours
à basse température. Des œufs maintenus dans l'acide acétique
glacial pendant trois jours et placés ensuite dans de l'alcool
à 40° ont continué à vivre et à se développer. Mais j'ai réussi
à faire pénétrer les acides et à tuer les œufs en laissant agir
l'acide acétique glacial ou l'acide nitrique à 3 °/₀ pendant huit
à dix jours au moins. Si l'on opère pendant l'hiver et si on
laisse agir les réactifs dans des appartements non chauffés,
l'on réussit à obtenir la coagulation du vitellus par les acides,
avant que la segmentation ait commencé à se produire. Pendant l'été au contraire le développement progresse notablement pendant cette même période de huit à dix jours. Si l'on
monte ensuite dans la glycérine, on obtient des préparations
analogues à celles qui m'ont permis de constater les particularités que j'ai représentées (pl. XIX, fig. 4 à 9).

A l'époque où j'ai envoyé à l'exécution la planche XIX
et où j'ai commencé à imprimer le présent mémoire je n'avais
pas réussi à obtenir de bonnes préparations coloriées des stades
dont je m'occupe en ce moment. J'avais en vain essayé de
faire pénétrer les matières colorantes dans des œufs arrivés à
cet état de développement. D'autre part, comme j'avais constamment en recours à des vers frais, aussi frais que possible,
je n'avais pas réussi à observer la conjugaison des pronucleus
ni à plus forte raison les phénomènes ultérieures du développement. Jamais, dans une femelle vivante, on ne trouve dans
le vagin autre chose que des œufs pourvus de deux pronucleus
et le temps m'avait manqué pour chercher à faire des cultures
d'œufs que je supposais alors devoir présenter certaines difficultés.

Les préparations qui m'ont servi à faire les dessins repré-

sentés planche XIX, tout en donnant des résultats importants
en ce qui concerne la génèse des pronucleus, ne permettaient
pas de trancher bien des questions relatives à la constitution
de ces éléments; l'équivalence du pronucleus femelle et du
second globule polaire ressort clairement d'images comme
celles que j'ai représentées planches XVII, XVIII, XIX et
particulièrement des figures 8 (pl. XVIII), et 4 (pl. XIX).
Mais quelle est la part qui revient aux éléments chromatiques
d'une part aux éléments achromatiques de l'autre dans l'édification des pronucleus tels que nous les avons représentés
planche XIX, figures 8 et 9? Quelle est la constitution
réelle de ces éléments? Il était impossible de trancher ces
questions sans recourir aux matières colorantes.

Il y a deux mois environ, à la fin d'octobre 1883 j'ai constaté que les femelles jetées vivantes dans de l'alcool faible
(40° à 50°) et conservées dans ce liquide pendant des mois,
fournissent un matériel admirable pour l'étude des problèmes
dont il me reste à m'occuper pour terminer ce mémoire. Les
œufs continuent à se développer pendant quelques temps dans
l'alcool; ils se segmentent et si l'on examine le contenu du
vagin ou de la partie inférieure des utérus l'on trouve côte
à côte des milliers d'œufs, montrant tous les stades du développement depuis la formation du second globule polaire,
jusques bien avant dans la segmentation. Après un temps dont
la durée parait varier d'un œuf à l'autre, l'alcool finit par
traverser les couches périvitellines; il arrive au contact du
vitellus; le développement est arrêté et le vitellus se coagule.
Ces œufs se colorent admirablement alors par le carmin boracique et, à la condition de décolorer convenablement, on
obtient dans la glycérine diluée des préparations admirables,
qui permettent d'étudier à fond chacun des phénomènes que je
vais décrire. L'étude de semblables préparations m'a permis
de donner quelques renseignements complémentaires sur la
formation du second globule polaire (voir page 476). Voici ce
qu'elles m'ont appris sur la constitution du pronucleus femelle
au moment de sa naissance.

Le pronucleus femelle est tout d'abord formé, comme les globules polaires, d'une portion achromatique et d'éléments chromatiques.

Eléments chromatiques. Ils apparaissent dans les œufs traités par les acides et montés dans la glycérine sans coloration préalable sous forme de corpuscules très réfringents (pl. XVIII, fig. 8. pl. XIX, fig. 4, 5 et 6). Mais, comme je l'ai dit plus haut, ces préparations se prêtent mal à l'analyse de la constitution du pronucleus. Bien au contraire les œufs tués par l'alcool, coloriés par le carmin boracique et montés dans la glycérine diluée, après décoloration préalable, montrent les éléments chromatiques vivement colorés en rouge dans le reste du corps nucléaire totalement dépourvu de toute trace de matière colorante. On peut constater avec certitude que le contour du pronucleus, très pâle quoique bien net, ne présente au début aucune coloration, toute membrane chromatique fait certainement défaut. La substance chromatique du pronucleus se trouve condensée dans les deux amas que je vais décrire (pl. XVIII*bis*, fig. 2 à 6, pl. XIX*bis*, fig. 1 à 4). Dans les préparations à l'acide acétique et à l'acide nitrique le pronucleus est délimité par un double contour, qui a l'apparence d'une membrane formée d'une substance assez réfringente (pl. XIX, fig. 4, 5 et 6); n'étaient les préparations bien coloriées l'on serait en droit de supposer que ce double contour assez brillant est dû à l'existence autour du pronucleus d'une enveloppe chromatique.

Il existe invariablement, dans le pronucleus récemment constitué, deux amas chromatiques bien délimités, logés dans un corps achromatique arrondi (pl. XIX*bis*, fig. 1 à 4). Au début ces deux amas sont marginaux; ils adhèrent au contour externe de l'élément nucléaire du côté de sa face profonde (pl. XVIII*bis*, fig. 5).

Les deux amas sont assez écartés l'un de l'autre. Leur forme apparente varie considérablement; souvent ils sont allongés en bandelettes (pl. XIX*bis*, fig. 1 et 3); d'autres fois ils ont une apparence polygonale irrégulière. Ces différences

dépendent probablement de l'orientation de l'œuf [...]
à l'observateur.

Le contour est toujours anguleux; mais souvent [...]
saillants de la masse chromatique sont arrondis[...]

Dans certains œufs, surtout quand les amas chro[...]
affectent une forme polygonale (pl. XIX*bis*, fig. 2) l[...]
ces amas est relativement homogène et très [...]
contraire, quand ils se présentent sous la forme de[...]
lettes, on reconnaît manifestement qu'ils se com[...]
deux substances, l'une beaucoup plus fortement ch[...]
que l'autre. La substance la plus vivement color[...]
principalement les extrémités des bandelettes, la moin[...]
mophile se trouve au milieu. Chacune des masses [...]
vivement colorées se décompose encore, dans beaucou[...]
et probablement dans tous, en deux petits bâtonnet[...]
près adjacents (pl. XIX*bis*, fig. 3), composés eux-même[...]
nombre variable de granules arrondis, de volume [...]
agglutinés entre eux (pl. XIX*bis*, fig. 1 et 3). La s[...]
moins chromophile qui réunit entre eux les boutons ter[...]
est aussi constituée de granules, et l'on remarque, [...]
sert des objectifs homogènes, que ces granules sont [...]
entre eux par des fibrilles très ténues. Ces fibrilles [...]
parallèlement entre elles ou à peu près (pl. XIX[...]
Il est impossible de trancher la question de savoir [...]
fibrilles et les granules de la substance moins chro[...]
sont chromatiques, au même titre que les globules de[...]
mités de la bandelette, dont ils ne différeraient que [...]
moindres dimensions; mais il me paraît qu'il en e[...]
chaque masse chromatique semble formée dans to[...]
parties de deux substances, l'une affectant la forme [...]
bules, de granules et de fibrilles, l'autre interpos[...]
ces éléments. Cette dernière me paraît aussi p[...]
certaine affinité pour le carmin; mais bien certain[...]
bien moindre degré que la substance qui constitue [...]
les granules et les fibrilles.

Cette constitution des amas chromatiques de[...]

femelle se retrouve à tous les stades de la maturation de
l'œuf, dans ce que j'ai appelé les plaques chromatiques et
jusques dans le corpuscule germinatif dont elles proviennent.
J'ai signalé fréquemment plus haut, aussi bien dans le nucléole
de l'œuf que dans les plaques chromatiques des figures pseudokaryokinétiques l'existence de deux substances l'une plus avide
de carmin, l'autre moins chromophile. La substance qui se
colore le plus vivement occupe toujours dans les éléments
chromatiques une position corticale. Dans le corpuscule germinatif il existe deux plaques formées chacune de quatre
éléments très avides de carmin, agglutinés entre eux par une
substance qui se colore en rose. Souvent celle-ci constitue
des sortes de boudins roses portant à leurs extrémités des
globules d'un rouge vif. Dans les éléments constitutifs des
plaques chromatiques, soit de la figure ypsiliforme, soit de la
seconde figure pseudokaryokinétique on constate, si l'on se
sert de forts grossissements, l'existence de granules très vivement colorés, réunis entre eux par une substance rose. Les
granules règnent surtout à la périphérie (pl. XIX, fig. 1 et 3).

Quelle est la source de la substance chromatique que nous
trouvons sous la forme de deux amas distincts dans le pronucleus femelle? Il n'y a pas de doute sur ce point : elle dérive
en dernière analyse du corpuscule germinatif de l'œuf, de
cet élément chromatique de la vésicule germinative que l'on
appelle d'ordinaire le nucléole de l'œuf ovarien.

Nous avons vu que, déjà avant la pénétration du zoosperme,
ce nucléole se montre constitué de deux plaques ou disques
chromatiques, composés l'un et l'autre de quatre éléments très
avides de carmin, agglutinés au moyen d'un ciment moins
chromophile. Dans la figure ypsiliforme ces deux disques se
disposent symétriquement par rapport à l'équateur et lors de
la formation du premier globule polaire ils participent l'un et
l'autre à la formation de ce globule. Une partie de chacun des
disques est éliminée (pl. XVI, fig. 15 à 18). Une autre partie
de chacun de ces disques reste dans le deuthyalosome. Dans

ce dernier élément on trouve les deux amas chromatiques, d'abord juxtaposés entre eux dans le plan équatorial de la seconde figure pseudokaryokinétique (pl. XVI, fig. 15 à 20, pl. XVII, fig. 2), puis superposés entre eux, c'est-à-dire situés l'un d'un côté, l'autre de l'autre côté de l'équateur, dans la direction d'un rayon de l'œuf, répondant à l'axe de la figure (pl. XVII, fig. 4). A tous les stades subséquents l'on trouve chaque amas fragmenté en deux ou plusieurs portions plus ou moins bien allignées dans deux plans parallèles à l'équateur (pl. XVII, fig. 5 à 14 d'après des préparations à l'acide nitrique). Si nous appelons a et b les deux amas chromatiques primitifs du deuthyalosome tels qu'ils sont représentés, juxtaposés entre eux dans les figures 15 à 18 de la planche XVI et dans la figure 2 de la planche XVII, a' et b' les deux éléments chromatiques superposés de la figure 4 (pl. XVII) nous devons nous poser la question de savoir si $a = a'$ et si $b = b'$, ou bien si $a' = 1/2\ a + 1/2\ b$ auquel cas b' serait.égal aussi à $1/2\ a + 1/2\ b$. Je ne puis pas résoudre la question d'une manière certaine; mais des images comme celle que j'ai représentée planche XVI, figure 6, où les deux amas chromatiques occupent une position intermédiaire, semblent plaider en faveur d'un changement de position dans le deuthyalosome et par conséquent en faveur de la première hypothèse, d'après laquelle a serait égal à a' et b égal à b'.

L'analogie avec la figure ypsiliforme tend encore à confirmer cette conclusion.

Si l'hypothèse est exacte, les deux amas chromatiques, symétriquement placés par rapport à l'équateur, dans la seconde figure pseudokaryokinétique, seraient dérivés l'un de l'un des disques chromatiques du nucléole de l'œuf, l'autre du second de ces disques.

J'ai montré d'autre part, que les deux amas parallèles de la seconde figure pseudokaryokinétique se divisent, suivant l'axe de la figure, et cela en même temps que le corps du deuthyalosome, en deux moitiés collatérales, dont l'une répond au second globule polaire, l'autre au pronucleus femelle (pl. XVII, fig. 15 à 18, XVIII et XVIII*bis*).

En partant de l'hypothèse très plausible $a = a'$ et
$b = b'$ (pl. XVII, fig. 2 et 4) et tenant compte de l'ensemble
des faits établis par l'étude des phases ultérieures du développement, nous arrivons donc à cette conclusion que des deux
amas chromatiques du second globule polaire l'un dérive de
l'un des disques du nucléole de l'œuf, l'autre de l'autre disque
et qu'il en est de même pour les amas chromatiques du pronucleus femelle. Ces disques auraient subi un premier dédoublement lors de la formation du premier globule polaire, un
second dédoublement dans la seconde figure pseudokaryokinétique ; sans jamais se confondre ces disques fournissent chacun
une portion de leur substance à chacun des globules polaires
et ils se retrouvent, réduits au quart, dans les amas chromatiques du pronucleus femelle.

Je ne puis pas négliger de faire observer cependant que la
quantité de substance chromatique parait augmenter pendant
la période d'évolution de l'œuf que nous avons considérée ; la
source de cet accroissement ne peut se trouver que dans le
protoplasme ambiant. Le même fait s'observe dans la multiplication cellulaire. Le but de l'élimination qui se fait dans
les globules polaires ne peut donc pas être de diminuer la
quantité de substance chromatique du nucléole de l'œuf ; cette
expulsion ne peut être conçue que comme une épuration.

Je veux encore attirer l'attention sur la composition numérique, si je puis ainsi m'exprimer, des éléments chromatiques
de l'œuf aux moments successifs de l'histoire de sa maturation.

A tous les stades du développement nous trouvons la masse
chromatique du noyau ovulaire divisée en deux portions, composées chacune de quatre éléments. Parfois ces derniers sont
agglutinés deux à deux.

Dans le corpuscule germinatif il existe deux plaques nucléolaires composées chacune de quatre globules chromatiques.

Il en est de même dans la figure ypsiliforme.

Dans le premier globule polaire nous trouvons deux corps
chromatiques, composés chacun de deux et peut être de quatre
parties plus ou moins nettement séparées.

Dans le deuthyalosome nous trouvons deux résidus chromatiques qui se décomposent en 2 groupes d'éléments (pl. XVII, fig. 18, pl. XIX, fig. 2 et 3).

Dans le second globule polaire il existe deux corps chromatiques, composés chacun de deux parties et chacune de celles-ci se constitue encore de deux éléments agglutinés.

Dans le pronucleus femelle il y a deux amas chromatiques. Chacun d'eux se constitue de deux petites masses plus chromatiques composées l'une et l'autre de deux bâtonnets vivement colorés (pl. XIX*bis*, fig. 3).

Dans beaucoup d'œufs, à raison de l'orientation par rapport à l'observateur, la numération des éléments est difficile et parfois même impossible; d'autre part il se produit fréquemment des soudures que je ne puis m'expliquer qu'en admettant que le réactif que l'on emploie pour coaguler les œufs agit tantôt plus rapidement, tantôt plus lentement. A certains stades d'ailleurs il paraît se produire des soudures normales, au moment de la formation des globules polaires par exemple; mais à presque tous les stades du développement un grand nombre d'œufs se présentent de façon à montrer clairement les éléments chromatiques assez écartés les uns des autres pour permettre une numération exacte, et il n'y a pas de doute que les chiffres que je viens d'indiquer ne soient bien réels. Si un grand nombre de mes dessins ne représentent pas le nombre voulu d'éléments chromatiques, c'est que si tous ont été faits à la chambre claire, ils représentent toujours des coupes optiques réelles, que j'ai évité, autant que possible d'interpréter en confondant en une seule figure les images fournies par différents œufs et que j'ai eu souvent en vue de représenter autre chose que les détails relatifs à la composition des éléments chromatiques. Ce n'est d'ailleurs que dans ces derniers temps que mon attention a été plus particulièrement attirée sur cette numération. J'ai revu toute la série de mes préparations et j'ai pu m'assurer de la façon la plus positive que la constitution des disques nucléolaires se retrouve à tous les stades du développement, non-seulement dans la

figure ypsiliforme et dans la seconde figure pseudokaryokinétique, mais dans chacun des globules polaires et jusques dans
le pronucleus femelle. Les deux disques restent constamment
distincts l'un de l'autre, sans jamais se confondre et l'épuration
des disques, par la formation des globules polaires, semble
intéresser chacun des éléments qui entrent dans la composition de chacun d'eux. Chaque disque se constitue de deux
éléments de premier ordre, composés chacun de deux éléments
de second ordre et peut être ceux-ci sont ils encore décompo-
sables chacun en deux éléments de 3ᵉ ordre. L'union entre les
éléments est d'autant plus intime que ces éléments appartiennent à un ordre plus élevé, en ce sens que si les éléments de
premier ordre sont presque toujours bien distincts, à tous les
stades du développement, il est souvent difficile de distinguer l'un de l'autre deux éléments de second ordre et plus
encore de reconnaître la composition dualistique de ces derniers. Parfois tous les éléments d'un même disque paraissent
confondus. Mais tout porte à croire que cette confusion n'est
qu'apparente.

Corps achromatique du pronucleus. — Le corps achromatique du pronucleus, au moment de la formation de cet élément
nucléaire, se montre manifestement constitué, comme la partie
chromatique, de deux portions distinctes. Les deux portions
sont d'habitude non-seulement adjacentes, mais en partie
confondues entre elles (pl. XIX*bis*, fig. 1 à 4). Une échancrure plus ou moins marquée, qui règne sur tout le pourtour
du pronucleus, marque la limite des deux portions. Parfois il
est impossible de voir, à la coupe optique de l'élément, une
ligne de séparation dans la prolongation du sommet de l'échancrure (pl. XIX*bis*, fig. 2); mais le plus souvent l'on peut
observer très nettement qu'il existe, entre les deux portions,
une véritable cloison de séparation, qui présente la même
apparence que le contour externe du noyau (même pl., fig. 3
et 4, pl. XVIII*bis*, fig. 3). Dans un certain nombre de cas
les deux parties sont complètement séparées l'une de l'autre;

19

entre elles règne une couche de protoplasme; chacune d'elles renferme une masse chromatique et il semble qu'il existe deux pronucleus femelles; mais il est évident qu'il ne s'agit, dans ces cas, que de deux demi pronucleus. Quand les masses chromatiques se présentent sous la forme de bandelettes ou de biscuits, le contour externe de chaque demi pronucleus reproduit parfois cette forme et il semble alors que ce noyau se constitue de quatre lobes (pl. XIX*bis*, fig. 1); mais il n'en est pas toujours ainsi (même pl., fig. 3).

La ligne de contour du pronucleus, toujours très pâle, mais cependant très nette, est achromatique, au moment de la naissance du pronucleus. Ce contour est marqué, aux stades représentés (pl. XIX*bis*, fig. 1 à 4), par une rangée de granules punctiformes très pâles, probablement réunis entre eux par des fibrilles très tenues. J'ai vu parfois très nettement ces fibrilles, en me servant du 1/18° homogène de Zeiss et de l'appareil d'éclairage de Abbe. Les granules achromatiques, formant ensemble ce que je considère comme la membrane achromatique du pronucleus, deviennent plus distincts et paraissent augmenter de volume en même temps que le noyau croît (voir pl. XIX*bis*, fig. 2, 3 et 4).

Entre la membrane et la masse chromatique se trouve une substance claire, totalement achromatique, qui est manifestement ponctuée. Si l'on examine avec soin, en se servant du 1/18° homogène, on constate que ces ponctuations, très semblables à celles de la membrane achromatique, mais plus petites, sont réunies entre elles au moyen de fibrilles très fines, de façon à constituer avec ces dernières des filaments moniliformes. Les plus apparents de ces filaments ont une direction irrégulièrement radiaire; ils relient la membrane du pronucleus à la masse chromatique. Il paraît exister un rapport entre le volume d'un semblable filament et le volume des éléments, soit chromatiques, soit achromatiques, auxquels il aboutit. Là où la masse chromatique montre une saillie vivement colorée, formée par un globule plus considérable, s'insère presque toujours un filament achromatique plus apparent, et celui-ci aboutit, à la membrane, à un granule achromatique plus volumineux. Parfois même ce filament et le granule périphérique auquel il aboutit sont beaucoup plus foncés que tous les autres et l'on peut se trouver dans le doute sur la question de savoir s'ils sont formés d'une substance incolore ou d'une matière chromatique (pl. XIX*bis*, fig. 3).

Si les filaments les plus apparents ont d'habitude une direction radiaire, il n'en est cependant pas toujours ainsi et çà et là on voit des lignes s'insérer obliquement sur le contour externe du pronucleus.

Çà et là on voit deux, trois ou un plus grand nombre de filaments peu écartés les uns des autres couvrir parallèlement les uns aux autres et présenter leurs renflements moniliformes régulièrement juxtaposés (pl. XIX, fig. 3). Les grains de ces filaments sont certainement réunis entre eux, aussi bien transversalement que longitudinalement. De là des lignes plus ou moins régulièrement concentriques au contour externe et l'apparence treillissée de la substance achromatique. Cette substance est certainement constituée, à la façon du protoplasme ovulaire et du protoplasme des zoospermes (voir plus haut) de fibrilles moniliformes anastomosées entre elles au niveau de leurs renflements et d'une substance interfibrillaire hyaline. Le treillis qui en résulte est à mailles irrégulières et les filaments treillissés sont plus ou moins volumineux; non seulement les grains, mais aussi les parties des fibrilles qui réunissent ces grains entre eux sont d'épaisseur variable. Je n'ai figuré planche XIX*bis*, figure 1 à 4 que les fibrilles les plus apparentes et j'ai cherché à les reproduire une à une, telles que je les voyais. A raison des inégalités que présente le treillis, dans la direction et le volume des fibrilles, les mailles du treillis sont très inégales; de forme régulière quand les fibrilles courent parallèlement les uns aux autres, elles sont alors prismatiques, elles sont irrégulières quand ce parallélisme fait défaut. Le treillis nucléaire achromatique met en continuité de substance la masse chromatique et la membrane achromatique du pronucleus.

J'ai vu dans un grand nombre de cas les granules constitutifs de cette membrane donner insertion à des fibrilles
moniliformes du protoplasme et se continuer, d'une part avec
ces dernières, d'autre part avec des fibrilles intranucléaires.
Il semble bien que le protoplasme et la substance achromatique du pronucleus sont des parties d'une seule et même
formation et que le treillage nucléaire se continue dans le
treillage protoplasmique. Le contour achromatique du pronucleus résulte de ce que, suivant une direction déterminée,
suivant une surface incurvée, dont les amas chromatiques
occupent le centre, règne une couche de granules moniliformes plus volumineux, très rapprochés les uns des autres
et intimement unis entre eux transversalement. Plusieurs
figures de la planche XIX*bis* représentent ces fibrilles extra-
nucléaires en continuité avec la membrane du pronucleus.
J'ai constaté qu'il en est pour les fibrilles protoplasmiques
comme pour les fibrilles nucléaires : elles sont plus ou moins
volumineuses et leur volume est en rapport direct avec les
dimensions du granule de la membrane auquel ils aboutissent
(pl. XIX*bis*, fig. 3).

Quelle est l'origine de la portion achromatique du pronucleus femelle ?

Il ressort de toute l'étude que j'ai faite de la génèse des
globules polaires, telle que je l'ai exposée dans le chapitre III
du présent mémoire, que la partie claire du pronucleus
femelle dérive, au même titre que la partie achromatique de
ces globules, du prothyalosome de la vésicule germinative
de l'œuf.

Ce corps clair qui n'est qu'une partie de la substance
achromatique du noyau de l'œuf se dédouble, lors de la formation du premier globule polaire; la partie de ce corps qui
reste dans le vitellus devient le deuthyalosome. Celui-ci finit
par se diviser à son tour et nous avons vu l'une de ses moitiés
être expulsée avec les éléments chromatiques qu'elle renferme, tandis que l'autre reste dans le vitellus pour devenir
le pronucleus femelle. L'existence d'une couche claire bien

délimitée, autour des amas chromatiques du pronucleus, bien avant l'expulsion du second globule polaire et, alors que la seconde figure pseudokaryokinétique est encore bien reconnaissable, ressort clairement des figures que j'ai représentées planche XVIII et XVIII*bis*. Au moment de l'élimination du globule polaire le contour du pronucleus est marqué par une ligne très nette comme celui du globule polaire. Mais, de même qu'aux stades plus reculés ce contour est plus pâle, il devient aussi moins apparent aux phases subséquentes. Il semble en être des membranes achromatiques comme des filaments constitutifs du protoplasme. J'ai signalé plusieurs fois, dans le cours de ce travail, la transformation de fibrilles moniliformes en fibrilles homogènes également épaisses dans tous les points de leur longueur (voir l'histoire de la figure ypsiliforme et de la seconde figure pseudokaryokinétique).

Je pense que de même une couche treillissée composée de grains réunis entre eux par des fibrilles peut se transformer en une membrane achromatique, partout également épaisse et montrant, à la coupe, même aux plus forts grossissements, l'apparence d'une ligne régulière et continue. (pl. XVIII*bis*, fig. 5). Le contraire peut aussi se produire. Nous avons vu la membrane de la vésicule germinative se transformer en une substance granuleuse formée de grains réunis entre eux par des fibrilles très tenues. Le même fait se présente quand le pronucleus femelle, d'abord petit, (pl. XVIII*bis*, fig. 5) commence à s'accroître (pl. XIX*bis*, fig. 1 à 4). La résolution d'une membrane homogène en granules réunis entre eux par des fibrilles diminue la netteté de son contour qui, au lieu d'une ligne continue, ne montre plus qu'une série de points juxtaposés. Tandis que le globule polaire conserve dans son contour ses caractères primitifs, le pronucleus femelle se modifie : sa membrane homogène se résoud en granules reliés entre eux par des fibrilles.

Je dois à la vérité de faire observer que dans les œufs qui montrent la figure ypsiliforme, aussi bien que dans ceux dans lesquels la seconde figure pseudokaryokinétique est constituée,

il n'est pas toujours possible de distinguer nettement le contour de l'hyalosome. Ce contour, toujours très net dans l'hyalosome non divisé, toujours parfaitement marqué au moment de
l'élimination du globule polaire, devient souvent très peu distinct
dans les figures pseudokaryokinétiques complètement constituées. Néanmoins l'on trouve sans difficulté des œufs, à n'importe quel stade de l'évolution, qui montrent manifestement
l'hyalosome. De sorte que la persistance, autour des éléments
chromatiques, d'une substance claire dérivée du prothyalosome
de la vésicule germinative ne peut être douteuse.

Ce que j'ai dit, en ce qui concerne les variations qui se
présentent dans la constitution de la membrane des hyalo-
somes et de leurs dérivés, s'applique tout aussi bien à la
substance achromatique interne de ces corps. Cette substance
parait homogène jusqu'au moment où le pronucleus femelle
commence à grandir et où sa membrane achromatique devient
granuleuse : mais à ce moment le contenu est lui-même formé
de fibrilles. Dans les globules polaires elle reste homogène,
ou tout au moins n'y distingue-t-on pas la structure treillissée
si apparente dans le pronucleus.

Le faisceau fibrillaire qui réunit le pronucleus femelle au
second globule polaire persiste pendant quelque temps sous la
forme d'un cordon qui, à de faibles grossissements, parait
homogène et assez brillant, tandis que, à de forts grossissements, on reconnait qu'il est formé de fibrilles courant
parallèlement les unes aux autres (pl. XIX*bis*, fig. 1 à 4).
Il s'insère toujours au pronucleus entre les deux lobes dont il
se constitue, parfois suivant une surface arrondie qui intéresse
à la fois les deux lobes (pl. XIX*bis*, fig. 4). La substance
fibrillaire ·de ce faisceau finit probablement par se confondre
avec le protoplasme. Je n'ai pas pu suivre les phases successives de sa résolution.

Au début les fibrilles constitutives du cordon dont il vient
d'être question s'étendent manifestement à travers la substance claire du pronucleus jusqu'aux éléments chromatiques
(pl. XVIII*bis*, fig. 5 et 6). Il est donc éminemment probable

que la portion intranucléaire de ces fibrilles intervient dans la
formation du treillis achromatique du pronucleus, tandis que
la portion extranucléaire des mêmes fibrilles devient protoplasme ovulaire. C'est une preuve de plus de l'identité fondamentale de la substance protoplasmique et de la substance
nucléaire achromatique.

Je passe maintenant à l'exposé des modifications que subit
le pronucleus femelle jusqu'au moment de son complet développement. On pourrait donner à l'ensemble de ces changements le nom de maturation du pronucleus femelle.

Il est assez difficile de déterminer à quel moment le
pronucleus femelle est arrivé à son complet développement
et l'on peut en dire autant pour le pronucleus mâle, dont il
sera question plus loin. Dès que ces éléments ont atteint
leur maximum de volume, variable du reste d'un œuf à
l'autre, ils deviennent l'un et l'autre le siège d'une série
nouvelle de changements, de tous points comparables à ceux
qui s'accomplissent, dans un noyau de cellule, au moment où
celle-ci se prépare à se diviser. Dans la plupart des cas ces
transformations s'opèrent dans les pronucleus, alors qu'ils sont
encore éloignés l'un de l'autre. C'est ce qu'établira suffisamment un coup d'œil jeté sur les figures de la planche XIX*bis*.
Il ressort clairement de l'étude que j'ai faite de la division
du globe vitellin et de la formation des deux premiers blastomères, que ces derniers changements se rattachent à la
première segmentation et que, pour amener cette première
division cellulaire, les deux pronucleus se conduisent, tout
comme le fait un noyau unique, dans le cas d'une division
cellulaire ordinaire. Les deux pronucleus quoiqu'entièrement
indépendants l'un de l'autre se comportent comme s'ils n'en
formaient qu'un et ils interviennent concurremment, au même
titre et de la même manière, dans la génèse de la première
figure karyokinétique. Je rattacherai donc à la division de la
première cellule embryonnaire la série des changements qui
préludent à la division et qui débutent par la formation de

filaments chromatiques pelotonnés dans chacun des pronucleus
(pl. XIX*bis*, fig. 9 et suivantes). Je considère comme arrivés
à complète maturité, les pronucleus dans lesquels la substance
chromatique a atteint la périphérie des éléments nucléaires,
d'où résulte, pour chacun d'eux, la formation d'une membrane
chromatique (pl. XIX*bis*, fig. 8 et pl. XIX, fig. 8 et 9).
Les phases successives de la maturation du pronucleus, je
les ai représentées par la série des figures 4 à 8 de la
planche XIX*bis*.

Deux phénomènes semblent caractériser essentiellement la
maturation du pronucleus femelle : 1° C'est d'une part le
gonflement progressif des amas chromatiques, si je puis ainsi
m'exprimer : ils augmentent rapidement de volume, au point
de remplir bientôt tout l'espace délimité par la membrane
achromatique primitive. Pendant cette expansion de la masse
chromatique, que l'on pourrait comparer au gonflement d'une
éponge au moment où elle s'imbibe de liquide, le corps
achromatique lui aussi s'étend peu à peu et tout le pronucleus s'accroit. La substance chromatique qui, au début,
siégeait au milieu du pronucleus, se rapproche peu à peu de
la périphérie et finit par délaisser à peu près complètement
l'intérieur du pronucleus.

2° Pendant ce boursoufflement les amas chromatiques se
résolvent en granules très avides de carmin, qui se répandent
dans une substance de moins en moins chromophile au fur et
à mesure que le pronucleus grandit. A tous les stades ils
forment à la périphérie de l'amas chromatique, en voie d'expansion, une couche corticale à peu près continue; mais on
en trouve aussi à l'intérieur de la substance chromophile
groupés en grumeaux, alignés de façon à constituer des cordons noueux à direction variable, ou bien encore isolés et
disséminés le long d'autres filaments très tenus et moniliformes, dont il est difficile de dire, s'ils sont chromatiques ou
achromatiques (pl. XIX*bis*, fig. 5, 6 et 7).

Dans la figure 4 l'on voit le commencement de cette résolution des deux amas chromatiques en granules très avides de

carmin, réunis entre eux par un ciment moins coloré. Le contour achromatique du noyau, la cloison de séparation entre les deux portions du pronucleus, les fibrilles achromatiques, tous ces détails sont très nets. Les masses achromatiques du pronucleus sont moins sombres, moins homogènes, moins réfringentes, mais plus granuleuses qu'aux stades précédents et le contour du pronucleus est devenu beaucoup plus apparent.

Dans la figure 5, les deux masses chromatiques, considérablement agrandies, ont pris un tout autre aspect. La dualité primitive du pronucleus se reconnait encore, non-seulement dans sa forme extérieure, qui montre des indices bien évidents de l'échancrure circulaire, mais aussi dans la portion chromatique, formée de deux amas distincts, quoique adjacents. La plus grande partie de l'espace délimité par le contour chromatique primitif se trouve envahie par les amas distendus et il ne reste plus de cet espace qu'une étroite bande marginale. Une substance claire paraît s'être accumulée entre les deux amas chromatiques et avoir refoulé ces derniers, de façon à en former deux croissants se regardant par leur concavité. L'espace ovalaire délimité par les concavités des deux croissants est occupé par cette substance plus claire. Le pronunucleus est divisé, suivant l'ancienne cloison, par une double rangée de globules chromatiques. Il semble donc que le croissant est fermé suivant cette cloison et que chaque masse chromatique renferme une vacuole, aplatie d'un côté, et excentriquement placée. Les deux vacuoles réunies forment ensemble l'espace ovalaire clair que je signalais plus haut. Suivant le contour externe de chaque masse chromatique règne une rangée de globules vivement colorés et une semblable couche délimite de toutes parts les vacuoles. Ces globules ont des dimensions fort inégales. Des rangées de granules allignés relient la couche chromatique corticale à celle qui délimite la vacuole. La substance qui remplit la vacuole est finement ponctuée et peut-être fibrillaire.

Il existe une grande analogie entre la figure 5 et la suivante; mais ici nous voyons tout l'espace délimité par l'ancien

contour achromatique envahi par les amas chromatiques;
ceux-ci se sont confondus en un seul et c'est à peine si l'on
distingue encore une trace de l'échancrure circulaire primitive.
Mais l'existence de deux vacuoles et des indices manifestes
de l'ancienne cloison révèlent encore la dualité primitive du
pronucleus. Il n'est plus possible de distinguer l'ancienne
membrane achromatique du pronucleus; le contour du noyau
est marqué par une membrane chromatique très nette, constituée de globules, surtout saillants vers l'intérieur du noyau,
tandis que la surface externe parait beaucoup moins irrégulière. Les vacuoles sont aussi délimitées par un cercle de
globules chromatiques; mais ces éléments sont beaucoup plus
petits qu'au stade précédent et ça et là la couche chromatique
parait interrompue, en ce sens, que les globules ne sont plus
adjacents, tant s'en faut; ils sont reliés entre eux par des
fibrilles d'une grande tenuité, sur le trajet desquelles s'observent de petits renflements, dont on ne peut dire s'ils sont
chromatiques ou non. Entre les deux vacuoles la cloison est
formée d'une rangée discontinue de globules chromatiques;
cette rangée parait simple et formée de globules plus volumineux vers la périphérie. Les filaments qui traversent le
corps du pronucleus présentent les mêmes caractères que la
couche qui délimite les vacuoles : ils présentent sur leur trajet
des nodosités qui, suivant leur volume, paraissent chromatiques
ou achromatiques. Dans les vacuoles se voient aussi de très
fins filaments réticulés.

Figure 7. Les deux vacuoles paraissent s'être confondues
en une seule. La discontinuité dans les éléments chromatiques
est encore plus marquée; l'on voit ça et là un globule chromatique isolé ou une série de globules colorés sur le trajet de
filaments incolores. La substance interfibrillaire est encore
légèrement chromophile dans la couche corticale du pronucleus, moins cependant qu'au stade représenté figure 5. La
substance de la vacuole est tout à fait incolore. La membrane
chromatique du pronucleus est constituée comme au stade
précédent; mais elle parait plus épaisse. Cette épaisseur varie

d'un point à l'autre avec le volume des globules constitutifs de la couche. Plus de trace de la cloison; mais une légère échancrure encore visible à l'insertion du cordon de réunion.

Au stade suivant (fig. 8) le pronucleus montre la vacuole centrale unique considérablement étendue. Il n'existe plus de substance chromatique qu'à la périphérie. La couche chromatique marginale, que j'ai appelée plus haut la membrane chromatique, s'est amincie; elle est encore formée de points colorés adjacents; mais, sauf en quelque rares points, ces globules ont considérablement diminué de volume. Sous la membrane, dans la couche corticale du pronucleus, se voient quelques amas de globules chromatiques volumineux et, en un point, un filament noueux brisé, formé de semblables globules allignés et réunis entre eux. Indépendamment de ces groupes formés de gros globules chromatiques on distingue, dans cette même couche corticale, qui présente encore une teinte rosée, mais plus pâle que dans les stades précédents, des filaments moniliformes d'épaisseur variable, anastomosés entre eux. Il est difficile de dire s'ils sont ou non chromatiques; les uns le sont certainement, les autres pas; d'autres sont douteux. L'espace central clair, que nous avons appelé la vacuole, est traversé par des filaments beaucoup plus fins, anastomosés entre eux en un réticulum à mailles polygonales. L'on ne distingue plus aucun indice de la dualité primitive du pronucleus; mais l'on ne pourrait affirmer cependant, si l'on tient compte des stades subséquents, que l'unification du pronucleus soit complète.

Nous devons examiner maintenant la question de savoir à quoi sont dus ces changements successifs que subit le pronucleus, ce que devient la substance achromatique et aux dépens de quels éléments se constituent les diverses parties que l'on distingue dans le pronucleus arrivé à maturité.

Et tout d'abord, aux dépens de quoi se fait l'accroissement des masses chromatiques primitives? L'on constate qu'au fur et à mesure que ces masses augmentent de volume le corps achromatique du noyau diminue et, qu'en peu de temps, tout

l'espace délimité par la membrane achromatique primitive se
trouve envahi par les masses chromatiques distendues et en
même temps modifiées dans leur constitution. Ces masses
s'éclaircissent, comme si elles s'imbibaient d'une substance
achromophile; en même temps elles subissent la désagrégation
que j'ai caractérisée plus haut. Il semble naturel d'admettre
que la substance achromatique, d'abord bien nettement séparée
de la substance chromatique, s'unit peu à peu à cette dernière,
qu'elle pénètre les masses chromatiques et intervient, en même
temps que ces dernières, dans la formation du pronucleus.
Mais comment concevoir cette pénétration? Dans le corps
achromatique du pronucleus primitif il faut distinguer une
charpente treillissée, formée par des fibrilles achromatiques
moniliformes, et une substance interfibrillaire probablement
liquide. Je pense que le liquide pénètre dans la masse chromatique, de façon à s'interposer entre les granules et les
fibrilles unissantes dont celle-ci se constitue; en s'accumu-
lant entre ces éléments elles les écarte les uns des autres.
La substance unissante des éléments chromatiques était elle
même chromophile. La substance interfibrillaire achromatique
s'unit à cette dernière qui devient de moins en moins apte à
fixer les matières colorantes.

Mais il se produit en un point de chacune des masses, du
côté de la cloison, une accumulation plus abondante de liquide
achromatique; il en résulte la formation d'une tâche claire
que nous avons appelée la vacuole. Les fibrilles étirées considérablement en longueur deviennent, dans les limites de
cet espace, excessivement minces et les mailles du treillis,
considérablement distendues, deviennent polyédriques. A la
périphérie de la masse chromatique l'imbibition se fait plus
lentement.

Mais que devient la charpente treillissée du corps achromatique du pronucleus primitif? Que devient la membrane
achromatique? J'ai dit plus haut qu'il n'existe aucun doute
quant à l'existence d'une continuité entre les fibrilles moniliformes de la substance achromatique et les éléments chroma-

tiques du pronucleus. Des fibrilles achromatiques, la plupart radiairement dirigées, s'insèrent aux globules chromatiques marginaux. J'ai acquis la conviction, par toutes les recherches dont les résultats sont consignés dans le présent travail, et notamment par l'examen minutieux du pronucleus, qu'il n'existe pas une différence essentielle entre les fibrilles achromatiques et les éléments chromatiques d'un noyau et que, comme l'a affirmé Pfitzner, comme le pensent aussi Flemming et Strasburger, dans un filament chromatique il existe un substratum achromatique et, en outre, une substance avide de carmin. Un filament chromatique peut perdre sa substance chromatique lorsque celle-ci, qui était à un moment donné répandue dans tout le filament, se concentre en un point pour donner lieu en ce point à la formation d'un globule chromatique. Il reste alors de ce filament un résidu achromatique présentant sur son trajet un globule coloré. Le contraire peut se produire; la substance constitutive d'un globule peut se répandre le long d'un filament achromatique, ou même imprégner les fibrilles constitutives d'une portion plus ou moins étendue du treillis. Suivant le degré d'imprégnation d'une fibrille achromatique, suivant son volume, elle apparaîtra plus ou moins colorée.

Ce qui peut se produire pour les fibrilles achromatiques peut avoir lieu pour une membrane achromatique, qui d'ailleurs est constituée au début, à la façon des fibrilles, de granules réunies entre eux par des filaments très tenus et très courts. Elle peut s'imprégner de substance chromatique et d'achromatique qu'elle était devenir chromatique. Telle est à mon avis la seule manière de voir qui puisse rendre compte des phénomènes de structure et de coloration que révèle l'étude des pronucleus, des noyaux renfermés dans les sphères de segmentation et des faits relatifs à la karyokinèse.

Sous quelle forme la substance chromatique existe-t-elle dans son substratum incolore? Est-ce à l'état de granules extrêmement tenus pouvant cheminer dans une substance amorphe? Est-ce sous la forme d'une substance chimique

ses globules polaires et des substances périvitellines il constitue pour le zoosperme un milieu indifférent; le caractère
sexuel de l'œuf n'apparait qu'après cette expulsion. Toujours
est-il que le changement intervenu dans la constitution du
globe vitellin, à la suite de ces éliminations, retentit immédiatement sur le zoosperme qui, aussitôt, se prépare à donner lui
aussi naissance à un pronucleus.

Les faits sur lesquels s'appuie la conclusion que je viens
de formuler ressortent clairement de l'examen des planches
XVIII, XVIII*bis*, XIX et XIX*bis*.

Le pronucleus mâle ne se développe pas seulement aux
dépens du noyau du zoosperme, mais aussi de la couche périnucléaire qui l'entoure. L'auréole, qui n'est qu'un résidu du
corps protoplasmique du zoosperme, ne participe pas à la
formation du pronucleus; cet élément nucléaire, qui prend
naissance dans la concavité de l'auréole, se débarrasse de son
auréole comme d'un vêtement; on la retrouve pendant quelque
temps, dans le corps vitellin, à côté du pronucleus, sous la
forme d'une masse réfringente irrégulière, excavée d'un côté.
Elle se trouve d'abord appliquée par sa concavité sur le
pronucleus en voie de formation; mais bientôt les deux
parties se séparent l'une de l'autre. C'est ce que montrent, avec une parfaite netteté, les œufs traités, soit par
l'acide acétique, soit par l'acide nitrique et montés dans la
glycérine (pl. XVII, fig. 11, pl. XIX, fig. 4, 5, 6, 7, 8 et 9).
Dans certains cas l'on trouve encore à ce moment des indices
manifestes, non pas seulement de la substance chromophile
du protoplasme spermatique, condensée dans l'auréole, mais
aussi de la portion achromophile du zoosperme (pl. XIX,
fig. 6 et 9).

Les préparations alcooliques permettent de constater aussi
le fait important du rejet, par le pronucleus, du revêtement
protoplasmique qui l'entourait jusqu'ici; mais elles donnent à
cet égard des images moins nettes que les œufs traités par les
acides, ce qui dépend probablement de ce que la substance de
l'auréole n'y présente pas, tant s'en faut, la même réfringence,

et de ce qu'elle a perdu en grande partie, au stade que nous considérons, son affinité pour les matières colorantes. Peut-être l'auréole subit-elle à la fin la dégénérescence graisseuse et la différence entre les deux genres de préparations dépend-elle de ce que l'alcool dissout en grande partie l'auréole dégénérée.

L'on peut se demander si le corps protoplasmique du zoosperme intervient, à titre essentiel, dans la fécondation. Il n'est pas possible de résoudre positivement la question ; je n'ai pu observer ni ce que devient l'auréole, ni comment elle disparait. Ce que l'on peut affirmer c'est que le proto-plasme de l'œuf et celui du zoosperme ne se comportent nulle-ment l'un vis-à-vis de l'autre comme les corps de deux cellules, s'unifiant pour donner naissance à un syncytium. Le corps protoplasmique du zoosperme se modifie peu à peu, sans se confondre avec celui de l'œuf; certaines parties du corps spermatique sont rejetées dans le liquide périvitellin, et il semble, que si la substance de l'auréole participe à la for-mation du corps cellulaire de l'ovule fécondé, ce ne soit qu'à la suite d'une sorte de digestion. Le protoplasme du zoosperme semble subir une dégénérescence et personne ne méconnaitra que l'apparence de la substance constitutive de l'auréole ne soit bien différente de celle d'un protoplasme vivant. Il y a donc des raisons de croire que, de toutes les parties constitutives du zoosperme, la seule qui joue un rôle actif dans la fécondation de l'œuf, c'est le petit noyau chro-matique entouré de sa couche claire périnucléaire. C'est là, en effet, la seule partie du zoosperme qui, après l'expulsion du second globule polaire, subit des changements que nous pouvons considérer comme une évolution ascendante ou pro-gressive.

Les modifications que le zoosperme subit, dans son corps protoplasmique, sont antérieures au moment où le pronucleus mâle se constitue. Elles précèdent par conséquent le moment où l'œuf, arrivé à maturité complète et revêtu de son caractère sexuel, détermine dans le zoosperme les changements qui

20

amènent la formation du pronucleus mâle. Les changements que subit le corps protoplasmique du zoosperme marchent parallèlement avec la maturation de l'œuf ; tandis que la génèse du pronucleus mâle coïncide avec celle du pronucleus femelle. Il y a des raisons de croire que les changements que subit le zoosperme, jusqu'au moment où il engendre son pronucleus mâle, constituent eux aussi des phénomènes de maturation et que le rôle qui revient au spermatozoïde, dans la fécondation, se réduit à la génèse du pronucleus mâle.

Le mode de formation du pronucleus mâle est si semblable à celui du pronucleus femelle que presque tous les détails qui s'observent dans la génèse de l'un de ces éléments se voient aussi dans l'autre. Pour décrire la série des modifications que subit cet élément nucléaire, depuis le moment de sa naissance jusqu'à son complet développement, il faudrait reproduire, à peu près textuellement, ce que j'ai écrit plus haut au sujet de la maturation du pronucleus femelle.

Je me bornerai, afin d'éviter une semblable répétition, à quelques remarques.

Dans les images reproduites planche XIX la constitution du pronucleus mâle était identique à celle du pronucleus femelle. Dans tous les œufs tués par les acides les deux éléments nucléaires présentent l'un et l'autre un contour brillant et double, qui pourrait faire croire à la présence d'une membrane chromatique. Une semblable membrane fait cependant défaut au début de l'évolution de l'un et l'autre élément : on peut s'en assurer par l'examen de préparations alcooliques colorées par le carmin boracique.

Les figures 2 et 4 (pl. XIX*bis*) montrent le pronucleus mâle constitué comme le pronucleus femelle d'une masse chromatique tantôt simple (fig. 2), tantôt double, et d'une couche périphérique achromatique (fig. 4). Je ne pourrais dire si, en ce qui concerne l'élément mâle, la masse chromatique du zoosperme, au moment de la naissance du pronucleus se constitue constamment de deux portions ; mais il est certain que dans beaucoup de cas il existe des indices plus ou moins évidents d'une semblable dualité (pl. XIX, fig. 6, pl. XIXbis, fig. 1 et 4).

La masse chromatique, qu'elle soit simple ou double n'est autre chose que le corpuscule chromatique du zoosperme ; nous l'avons constamment désigné dans ce travail, sous le nom de noyau du spermatozoïde. De même que dans le zoosperme, aussi bien avant qu'après la pénétration, et même pendant toute la durée de la maturation de l'œuf, le petit noyau est entouré d'une couche périnucléaire claire et d'apparence homogène, de même, dans le pronucleus, au moment de sa naissance, on distingue autour de la masse chromatique une couche claire, granulée, délimitée par un contour pointillé et qui se fait remarquer par son caractère achromatique. Sa constitution est identique à celle de la couche qui enveloppe les masses chromatique dans le pronucleus femelle. J'ai suivi avec le plus grand soin l'origine de cette couche et il ne me reste aucune doute sur son identité avec la couche périnucléaire du zoosperme. Ce n'est donc pas seulement le noyau chromatique du zoosperme qui intervient dans la formation du pronucleus mâle, mais aussi une couche achromatique différenciée, que nous avons rattachée avec doute au corps protoplasmique du spermatozoïde. Il resterait pour être bien édifié sur la valeur et l'origine de cette couche périnucléaire à faire l'étude de la spermatogénèse. Il y a longtemps que j'ai entrepris des recherches sur cet objet ; mais je ne suis encore arrivé à aucun résultat quant à la question de l'origine de la couche périnucléaire. Quelle que soit du reste sa valeur il est tout à fait certain que le zoosperme fournit au pronucleus mâle autre chose encore que des éléments chromatiques. L'analogie avec ce qui passe dans l'œuf nous porte à supposer que, en ce qui concerne le pronucleus mâle, les éléments achromatiques qui forment une couche bien délimitée autour de la masse chromatique ont, comme ceux du pronucleus femelle, une origine nucléaire.

Quant aux phénomènes de maturation du pronucleus mâle, ils sont identiques à ceux que j'ai décrits, en ce qui concerne le pronucleus femelle : quand ils sont arrivés à leur complet développement les deux éléments sont constitués de la même manière (voir pl. XIX*bis*, fig. 1 à 6). Dans les stades plus avancés l'on observe aussi, dans le pronucleus même, espace central clair qui s'agrandit peu à peu (fig. 6 à 9).

Le pronucleus mâle est souvent un peu plus petit que l'autre; mais on observe aussi parfois une égalité parfaite dans les dimensions des deux éléments. Rarement le pronucleus mâle est plus grand que le femelle. La position relative des deux pronucleus n'est pas constante. Au début le pronucleus mâle se trouve le plus souvent dans l'hémisphère inférieur et parfois même il est assez voisin du pôle inférieur de l'œuf. Puis les deux pronucleus se rapprochent l'un de l'autre vers le centre de l'œuf. Pour se rejoindre à son congénère le pronucleus femelle, qui prend toujours naissance au voisinage du pôle supérieur de l'œuf, parcourt un chemin beaucoup plus long que le pronucleus mâle, celui-ci se déplace relativement peu.

III. — Conjugaison des pronucleus et division de la première cellule embryonnaire.

La plupart des auteurs ont admis que les deux pronucleus après s'être accolés l'un à l'autre, se fondent en un noyau unique, auquel O. Hertwig a donné le nom de *Furchungs*. Chez le lapin l'on peut voir ces éléments se rapprocher graduellement et puis s'accoler intimement l'un à l'autre; le pronucleus femelle se moule sur le pronucleus mâle, tandis que ce dernier conserve sa forme sphéroïdale, la première se creuse de façon à affecter à la coupe l'apparence d'un croissant. Mais quoique j'aie observé un nombre considérable d'œufs de mammifères pourvus de deux pronucleus, jamais je n'ai vu les deux éléments nucléaires se confondre. Un œuf en voie de division, que j'ai eu l'occasion d'observer vitellus avait conservé sa forme sphéroïdale; une couche manifeste s'étendait dans chaque hémisphère, autour de la zone centrale claire. A mi distance entre les deux voyaient encore les deux pronucleus, intimement unis entre eux, mais bien distincts. Fol et Mark n'ont pas réussi mieux que moi, en examinant des œufs à grands pronucleus (Mollusques, Sagitta), à constater le stade de fusion complète des deux éléments nucléaires. Au contraire, chez les Echinodermes, chez lesquels les deux pronucleus sont de dimensions fort inégales, la fusion parait se produire; elle a été décrite avec assez de détails par Flemming.

Cette fusion des deux pronucleus en un noyau embryonnaire unique et indivis se produit-elle chez l'Ascaride du cheval? Je crois devoir répondre négativement à cette question. Je m'explique.

L'on rencontre dans un certain nombre d'œufs un véritable accolement des deux pronucleus, qui se déforment et s'aplatissent suivant la portion de leur surface par laquelle ils se touchent. Il s'agit toujours alors de pronucleus arrivés à maturité et présentant la constitution que j'ai décrite et représentée planche XIX*bis*, figure 8. Ces éléments se moulent partiellement l'un sur l'autre; mais sans jamais se confondre en un noyau unique et indivis. Ces cas d'accolement sont relativement rares; sur une centaine d'œufs, montrant les pronucleus complètement développés, on en trouve deux ou trois à peine dans lesquels l'accolement s'est produit. Dans l'immense majorité des cas les deux pronucleus restent distincts et indépendants l'un de l'autre et toute la série des changements que je vais décrire, qui préludent à la division cellulaire et constituent les premières phases de ce phénomène, s'accomplissent dans les pronucleus encore écartés l'un de l'autre. Ces mêmes changements peuvent se produire après accolement préalable; mais il est certain que cette union est purement accidentelle : elle n'entraine pas une fusion; on ne peut donc lui accorder aucune valeur principielle : les deux pronucleus ne se confondent jamais.

La segmentation de l'œuf s'accomplit par voie indirecte; les deux pronucleus, sans se confondre, interviennent l'un et l'autre dans la formation d'une seule et même figure dicentrique. L'un et l'autre subissent simultanément, et alors qu'ils sont encore parfaitement distincts, les mêmes changements qui se produisent dans un noyau de cellule ordinaire en voie de division kary-kinétique. Chaque pronucleus fournit deux anses à l'étoile chromatique du disque équatorial; l'étoile se constitue de deux anses mâles et de deux anses femelles. Chacune de celles-ci se divise, dans le sens de sa longueur, en deux moitiés dont l'une se rend à l'un, l'autre à l'autre noyau fille. Il ne se produit pas, au début, de fusion entre les éléments chromatiques mâles et femelles. Si tant est que cette confusion s'établisse jamais, elle ne peut s'accomplir que dans les noyaux des deux premières sphères de segmentation. L'étoile chromatique de la plaque équatoriale, fournie en partie par le pronucleus femelle, en partie par le pronucleus mâle, (pl. XIX'*, fig. 18 et suivantes) est identique à celles qui se forment dans les blastomères lors qu'ils se divisent (pl. XIXter, fig. 14). De part et d'autre l'étoile se constitue de quatre anses chromatiques. Si les étoiles chromatiques que l'on observe, lors de leur division, dans les deux premiers blastomères représentent un noyau en voie de division, il faut dire aussi que la première étoile, celle qui se développe aux dépens des pronucleus est l'équivalent d'un noyau cellulaire unique.

Mais cette manière de s'exprimer étant tout aussi bien applicable aux stades antérieurs, nous sommes ainsi conduits à considérer les deux pronucleus, quoique distants l'un de l'autre et entièrement séparés, comme représentant ensemble un noyau de cellule unique; chaque pronucleus est l'équivalent d'un demi-noyau. Mais cette conclusion ne doit pas nous faire oublier qu'il ne se produit, ni avant, ni pendant la kary-kinèse, aucune fusion, tout au moins en ce qui concerne les éléments chromatiques des pronucleus.

Les figures 17 à 20 de la planche XIX'* et 2 de la planche XIX'* tendent à montrer que la substance achromatique des deux pronucleus ne se confond pas non plus en une masse unique; bref que si les deux pronucleus se comportent comme s'ils constituaient ensemble un noyau unique.

à aucun des premiers stades de la division ils ne cessent d'être distincts. Une conjugaison des deux pronucleus en un noyau embryonnaire morphologiquement unique ne se produit pas. Avant d'aborder la description des phénomènes qui amènent la division de l'œuf dans les deux premiers blastomères, nous devons nous demander à quel moment l'œuf doit être considéré comme fécondé et en quoi consiste essentiellement la fécondation.

Il ressort clairement des faits que je viens de résumer et qui seront décrits plus loin avec détails, que l'œuf, pourvu de ses deux pronucleus, se comporte comme une cellule unique et que la somme des deux éléments nucléaires qu'il renferme équivaut à un noyau simple. La première cellule de l'embryon se trouve donc constituée dès le moment où les deux pronucleus sont formés; la fécondation coïncide donc avec la génèse de ces pronucleus.

J'ai montré plus haut que, tant que le second globule polaire n'est pas éliminé, les éléments du zoosperme qui doivent donner naissance au pronucleus mâle ne subissent aucun changement. Mais, dès le moment où l'œuf s'est débarrassé de son second globule polaire et de sa seconde couche périvitelline, le zoosperme engendre le pronucleus, et à ce même moment le pronucleus femelle se constitue. Il semble donc que l'œuf n'exerce son influence sur le spermatozoïde, qu'il ne le détermine à jouer son rôle qui consiste dans la formation d'un demi noyau cellulaire (pronucleus mâle), qu'après qu'il s'est débarrassé de ces produits. Alors seulement son caractère sexuel se dessine; de la cellule-œuf primitive il ne reste qu'un vitellus réduit, pourvu d'un demi noyau cellulaire.

Le pronucleus mâle vient compléter cette cellule réduite que j'appelle le gonocyte femelle et en faire une nouvelle cellule complète; la fécondation paraît consister essentiellement dans cette reconstitution de la première cellule embryonnaire, cellule revivifiée et pourvue de toute l'énergie nécessaire pour se transformer, en passant par une série de stades de plus en plus complexes, en un individu semblable au parent.

Ce phénomène si particulier de la génèse d'une [...] dépens de deux éléments différents paraît intimement [...] rejet, par la cellule œuf d'une part, par le sperma[...] l'autre, de certains produits : de globules polaires [...] couches périvitellines, quand il s'agit de l'œuf, de [...] cytophorales pour le spermatocyte. Chez l'ascaride du [...] chaque spermatogonie donne naissance, par divisions [...] sives, à deux spermatogemmes composés chacun de [...] cellules-filles et chacune de ces dernières ne devient [...] matozoïde qu'après avoir expulsé une partie de sa [...] Ce résidu affecte la forme d'un globule que j'appelle [...] Jensen, la portion cytophorale du spermatocyte (pl. [...] fig. 18, 19 et 20). Je n'ai pas pu élucider jusqu'ici la que[...] de savoir ce que sont ces globules cytophoraux, s'ils dé[...] du corps protoplasmique de la cellule, du noyau du sper[...] tocyte ou des deux à la fois. Des cytophores sont connus [...] l'histoire de la spermatogénèse d'une foule d'animaux. [...] n'est plus facile que de constater, chez l'ascaride du cheval [...] chaque spermatocyte intervient dans la génèse du cytoph[...] celui-ci se constitue, pour chaque groupe de quatre sperma[...] cytes, de quatre portions cytophorales. De même que [...] pendant sa maturation, le spermatocyte, dans l'histoire [...] son évolution, élimine une partie de son organisme [...] laire. En cela la cellule-œuf et le spermatocyte se dis[...] guent de toute autre cellule et, de même que l'œuf [...] de son pronucleus femelle n'est plus qu'une portion de sa [...] que j'appelle un gonocyte femelle, de même le sperma[...] est une cellule réduite, un spermatocyte moins une por[...] cytophorale; je l'appelle un gonocyte mâle. Il me par[...] cile de ne pas rattacher les uns aux autres ces phéno[...] de réduction ou d'élimination et de reconstitution ou de [...] dation, de ne pas voir dans ce dernier phénomène un [...] placement ou une substitution.

L'hypothèse d'après laquelle la fécondation con[...] dans le remplacement par certains éléments dérivés du [...] cyte mâle des parties éliminées par l'œuf lors de la [...]

des globules polaires et des couches périvitellines, je l'ai conçue en 1876, tout au début de mes études sur la fécondation et le développement embryonnaire du lapin; elle n'avait encore été formulée ni par Balfour, ni par Minot quand, en février 1876, j'ai proposé à la classe des sciences de l'Académie royale de Belgique de mettre au concours la question suivante : " La vésicule germinative se comporte-t-elle dans les œufs qui se développent sans fécondation préalable (par parthenogénèse) comme dans les œufs fécondés ? "

Quoique certains faits paraissent difficilement conciliables avec elle, cette hypothèse me paraît-être encore aujourd'hui la plus plausible de toutes celles qui ont été émises sur la signification des globules polaires et sur la nature de la fécondation.

Elle entraîne comme conséquence la notion de la sexualité mâle des globules polaires, de la sexualité femelle du cytophore, de l'hermaphrodisme des cellules constitutives de nos tissus. Les faits que je vais faire connaître, en ce qui concerne la division cellulaire, viennent donner un nouvel appui à cette hypothèse, en établissant que dans les noyaux des deux premières sphères de segmentation existent à la fois et en égal nombre des éléments chromatiques dérivés du pronucleus mâle, par conséquent du zoosperme, et des éléments dérivés du pronucleus femelle, par conséquent de l'œuf. Ces éléments restent certainement distincts jusqu'au moment de la formation des noyaux des deux premiers blastomères et il y a des raisons de croire que même dans ces noyaux ils ne se confondent point. S'ils restent distincts dans les deux premières sphères de segmentation, il est probable qu'il en est de même dans toutes les cellules qui en dérivent.

Au reste, cette notion de l'hermaphrodisme cellulaire, si étrange qu'elle puisse paraître à première vue, perd beaucoup de son invraisemblance, lorsqu'on se rappelle que la plupart des protozoaires et des protophytes sont manifestement sexués. Personne ne doute plus que les phénomènes de conjugaison ne soient essentiellement identiques à ceux qui caractérisent la fécondation sexuelle.

Chez les Vorticellines les macrospores et les microspores nous apparaissent, les premières comme des gonocytes femelles, les secondes comme des gonocytes mâles. Mais avant de se diviser en une macrospore et une microspore la vorticelline était hermaphrodite; elle le redevient après la fusion des deux. D'un autre côté la plupart des infusoires se conduisent manifestement, lors de la conjugaison, comme de vrais hermaphrodites.

DE LA DIVISION DE LA PREMIÈRE CELLULE EMBRYONNAIRE.

J'ai défini plus haut ce qu'il faut entendre par la première cellule embryonnaire. Cette cellule, qui comprend le globe vitellin, pourvu de ses deux pronucleus, est arrivée à son complet développement au stade représenté planche XIX*bis*, figure 8.

La division de cette cellule s'accomplit suivant le processus connu de la division indirecte ou karyokinétique. Il y a seulement cette différence entre la première cellule embryonnaire et une cellule ordinaire, que dans les cellules des blastomères, comme dans celles qui constituent les feuillets et les tissus, la substance nucléaire se trouve concentrée en un corps unique, le noyau, tandis que, dans le cas de la première cellule embryonnaire, la substance nucléaire se trouve répartie dans deux corps distincts, dans deux demi-noyaux, indépendants l'un de l'autre, que nous appelons les pronucleus. La constitution des deux pronucleus est la même et ne se distingue en rien d'essentiel de celle d'un noyau de cellule ordinaire.

Nous savons aussi, par l'étude de leur origine, que l'un des pronucleus dérive du zoosperme, qu'il faut lui attribuer par conséquent un caractère sexuel mâle, tandis que l'autre est femelle. Dans l'histoire de la division de la première cellule embryonnaire les deux pronucleus se comportent exactement comme s'ils étaient réunis en un seul; dans

chacun d'eux l'on voit s'accomplir la série des changements
qui s'accomplissent dans un noyau, au moment de la division,
et ces changements marchent parallèlement dans les deux
pronucleus.

**1ʳᵉ PHASE. — Commencement de la division : formation des
filaments chromatiques pelotonnés. (Knauelstadium de
Flemming).**

La substance chromatique qui, dans le pronucleus mûr,
formait la membrane nucléaire et des amas de globules
disséminés dans la couche corticale du pronucleus, s'est
localisée dans des filaments noueux, fragmentaires, réunis
entre eux par des filaments achromatiques reticulés. Ces
filaments décrivent des courbes et des angles ; ils ont des
trajets très irréguliers. Leur épaisseur, tantôt se maintient
identique sur une certaine longueur, tantôt change brusquement, de telle manière que deux fragments épais se trouvent
rattachés l'un à l'autre par une commissure beaucoup plus
mince. L'on trouve toutes les transitions possibles entre un
gros filament manifestement chromatique et un filament très
fin dans lequel on ne peut distinguer aucune coloration. Ça
et là, sur le trajet de semblables filaments très tenus, on
trouve un ou quelques globules chromatiques isolés. Tous ces
filaments siègent exclusivement à la périphérie du pronucleus,
dont le contour est encore bien visible ; mais il est formé, en
grande partie, de granules achromatiques. Dans la plus grande
partie de leur longueur les filaments chromatiques sont adjacents à la membrane achromatique ou bien ils sont intercalés
dans cette membrane : ils en font encore partie.

Non seulement on voit les filaments chromatiques se continuer à leurs extrémités dans des filaments peu colorés ou
tout à fait incolores, mais aux bords des filaments rouges
viennent s'insérer des filaments achromatiques. Tous ces filaments, qu'ils soient ou non colorés sont moniliformes. Les plus
forts sont formés de gros globules chromatiques adjacents les
uns aux autres ; les plus fins de nœuds punctiformes, réunis

entre eux par des fibrilles d'une grande ténuité. Il résulte de
l'étude que j'ai faite de la génèse de ce stade, que l'on
peut admettre une distinction essentielle entre les filaments
chromatiques et les filaments achromatiques du pronucleus;
il n'existe en réalité dans les pronucleus, tels que je les ai
représentés planche XIX*bis*, figure 9, qu'un seul réseau.
Je n'ai représenté que les éléments les plus apparents du
réseau, auquel il faut rattacher la membrane nucléaire.

C'est exclusivement à la périphérie du pronucleus qu'apparaissent ces filaments plus épais, les uns colorés, les autres
incolores. Entre ceux-ci se trouvent encore des fibrilles déli-
culées plus pâles et plus minces que je n'ai pas figurées; de
semblables fibrilles se voyaient aussi à l'intérieur des pronucleus. Je pense que toute la substance chromatique des pronucleus murs s'est concentrée dans certains filaments de la
couche corticale du pronucleus, de façon à n'imbiber plus que
ces éléments. La substance chromatique, régulièrement disse-
minée, aux stades antérieurs, dans toute l'étendue de la
membrane cellulaire, laisse derrière elle, quand elle se
concentration, un stroma achromatique; la membrane achromatique et le réticulum incolore des pronucleus font
parties de ce seul et unique stroma achromatique, dont les
filaments chromatiques font eux mêmes partie.

Au stade représenté figure 10 l'on voit courir à la surface
de chaque pronucleus, un filament chromatique très régulier et peu ou point interrompu. L'on n'observe plus de changements brusques de direction, plus d'angles, mais des
courbes : le trajet est plus régulièrement flexueux. Aussi
n'y a t-il, dans chaque pronucleus, qu'un filament chromatique
unique. Le filament est manifestement formé de grains dont
l'on observe moins de variations dans le volume qu'autrefois.
Je n'ai pas dessiné cette apparence moniliforme, attendu que
j'ai voulu surtout représenter le trajet du cordon chromatique.
Indépendamment de ce dernier, on distingue toujours la membrane achromatique du pronucleus, bien régulière, et des
granules achromatiques, surtout saillants vers les pôles.

le pronucleus l'on voit encore des filaments achromatiques réticulés, les uns plus épais, d'autres plus tenus. Je n'ai pas figuré ces derniers détails.

Dans les figures 11, 12, 13 et 14, j'ai représenté diverses formes qu'affecte le cordon chromatique, après qu'il a subi des raccourcissements successifs. En même temps qu'il se raccourcit le cordon proémine davantage dans l'intérieur des pronucleus; ceux-ci se rapprochent et s'aplatissent l'un contre l'autre; il devient évident qu'il n'existe, à ce moment, qu'un cordon unique dans chaque pronucleus.

Ce cordon se raccourcit de plus en plus et décrit une ligne dont le trajet est souvent indéfinissable; ordinairement il forme une courbe ouverte; rarement elle est fermée. L'on observe des variations considérables d'un point à un autre d'un même cordon, en ce qui concerne le volume des globules chromatiques. Mais c'est toujours aux extrémités du cordon que se voient les plus gros grains. Quand leur volume atteint certaines limites on distingue manifestement dans le cordon une couche corticale plus chromatique et un axe médullaire moins chromatique (fig. 13 et 14). Tantôt les globules sont adjacents les uns aux autres, d'autres fois écartés les uns des autres et, dans ce cas, ils sont réunis par des commissures un peu moins chromatiques que les globules eux mêmes.

La charpente achromatique du pronucleus reste toujours bien visible. L'on voit presque dans chaque œuf, non-seulement les bouts libres des cordons colorés se continuer dans des filaments achromatiques bien apparents, mais aussi des filaments collatéraux s'insérer aux globules constitutifs de ces cordons.

Parmi les granules achromatiques que l'on distingue, tant dans le contour achromatique des pronucleus, que sur le trajet des filaments achromatiques les plus volumineux, il en est qui sont beaucoup plus gros que ceux que l'on pouvait distinguer aux stades précédents.

Fréquemment on voit les pronucleus, pourvus chacun d'un

gros cordon nucléaire contourné, gagner le pôle inférieur de
l'œuf, c'est-à-dire le point de la surface du vitellus le plus
éloigné de celui qui porte le second globule polaire (pl. XIX*bis*,
fig. 13 et 14).

Vers la fin de la période que nous considérons, tantôt un
peu plus tôt, tantôt un peu plus tard, le cordon nucléaire, dans
chacun des pronucleus, se coupe en deux vers le milieu de sa
longueur. L'un de ces cordons est déjà divisé dans la figure 12
et l'on voit que la rupture s'est faite du côté de la périphérie
du pronucleus. Le point où s'opèrera la rupture semble déjà
indiqué, dans le second cordon, par deux globules chromatiques
beaucoup plus volumineux que tous les autres.

La figure 15 montre aussi la rupture opérée dans l'un des
cordons, annoncée dans le second. C'est là le phénomène
découvert par Flemming et désigné par lui sous le nom de
segmentation.

Il se constitue ainsi, par segmentation transversale du
cordon, dans chaque pronucleus, deux anses chromatiques
(pl. XIX*bis*, fig. 19), dont les bouts libres sont toujours
dirigés vers la périphérie.

J'ai pu m'assurer, par l'examen d'un grand nombre d'œufs,
que la rupture du cordon ne se fait pas comme s'il était
sectionné au moyen d'un instrument tranchant. Il faut se
figurer l'interruption qui se produit dans le cordon, comme
résultant bien plutôt d'un afflux de la substance chromatique
vers les deux extrémités du cordon, d'où résulte un amincissement médian et une décoloration progressive de cette
partie amincie. Cette partie médiane du cordon devient achromatique et l'on voit alors les bouts libres des deux anses
chromatiques reliés entre eux par une commissure en grande
partie achromatique. La figure 15 montre bien cette continuation des bouts libres des anses chromatiques dans un filament
achromatique, moniliforme et très épais.

Je ne connais pas d'images qui prouvent d'une façon plus
incontestable l'existence d'un stroma achromatique dans les
filaments chromatiques des noyaux en voie de division.

J'ai vu souvent aussi, à ce stade, les granules achromatiques, parfois très volumineux de l'ancienne membrane du pronucleus se continuer avec des fibrilles moniliformes du protoplasme vitellin, comme je l'ai représenté (pl. XIX*bis*, fig. 15).

Je n'ai jamais vu apparaître, pendant la série des stades que je viens de décrire, aucune trace de fuseau achromatique, ni de poles d'attraction. Pour autant que l'on puisse se fonder sur des caractères négatifs je crois pouvoir exprimer l'opinion que ces pôles ne s'accusent qu'au stade suivant, répondant à la phase étoilée de Flemming.

Je suis loin de vouloir émettre le moindre doute sur les données si précises de Flemming en ce qui concerne le moment où la disposition dicentrique se manifeste dans les cellules qu'il a si bien étudiées; j'ai moi même observé dans un œuf de lapin, en voie de segmentation, l'existence manifeste de deux centres d'attraction, entourés chacun d'une belle étoile protoplasmique, aux deux cotés d'une masse nucléaire globuleuse, dans laquelle se voyaient encore très distinctement les deux pronucleus. Ceux-ci n'avaient subi encore aucune altération. Peut-être n'y a-t-il aucune liaison de cause à effet entre l'apparition de la figure dicentrique dans le protoplasme et la formation des cordons pelotonnés dans le noyau. L'indépendance des deux phénomènes semble résulter de ce fait que, lors de la formation de cordons pelotonnés dans le noyau, on ne distingue, dans cet élément, aucune particularité que l'on puisse rapporter à l'apparition, dans le protoplasme, de deux centres d'attraction; et, s'il en est ainsi, il n'y aurait rien d'étonnant à ce que l'on constate, entre cellules différentes, des variations quant au moment de l'apparition de la figure dicentrique.

J'ai le premier signalé le fait important qu'il se produit, pendant la division karyokinétique des noyaux, des changements dans la constitution physique et chimique du protoplasme cellulaire. Ces modifications se manifestent notamment par le fait que le corps cellulaire d'une cellule en voie de division présente, pour le carmin, un affinité beaucoup plus

grande qu'à l'état de repos. Dans les f... ...
du lapin, constitués à la façon d'un épith... ...
simple, le fait saute aux yeux. Dès que l'... ...
ces épithéliums les cellules en voie de divisio... ...
comme des tâches colorées, au milieu du fond ...
plus pâle formé par les autres cellules. Si l'on ...
membranes, sans coloration préalable, ces même...
font remarquer par une plus grande réfringence ...
stance qui les constitue.

Flemming a pleinement confirmé ces faits par ...
a faite de la division indirecte, dans les épith...
salamandre; il exprime l'opinion que les change...
s'agit dépendent de ce que le corps de la cellule ...
deux couches, l'une corticale plus dense et l'autre ...
claire et probablement plus fluide.

J'ai constaté, en ce qui concerne les œufs de l'...
cheval, que le même fait se reproduit. Vers la fin ...
caractérisé par le pelotonnement, au moment où ...
se constituent, le corps vitellin change d'aspect : il ...
plus petit, plus réfringent et il acquiert une plu... ...
affinité pour les matières colorantes. Je n'ai pas ...
division signalée par Flemming en une couche ext... ...
réfringente et une couche interne plus claire.

Ces propriétés nouvelles qu'acquiert le vitellus ...
plus apparentes encore au stade étoilé et se ...
jusqu'au moment où la division en deux bla... ...
complètement achevée. Une fois les noyaux filles ...
le vitellus reprend une apparence grossièrement ...
et il perd son affinité pour le carmin.

Le changement qui se produit dans les propriété...
pendant la division n'apparaît pas simultanément ...
l'étendue du corps cellulaire. C'est d'abord au vois... ...
le second globule polaire que le vitellus devient ...
plus apte à fixer la matière colorante; il subit ...
temps, soit un peu après, une modification sem... ...
pôle, au pourtour des pronucleus. A ...

distingue une zône équatoriale plus granuleuse et moins
colorée, comme je l'ai représenté (pl. XIX*bis*, fig. 14). Au
pôle supérieur se voit un croissant plus dense dont les cornes
se perdent inférieurement dans le contour du globe vitellin.
Peut-être, lors de l'acheminement des pronucleus vers le
centre du vitellus, la calotte plus colorée s'étend-elle sur tout
le pourtour du corps vitellin et constitue-t-elle alors la couche
marginale de Flemming. Mon attention n'a pas été particulièrement fixée sur ce point. Peut-être les variations que l'on
constate dans la position du second globule polaire relativement à l'axe de la future figure dicentrique dépendent-elles
de cet enveloppement progressif de l'hémisphère inférieur du
vitellus par la calotte plus dense et plus colorée qui apparait
d'abord au pôle supérieur.

2ᵉ STADE. — Phase stellaire ou étoilée de la figure chromatique. — Formation des sphères attractives et des asters. — Division de la plaque équatoriale chromatique.

Les contours achromatiques des deux pronucleus deviennent de moins en moins distincts; ces corps accolés l'un à
l'autre forment maintenant ensemble une masse claire qui,
vue dans certaines directions, paraît indivise (pl. XIX*bis*,
fig. 16, 20 et suivantes); mais, que cette disparition des limites
des deux pronucleus n'est qu'apparente, cela résulte clairement
d'images comme celle que j'ai représentée planche XIX*ter*,
figure 2, où le contour de chacun des pronucleus pouvait
encore être distingué. De semblables images sont fréquentes.

L'amas clair formé par les deux pronucleus, réunis en un
corps unique en apparence, semble augmenter de volume; il
gagne le centre du globe vitellin (pl. XIX*ter*). Le contour de
la masse achromatique des anciens pronucleus est toujours
indiqué par un pointillé dont les gros points pâles sont les
derniers vestiges des granules achromatiques des phases
précédentes. Dans l'intérieur de la masse se voient encore
des traînées de granules semblables, anastomosées entre

elles; les plus apparentes de ces trainées se montrent
toujours dans la prolongation des filaments chromatiques
(pl. XIX*ter*, fig. 2).

La masse achromatique renferme quatre anses chromatiques; elles en arrivent à se trouver placées dans un seul et
même plan, le plan équatorial de la cellule en voie de division. Ce n'est que peu à peu que les quatre anses viennent
occuper cette position; mais elles se trouvent alors si bien
dans un plan unique, à mi-distance entre les centres polaires,
qui ont fait leur apparition à ce moment, que si l'on
fait rouler sur le porte-objet un œuf montrant d'abord l'une
des images représentées figure 20 à 25, on parvient toujours
à l'amener dans une position telle que le disque équatorial, vu
en coupe, apparait au milieu de l'œuf sous la forme d'un
bâtonnet transversal sombre (pl. XIX*ter*, fig. 3 et 4).

Si l'on en juge par la fréquence d'images semblables à
celles que j'ai représentées planche XIX*bis*, figures 19 à 25
et planche XIX*ter*, figure 1 à 4, le stade que nous décri-
vons doit être le plus persistant de tous ceux de l'évolution
karyokinétique. Il semble qu'il faut un temps relativement
considérable pour amener les anses dans la position qu'elles
doivent occuper pour l'accomplissement des phénomènes ultérieurs de la division. La disposition des anses, dans le plan
équatorial, est d'ailleurs éminemment variable, comme le
montre bien la série des figures 19 à 25.

Mais les figures 20, 21, 23, 24 et 25 ont ceci de commun
que les anses ne se coupent pas; elles ne sont nulle part ni
superposées, ni entrecroisées. Il n'en est pas de même dans
les figures 16, 17, 18, 19 et 22. Je considère ces dernières
formes comme moins avancées que celles dans lesquelles les
anses se trouvent toutes juxtaposées dans un seul et même
plan équatorial. Les phénomènes ultérieurs de la division ne
peuvent s'accomplir sans cette juxtaposition. Les anses en
arrivent-elles toujours à se poser comme elles le sont dans la
figure 24, où chacune d'elles à sa convexité dirigée vers le
centre de la figure, ses extrémités tournées vers la périphérie?

se forme t-il, dans tous les cas, une étoile proprement dite, une figure comparable à une roue de voiture? ou bien des disques équatoriaux comme ceux que j'ai figurés (pl. XIX*bis*, fig. 20, 21, 22 et 25) peuvent ils, sans passer par la phase étoilée proprement dite (fig. 24), donner lieu directement aux stades ultérieurs du développement? Je ne puis pas résoudre cette question, qui me paraît d'ailleurs présenter une médiocre importance.

Le nombre des anses est constant : on en trouve régulièrement quatre ; elles sont approximativement de même longueur. Il ressort avec la dernière évidence de l'étude des stades antérieurs du développement que deux de ces anses proviennent du pronucleus mâle, les deux autres du pronucleus femelle.

Parmi des centaines d'œufs montrant distinctement la figure à quatre anses, je n'en ai trouvé qu'un seul qui, au point de vue du nombre des filaments chromatiques, fit exception. C'est celui que j'ai représenté planche XIX*bis*, figure 23. Indépendamment des quatre anses ordinaires il y avait dans la plaque équatoriale de cet œuf un cinquième filament beaucoup plus long que les autres. Sa longueur était environ double de celle des autres. Peut-être s'agissait-il là d'un œuf dans lequel deux zoospermes avaient réussi à pénétrer. A en juger par la constance qui se montre, non-seulement dans le nombre, mais aussi dans la longueur moyenne des anses ordinaires, il semble qu'il s'agissait bien dans cet œuf d'un élément surajouté. Je pense que ce cinquième filament provient d'un second pronucleus mâle. Il est probable qu'il se serait segmenté ultérieurement en deux moitiés et qu'il aurait donné lieu à deux anses supplémentaires. A part cette particularité, cet œuf ne présentait aucun caractère exceptionnel.

Flemming a compté, chez la salamandre, le nombre des anses de la figure stellaire. Dans quatre cellules épithéliales, où il lui fut possible de déterminer avec certitude le nombre de ces éléments, il en trouva constamment 24. Retzius trouve que, chez le Triton, le nombre de ces anses est en moyenne de 12 à 16 ; mais ces nombres sont sujets à variations.

par opposition aux cordons chromatiques équatoriaux ou primaires.

Un cordon primaire donne donc naissance à deux cordons secondaires et à une substance chromophile interposée entre ces cordons. Une anse primaire se dédouble en deux anses secondaires et les huit anses secondaires se trouvent groupées, quatre par quatre, dans deux plans subéquatoriaux parallèles à l'équateur (pl. XIX*bis*, fig. 25, vue de face, pl. XIX*ter*, fig. 4, 5 et 6, phases successives d'écartement des deux plans subéquatoriaux, vue de profil).

Je dois faire observer ici que si l'on examine avec soin les extrémités des cordons primaires, au moment où ils sont déjà transformés en bandelettes, l'on y voit fréquemment les bordures chromatiques se continuer l'une dans l'autre (pl. XIX*bis*, fig. 16). De même aussi, après le dédoublement, l'on voit souvent les anses secondaires, assez éloignées l'une de l'autre vers leur milieu, tandis qu'à leurs extrémités elles sont encore en continuité l'une avec l'autre (pl. XIX*bis*, fig. 25). Le même fait s'observe dans les figures 1 et 3 de la planche XIX*ter*. Cependant l'on constate de légères variations dans la manière dont les cordons secondaires se comportent l'un vis-à-vis de l'autre aux extrémités des bandelettes primaires. Dans la figure 1 par exemple (pl. XIX*bis*) l'on voit l'une des bandelettes coupée, à son extrémité, par une section nette; chaque bordure marginale se termine par un globule chromatique assez volumineux et il peut y avoir doute sur la question de savoir si ces deux globules terminaux sont encore en continuité l'un avec l'autre, autrement que par l'intermédiaire de la substance moins chromophile de la bandelette. Dans la plupart des cas, au contraire les bouts sont arrondis et ils sont régulièrement bordés par le cordon chromatique marginal. D'après cela la rupture parait pouvoir se faire soit un peu plus tôt, soit un peu plus tard. Mais c'est un fait général que la continuité entre les deux cordons secondaires se maintient plus longtemps aux extrémités de ces cordons et que leur écartement progresse plus rapidement vers le milieu de leur longueur (pl. XIX*ter*, fig. 7).

Avant d'aller plus loin, nous devons nous poser cette question : Comment s'accomplit le dédoublement des cordons primaires? Il est à remarquer que, dans ce phénomène du dédoublement, un cordon équatorial ou primaire ne donne pas seulement naissance à deux cordons secondaires ou subéquatoriaux, mais aussi à une lame interposée entre ces derniers; cette lame est moins chromatique, mais cependant manifestement avide de carmin; je l'appellerai la " lame intermédiaire " et la substance qui la constitue je la désignerai sous le nom de " substance intermédiaire. "

En même temps que le cordon primaire s'aplatit, la substance chromatique se porte à la périphérie, la substance intermédiaire s'accumule dans la cavité virtuelle délimitée par la couche chromatique corticale. Cette couche chromatique marginale se forme t-elle au début suivant toute la surface du cordon primaire, auquel cas il faudrait admettre un stade tubulaire, ou s'amasse-t-elle directement le long des bords de la bandelette? Je ne puis pas résoudre cette question; mais je pense cependant qu'au stade figuré planche XIX*bis*, figure 16, ce stade tubulaire se présente, tout au moins pour les extrémités renflées des cordons. C'est ce qui paraît résulter de l'examen de ces extrémités vues en raccourci. Si pendant quelques instants le cordon prend cette forme, en tout cas le stade tubulaire est de très courte durée : la couche corticale, plus épaisse dès le début suivant les bords de la bandelette, s'interrompt suivant ses faces, et là la substance intermédiaire est mise à nu. La concentration de plus en plus complète, vers les bords, de la couche marginale chromatique, amène la formation de globules arrondis, aux dépens de lames incurvées, telles que nous les avons représentées (pl. XIX*ter*, fig. 4). Dès lors les cordons secondaires se trouvent constitués. Les gros globules primaires se sont dédoublés en deux globules secondaires moins volumineux; et chaque cordon secondaire reproduit, en moindre épaisseur, la forme exacte du cordon primaire dont il provient. De là l'identité de constitution des deux anses jumelles.

Nous allons voir qu'au stade suivant les anses secondaires de l'un des plans subéquatoriaux se rendent vers l'un des pôles de la figure, que celles de l'autre se portent graduelle-ment vers l'autre pôle et que chacun des noyaux des deux premiers blastomères va se former, au moins en partie, aux dépens des quatre anses secondaires du plan subéquatorial correspondant.

Tel est manifestement la raison d'être du dédoublement des cordons primaires. Chaque cordon fournit une moitié de sa substance à chacun des noyaux filles. Si nous nous rappelons que des quatre anses constitutives du disque équatorial deux proviennent du pronucleus mâle, tandis que les deux autres dérivent du pronucleus femelle, nous en arrivons à cette con-clusion que chaque noyau fille reçoit la moitié de sa substance chromatique du zoosperme, l'autre de l'œuf. Si les pronucleus ont un caractère sexuel, si l'un est mâle, l'autre femelle, il est clair que les noyaux des deux premiers blastomères sont hermaphrodites.

La raison du dédoublement des cordons chromatiques, lors de la division des noyaux, a été soupçonnée par Flemming : il s'est demandé si chaque anse primaire ne fournit pas une anse secondaire à chacun des noyaux filles. Quelque pro-bable que lui paraissait cette hypothèse, qui était de nature à faire comprendre le pourquoi du dédoublement, il ne pouvait l'appuyer sur aucun fait d'observation; le nombre considérable des anses que l'on observe dans les noyaux de la salamandre ne permet pas de suivre chacune des anses et de voir ce qu'elle devient. Une semblable difficulté ne se présente pas dans les figures typiques de l'œuf et aussi des blastomères de l'ascaride du cheval. C'est cette simplicité relative qui m'a permis de trancher positivement ce point si important pour l'histoire de la division indirecte des cellules et d'établir la filiation de la substance chromatique des noyaux cellulaires jusques dans les gonocytes mâle et femelle, le spermatozoïde d'une part, l'œuf mûr de l'autre.

Je dois à ce sujet, appeler encore l'attention sur un rapport qui peut n'être qu'accidentel, auquel cas il ne faudrait lui attribuer aucune importance, mais qui peut-être aussi tout autre chose qu'une simple coïncidence; il acquerrerait alors une haute signification. L'étude minutieuse de l'ovogenèse et de la division cellulaire dans les tissus de l'ascaride du cheval serait nécessaire pour trancher la question.

J'ai dit que le pronucleus mâle comme le pronucleus femelle fournissent régulièrement deux anses, ni plus ni moins, au disque équatorial. Or, j'ai montré plus haut la dualité constante du pronucleus femelle et j'ai fait voir que quelques indices permettent de soupçonner que cette même dualité de composition se trouve aussi dans le pronucleus mâle. Dans le pronucleus femelle et peut-être aussi dans le pronucleus mâle il existe, au début, deux masses chromatiques. Cette identité dans le nombre des anses chromatiques qui se forment aux dépens d'un pronucleus et des masses chromatiques qui existent dans le pronucleus, au moment de sa naissance, est remarquable. Y a-t-il là simplement coïncidence ou y a-t-il un rapport de cause à effet entre la constitution de l'ébauche du pronucleus et les produits de son évolution ? C'est là certes une question qui mériterait d'être étudiée. Si l'on se rappelle, d'autre part, que dans le nucléole de l'œuf il existe deux disques chromatiques, que nous trouvons ces mêmes disques dans la première et dans la seconde figure pseudokaryokinétiques, que ces disques paraissent subir deux réductions successives lors de la formation du premier et du second globule polaires, qu'on les retrouve encore dans les deux masses chromatiques du pronucleus femelle, l'on peut se demander si la raison pour laquelle il ne se forme dans le pronucleus femelle que deux anses chromatiques ne se trouve pas déjà dans la constitution du nucléole de l'œuf. Je me borne à soulever cette question. Il faudrait rechercher dans l'histoire de l'œuf l'explication de la dualité de ce nucléole ovulaire. Il y a là toute une série de recherches nouvelles à faire et peut-être ces études conduiraient-elles à des résultats importants.

Dans la formation du noyau de chacun des deux premiers
blastomères interviennent deux anses chromatiques mâles et
deux anses femelles. Lorsque ces blastomères se divisent
chaque noyau donne à son tour naissance à quatre anses
(pl. XIX*ter*, fig. 14) et il en est de même lors de la division
des quatre premiers blastomères. Je n'ai pas pu poursuivre
la segmentation plus loin; mais si le même fait se reproduit
indéfiniment, ce qui n'a rien d'invraisemblable, il y aurait
dans tout noyau de cellule de l'ascaride du cheval l'équivalent
de quatre anses chromatiques. Puisque dans les noyaux des
deux premiers blastomères se trouve, en fait de substance
chromatique, l'équivalent de deux anses mâles et de deux
anses femelles, il est éminemment probable qu'il en est de
même pour les cellules subséquentes. La circonstance que,
lors de la division de deux en quatre et de quatre en huit,
il existe dans chaque disque équatorial quatre anses chromatiques, permet de supposer que deux d'entre elles sont mâles
et deux autres femelles. La ressemblance parfaite que l'on
constate entre le disque équatorial d'un blastomère en voie
de division et le disque équatorial de l'œuf constitué de deux
anses mâles et deux anses femelles, justifie cette supposition.
Il est probable, dès lors, que les deux substances chromatiques l'une mâle, l'autre femelle se réunissent dans le noyau,
mais qu'elles ne se confondent pas et, qu'au moment de la
division, elles se localisent en deux anses mâles d'un part en
deux anses femelles de l'autre. Cela parait résulter de ce fait
que le disque équatorial renferme constamment quatre anses
ni plus, ni moins.

Si telle est la constitution des noyaux, dans les cellules des
tissus de l'ascaride du cheval, il est probable qu'il doit en
être de même pour les œufs et pour les spermatogonies.
Dans l'œuf ovarien toute la substance chromatique se concentre dans l'élément que l'on appelle le nucléole ovulaire;
certes cet élément n'est pas l'équivalent de ce que Flemming
et Retzius appellent des nucléoles dans les cellules des tissus.
Tout le réticulum chromatique, y compris les nucléoles, parait

s'être condensé dans le corpuscule germinatif. Or, cet élément se constitue de deux disques distincts. Il est permis de supposer que chaque disque est l'équivalent d'une anse mâle et d'une anse femelle, et que, lors de la formation des globules polaires, chaque disque rejetterait, en deux poussées successives, l'anse mâle qu'il renferme. La cellule œuf deviendrait, par cette élimination, un gonocyte exclusivement femelle. Une spermatogonie donne naissance, chez l'ascaride mégalocéphale, à deux spermatogemmes composés chacun de quatre spermatocytes; et chacun de ceux-ci se dédouble en un zoosperme et en une portion cytophorale (pl. XIX*ter*, 19 et 20).

Y a-t-il réellement entre les rapports numériques que je signale ici une raison d'être conforme à l'idée que je viens d'exprimer? Je ne puis à cet égard émettre qu'une hypothèse; je n'attache à ce rapprochement aucun autre valeur; mais peut-être l'idée, quelque hypothétique qu'en soit le caractère, provoquera-t-elle de nouvelles recherches. C'est là le but unique que je poursuis en l'émettant.

C'est au stade stellaire qu'apparaissent, dans le protoplasme ovulaire, les poles et les différenciations polaires de la figure karyokinétique. L'on a décrit depuis longtemps, dans les œufs en voie de division, un fuseau achromatique. Mayzel a révélé son existence dans les cellules animales constitutives des tissus. Les fibrilles achromatiques du fuseau partent en rayonnant des espaces clairs qui occupent, dans les blastomères en voie de division, les extrémités du fuseau. Autour de ces espaces clairs rayonnent des trainées de granulations vitellines; Flemming les appelle *Radiärstrahlen*; Fol a donné aux espaces clairs et aux rayons qui en partent, le nom d'*asters*.

Les deux asters, avec le fuseau qui réunit entre eux les centres des deux étoiles constituent ce que Fol a appelé un *amphiaster*. J'ai le premier signalé l'existence dans certaines cellules (œufs des Dicyémides en segmentation), au centre de chaque étoile, d'un petit corpuscule et je lui ai donné le nom de " corpuscule polaire. „ Cet élément a été trouvé depuis dans d'autres cellules et le nom de corpuscule polaire a été

accepté par Flemming et par plusieurs autres histologistes. J'ai
aussi reconnu que dans les cellules en division de l'ectoderme
du lapin l'on observe les mêmes asters terminaux que l'on ne
connaissait à cette époque, que dans les œufs en segmentation.

Flemming a retrouvé ces asters dans les cellules des tissus
de la salamandre. Ces centres d'attraction de la figure il les
voit se révéler dès le début du stade de pelotonnement.

Il me parait que dans l'œuf de l'ascaride du cheval l'apparition de la figure dicentrique est plus tardive. C'est au stade
stellaire que se montrent les premiers indices de cette formation, et que deux centres d'attraction se manifestent dans le
corps protoplasmique de l'œuf (pl. XIX*bis*, fig. 16, pl. XIX*ter*,
fig. 2). Il apparait à chacune des extrémités d'un axe perpendiculaire au plan équatorial, dans lequel siège l'étoile formée par
les anses chromatiques, un corps clair délimité par un cercle de
granules achromatiques. Ce corps sphéroïdal est formé d'une
substance plus homogène que le vitellus ambiant; il présente
en outre une affinité plus grande pour le carmin. Il s'agit
donc d'une formation morphologique distincte et je propose
de désigner ces corps sous le nom de *sphères attractives*. Au
centre de chacune des sphères se voit un globule ou un
groupe de globules différenciés auxquels je conserve le nom de
" Corpuscules polaires. „ De chaque corpuscule central partent
radiairement, dans toutes les directions, des lignes très fines
qui paraissent rattacher au corpuscule polaire les grains
achromatiques du contour de la sphère attractive. Mais
ces lignes se prolongent au delà des limites de la sphère
jusques dans le protoplasme vitellin, auquel elles donnent une
structure radiaire. Tantôt tous les rayons divergents de l'étoile
sont également pâles dans les limites de la sphère attractive
(pl. XIX*ter*, fig. 2); mais parfois quelques rayons dirigés
vers le disque équatorial sont plus apparents que les autres.
Ils forment alors avec le corpuscule polaire, vers lequel ils
convergent, une figure en éventail (pl. XIX*ter*, fig. 3). Il
n'est pas toujours possible, tant s'en faut, de suivre jusqu'au
disque équatorial les rayons de cet éventail, qui sont d'ail-

leurs invariablement interrompus à la limite de la sphère attractive : ils s'y fixent à des granules achromatiques assez volumineux. Mais parfois on peut les voir se prolonger au delà, et s'étendre dans la substance achromatique des anciens pronucleus, jusqu'au disque équatorial ou aux disques subéquatoriaux (pl. XIX*ter*, fig. 4, 6, 7 et 8). Ils paraissent se fixer aux anses chromatiques primaires ou secondaires; mais je n'ai jamais pu m'assurer qu'ils reliassent entre eux les pôles de la figure dicentrique. Il me paraît bien plutôt, à en juger par des images comme celles que j'ai représentées figures 6 et 7 (pl. XIX*ter*), que les filaments achromatiques ne dépassent pas les disques subéquatoriaux et qu'ils ne forment jamais à eux seuls un fuseau achromatique complet. Conformément à l'opinion de Fol les fibrilles achromatiques du soi-disant fuseau ne sont que des rayons plus accentués de l'étoile attractive. Ces éléments se fixent aux anses chromatiques secondaires.

Je n'ai pas de données bien précises sur l'origine des divers éléments dont je viens de parler. Dès le moment où j'aperçois une sphère attractive je la trouve constituée comme je viens de le dire. Mes observations ne peuvent donc pas servir à élucider la question controversée entre Strasburger et Flemming de l'origine des fibrilles achromatiques du fuseau. Mais il me paraît incontestable que, de même que toute la sphère attractive, la portion de ces fibrilles qui siège dans la sphère, est d'origine protoplasmique et probable que la portion qui se trouve entre la sphère et le disque équatorial se forme aux dépens des fibrilles achromatiques des pronucleus.

Cette manière de voir est certes hypothétique; mais elle est fondée sur la position originelle de la sphère attractive et sur le fait établi plus haut de la continuité organique entre les fibrilles achromatiques intranucléaires et les fibrilles moniliformes du protoplasme.

A mon avis, l'apparition des sphères attractives, du corpuscule polaire et des rayons qui en partent, y compris les fibrilles achromatiques du fuseau sont le résultat de l'appa-

rition de deux centres d'attraction, comparables à deux pôles
magnétiques dans le protoplasme ovulaire. Cette apparition
entraine un arrangement régulier des fibrilles treillissées du
protoplasme et de la substance nucléaire achromatique par
rapport à ces centres, de la même manière qu'un aimant
provoque l'arrangement stellaire de la limaille de fer sur la
feuille de papier, sous laquelle se trouve placé l'aimant.
Si la structure du protoplasme est celle que j'ai décrite,
il est beaucoup plus admissible que les fibrilles radiées
et celles du fuseau sont, comme dans le cas des figures
pseudokaryokinétiques, des fibrilles moniliformes devenues plus
apparentes et plus homogènes, que de supposer une émission
de fibrilles achromatiques aux dépens d'un corpuscule polaire
ou vers le corpuscule. Le fait que la sphère attractive se
forme et siège dans le corps cellulaire prouve que la portion
terminale du fuseau ne peut être d'origine nucléaire et la
continuité existant entre les éléments achromatiques du
protoplasme et ceux des pronucleus enlève toute difficulté à
l'hypothèse de l'origine nucléaire d'une portion de chacun
de ces filaments.

Une autre remarque que j'ai à faire ici c'est que, quand
les sphères attractives ont fait leur apparition, les gros grains
achromatiques de l'ancienne membrane achromatique des pronucleus, et probablement aussi les granules plus fins du
contenu achromatique des pronucleus se rangent en lignes
régulières, convergentes vers les centres de la figure dicentrique. Ils constituent des lignes méridiennes à la surface
de la masse claire des pronucleus. Celle-ci est déprimée au
contact des sphères attractives (pl. XIX*ter*, fig. 3 et 6).

Un mot d'historique sur les éléments achromatiques que je
viens de décrire.

Le fuseau achromatique est très-apparent dans les œufs
de beaucoup d'animaux et aussi dans les cellules végétales.
Au début des recherches modernes sur la division cellulaire
(Bütschli, Strasburger) l'on a cru que le fuseau constituait la
partie essentielle du noyau en voie de division. Bütschli et

Strasburger lui ont donné le nom de *fuseau nucléaire, Kern-spindel*, et, à leurs yeux, cette dénomination était à peu près synonyme de noyau en voie de division. La figure chromatique est par contre, dans beaucoup de ces cas, moins apparente. Avant l'emploi des matières colorantes l'on considérait les éléments chromatiques comme des portions différenciées du fuseau nucléaire et Strasburger donna à l'ensemble des éléments chromatiques, réunis en un disque équatorial, le nom de *plaque nucléaire, Kernplatte.*

C'est Mayzel le premier qui découvrit le fuseau nucléaire dans les cellules constitutives des tissus des animaux supérieurs (Endothelium de la face postérieure de la cornée de la grenouille). Après l'avoir d'abord cherché en vain, Flemming finit par le trouver dans les cellules en division des tissus de la salamandre. Mais dans l'esprit de quelques histologistes modernes règnent encore quelques doutes sur la généralité de son existence et, dans un travail récent, Pfitzner, en parlant du fuseau, s'exprime ainsi : " *Dass sie nichts Primäres, überhaupt nichts für den Theilungsprocess wesentliches darstellen können, beweise wohl schon die Unscheinbarkeit und Inconstanz der achromatischen Figuren.* „ C'est avec raison, à mon avis, que Flemming s'élève contre cette manière de voir et qu'il soutient l'importance du fuseau achromatique et l'universalité de sa présence dans les noyaux en voie de division. Je ne puis que me rallier complètement à l'argumentation sur laquelle il fonde sa manière de voir.

Mais les résultats de mes recherches diffèrent de celles de mes devanciers en ce que tous admettent l'existence d'un fuseau complet, c'est-à-dire de fibrilles achromatiques reliant entre eux les deux pôles de la figure dicentrique. Je pense, au contraire, que le fuseau est incomplet : il se constitue de deux moitiés coniques indépendantes, dont les bases répondent au disque équatorial; les fibrilles s'y insèrent aux éléments chromatiques, et, au lieu d'un fuseau proprement dit, je ne trouve, chez l'ascaride du cheval, que des cônes fibrillaires. Au stade caractérisé par la présence d'un disque équatorial

Tous les œufs montrent, au stade que nous considérons, des indices plus ou moins accusés de ces saillies superficielles qui paraissent résulter de ce que chaque centre d'attraction n'exerce son influence que sur une portion limitée du vitellus; il reste, entre ces portions dites polaires, une zone intermédiaire que j'ai appelée la zone équatoriale. (Voir les fig. 3 à 7 de la pl. XIX*ter*. Les contours ont été exactement dessinés à la chambre claire, au 1/12 Imm. homogène de Zeiss, et, autant que possible, les dimensions des détails ont été également prises à la chambre claire.)

J'ai constaté des faits du même ordre dans l'étude que j'ai entreprise, il y a deux ans déjà, de la spermatogénèse chez l'ascaris du cheval. La planche XIX*ter* (fig. 16 et 17) représente deux stades de la division d'une spermatogonie.

Flemming distingue la phase stellaire de celle qui se caractérise par l'arrangement des anses en deux groupes parallèles, de façon à former ensemble une plaque équatoriale. Au stade stellaire il a observé, sur le vivant, des mouvements alternatifs d'écartement et de rapprochement des anses vers le plan équatorial de la figure. Il avait proposé de désigner ces expansions et ces rétractions alternatives de l'ensemble des anses sous le nom de diastoles et de systoles; mais dans son dernier ouvrage il abandonne ces dénominations. Ces mouvements Retzius ne les a pas observés chez les tritons. Il me paraît peu probable qu'ils se produisent dans le cas de l'ascaride du cheval, avec le caractère que Flemming leur a constaté chez la salamandre.

Je ne pense donc pas que ces mouvements, en tant qu'alternativement diastoliques et systoliques, présentent aucune importance principielle. Le résultat à obtenir c'est un arrangement tel des anses que les entrecroisements et les superpositions soient évités, afin de rendre possible le cheminement ultérieur des anses secondaires vers les pôles. Le caractère des déplacements qui se produisent, pour amener cet arrangement varient probablement suivant les cas, et avant tout d'après le degré de complication de la figure et le nombre des anses. Très souvent, chez l'ascaride du cheval, dès le moment où la fragmentation du cordon chromatique se produit dans chacun des pronucleus, les anses occupent la position voulue; elles se trouvent juxtaposées, sans se croiser, dans un même plan (pl. XIX*bis*, fig. 15).

En même temps leur dédoublement commence, les disques subéquatoriaux, formant encore ensemble la plaque équatoriale se constituent; les sphères attractives ont fait leur apparition et bientôt l'écartement des anses secondaires commence. Le dédoublement et par conséquent la formation des deux disques subéquatoriaux sont une seule et même chose et l'un et l'autre phénomène s'accomplissent dès que la disposition stellaire des anses primaires se trouve réalisée.

Je suis loin de vouloir contester l'utilité des divisions établies par Flemming pour l'analyse de la succession des phénomènes dans certains cellules, où le nombre des anses, comme chez la salamandre, par exemple, donne lieu à des figures très complexes. Mais il ne s'agit là que de coupes établies pour faciliter la description et fixer plus exactement la succession des phénomènes. L'avantage qu'il peut y avoir, dans certains cas, à établir un plus grand nombre de ces coupes peut devenir une difficulté dans d'autres conditions. Si je crois inutile d'adopter, en ce qui concerne l'ascaride du cheval, deux phases distinctes dans l'ensemble des phénomènes que je rattache à une seule et même période de l'histoire de la division, je n'en suis pas moins en complet accord avec Flemming, en ce qui concerne la succession des évènements. C'est à lui que restera le mérite d'avoir analysé les phénomènes complexes dont il s'agit et d'avoir reconnu leur filiation. Les coupes qu'il a établies, dans l'histoire de la division indirecte, n'ont pas été sans exercer une heureuse influence sur la clarté et la précision de l'admirable exposition qu'il en a faite.

3me STADE. — Ecartement des anses secondaires; forme étoilée des noyaux filles; Dyaster de Flemming.

1° *Figure chromatique.* — Les disques subéquatoriaux formés par les anses secondaires s'écartent l'un de l'autre et en même temps chacun d'eux s'infléchit de façon à donner lieu à une lame incurvée tournant sa convexité vers le pôle, sa concavité vers le plan équatorial. Ceci résulte simplement de ce que, dans chacune des anciennes anses primaires, l'écartement des anses secondaires progresse moins rapidement aux extrémités des cordons, où les deux anses secondaires congénères restent encore unies, alors qu'elles sont déjà assez éloignées l'une de l'autre dans la plus grande partie de leur longueur et surtout à leur milieu. Mais on reconnait que, pendant cet écartement, les anses secondaires jumelles sont encore reliées entre elles par la lame intermédiaire qui s'allonge progressivement. L'on remarque, en effet, dans toutes les images comme celles que j'ai figurées planche XIX*ter,* fig. 6, 7, 8 et 9, que l'espace compris entre deux anses secondaires est occupé par une substance relativement sombre et chromophile, mais se colorant de moins en moins au fur et à mesure que l'écartement progresse. Cet espace, d'abord lenticulaire ou discoïde (fig. 6 et 7), devient bientôt ovoïde, ou, plus exactement, doliforme (fig. 8 et 9). L'ovoïde, à grand axe transversal, est aplati, suivant ses faces perpendiculairement à son petit axe (fig. 8 et 9). Cet applatissement s'accuse davantage encore plus tard : les faces applaties deviennent même légèrement concaves (fig. 9 et surtout fig. 10).

Il existe manifestement au début, dans chaque disque subéquatorial, quatre anses secondaires et par conséquent huit branches divergentes, chaque anse présentant deux de ces branches (fig. 7). Les convexités des anses sont dirigées vers l'axe de la figure et, par conséquent, vers les sphères attractives; les bouts, au contraire, inclinent vers l'équateur, où les deux anses jumelles adhèrent encore entre elles (fig. 6). De là le dyaster. Quand l'espace interposé entre les deux

plans subéquatoriaux, de lenticulaire qu'il était, devient doliforme, les extrémités des anses décrivent, suivant les faces
latérales du tonneau, des sortes de méridiens et l'on constate
bientôt, suivant l'équateur, une discontinuité dans la substance
chromatique de ces méridiens (fig. 8 et 9). Cette discontinuité
s'établit, tantôt plus tôt, tantôt plus tard.

Les phénomènes de la division nucléaire s'accomplissent
exactement suivant le même processus dans les sphères de
segmentation. J'ai représenté (pl. XIX*ter*, fig. 15) un œuf
en voie de se diviser en quatre blastomères. Dans l'un des
segments en voie de division l'on distingue nettement le
tonneau : chacun des méridiens se constitue de deux demi
anses jumelles; mais l'interruption ne s'est pas encore faite
suivant l'équateur de la figure. De là probablement la hauteur
plus grande du tonneau et son peu de largeur (comparer les
fig. 15, 8 et 9). La séparation complète des anses jumelles
est ici retardée; mais elle s'accomplit dans les blastomères
exactement d'après le même processus que je vais décrire
pour l'œuf en voie de division.

La rupture entre les extrêmités d'abord continues de
deux anses jumelles ne se fait pas par une section réelle.
Quand déjà il y a manifestement discontinuité chromatique
entre les anses secondaires, l'on peut constater positivement
que les bouts des anses chromatiques subéquatoriales sont
encore reliées entre elles pas des filaments achromatiques
moniliformes, plus tenus que les filaments chromatiques dont
ils sont la continuation (fig. 8 et 9). Ces filaments doivent
être bien distingués des fibrilles achromatiques qui partent des
pôles. Comme le montent les figures 8 et 9 elles ne se trouvent
nullement dans la prolongation de ces dernières et elles présentent d'autres caractères. Il s'agit encore une fois ici d'un
stroma achromatique abandonné par la chromatine, d'après
un processus en tout semblable à celui qui se produit quand,
au stade de pelotonement, le cordon chromatique se divise en
deux anses.

Je donnerai à ces filaments achromatiques, que l'on a con-

fondus avec les fibrilles achromatiques du fuseau, le nom de
filaments réunissants.

Plus le développement progresse, plus ces filaments s'allongent. Quand déjà les noyaux filles se trouvent constitués, on
les voit toujours décrire des lignes méridiennes à la surface de
la substance claire qui remplit l'espace intermédiaire et relier
entre eux les deux noyaux filles (pl. XIX*ter*, fig. 10 et 11).
Ces filaments constituent probablement des bordures aux
lames intermédiaires, qui répondent à l'espace interposé entre
les deux noyaux filles. Cet espace s'aggrandit graduellement
et devient très étendu.

Dans des sphères de segmentation j'ai observé parfois une
répartition très inégale de la substance chromatique le long
des méridiens de la figure doliforme. Les globules chromatiques qui constituent les cordons secondaires sont de volume
éminemment variable et sont très inégalement distribués le
long de ces méridiens (stades semblables à celui que j'ai
représenté fig. 15). C'est au voisinage de l'équateur surtout
que les filaments deviennent achromatiques et qu'ils engendrent les filaments réunissants; mais en d'autres points, plus
ou moins rapprochés des faces terminales du tonneau, s'observent aussi des interruptions dans la substance chromatique :
si l'on suit un même méridien, d'un pôle à l'autre, on le voit
dans le cours de sa longueur changer plusieurs fois de caractères. De chromatique il revient achromatique; puis de
nouveau se voit un segment vivement coloré, auquel succède
encore une portion incolore. Ça et là il est impossible de dire
si le cordon moniliforme est chromatique ou non; les grains
sont d'autant plus nettement chromatiques qu'ils sont plus
gros. De même qu'il y a, dans un même méridien, de grandes
variations dans les caractères du filament qui le constitue,
de même le caractère chromatique des cordons voisins est
plus ou moins accusé, suivant leur épaisseur qui est très
sujette à variations (pl. XIX*ter*, fig. 15).

Tous ces faits démontrent une fois de plus que les cordons
chromatiques possèdent une charpente achromatique et que

ce stroma, momentanément imbibé d'une substance avide de carmin peut abandonner cette substance chromophile. Celle-ci peut se déplacer de proche en proche le long d'un semblable filament achromatique.

Il ressort de ce qui précède que le nombre des anses secondaires, dans chaque plan subéquatorial est de quatre; il ne devrait donc y avoir, dans la figure duliforme, que huit méridiens. Or, on constate fréquemment que le nombre des cordons chromatiques et des filaments réunissants à direction méridienne est plus considérable. Ce nombre est souvent difficile à déterminer; mais il m'a paru être, dans certains cas, double ou à peu près double de ce qu'il devrait être, si l'on s'en rapporte aux premiers stades : il est de seize environ. Je n'ai pu découvrir, d'une façon positive, la cause de cette multiplication des méridiens. Je soupçonne qu'ils peuvent se diviser longitudinalement en deux cordons parallèles. Je n'ai pu acquérir une certitude complète à ce sujet; mais mon opinion se fonde sur deux faits : le premier c'est que, dans la plupart des œufs arrivés à un stade intermédiaire entre les figures 9 et 10, les filaments chromatiques méridiens sont beaucoup plus grêles qu'au début de la formation des disques subéquatoriaux. Ils sont toujours, comme à tous les stades précédents, manifestement moniliformes; mais les grains sont plus petits. Le second, c'est que dans quelques tonneaux j'ai observé des couples de cordons adjacents, ou courant au voisinage l'un de l'autre, parfaitement identiques l'un à l'autre. Les variations dans la direction souvent un peu sinueuse des cordons, dans le volume des globules chromatiques, dans l'épaisseur du filament et dans son affinité pour les matières colorantes se reproduisent identiques dans les deux cordons accouplés.

2° *Figure dicentrique.* — Les sphères attractives, le double cône (fuseau) achromatique et les radiations polaires présentent les mêmes caractères qu'au stade précédent. L'ancienne limite de la masse achromatique des pronucleus tend à disparaître. Je n'en ai plus trouvé aucune trace au stade repré-

contour achromatique du noyau futur par la masse chromatique ; celle-ci gonfle, à la façon d'une éponge, au moment où
elle s'imbibe. La membrane achromatique s'imprègne à la fin
de substance chromatique et dès lors elle acquiert les propriétés chromatiques que manifestent les contours des noyaux
des blastomères arrivés à leur complet développement. Ces
noyaux se montrent constitués exactement comme les pronucleus arrivés à maturité.

Les figures 10 à 13 montrent divers stades de cette édification des noyaux filles. Les gros globules chromatiques se
résolvent en un grand nombre de filaments et de petits
globules, surtout nombreux aux entrecroisements des filaments
qui les réunissent entre eux; ceux-ci deviennent les côtés de
polyèdres de plus en plus volumineux. Dans la figure 13 l'en-
vahissement de l'espace achromatique par la charpente chromatique réticulée est encore incomplet.

L'on constate fréquemment, aux stades représentés figures 12
et 13, que la charpente chromatique du jeune noyau se montre
constituée d'une portion principale, centrale, et d'une portion
accessoire, formant un bourrelet marginal plus ou moins séparé
de la première. Je pense que la masse principale provient
de la transformation progressive du disque chromatique proprement dit, tandis que les restes des méridiens chromatiques
donnent lieu à la formation du bourrelet marginal; celui-ci
est peut-être constitué de plusieurs lobes. En certains points
de ce bourrelet on observe un passage insensible de la charpente chromatique à la charpente achromatique du noyau,
tandis que la masse centrale est toujours délimitée par une
couche chromatique continue, (fig. 13) comme c'est aussi le
cas lors de la maturation des pronucleus.

Un fait important, qui ressort clairement de l'examen
comparatif des figures 10 à 13, c'est que les sphères attractives ne prennent pas une part directe à la formation des
noyaux. Elles restent constamment en dehors du noyau, diminuent de volume et, au stade représenté figure 13, non-seulement elles sont devenues plus petites, mais aussi beaucoup

moins distinctes. Des fibrilles achromatiques du fuseau, seules les parties qui se trouvent en dehors des sphères attractives interviennent dans l'édification de la charpente achromatique des noyaux. Celle-ci se trouve souvent déprimée par la sphère attractive et cette dépression retentit souvent dans la forme de la charpente chromatique. C'est là probablement la cause des échancrures polaires des jeunes noyaux, signalées par Retzius.

Le corps du tonneau délimité extérieurement par les méridiens achromatiques, que j'ai appelés filaments réunissants, augmente progressivement de volume; il se développe surtout dans le sens transversal (fig. 10 et 11).

En même temps la zone équatoriale s'étrangle à son milieu et donne lieu à la formation d'un sillon circulaire transversal qui, au début, s'accuse un peu plus d'un côté de l'œuf que de l'autre. Ce fait a déjà été constaté par Flemming, en ce qui concerne les cellules des tissus de la salamandre. Le sillon transversal gagne en profondeur; il atteint bientôt les limites de l'ancien espace intermédiaire développé en largeur. La formation du sillon équatorial commence donc bien avant que les jeunes noyaux soient complètement édifiés.

Avant que le sillon se creuse et qu'un angle rentrant bien marqué se montre, à la coupe optique de l'œuf, trois lignes transversales, peu écartées l'une de l'autre et parallèles entre elles ont apparu dans toute la largeur de l'œuf. La ligne moyenne se trouve dans la prolongation de l'angle rentrant qui répond au sillon dont nous avons signalé plus haut l'apparition (fig. 10). L'examen comparatif des figures 10, 11, 12 et 13 montre clairement que ces lignes marquent les limites optiques de deux plaques adjacentes qui deviennent de plus en plus distinctes. Le plan d'accolement des deux plaques, c'est le plan de séparation des deux blastomères. La division s'accomplit donc par un double processus : un phénomène d'étranglement progressif, qui n'atteint que la portion corticale du vitellus, et un processus de différenciation dans l'épaisseur de la masse d'origine nucléaire que j'ai appelée la substance intermédiaire. Les deux plaques, qui dans leur ensemble répondent à la *plaque cellulaire* (*Zellplatte*) de Strasburger, se font remarquer par leur homogénéïté; elles sont un peu plus réfringentes que le reste du vitellus et se teintent un peu plus fortement en rose par le carmin. La masse intermédiaire et les filaments réunissants, qui se rendent aux plaques, se confondent peu à peu avec le protoplasme cellulaire. Les deux moitiés de la plaque cellulaire se continuent avec le contour externe du vitellus.

La forme particulière que présentent les blastomères, pendant leur séparation, déjà bien accusée au stade représenté figure 11, est des plus intéressantes, en ce qu'elle reflète bien la composition si particulière de la cellule. Nous devons y distinguer une portion polaire, qui a son centre dans la sphère attractive, et une portion corticale, recouvrant la première à la façon d'une calotte, du côté dirigé vers l'équateur. Le noyau se trouve à la limite entre les deux parties de la cellule; mais il proémine dans la portion polaire.

Je ne puis m'empêcher de signaler la ressemblance qui existe alors entre un blastomère et un œuf ovarien, tel que je l'ai décrit plus haut. L'on trouve la même constitution dans les spermatogonies en voie de division (pl. XIX*ter*, fig. 16 et 17) et même dans les zoospermes utérins.

Il est clair, d'après cela, qu'un blastomère, qui n'est en définitive qu'une cellule ordinaire, présente un axe de structure comme un œuf et un zoosperme; que les pôles de cet axe sont de valeur inégale et que le véritable centre dynamique de la cellule ne siège pas dans le noyau, mais dans la sphère attractive qui finit pas disparaître. Cela explique pourquoi les radiations du protoplasme ovulaire ne sont pas dirigées vers la vésicule germinative.

Il semble ressortir aussi de l'exposé que je viens de faire, que [les fibrilles du soit disant fuseau nucléaire ne sont que des rayons stellaires, qui se fixent aux anses chromatiques et tirent vers les sphères attractives les anses secondaires; ils se raccourcissent progressivement. J'ai cité dans le cours de ce

travail plusieurs faits qui tendent à prouver que les fibrilles
protoplasmiques sont douées de contractilité (Voir, pl. XV,
fig. 3 et 4, la déformation des zoospermes aux points d'insertion des filaments).

Les phénomènes successifs de la division cellulaire peuvent
à mon avis, être divisés en deux périodes. 1° Pendant la
première il se produit, tant dans le corps protoplasmique que
dans le noyau de la cellule, des modifications qui paraissent
être préalables à l'apparition, dans la cellule-mère, de deux
centres attractifs distincts. Ces changements ne sont pas
déterminés par ces centres, mais, au contraire, déterminent
leur formation. Le protoplasme montre des modifications dans
sa réfringence, dans son aspect, dans son affinité pour les
matières colorantes; peut-être, comme le pense Flemming, le
protoplasme se divise-t-il en une couche corticale et une masse
médullaire. Dans le noyau s'accomplissent tous les changements préalables à la formation de l'étoile équatoriale.

Cette période se termine par l'apparition dans le protoplasme de deux centres dynamiques et, dans le noyau, de la
plaque équatoriale.

Dans la seconde période tous les phénomènes que l'on
observe paraissent dépendre de l'action attractive des deux
centres dynamiques. Le vitellus se décompose en deux sphères
polaires et en une zone équatoriale; celle-ci se dédouble plus
tard en deux calottes corticales. Les deux moitiés de la
plaque cellulaire sont des produits de différenciation de ces
calottes, dans les limites de l'ancien noyau. Les éléments du
disque équatorial se dédoublent et donnent lieu à la formation
de deux charpentes chromatiques distinctes.

Toute la série des phénomènes qui se produisent lors de
la division de la première cellule embryonnaire, pourvue de
deux pronucleus se reproduit identiquement la même et dans
le même ordre, quand les deux blastomères se divisent en
quatre (fig. 14 et 15) et quand leurs dérivés se segmentent à
leur tour en huit cellules. Je n'ai pas étudié les segmentations

antérieures. La seule différence c'est que les phénomènes qui s'accomplissaient dans les deux pronucleus, jouant chacun le rôle d'un demi noyau se passent, quand il s'agit d'un blastomère, dans un noyau unique.

Chaque noyau donne naissance à lui seul non pas à deux mais à quatre anses chromatiques. La division des deux premiers blastomères ne se fait pas simultanément: on les trouve toujours à des stades différents de la division. Il en est de même ultérieurement.

Une dernière observation. Le second globule polaire occupe, relativement à l'axe de la figure dicentrique, des positions très diverses. Le plus souvent on le trouve au voisinage de l'une des extrémités de l'axe: (pl. XIX*ter*, fig. 1, 2, 3. 5, 6, 7, 10); quelquefois dans le plan équatorial (fig. 4 et 9); d'autres fois dans une position intermédiaire (fig. 11, 13 et 14). Change-t-il activement ou passivement de position, ou bien reste-t-il fixé au même point de la surface du vitellus et la direction de l'axe des figures karyokinétiques est elle indifférente relativement à la position qu'occupait la vésicule germinative devenue superficielle? Je ne puis répondre à ces questions. Mais il me parait plus probable que le globule polaire change de place; peut-être est il entraîné, lors de l'enveloppement de l'hémisphère inférieur de l'œuf, par la couche plus dense qui fait son apparition, sous la forme d'une calotte, à la périphérie de l'hémisphère supérieur. Auerbach a constaté que, chez *A. acuminata* et chez *Strongylus auricularis*, le premier plan de segmentation est toujours perpendiculaire à l'axe de l'œuf dont le globule polaire occupe un des poles.

Flemming a distingué, dans l'histoire de la division indirecte, en exceptant la phase initiale et la phase terminale. le noyau maternel caractérisé par son réseau chromatique et le noyau fille constitué de la même manière, les cinq phases suivantes :

NOYAU MATERNEL	NOYAUX FILLES
1. Forme pelotonnée (Spirem)	5. Forme pelotonnée Dispirem).
2. Forme stellaire (Aster chromatique	4. Forme stellaire Dyaster
3 Plaque équatoriale Metakinèse	

La série de stades de reconstitution des noyaux dérivés est la reproduction en sens inverse des phases de décomposition, si je puis ainsi m'exprimer, du noyau maternel. Flemming parait attribuer à cette manière de formuler l'histoire de la karyokinèse une certaine importance et Retzius, tout en simplifiant l'ancien schema de Flemming, se rallie en somme à cette formule.

Je ne doute point qu'en ce qui concerne la division des noyaux dans les tissus de la salamandre et des Tritons les choses ne se passent comme ces éminents histologistes l'ont décrit, et que le noyau fille ne passe pas le stade de pelotonnement avant de devenir reticulé. Cependant personne n'a vu les anses chromatiques se souder deux à deux; l'on n'a pas vu non plus le peloton devenir de plus en plus délicat par suite de l'amincissement progressif du filament chromatique. Or, le raccourcissement accompagné d'épaississement et le dédoublement des anses chromatiques sont bien caractéristiques de la première période de l'évolution karyokinétique. Tant dans l'œuf que dans les blastomères, chez l'ascaride du cheval, le stade de pelotonnement manque totalement dans la régénération des cellules filles. Des divers stades par lesquels passe le noyau maternel, lorsqu'il va se diviser, il n'en est donc qu'un seul, le stade étoilé, qui se retrouve dans la période d'édification des noyaux dérivés. Or celui-ci résulte nécessairement du dédoublement des anses primaires : aux dépens de l'étoile primaire se forment deux étoiles secondaires, nécessairement semblables entre elles et semblables à l'aster maternel. La charpente réticulée se développe directement aux dépens de ces anses, qui peut être se divisent une seconde fois, au préalable, dans le sens longitudinal. La formule de Flemming n'est donc pas applicable ici; on ne peut lui attribuer aucune valeur principielle. Il n'y a pas parallélisme entre les deux périodes de la karyokinèse; le phénomène ne suit pas une marche inverse dans les deux phases de son histoire.

Le schéma incurvé de Flemming peut être parfaitement

exact dans certains cas; mais il n'est pas applicable à tous;
le représenter par un U, c'est donner une idée inexacte de la
marche essentielle du phénomène; je préférerais le schématiser
par un Y, le pied de la lettre représentant le stade initial, les
terminaisons des branches divergentes répondant au stade final.

CHAPITRE V.

CONCLUSIONS ET RÉFLEXIONS.

I. — De la symétrie de l'œuf, du zoosperme et des blastomères.

L'étude minutieuse de l'œuf ovarien, chez l'*Ascaris megalocephala*, tout en révélant une structure très complexe, n'est
pas de nature à ébranler la notion généralement admise
aujourd'hui, d'après laquelle l'œuf n'est qu'une cellule constituée, comme toute cellule ordinaire, d'un corps cellulaire et
d'un noyau.

L'œuf présente pendant son passage à travers l'oviducte
une symétrie monaxone; son axe organique se termine par
deux pôles dissemblables et l'étude de la première période de
la maturation démontre qu'il faut distinguer, dans le corps
ovulaire, une sphère excentriquement placée que j'ai appelée
la masse médullaire et une calotte corticale recouvrant
l'hémisphère neutre de cette sphère. La limite entre les
deux parties du corps ovulaire est marquée, à la surface,
par un cercle transversal parallèle à l'équateur; je l'ai appelé
le cercle parapolaire. Dans les limites de la région parapolaire
la masse médullaire est à nu et son milieu, qui répond au
pôle d'imprégnation, est occupé par une portion différenciée
du protoplasme; je lui ai donné le nom de bouchon d'imprégnation. A quelque distance, en dehors du bouchon d'imprégnation, se voit un second cercle, inscrit dans le cercle
parapolaire, et concentrique avec lui. Il marque la limite du

disque polaire. Whitman a décrit, dans l'œuf de *Clepsine*, des cercles superficiels, concentriques au pôle; il les appelle *Polarrings*.

Le noyau n'occupe pas le centre géométrique de l'œuf; il se trouve cependant placé dans l'axe de l'organite; il siège dans la sphère excentrique, mais au voisinage de la calotte corticale.

A certains moments de la première période de sa maturation, l'œuf révèle dans sa forme extérieure des indices manifestes d'une symétrie bilatérale (pl. X, fig. 3 et 4).

Les stries radiées que l'on observe dans le vitellus ne convergent pas vers le noyau, mais plutôt vers le milieu de la sphère excentrique. Il est à peine nécessaire de dire que cette expression de " sphère excentrique „ employée pour désigner la masse médullaire est prise ici dans un sens idéal. La forme extérieure de l'œuf et de ses parties constitutives varie aux divers stades de sa maturation (1ʳᵉ période). La masse médullaire, d'abord allongée, tend à prendre la forme d'une sphère, en même temps que la calotte corticale l'enveloppe graduellement.

A part les indices d'une symétrie bilatérale, toutes les particularités de structure que je viens de signaler se retrouvent dans d'autres cellules de l'ascaride, dans les spermatozoïdes et dans les premiers blastomères.

Les zoospermes et les blastomères présentent, comme l'œuf ovarien, un axe à pôles dissemblables. La calotte corticale des zoospermes utérins se transforme en une queue, dont la limite est marquée par un cercle transversal; le plan de ce cercle est perpendiculaire à l'axe de l'élément. La sphère excentrique, d'abord régulière, se déforme secondairement par le fait du soulèvement de la calotte corticale (voir la série des figures 1 à 29 de la pl. XI).

Les blastomères, au moment où ils se séparent l'un de l'autre, se constituent d'une sphère polaire excentrique et d'une calotte corticale. La limite entre les deux parties est marquée, à la surface de la cellule, par un cercle transversal, perpendiculaire à l'axe de l'élément. Le milieu de la région

23

354 EDOUARD VAN BENEDEN.

circonscrite par ce cercle se soulève fréquemment en une
saillie claire, formée d'un protoplasme plus sombre. La striation radiaire de la sphère polaire converge, non pas vers le
noyau, mais vers un point qui répond au centre dynamique
de la cellule en voie de formation.

Dans les blastomères, qui sont en définitive des cellules
ordinaires, toutes ces particularités ont leur raison d'être
dans le processus de la karyokinèse. Il y aura lieu de rechercher si les analogies de structure que je signale entre les
blastomères d'une part, l'œuf ovarien et le zoosperme de
l'autre, sont simplement accidentelles, ou si elles ont leur
raison d'être dans une seule et même cause se manifestant,
dans les éléments les plus divers, par les mêmes particularités
de structure.

L'on distingue un axe organique non seulement dans l'œuf
ovarien, mais aussi pendant la première et même pendant
la seconde période de sa maturation; sa structure monaxone
est manifeste pendant la formation des globules polaires et
aussi quand, après la fécondation, la première cellule
embryonnaire se divise pour donner naissance aux deux
premiers blastomères. Il serait de la plus haute importance
de trancher la question de savoir si ces axes, que l'on
distingue à trois périodes successives de l'évolution, se confondent; si le lieu qu'occupe la vésicule germinative pendant
la génèse des globules polaires répond, soit au pôle d'imprégnation, soit au pôle neutre de l'œuf ovarien; si l'axe de la
première figure dicentrique répond à l'axe de structure de
l'œuf ovarien; si enfin cet axe se maintient dans le cours
de l'évolution embryonnaire pour devenir l'axe principal de
l'embryon.

S'il en était ainsi, l'ancienne théorie de l'évolution ne serait
pas aussi dénuée de tout fondement qu'on le croit aujourd'hui.
Le fait que chez les Ascidiens et probablement aussi chez
d'autres animaux à symétrie bilatérale, le plan médian du
corps de l'animal futur se marque dès le début de la segmentation justifie pleinement l'hypothèse d'après laquelle les maté-

riaux destinés à fournir à la moitié droite du corps siègeraient dans l'un des hémisphères latéraux de l'œuf, tandis que l'hémisphère ovulaire gauche engendrerait tous les organes de la moitié gauche du corps.

Il ne m'a pas été possible d'arriver, par l'étude de l'ascaride du cheval, à élucider ce problème. Les œufs de ce ver se prêtent mal à ce genre de recherches, non pas qu'ils ne soient très favorables à une étude minutieuse de la structure du corps ovulaire et à l'analyse des phénomènes qui s'y accomplissent, mais parceque tout point de repère, permettant de rapporter les détails successivement observés à un point fixe et invariable, fait absolument défaut. Le pôle d'imprégnation cesse d'être reconnaissable dès que le zoosperme a gagné le centre du vitellus et il n'est pas possible de dire si la figure ypsiliforme vient affleurer à la surface, au pôle d'imprégnation, au pôle neutre ou en un point indéterminé et variable d'un œuf à l'autre. Le second globule polaire ne se forme pas exactement au même point que le premier. Ce fait résulte de la rotation que subit la seconde figure pseudokaryokinétique, immédiatement avant l'élimination du second globule. Si donc on admet, ce qui ne me parait pas douteux, que l'axe de la seconde figure pseudokaryokinétique se confond avec le rayon de l'œuf à l'extrémité duquel s'est formé le premier globule, il est clair que le second globule polaire n'est pas expulsé par le même point que le premier. Cependant il faut tenir compte de la réduction considérable que subit la figure antérieurement à l'élimination du globule. Cette réduction est telle, qu'il ne peut y avoir qu'un écart tout à fait insignifiant entre le rayon répondant à l'axe de la seconde figure pseudokaryokinétique et celui qui passe par les centres du second globule polaire et du pronucleus femelle (pl. XVIIIbis, fig. 5).

Le second globule polaire reste adhérent à la surface du globe vitellin rétracté. S'il était certain qu'il ne change pas de place relativement au vitellus, l'on pourrait rapporter l'axe de la figure dicentrique aux axes distingués antérieurement.

Mais rien ne prouve que la position relative du globe vitellin et du second globule polaire reste la même. Quand donc nous constatons que la place qu'occupe le second globule polaire relativement au premier plan de segmentation varie d'un œuf à l'autre, nous ne pouvons en conclure que cette segmentation peut se faire dans n'importe quelle direction; mais rien ne nous autorise non plus à dire qu'elle est déterminée par rapport au lieu de formation des globules polaires, et par conséquent nous ne pouvons rien affirmer quant aux rapports entre l'axe de la première figure dicentrique et les axes d'imprégnation et de maturation. Je dois donc me borner à soulever la question et reconnaître que les efforts que j'ai faits pour la résoudre n'ont abouti à aucun résultat.

II. — Structure du protoplasme cellulaire.

J'en arrive maintenant à la texture du corps cellulaire, à celle du noyau et aux rapports qui paraissent rattacher l'une à l'autre les deux parties constitutives de la cellule.

J'ai distingué, dans le corps cellulaire de l'œuf, 1° un réseau auquel se rattache une couche limitante externe et 2° des éléments remplissant, soit les mailles du réseau, soit, ce qui revient probablement au même, de petites lacunes creusées dans la substance reticulée ou dans celle qui constitue la couche limitante. Ces éléments, qui n'ont qu'une existence éphémère, sont les sphères hyalines, les gouttelettes homogènes et les corpuscules réfringents. Le réseau, je l'ai appelé le réticulum protoplasmique; il est formé par une substance à laquelle je crois devoir réserver le nom de protoplasme.

Les éléments figurés qui remplissent les vacuoles creusées dans ce protoplasme forment ensemble le " deutoplasme. „ Dans mon opinion les éléments deutoplasmiques constituent des produits de l'activité formative de l'ovule primordial; ils se forment secondairement dans le protoplasme qui, au début, constitue à lui seul le corps cellulaire. A ce point de vue ces éléments sont comparables à l'ensemble des liquides qui s'accumulent dans les vacuoles des cellules végétales. Strasburger applique à ces liquides, le nom de *Cytochylema*. On peut encore comparer ces produits secondaires du protoplasme aux substances gélatineuses qui remplissent les mailles du réseau protoplasmique des cellules de la notocorde des vertébrés, des cellules axiales des tentacules des hydroïdes, ou de la cellule axiale d'un Dicyema; aux substances sécrétées qui s'accumulent dans beaucoup de cellules glandulaires, à la graisse qui se dépose dans les cellules adipeuses, etc. A la même catégorie d'éléments se rattache probablement le corps réfringent des zoospermes.

Il ressort clairement de l'étude que j'ai faite tant du zoosperme que de l'œuf, aux différents moments de son évolution, que le protoplasme présente lui-même une structure : il se constitue de fibrilles moniliformes et d'une substance interposée entre ces fibrilles.

A première vue l'on ne distingue, dans la substance réticulée ou dans la couche limitante de l'œuf, dans l'hémisphère céphalique et dans la couche superficielle de la queue du zoosperme, que des granules punctiformes plus ou moins brillants, souvent allignés en séries régulières. Handstein a donné à des éléments semblables, reconnus par lui dans le cytoplasme des cellules végétales, le nom de *microsomes* (*Mikrosomata, Mikrosomen*). Mais si l'on examine soit le corps d'un zoosperme, soit la substance protoplasmique de l'œuf, au moyen des objectifs homogènes, en s'aidant d'un bon éclairage, on ne tarde pas à constater que ces microsomes sont reliés entre eux par des fibrilles d'une extrême ténuité. De là un treillis souvent très serré que je désigne sous le nom de *treillis* ou de *treillage protoplasmique* et qu'il importe de distinguer des réticulations du protoplasme. Celles-ci sont dûes à la présence de grands espaces dans la substance treillissée. Les microsomes sont les nœuds du treillis; ces nœuds ne sont pas simplement les lieux d'entre-croisement ou de soudure des fibrilles, mais bien, comme l'indique le nom que Handstein leur a donné, de

petits amas de substance, dont le diamètre est considérable
relativement à celui des fibrilles qui les relient entre eux.
Les mailles du treillis sont occupées par une substance hyaline,
pour laquelle j'adopte le nom de *substance interfibrillaire.* Le
nom de *hyaloplasma* que Handstein a proposé peut également
lui être appliqué.

Nos recherches nous ont montré qu'il existe, dans un
même zoosperme, des différences notables dans l'aspect du
treillis suivant la région du corps que l'on examine : le volume
des grains, leur réfringence, la distance qui les sépare les uns
des autres, enfin leur arrangement varient, suivant qu'on
examine la couche périnucléaire, la couche corticale de l'hémisphère céphalique ou le protoplasme de la queue. Parfois les
mailles du treillis ont une forme géométrique régulière : dans
l'hémisphère céphalique on distingue une disposition à la fois
radiaire et concentrique des grains; dans la queue leur groupement donne lieu à une double striation à la fois longitudinale et transversale.

On constate aussi, d'un zoosperme à l'autre, des différences
notables dans les caractères du treillis, quand on compare une
partie du corps protoplasmique d'un zoosperme à la partie
homologue d'un autre spermatozoïde : le volume des microsomes, leur réfringence, leur écartement sont loin d'être
constants; la direction des stries auxquelles ils donnent lieu
est variable, et ces stries sont plus ou moins apparentes
suivant l'état des fibrilles. Parfois même on ne peut distinguer ni grains ni fibrilles et le protoplasme paraît homogène.
Ces différences ne peuvent être attribuées au mode de préparation employé : on les observe quand on compare entre eux
des zoospermes d'une même préparation, traités par conséquent
de la même manière; on les constate tout aussi bien sur les
éléments frais, où tous les détails de structure que je signale
sont parfaitement visibles.

Il est donc éminemment probable que des variations se produisent, d'un moment à l'autre, dans le caractère du treillage;
et peut-être sont-elles en rapport avec l'état de contraction.

Dans les zoospermes, chez lesquels la portion céphalique présente une forme hémisphérique régulière, les microsomes sont le plus souvent allignés en séries radiées et concentriques; les mailles du treillis doivent avoir alors la forme de petits cubes, de prismes ou plus exactement de pyramides à quatre faces et à sommet largement tronqué. Les microsomes occupent les angles, les fibrilles unissantes les cotés de ces solides. Mais il est probable que la forme et l'étendue de ces mailles sont sujettes à variations; car dans certains cas on ne distingue ni striation radiaire, ni striation concentrique; les microsomes paraissent disséminés sans ordre dans l'hyaloplasme. Comme le nombre et le volume de ces grains varient du reste considérablement, il me paraît probable que deux ou plusieurs microsomes, primitivement distincts, peuvent se confondre en un seul et que la substance des fibrilles qui relient entre eux ces microsomes, participe à la génèse du microsome résultant; enfin, qu'un microsome peut aussi se dédoubler en deux ou plusieurs grains à la suite d'une sorte d'étranglement et sans que jamais une discontinuité réelle puisse s'établir. Nous connaissons de ces confusions et de ces dédoublements alternatifs de microsomes dans la fibre musculaire striée; les fibrilles moniliformes ont une toute autre forme suivant qu'elles sont à l'état d'extension ou à l'état de contraction (pl. XI, fig. 30 et 31).

Il est impossible de se rendre compte, sans cette hypothèse, des différences que l'on constate dans l'aspect du protoplasme tantôt finement punctué (pl. XI, fig. 14), tantôt pourvu de microsomes relativement très gros (pl. XI, fig. 15, 16, et 17).

L'hypothèse de la contractilité du treillis, résultant de cette faculté que possèdent les grains de se rapprocher et même de se fusionner, rend compte aussi des changements continuels de forme de l'hémisphère céphalique, pendant les mouvements amœboïdes qu'il exécute (pl. XI, fig. 22 à 25). Des changements dans la forme et l'étendue des mailles du treillis, des extensions et des réductions doivent être la conséquence nécessaire des fusions et des dédoublements des microsomes,

de leurs rapprochements ou de leurs écartements. Ceux-ci
ne peuvent se produire sans des allongements ou des racour-
cissements de fibrilles. J'ai donné dans le cours de ce travail
plusieurs preuves manifestes de la contractilité des fibrilles
moniliformes du treillis protoplasmique.

La substance protoplasmique de l'œuf présente, au fond, la
même structure que celle des zoospermes; seulement elle est
rendue moins apparente par suite de la présence des éléments
deutoplasmiques du vitellus.

Les fibrilles plus apparentes qui donnent au protoplasme
sa striation radiaire, celles qui entrent dans la composition de
la figure ypsiliforme et de la seconde figure pseudokaryokinétique, les rayons étoilés des asters ne sont que des différenciations locales du treillis protoplasmique. Chaque fois que,
suivant une direction donnée, les microsomes augmentent de
volume, les fibrilles unissantes deviennent aussi plus épaisses.
Il en résulte l'apparition d'un filament plus distinct, qui
pourra devenir visible à de faibles grossissements et sembler
constituer une formation morphologique spéciale, alors qu'il
n'est en réalité qu'un accident du treillis. Plusieurs filaments
semblables, réunis en un faisceau unique, sont doués d'une
contractilité suffisante pour déformer un corps mou auquel ils
se fixent (pl. XV, fig. 8). Quand de semblables filaments apparaissent radiairement autour d'un centre, ils donnent lieu à la
formation d'une étoile. C'est ce qui se produit lors de la formation des figures pseudokaryokinétiques; les asters que
des cellules en voie de division, auxquels se rattachent les
éléments du fuseau achromatique, doivent être considérés
comme étant le résultat de l'arrangement régulier du treillis
protoplasmique autour de certains points. Peut-être consiste-t-il
dans une orientation à la fois radiaire et concentrique des
microsomes autour des centres d'attraction.

J'ai eu fréquemment l'occasion de signaler, dans le cours de
ce travail, des faits établissant l'identité essentielle des fibrilles
moniliformes et des fibrilles homogènes du protoplasme. Dans
mon opinion, toute fibrille apparaissant au microscope

une simple ligne dépourvue de toute varicosité s'est formée aux
dépens d'une fibrille moniliforme formée de microsomes rattachés les uns aux autres par des segments de fibrilles unissantes.
On trouve toutes les transitions possibles entre les unes et les
autres; tout aster jeune est formé de fibrilles moniliformes; plus
tard seulement la substance des microsomes parait se répandre
uniformément le long du filament qui devient alors homogène.
Ces filaments peuvent eux mêmes se fondre transversalement
entre eux, de façon à donner lieu à de gros cordons homogènes
(pl. XVI, fig. 9 et 11). Puis ces filaments et ces cordons
peuvent se résoudre de nouveau en microsomes et en fibrilles,
de façon à constituer un nouveau treillis. Il ne reste pour
ainsi dire rien des figures pseudokaryokinétiques au moment
de l'élimination des globules polaires.

Il est probable que les propriétés de l'hyaloplasme sont
variables; mais je n'ai à cet égard aucune donnée certaine.
Il m'est impossible aussi de rien dire quant à la génèse des
éléments formés du protoplasme. Les sphères hyalines, les
gouttelettes homogènes, les corpuscules réfringents du vitellus
et le corps réfringent du spermatozoïde sont-ils d'origine interfibrillaire et occupent-ils des mailles du treillis protoplasmique
énormément étendues? Sont-ils de la substance interfibrillaire
modifiée ou bien constituent-ils des portions différenciées du
treillis? Je ne puis répondre à ces questions. Il est probable que les deux cas peuvent se présenter. Si la première
hypothèse était vraie, il est clair que la structure réticulée
du protoplasme, résultant de la présence de grandes vacuoles,
occupées soit par des liquides aqueux (cellules végétales) ou
gélatineux, par des produits de sécrétion ou des éléments
formés, ne serait qu'une apparence particulière du treillis : les
vacuoles ne seraient que des mailles du treillis considérablement distendues. Mais les filaments ou les lames délimitant
les vacuoles ne pourraient pas, pour ce motif, être identifiées
aux fibrilles; elles présenteraient elles-mêmes une structure
treillissée; elles seraient composées de fibrilles et de substance
interfibrillaire; mais dans les filaments réticulés les mailles du
treillis seraient extrêmement réduites.

Pour trancher ces questions il faudrait de nouvelles recherches sur la génèse des vacuoles et des produits de sécrétion dans leurs rapports avec le treillis.

L'opinion que je viens de formuler sur la structure du protoplasme cellulaire se fonde sur l'étude que j'ai faite du zoosperme et de l'œuf, aux différents moments de sa maturation et aussi sur l'analyse des phénomènes de la division cellulaire, tels qu'ils s'accomplissent pendant la segmentation, chez l'*Ascaris megalocephala*.

Il me resterait à comparer la conception que je me suis faite du protoplasme cellulaire aux idées formulées par Frommann, par Heitzmann, par Kupffer, par Klein, par Schwalbe, par Eimer, par Leydig et par Flemming à la suite de leurs recherches sur la structure des cellules qu'ils ont étudiées et à comparer les faits que révèle l'analyse du zoosperme et de l'œuf de notre ascaride à ceux qui ont été signalés par ces auteurs. Si je renonce à aborder ici l'historique et la critique des travaux modernes relatifs à la structure du protoplasme, c'est d'abord parce qu'un exposé complet de ces travaux et de ces idées a été fait tout récemment par Flemming dans son beau livre : " *Zellsubstanz, Kern und Zelltheilung* „. Je ne pourrais faire mieux que de reproduire l'analyse critique de Flemming; je préfère renvoyer le lecteur à cet excellent ouvrage. Il serait difficile d'ailleurs, en s'en rapportant exclusivement aux figures et aux descriptions des auteurs, sans s'être attaché à revoir, en suivant les méthodes qu'ils renseignent et en s'adressant aux objets qu'ils ont étudiés, de comparer entre elles les données actuellement existantes. A quels éléments du protoplasme ovulaire de l'ascaris faut-il rattacher le réseau de Heitzmann, les filaments que Kupffer a le premier signalés dans les cellules biliaires? Sont-ils comparables aux éléments du réseau protoplasmique de l'œuf, ou aux fibrilles constitutives du treillis? Que sont les filaments des cellules du cartilage, des cellules ganglionnaires, des œufs de mammifères décrits par Flemming? Il serait bien difficile de se prononcer sur ces rapports, sans avoir pris connaissance par soi-même des objets dont il s'agit.

III. — Structure du noyau; ses rapports avec le corps cellulaire; composition de la vésicule germinative.

Les recherches modernes sur la structure des noyaux des cellules et sur les changements qui s'accomplissent dans ces éléments, lors de la division indirecte, ont fait accepter généralement l'expression de *noyau au repos*, pour désigner l'élément nucléaire des cellules qui ne sont pas en voie de division. J'ai étudié avec le plus grand soin la constitution des noyaux au repos, dans les blastomères de l'ascaride du cheval; je les ai trouvés constitués exactement de la même manière que les pronucleus arrivés à maturité. La description des uns s'applique parfaitement aux autres. L'étude de la génèse des noyaux et celle des pronucleus m'a conduit à cette autre conclusion que les uns et les autres se développent, suivant les mêmes processus, aux dépens de deux parties, d'une portion chromatique et d'un corps achromatique. Seule l'origine de ces parties est différente, suivant qu'il s'agit de noyaux ou de pronucleus. Si donc il faut admettre, à raison du caractère unisexué des pronucleus, de l'hermaphrodisme des noyaux, une différence physiologique entre les uns et les autres, il est évident, d'autre part, qu'il n'y a entre noyaux et pronucleus aucun différence de structure. Cette conclusion ressort non-seulement de l'étude de la constitution de ces éléments, mais de celle de leur génèse et de l'examen des changements qu'ils subissent lorsque les cellules dont ils font partie se divisent. La description des noyaux au repos s'applique donc aux pronucleus et vice-versa.

Les noyaux au repos présentent à considérer une membrane, une charpente réticulée et une substance renfermée dans les mailles du réticulum. J'ai créé, il y a quelques années, le nom de nucléoplasma pour désigner les filaments réticulés que j'avais observés dans la vésicule germinative, tant chez le lapin que chez l'étoile de mer de nos côtes, (*Asteracanthion rubens*). J'emploierai ce nom pour désigner l'ensemble de la substance, formant d'une part la charpente reticulée du noyau,

d'autre part la membrane nucléaire. Ces noyaux ne [...]
ment pas de nucléoles, si l'on entend le mot nucléole [...]
le sens que lui attribuent Flemming et Retzius. Pour [...]
auteurs les nucléoles sont des formations morphologi[...]
définies qui prennent naissance dans le réticulum, [...]
peuvent être confondues avec lui. Dans ce sens je ne [...]
de nucléoles ni dans les noyaux des blastomères ni [...]
pronucleus. Les éléments qui pourraient en imposer [...]
nucléoles sont de simples renflements, plus ou moins [...]
neux, des éléments constitutifs du réseau nucléoplas[...]

Aussi bien dans la charpente réticulée que dans [...]
brane nucléaire la substance nucléoplasmique se mon[...]
tuée de deux parties : l'une achromatique, l'autre chro[...]
La substance achromatique se présente sous la forme [...]
ments, dont les dimensions sont éminemment var[...]
d'une substance interposée entre ces filaments. Ces [...]
sont moniliformes. Non seulement les grains que l'on p[...]
appeler, avec Strasburger, les *nucléomicrosomes*, [...]
les fibrilles qui les rattachent les uns aux autres [...]
pourrait désigner sous le nom les *nucléofils (nucléo[...]*
des dimensions très variables; ils sont tantôt va[...]
tantôt d'une extrême ténuité; les nucléomicrosomes [...]
ou moins rapprochés les uns des autres; ils form[...]
ensemble des cordons noueux, des amas irréguliers [...]
variable, des portions épaissies de la membrane. De [...]
l'on observe d'un point à un autre des variations c[...]
dans les caractères des filaments constitutifs de la [...]
réticulée, de même la membrane, formée comme la [...]
de nucléomicrosomes, réunis entre eux par des nucléo[...]
des différences considérables d'un point à un autre de [...]
due. Je pense que dans la membrane les nucléo[...]
sont d'habitude très rapprochés les uns des autres [...]
nucléofils sont très courts. En effet, le plus souvent [...]
brane se montre constituée de granules très rappro[...]
là ils semblent se toucher; mais ailleurs, ils sont [...]
uns des autres et dans ce cas ils sont réunis ent[...]

lignes fines. Quelque soit le volume de ces nucléomicrosomes, toujours ces éléments font plus fortement saillie dans la cavité nucléaire; il en résulte que le contour externe de la membrane est plus lisse que son contour interne. Le fait même de l'existence de ces saillies prouve que dans la membrane, comme dans la charpente reticulée, les grains sont réunis entre eux par des filaments plus grêles que le diamètre des grains et, s'il en est ainsi, il doit y avoir entre ces filaments des mailles, des solutions de continuité constituant des perforations de la membrane. Quoique je n'aie pas pu reconnaître directement ces perforations, elles me paraissent résulter nécessairement de l'apparence que présente, à la coupe optique, la membrane nucléaire. Frommann est arrivé, il y a plusieurs années déjà, à la même conclusion, à laquelle se sont ralliés d'autres histologistes et particulièrement Leydig.

La substance chromatique se trouve abondamment répandue dans la charpente et dans la membrane nucléoplasmique. Elle ne forme pas à elle seule ces éléments, elle imbibe les nucléomicrosomes et les fibrilles du nucléoplasme; elle se trouve surtout accumulée dans les microsomes et, à un moindre degré, dans les nucléofils. Elle est loin d'être uniformément répandue dans toute l'étendue du noyau : elle est surtout abondante à la périphérie, principalement dans la membrane et dans la couche corticale sous-jacente à cette membrane. Sa répartition est très inégale même dans la membrane et dans la couche corticale : certaines parties de la membrane sont fortement chargées de chromatine, tandis que d'autres parties en renferment peu ou en sont même privées. Il en est de même dans la partie corticale de la charpente nucléoplasmique. On y trouve ça et là des trabécules noueux, vivement colorés en rouge, des amas de globules chromatiques, voire même des globules isolés ou réunis en petit nombre, sur le trajet d'un filament incolore. Mais de même qu'une partie des microsomes et des nucléofils qui entrent dans la composition de la membrane sont achromatiques, de même une grande partie de la charpente nucléaire est dépourvue de chromatine. Partout où la chromatine imbibe abondamment les filaments achromatiques, que ce soit dans la membrane ou dans la charpente, le nucléoplasme se trouve gonflé et les microsomes deviennent de gros globules parfois très rapprochés les uns des autres; ils forment alors des cordons noueux ou des portions d'une membrane chromatique, continue en apparence et relativement épaisse. D'autre fois ils sont plus écartés les uns des autres et ils sont alors reliés entre eux par des nucléofils peu ou point colorés. La chromatine peut cheminer le long d'un filament qui, d'achromatique qu'il était, peut devenir chromatique et *vice versa*. L'histoire de la maturation des noyaux et des pronucleus montre que la substance chromatique siège, au début, dans une portion restreinte du noyau, primitivement achromatique dans la plus grande partie de son étendue. Elle forme une ou plusieurs masses colorées occupant soit le centre, soit une portion de la périphérie du corps nucléaire achromatique. Celui-ci se trouve à ce moment délimité par une membrane achromatique treillissée, c'est-à-dire formée de nucléomicrosomes incolores, reliés entre eux par des nucléofils également dépourvus de matière chromophile. Mais bientôt tout le corps achromatique et la membrane elle même sont envahis par la chromatine qui peu à peu abandonne de plus en plus complètement le milieu du noyau pour se localiser à sa périphérie. Lorsqu'il se prépare à la division le noyau se modifie en sens inverse : les éléments nucléoplasmiques de la membrane et de la charpente perdent de nouveau leur chromatine qui s'accumule exclusivement dans quelques cordons nucléoplasmiques. Bientôt une continuité s'établit entre ces cordons d'abord fragmentaires et toute la substance chromatique se trouve dès lors concentrée dans un cordon unique destiné à se segmenter en un petit nombre d'anses; deux s'il s'agit d'un pronucleus; quatre quand il s'agit d'un noyau. Les éléments achromatiques, abandonnés par la chromatine, subsistent sous la forme d'une membrane achromatique et d'une charpente réticulée intranucléaire.

Dans les noyaux que j'ai étudiés la membrane et la char-

pente sont donc des parties d'une seule et même formation.
Elles passent successivement, dans le cours de l'évolution
nucléaire par la phase chromatique ou par le stade achromatique, suivant qu'ils s'imbibent de chromatine ou qu'ils
abandonnent cette substance chromophile. La membrane achromatique et la membrane chromatique sont une seule et même
chose : c'est une partie du corps nucléoplasmique qui peut
être alternativement imbibée de chromatine ou libérée de
cette substance.

La substance qui remplit les mailles du réticulum nucléaire,
c'est le suc nucléaire (Kernsaft). Elle a été considérée d'abord
par Flemming comme étant douée d'une certaine affinité pour
le carmin et les matières colorantes en général, puis déclarée
absolument achromophile par Pfitzner et par Retzius. Flemming
s'est rallié à la manière de voir de ces histologistes. Je ne puis
pas partager cet avis. Dans les noyaux et dans les pronucleus
mûrs, colorés au carmin boracique le suc nucléaire présente une
légère teinte rosée, surtout marquée à la périphérie du noyau.
Mais l'affinité de ce suc pour les matières colorantes est surtout
bien manifeste au début de la période de maturation, alors
que les masses chromatiques n'ont pas encore envahi tout le
corps achromatique. La substance qui remplit les interstices
de l'éponge chromatique, pendant sa période d'expansion, est
nettement colorée en rose; mais la teinte devient de plus en
plus pâle, au fur et à mesure de l'expansion. C'est ce qui se
voit encore très bien lors de la division de la plaque équatoriale : la substance intermédiaire, interposée entre les deux
disques subéquatoriaux est un liquide chromophile, qui perd
son affinité pour les matières colorantes, au fur et à mesure
que les disques s'écartent l'un de l'autre.

Je ne voudrais pas conclure du fait que le suc nucléaire
retient le carmin avec une certaine énergie, à la présence, dans
ce suc, d'une substance chimiquement identique à la chromatine.
L'affinité pour les matières colorantes n'est pas tellement
caractéristique de la substance qui imbibe certaines parties
du nucléoplasme, de cette substance que Flemming appelle

chromatine, et qui est probablement identique à la nucléïne ou tout au moins contient de la nucléïne (Zaccharias), que l'on puisse conclure du fait qu'une partie de la cellule se colore à la présence de la chromatine dans cette partie. La plupart des substances cellulaires jouissent de la faculté de fixer les matières colorantes, mais à des degrés très divers. De toutes les substances celle qui retient le plus énergiquement ces matières c'est la chromatine. Mais il n'y a cependant entre la chromatine et le protoplasme cellulaire par exemple, au point de vue de leur affinité pour le carmin, que des différences de degré. De même que l'on ne peut conclure du fait que le protoplasme peut être coloré la conclusion qu'il renferme de la chromatine, de même on ne peut conclure à la présence de cette substance dans le suc nucléaire du fait qu'elle retient avec une certaine énergie les matières carminées. Cependant rien ne prouve qu'il n'en soit pas ainsi.

Il se présente, non-seulement d'une cellule à l'autre, mais aussi dans une même cellule, d'un moment à un autre, des variations dans la faculté que possède le protoplasme cellulaire de fixer les matières colorantes. Pendant la karyokinèse le protoplasme devient beaucoup plus chromophile; au moment de la copulation des éléments sexuels et après sa pénétration dans le vitellus, le corps cellulaire du zoosperme fixe le carmin assez énergiquement, tandis qu'il ne se colore pas, tant qu'il est libre. J'ai constaté, en ce qui concerne les spermatozoïdes, que ces changements dans les propriétés du protoplasme coïncident avec des modifications que subit, au moment de la copulation, le noyau chromatique. Cet élément devient moins réfringent et il perd de son affinité pour le carmin. Ceci tendrait à établir qu'une partie de la substance chromatique du noyau peut, à certains moments, se disséminer dans le corps protoplasmique. Si les rapports entre le corps cellulaire et le noyau chromatique sont tels, que la chromatine nucléaire peut se répandre partiellement dans le protoplasme, l'on est en droit de supposer aussi que le même fait peut se produire pour le suc nucléaire. Rien ne s'oppose non plus à l'hypothèse d'après laquelle le phénomène inverse pourrait se produire.

Peut-être la matière chromophile qui se trouve à certains moments disséminée dans le protoplasme ou dans le suc nucléaire peut-elle être ensuite soustraite à ces parties et fixée dans les éléments formés du noyau. Il est certain que les cellules produisent de la chromatine. Deux noyaux filles renferment l'un et l'autre, quand ils sont arrivés à leur complet développement, autant de chromatine que le noyau maternel dont ils proviennent. Où se forme cette chromatine? Est-ce dans le nucléoplasme? Est-ce dans le suc nucléaire? Est-ce dans le protoplasme cellulaire? Nous n'en savons rien. Le fait que j'ai signalé plus haut, en ce qui concerne les changements presque instantanés qui se produisent dans les propriétés du corps protoplasmique du zoosperme, au moment de la copulation, tend à prouver que de la chromatine peut se répandre dans le corps cellulaire et que des échanges rapides de chromatine peuvent s'opérer entre protoplasme et noyau. L'avenir nous apprendra si la substance chromophile que l'on constate à certains moments de l'évolution de la cellule soit dans le protoplasme, soit dans le suc nucléaire est ou non identique à la chromatine nucléoplasmique.

La quantité de suc nucléaire renfermée dans l'éponge chromatique croît rapidement pendant l'expansion progressive de la masse chromatique : les mailles du réseau d'abord très petites s'agrandissent et dans le noyau mûr il existe, surtout vers son milieu, de grands espaces remplis de suc nucléaire.

En ce qui concerne l'état sous lequel la chromatine existe dans le nucléoplasme, j'ai exprimé plus haut mon opinion. Je ne pense pas qu'elle s'y trouve à l'état d'éléments observables au microscope, de granules par exemple, mais bien sous la forme d'une substance chimique imbibant d'autres éléments formés.

Je tiens à faire observer encore que je ne considère pas les trabécules du réseau nucléoplasmique comme formés chacun d'un filament moniliforme unique; souvent il s'agit de fais-

24

ceaux de fibrilles. Il me paraît certain aussi que des fusions peuvent se produire entre microsomes et fils adjacents, de sorte que, dans de gros cordons nucléaires par exemple, il n'existe pas de structure ultérieure, quoique ces cordons puissent représenter, par leur origine, des faisceaux fibrillaires et être capables de se résoudre ultérieurement en microsomes et en fibrilles fasciculées. J'ai signalé une série de faits qui prouvent que des cordons homogènes, tout au moins en apparence, et même des globules chromatiques peuvent se dédoubler ou même se résoudre en un grand nombre de parties qui (voir la génèse et la maturation du pronucleus), lorsqu'ils s'imprègnent de suc nucléaire, peuvent donner lieu à la formation d'un réticulum.

Flemming pense que toute la charpente réticulée du noyau peut être formée de chromatine, sans nier toutefois qu'il puisse y exister un substratum non chromatique. Je pense avec Schmitz que la charpente réticulée n'est pas formée exclusivement de chromatine et j'ai signalé, dans le cours de ce travail, assez de faits qui justifient cette manière de voir pour considérer ce que Flemming appelle une possibilité comme un fait complètement démontré.

L'opinion que j'ai émise plus haut, en ce qui concerne la discontinuité chromatique dans le réseau nucléoplasmique, n'est pas conforme aux observations de Flemming sur les nombreuses cellules animales et végétales qu'il a étudiées : il ne trouve aucun fait qui parle en faveur de cette discontinuité soutenue, en ce qui concerne les cellules végétales, par Schmitz et par Strasburger. L'étude que j'ai faite des pronucleus et des noyaux des blastomères, chez l'ascaride du cheval, m'a conduit à des conclusions conformes aux idées de ces botanistes.

J'ai décrit antérieurement dans les noyaux des cellules de l'ectoderme du lapin un espace central plus clair que j'ai appelé le corps médullaire du noyau (il vaudrait mieux l'appeler " l'espace médullaire „) et une couche corticale plus colorée, traversée par des filaments. Ces filaments ne sont autre chose

que les éléments les plus apparents de la charpente nucléoplasmique. L'étude des pronucleus et des noyaux des blastomères
de l'ascaris m'a conduit, en ce qui concerne les divisions
à établir dans le corps nucléaire, à des conclusions très
semblables à celles que j'ai formulées à la suite de mes
recherches sur le blastoderme du lapin. Ici aussi se voit
d'habitude un espace plus clair occupant le milieu du noyau.
Est-ce que, comme je l'ai cru d'abord, il s'agit là de l'hyaloïde
de Eimer? En l'absence de tout élément comparable à un
nucléole, au milieu de cet espace, je n'oserais plus aujourd'hui
soutenir cette manière de voir.

J'ai décrit plus haut la constitution de la vésicule germinative de l'œuf. La conclusion qui ressort de cette étude c'est
que la vésicule germinative est un noyau dont les caractères
diffèrent notablement de ceux des noyaux ordinaires. Ce qui
la distingue avant tout, c'est que toute la substance chromatique de la vésicule germinative s'est concentrée en un corps
sphéroïdal unique, le corpuscule germinatif, généralement
appelé le nucléole de l'œuf. En traitant par le carmin
boracique il est facile de s'assurer que la membrane, les
pseudonucléoles et tout le contenu de la vésicule germinative,
abstraction faite du nucléole, n'ont aucune affinité pour le
carmin : les préparations bien traitées n'y montrent qu'un seul
élément coloré, c'est le nucléole.

Quant à la substance achromatique de la vésicule germinative elle se montre constituée de deux parties : une zone
bien différenciée entourant le corpuscule germinatif, qui se
maintient autour de lui pendant tous les stades ultérieurs
de la maturation de l'œuf. Je lui ai donné le nom de prothyalosome. L'autre partie, dans laquelle on distingue manifestement une structure treillissée, je l'ai appelée la portion
accessoire. Ces mêmes particularités se rencontrent dans la
vésicule germinative d'autres animaux : Ch. Julin a fait
récemment d'excellentes préparations d'œufs de Clavelline
(*Clavellina Rissoana*). Là aussi nous constatons que de toutes

les parties du noyau de l'œuf le nucléole fixe seul la matière
colorante; la membrane et le réticulum nucléoplasmique sont
totalement dépourvus de chromatine et il en est de même du
suc nucléaire. Ici aussi un prothyalosome bien délimité, marginalement placé, entoure le nucléole adhérent à la membrane
achromatique de la vésicule.

Comment faut-il considérer ce corpuscule qui aussi bien chez
la Clavelline que chez l'*Ascaris megalocephala* concentre en
lui toute la chromatine nucléaire? Doit-on le considérer comme
un nucléole et dire alors que la chromatine manque dans le
noyau de l'œuf? ou bien faut-il le considérer comme un globule
chromatique d'un caractère spécial, propre à l'œuf, équivalent
à l'ensemble de la charpente chromatique des noyaux ordinaires et ayant par conséquent une toute autre valeur qu'un
nucléole?

Après la découverte de la charpente réticulée des
noyaux, après que l'on eut constaté que les nucléoles disparaissent dans les filaments chromatiques lors de la division
cellulaire, qu'ils interviennent dans la constitution de ces
filaments, on en est venu à dénier aux nucléoles toute importance morphologique et Klein est allé si loin dans cette voie
qu'il les a considérés comme de simples accidents du réseau,
comme de simples amas nodaux de la charpente chromatique.

Les études minutieuses auxquelles se sont livrés divers
histologistes, parmi lesquels il faut citer en première ligne
Retzius et Flemming, ont amené une réaction contre cette
tendance. Voici comment Flemming définit les nucléoles :
*Substanzportionen im Kern von besonderer Beschaffenheit
gegenüber dem Gerüst und dem Kernsaft, fast immer von
stärkerem Lichtbrechungsvermögen als beide, mit glatter Fläche,
in ihrem Umfang abgesetzt, stets von abgerundeter Oberflächen-
form, meist in den Gerüstbalken suspendirt, in manchen Fällen
ausserhalb derselben gelagert.*

Tous ces caractères s'appliqueraient au corpuscule germinatif de l'œuf, n'était que, dans la vésicule germinative, le
corpuscule nucléoliforme est adhérent à la membrane nucléaire

et que, contrairement à ce que l'on observe dans tous les autres noyaux, il n'existe pas, dans la vésicule germinative, de réticulum chromatique. La charpente nucléoplasmique est achromatique. Or, c'est dans un réticulum chromatique que les nucléoles apparaissent, doués de propriétés spéciales, dans les cellules ordinaires.

Diverses considérations me portent à considérer comme plus probable l'hypothèse d'après laquelle le corpuscule germinatif ne serait pas équivalent à un nucléole de cellule ordinaire, mais qu'il représenterait à lui seul tout le réticulum chromatique, y compris la membrane chromatique et les nucléoles des cellules ordinaires.

Il faut se rappeler qu'il existe des cellules dépourvues de nucléoles. Je ne trouve de semblables éléments ni dans les pronucleus, ni dans les noyaux des blastomères; les nucléoles manquent constamment, en tant qu'éléments morphologiquement distincts, lors de la division karyokinétique et dans de jeunes noyaux en voie de maturation.

Si l'on en juge par le rôle qu'il joue dans la constitution des figures karyokinétiques, l'on peut affirmer que le réticulum chromatique constitue un élément essentiel et par conséquent constant du noyau, tandis que l'absence du nucléole, dans certaines cellules et à certains stades de l'évolution nucléaire, paraît devoir le faire considérer comme un élément d'importance secondaire.

Enfin, et c'est là l'argument principal et à mon avis décisif, toute la substance chromatique que l'on trouve dans les figures pseudo-karyokinétiques, dans les globules polaires et dans le pronucleus femelle dérive du corpuscule nucléoliforme de l'œuf. Tout le réticulum chromatique du pronucleus femelle et par conséquent deux des quatre anses de la première figure karyokinétique dérivent du soi-disant nucléole. Or, les anses chromatiques d'un noyau en voie de division se forment aux dépens de la charpente chromatique du noyau maternel. Il est donc rationnel de considérer le corpuscule nucléoliforme de la vésicule germinative comme l'équivalent

d'une charpente chromatique, alors surtout que nous ne trouvons nulle part ailleurs de chromatine dans la vésicule germinative de l'œuf.

L'on pourrait encore invoquer la constitution même de
l'élément, formé de deux disques dans chacun desquels on
distingue quatre globules chromatiques agglutinés entre eux
au moyen d'un ciment moins chromophile. Une semblable
structure n'est connue pour aucun nucléole; elle fait du corpuscule nucléoliforme de l'œuf un élément d'un caractère tout
spécial.

Il y a lieu de faire remarquer ici que, dans la génèse des
pronucleus, les dérivés du soi-disant nucléole de l'œuf se comportent exactement comme le petit noyau chromatique du
zoosperme. Or rien ne peut nous faire supposer que cet
élément soit l'équivalent d'un nucléole, quoiqu'il en ait l'apparence. Il n'est pas probable que ce petit noyau spermatique soit un noyau de cellule ordinaire; pour se prononcer
sur sa valeur, en connaissance de cause, il faudrait avoir étudié
à fond la spermatogénèse; mais il me paraît naturel de le
considérer, par analogie, comme représentant lui aussi la
charpente chromatique du noyau du spermatozoïde.

L'on a désigné anciennement sous le nom de membrane
nucléaire le contour net qui sépare un noyau du protoplasme
cellulaire. Le caractère vésiculeux du noyau était universellement admis. Flemming a le premier démontré que la couche
limitante externe du noyau peut être colorée et qu'elle se
rattache à la charpente réticulée du noyau dont elle forme la
limite périphérique. L'emploi des forts grossissements lui fit
reconnaître que, dans certains noyaux, la couche chromatique
corticale est discontinue, qu'elle présente de petites interruptions; mais pour être perforée cette couche n'en mérite pas
moins le nom de membrane. Cependant la question suivante
ressortait de ces premiers résultats de Flemming : n'existe-
t-il pas, en dehors de cette couche limitante du réticulum
chromatique, une autre membrane, contre la face interne de

laquelle se trouverait appliquée la couche chromatique?
Pfitzner et Retzius se sont prononcés contre cette hypothèse; mais Flemming, dans son dernier ouvrage arrive à une
conclusion opposée. Il admet qu'il existe, dans certains
noyaux, indépendamment d'une couche chromatique marginale
une membrane achromatique qui, pour être très fine dans
beaucoup de cas, n'en est pas moins une couche particulière. Je suis loin de vouloir émettre le moindre doute sur la
réalité de l'existence d'une semblable membrane dans les
cellules étudiées par Flemming. Mais pas plus dans les
pronucleus que dans les noyaux des blastomères de l'Ascaris
du cheval, je n'ai pu me convaincre de l'existence simultanée
de deux couches distinctes, l'une achromatique, l'autre chromatique, quand ces éléments nucléaires sont arrivés à leur
complet développement. La membrane achromatique primitive
de ces noyaux peut s'imprégner de chromatine et puis abandonner de nouveau cette substance; membrane achromatique
et couche corticale chromatique sont une seule et même formation. Quant à la membrane manifestement achromatique
de la vésicule germinative, je la considère comme équivalente
à ce que j'ai appelé la membrane achromatique des pronucleus
et des noyaux des blastomères. Cette membrane paraît, il
est vrai, plus régulière, assez résistante pour présenter, à un
moment donné, des plis; son double contour est continu et
ininterrompu. A mon avis, il s'agit ici d'une fusion des
microsomes et des interfils analogue à celle qui se produit
lorsqu'un filament moniliforme du protoplasme se transforme
en un filament homogène ou lorsque plusieurs filaments semblables se soudent entre eux en un cordon homogène. Ce qui
me porte à croire qu'il en est ainsi, c'est le fait positivement
établi que lors de la disparition de la vésicule germinative
cette membrane se résoud en granulations reliées entre elles;
c'est aux dépens de ces granules réunis entre eux que se
constituent en partie les fibrilles de la figure ypsiliforme.

Quels sont les rapports morphologiques entre noyau et protoplasme? constituent-ils des formations indépendantes l'une de l'autre ou bien, comme l'a soutenu Heitzmann, comme le pensent Frommann et Klein y a-t-il continuité entre les filaments du noyau et ceux de protoplasme? Déjà dans son premier travail Frommann affirme avoir vu des cordons sortir du noyau pour se continuer dans le protoplasme. Klein est arrivé à la même conclusion. Parmi les faits que j'ai eu l'occasion d'observer j'en ai signalé plusieurs qui plaident en faveur de la notion d'une continuité organique entre les éléments du réticulum nucléoplasmique et les fibrilles constitutives du protoplasme.

1° Les microsomes de la membrane achromatique des pronucleus et des noyaux en voie de formation se montrent fréquemment en continuité de substance d'une part avec des fibrilles achromatiques du noyau, d'autre part avec des filaments moniliformes du protoplasme.

2° Lors de la disparition de la vésicule germinative, la membrane et la portion accessoire de la vésicule germinative se résolvent en une substance granuleuse qui ne se distingue en rien du protoplasme; les rayons des asters de la figure ypsiliforme se forment en partie aux dépens de cette substance d'origine nucléaire, en partie aux dépens du protoplasme ovulaire. Ces fibrilles ne se distinguent en rien les unes des autres.

3° Lors de la segmentation les filaments réunissants, qui sont manifestement d'origine nucléaire, disparaissent à la fin dans le protoplasme cellulaire.

4° Les fibrilles du soi-disant fuseau achromatique se forment en partie aux dépens du protoplasme, en partie aux dépens de la substance achromatique du noyau en voie de division.

5° Lors de la disparition du cordon de réunion, qui rattache le second globule polaire au pronucleus femelle, une partie de ce cordon intervient dans la formation de la charpente achromatique du pronucleus, une autre partie disparait dans le protoplasme.

6° La structure du réseau nucléoplasmique, avant son enva-
hissement par la chromatine, comme après le retrait de cette
substance, est très semblable, voire même identique à celle du
protoplasme. De part et d'autre nous trouvons des microsomes
reliés entre eux par des interfils, et formant un treillage dont
les mailles sont remplies par une substance interfibrillaire. La
membrane achromatique a aussi une structure treillissée.
Elle constitue une limite au delà de laquelle le treillage n'est
pas susceptible d'être envahi par la chromatine nucléaire.
Cette membrane est d'habitude perforée et par ces orifices
s'établit une continuité entre le suc nucléaire et la substance interfibrillaire du protoplasme. Ceci s'observe aussi
bien avant qu'après l'imbibition des éléments de la membrane
achromatique par la chromatine. Les microsomes sont de dimensions très inégales aussi bien dans la membrane que dans les
réticulums protoplasmique et nucléaire. C'est en examinant
avec attention de gros microsomes de la membrane que l'on
peut observer directement la continuité avec les fibrilles du
protoplasme d'un part, du noyau de l'autre; car il y a, dans
beaucoup de cas, un rapport entre le volume du microsome et
l'épaisseur des fibrilles qui le rattachent aux éléments voisins.
Quand, par suite de la fusion de ses éléments constitutifs, la
membrane a perdu sa porosité, quand on ne peut plus y
distinguer les microsomes, il n'est plus possible de constater
la continuité entre le réseau nucléoplasmique et le treillage
du protoplasme cellulaire.

IV. De la division indirecte des cellules.

Mes recherches sur la segmentation et l'étude que j'ai faite
des phases successives par lesquelles passe le noyau, lors de
la division, jettent quelque lumière sur diverses questions
restées obscures jusqu'ici; elles contribueront, je l'espère, à
concilier les divergences qui existent encore entre les opinions
des cytologues qui ont le plus contribué à fonder l'histoire de
la karyokinèse.

A Flemming revient le mérite d'avoir démontré l'identité
essentielle des phénomènes qui s'accomplissent pendant la
segmentation et la division indirecte, telle qu'elle se passe
dans les tissus. Mes recherches sur l'ascaride du cheval confirment entièrement cette conclusion que Flemming avait tirée
de ses études sur la segmentation chez les Echinides.

Si l'on tient compte des faits actuellement connus relatifs à
la karyokinèse des cellules végétales, nul ne pourra douter
que le processus ne soit au fond le même partout, que les
différences portent seulement sur des détails sans importance
principielle et que, si Strasburger et Flemming soutiennent
sur certains points essentiels des thèses bien différentes, cela
tient en partie à des défauts d'observation, en partie à des
erreurs d'interprétation.

Nous avons vu la substance chromatique se concentrer au
début, dans des fragments de cordons qui se réunissent entre
eux bout à bout, de façon à donner naissance à un cordon
unique, contourné, pelotonné, siégeant exclusivement à la périphérie du noyau; ce cordon se raccourcit et s'épaissit progressivement; puis il quitte la surface du noyau et nous le retrou-
vons alors, vivement coloré, à l'intérieur du corps nucléaire
devenu achromatique, toujours bien délimité par une membrane
composée de granules incolores (*Kernwandung* de Strasburger,
achromatische Kernmembran de Flemming). Ce cordon noueux
est composé de globules plus ou moins écartés les uns des
autres; (*Chromatinkugeln* de Pfitzner); ses grains sont de
volume très variable. Il est bien certainement formé d'un substratum achromatique imbibé de chromatine. Strasburger donne
à ce stroma le nom de *Nucleohyaloplasma* et il admet que cette
substance est chargée de granules chromatiques (*nucleomicro-
somes*); il pense que le cordon se constitue à la fin de disques
alternativement plus pâles et plus foncés, les premiers étant
formés d'hyaloplasme, les seconds de substance microsomique.
Je n'ai jamais pu observer, dans le cordon noueux, que les
globules chromatiques fussent formés de granules et j'ai trouvé
que les étranglements comme les nœuds se colorent; ils le font

seulement à un moindre degré. Puis survient le phénomène de la segmentation transversale du cordon, d'où résulte la formation des anses chromatiques. Ce phénomène s'accomplit partout, dans les blastomères de notre ascaride, comme dans les cellules des tissus animaux et végétaux.

Si, pour les phénomènes qui caractérissent le début de la karyokinèse, il n'y a guère de divergences d'opinions, tout au moins en ce qui concerne les faits les plus apparents, il n'en est plus de même pour la suite.

Strasburger admet une seconde division transversale des premiers segments et il cherche à étendre aux cellules animales les résultats de ses observations sur les cellules des plantes. Les segments secondaires Strasburger les appelle les éléments de la plaque nucléaire; il leur décrit une forme de J ou de U. Ils peuvent être très courts et ont alors l'apparence de grains. Flemming nie positivement, en ce qui concerne la plupart des cellules animales, la seconde segmentation transversale de Strasburger et sur ce point je ne puis que me rallier aux affirmations de Flemming. Chez l'ascaride du cheval le doute n'est pas possible, à raison du petit nombre des anses. Dans chaque pronucleus le cordon chromatique se divise directement en deux anses d'égale longueur; dans les blastomères le cordon se segmente directement en quatre portions et ces anses ne subissent aucune segmentation transversale ultérieure.

La plaque nucléaire de Strasburger se constitue, avant son dédoublement, de segments secondaires (*Kernplatteelemente*) réunis deux à deux de façon à constituer des couples. (Cellules mères du pollen chez *Fritillaria*). Chaque couple, composé de deux segments secondaires, se divise par une seconde segmentation transversale; des deux éléments constitutifs d'un couple, l'un est destiné à l'un des noyaux filles, l'autre au second noyau dérivé. Flemming soutient au contraire que chaque anse primaire se subdivise en se fendant suivant sa longueur en deux anses secondaires et rien dans ses observations ne l'autorise à affirmer que de ces deux anses l'une se rend à l'un des noyaux filles, petit nombre des anses chromatiques, le volume de ces éléments et leur groupement si régulier en un seul et même plan équatorial. Il ressort clairement des observations que nous avons faites qu'il faut admettre dans l'histoire de la karyokinèse une plaque nucléaire simple d'abord, double ensuite et que, comme Strasburger l'a soutenu, chaque anse primaire fournit une de ses moitiés à chacun des noyaux dérivés. Le processus essentiel d'où résulte le dédoublement de la plaque, Strasburger ne l'a pas compris : au lieu d'une segmentation transversale des anses, c'est un dédoublement longitudinal qui se produit et c'est avant tout, aux admirables recherches de Flemming que nous devons la connaissance de ce phénomène.

Le présent mémoire renferme la démonstration de ce fait capital que les pronucleus mâle et femelle interviennent à égalité de titres, en fournissant chacun deux anses chromatiques à la plaque nucléaire, dans la constitution de cette plaque : chaque noyau fille reçoit du disque équatorial deux anses secondaires mâles et deux anses secondaires femelles. De là la notion de l'hermaphrodisme nucléaire et par conséquent cellulaire.

Une particularité qui ne paraît guère avoir attiré l'attention, c'est que les extrémités des anses primaires présentent des caractères spéciaux : elles sont presque toujours renflées en massues. Les anses secondaires, complètement séparées et écartées l'une de l'autre dans toute leur longueur, restent encore en continuité l'une avec l'autre à leurs extrémités qui répondent aux bouts renflés des anses primaires. La rupture, à ces extrémités, se fait tantôt plus tôt, tantôt plus tard, mais toujours en dernier lieu. Quand elle se fait tardivement se produit la figure doliforme et l'on voit alors les méridiens du tonneau, formés chacun de deux demi-anses secondaires, établir une continuité chromatique plus ou moins complète entre les deux noyaux filles en voie de formation. La rupture finit toujours par se faire dans le plan équatorial du tonneau et *cette rupture n'est que le dernier stade de la division longitudinale des anses primaires.*

Je pense que les particularités signalées par Flemming en ce qui concerne la division des cellules spermatogènes de la salamandre, particularités qui se retrouvent dans beaucoup de cellules végétales trouvent leur explication dans ce qui précède. Il ne s'agit probablement pas là d'un processus particulier de division indirecte : l'interruption équatoriale des cordons chromatiques méridiens n'est pas une segmentation transversale retardée, mais bien la fin de la division longitudinale et les méridiens ne sont pas des cordons primaires, mais des cordons secondaires encore unis bout à bout.

Il ne se produit, dans les blastomères de l'ascaride, rien de comparable aux changements de position du point d'inflexion dans les anses secondaires, lors de leur cheminement vers les pôles de la figure dicentrique. Je ne songe pas à contester que ces changements très compliqués, minutieusement décrits par Strasburger, ne puisent se produire dans certaines cellules. Mais chez l'ascaride le fait que dans les disques subéquatoriaux les anses secondaires tournent leur coude vers les pôles est une conséquence nécessaire de l'arrangement des anses primaires, de leur division longitudinale et de l'écartement progressif des disques subéquatoriaux.

J'ai indiqué plus haut les faits qui m'ont conduit à soupçonner que, pendant l'écartement des disques subéquatoriaux, les anses secondaires peuvent subir un nouveau dédoublement dans le sens longitudinal. Les observations de Flemming sur les cellules spermatogènes de la salamandre me confirment dans cette manière de voir (page 258, fig. 4, 5 et 6 du livre de Flemming, *Zellsubstanz*, etc.) Ce que Flemming a pris pour une segmentation longitudinale retardée, s'accomplissant dans les noyaux filles (stades stellaires) est à mon avis un second dédoublement longitudinal. S'il en était autrement, si la division longitudinale représentée par Flemming (page 258, fig. 4, 5 et 6) répondait à la division des anses primaires, celle-ci perdrait complètement la portée que nous lui attribuons : à notre avis elle trouve sa raison d'être dans la circonstance que les noyaux filles doivent recevoir leur

substance chromatique *de chacune des parties* constitutives
des cordons chromatiques primaires, d'où résulte une symétrie
parfaite entre la charpente chromatique des deux noyaux
dérivés. C'est cette nécessité qui détermine le dédoublement
longitudinal des cordons primaires, et l'écartement progressif
des anses jumelles. Le dédoublement qui se produit au stade
stellaire des cellules filles ne peut avoir cette signification. Les
anses secondaires ou jumelles sont manifestement destinées ici
à un même noyau fille. Mes observations me portent à interpréter, dans le sens que je viens d'indiquer, les figures de
Flemming. La division des cordons primaires dans les cellules
spermatogènes de la salamandre a probablement échappé à
Femming et les méridiens des figures doliformes ne sont pas
des cordons primaires, mais des anses secondaires unies bout
à bout. La division longitudinale n'est pas encore terminée.

En ce qui concerne l'origine et l'histoire des éléments
achromatiques des figures karyokinétiques il existe aussi entre
Flemming et Strasburger des divergences d'opinions sur des
points essentiels.

Tandis que Strasburger assigne aux fibrilles achromatiques
du fuseau une origine protoplasmique, qu'il les fait pénétrer
secondairement dans le noyau en voie de division, Flemming
soutient la thèse qu'ils sont d'origine nucléaire. D'après mes
recherches la vérité se trouverait entre les deux, tout au
moins en ce qui concerne les cellules de l'ascaride où j'ai
étudié la division.

Avant que les fibrilles dont il s'agit ne soient bien apparentes deux masses sphéroïdales, que j'ai appelées les sphères
attractives, ont fait leur apparition dans le protoplasme cellulaire. Ces corps doués de propriétés particulières, plus homogènes et plus avides de carmin que le reste du protoplasme,
présentent à leur centre un corpuscule ou un amas de corpuscules d'où partent, en rayonnant, des fibrilles très tenues.
Bientôt on reconnait manifestement, tant par la structure du
protoplasme que par la forme du blastomère, que le corps de

la cellule s'est divisé en deux portions polaires, dont les sphères attractives occupent les centres et une zone équatoriale dans laquelle siège la plaque nucléaire (disque équatorial chromatique). Si l'on examine avec attention les éléments achromatiques de l'ancien noyau, on reconnaît que les microsomes achromatiques sont allignés, à la périphérie, suivant des lignes méridiennes convergeant vers les sphères attractives. Parmi les rayons divergents, qui partent des sphères attractives, il en est qui sont dirigés vers la plaque équatoriale; ceux là sont plus distincts que tous les autres; ils constituent une sorte d'éventail ayant pour centre le corpuscule polaire. On distingue en même temps, dans l'axe de l'ancien noyau, des fibrilles bien nettes formant avec les éventails une figure qui parait être un fuseau achromatique. Néanmoins on distingue, sur le trajet de chacune des fibrilles, suivant la limite de la sphère attractive, un granule plus volumineux divisant la fibrille en une portion faisant partie de la sphère et une partie engagée dans l'ancien noyau. L'origine en partie protoplasmique, en partie nucléoplasmique de chaque fibrille parait donc éminemment probable : il semble que la portion achromatique de l'ancien noyau complète les portions polaires de la cellule en voie de division et que la structure radiaire qui se manifeste dans le protoplasme cellulaire se dessine en même temps dans le corps achromatique de l'ancien noyau. De même que les lignes méridiennes achromatiques les fibrilles du fuseau sont des rayons différenciés de l'étoile, dont le centre répond au milieu de la sphère attractive. Tout se passe comme si la partie achromatique de l'ancien noyau se trouvait confondue avec le protoplasme et comme si elle subissait, en même temps que le protoplasme, l'influence des deux centres dynamiques dont l'action s'étend jusqu'à la zone équatoriale. Les fibrilles constitutives du fuseau se forment en partie dans les sphères attractives, en partie dans le corps nucléaire, aux dépens des filaments achromatiques du nucléoplasme.

Un autre point sur lequel je ne puis partager l'opinion de mes devanciers, est relatif à la constitution du fuseau. Je ne

25

pense pas qu'il s'agisse là d'une fuseau complet, mais bien de deux cônes, dont les fibrilles contractiles se fixent aux anses chromatiques secondaires et les tirent véritablement vers les sphères attractives. Il ne peut donc être question, comme le pensent Flemming et Strasburger, d'un cheminement des éléments chromatiques le long de fibrilles achromatiques.

Ce qui a donné lieu à l'illusion du fuseau, c'est l'existence de ce que j'ai appelé les filaments réunissants. Mais ces éléments ne sont qu'une trame achromatique que laisse derrière elle la chromatine au moment où s'établit la discontinuité chromatique entre les anses secondaires jumelles, suivant l'équateur de la figure.

Les sphères attractives ne prennent aucune part directe à la reconstitution des noyaux; elles finissent pas disparaître dans le corps protoplasmique de la cellule. Le noyau se reconstitue aux dépens des anses secondaires chromatiques et d'une charpente achromatique de mieux en mieux délimitée, qui se trouve interposée entre la masse chromatique du noyau en voie d'édificaion et la sphère attractive correspondante.

J'ai décrit le processus de cette reconstitution que l'on peut appeler la maturation du noyau; je n'ai pu observer entre la phase stellaire et le stade réticulé des cellules filles rien qui réponde au stade pelotonné de Flemming. Le parallélisme que Flemming et Retzius ont voulu établir, entre la série des phénomènes de reconstitution des noyaux filles et les phases d'évolution progressive du noyau maternel en voie de division n'a, dans mon opinion, aucune valeur principielle.

En ce qui concerne la division du corps cellulaire mes études sur l'Ascaris m'ont conduit à cette conclusion que les choses se passent ici non pas comme on l'admet pour les cellules animales, mais au contraire conformément aux observations des botanistes et de Strasburger en particulier chez les cellules végétales. La formation d'une plaque cellulaire, dans les limites de l'espace circonscrit par les filaments de réunion, est on ne peut plus claire. Cette plaque se dédouble et ce n'est que la portion périphérique de la zone cellulaire équatoriale qui se scinde par la formation d'un étranglement circulaire transversal.

V. — Formation et signification des globules polaires.

Il est généralement admis aujourd'hui que les globules polaires se forment à la suite d'une division cellulaire indirecte et que ces globules ne sont rien autre chose que des cellules réduites. L'on a bien signalé quelques différences entre les figures karyokinétiques et celles que j'ai appelées pseudo-karyokinétiques; mais la formation aux dépens de la vésicule germinative d'un fuseau (*Richtungsspindel* des auteurs, *Amphiaster de rebut* de Fol) comparé et identifié à un fuseau de division, la circonstance que l'on a vu le corps cellulaire se diviser en deux parties inégales (le globule polaire d'une part, l'œuf de l'autre) ont fait passer légèrement sur ces différences. Pour O. Hertwig, pour Fol, pour Selenka, pour Flemming, pour Mark, pour Trinchèse et pour plusieurs autres auteurs la formation des globules polaires est une division cellulaire incomplète et asymétrique. Les deux cellules résultant de la division sont de dimensions fort inégales, tandis que les noyaux qui proviennent du fuseau ont des dimensions similaires dans les globules et dans l'œuf. A raison de la présence du fuseau, le mode suivant lequel s'opère la génèse des globules polaires, serait une division karyokinétique.

L'une des questions que j'ai eu en vue de résoudre, quand j'ai commencé mes recherches sur l'Ascaris, c'est celle du mode de formation des globules polaires. La division cellulaire indirecte est aujourd'hui bien mieux connue, grâce aux beaux travaux de plusieurs cytologues et avant tout aux brillantes recherches de Flemming, qu'à l'époque où les recherches sur lesquelles se fondent les idées actuelles sur la signification des globules polaires ont été entreprises. La distinction entre les éléments chromatiques et achromatiques des figures karyokinétiques, les transformations successives de la charpente chromatique, son intervention dans la génèse des noyaux filles sont autant de découvertes de date récente. Flemming a démontré le premier que lors de la segmentation de l'œuf les noyaux se comportent comme dans la division des cellules des tissus animaux et végétaux; mais aucune recherche n'a été faite jusqu'ici en vue de décider si tous ces phénomènes s'accomplissent lors de la génèse des globules polaires.

La conclusion de mes études c'est que, dans la formation des globules polaires, il ne s'agit pas d'une division karyokinétique. Je résumerai rapidement les faits qui justifient cette opinion; mais auparavant je tiens à répondre à une objection que l'on pourrait être tenté de faire. Les figures complexes qui se produisent dans le vitellus et que j'ai longuement décrites sont fort différentes des images caractéristiques de la division karyokinétique. L'on pourrait croire que les différences peuvent être attribuées aux méthodes employées. Il ne peut en être ainsi et voici pour quels motifs. En traitant un uterus entier, par l'alcool au tiers, en colorant par le carmin boracique et en montant ensuite dans la glycérine des œufs des diverses parties de cet uterus, tous les œufs en segmentation montrent, avec une netteté admirable, les figures karyokinétiques vraiment typiques que j'ai décrites plus haut, tandis que les œufs dans lesquels les globules polaires sont en voie de formation montrent des images bien différentes de toutes celles que l'on connait comme caractéristiques de la karyokinèse. Si la méthode employée est convenable dans un cas elle doit l'être aussi dans l'autre et puisqu'il s'agit d'œufs traités tous en même temps, les différences ne peuvent être mises sur le compte du mode de préparation. Je ne me suis pas borné du reste à un procédé unique; j'ai eu recours à des méthodes diverses et toutes m'ont donné des résultats identiques, en ce qui concerne les points essentiels.

Les raisons qui me déterminent à affirmer que la génèse des globules polaires ne peut pas être assimilée à une division karyokinétique sont les suivantes :

1° Dans toute division cellulaire indirecte le plan suivant lequel s'opère la division est perpendiculaire à l'axe de la figure dicentrique; il répond au plan équatorial de cette figure. Au contraire, quand il s'agit de la formation des globules polaires le plan suivant lequel s'opère la division passe par l'axe de la figure dicentrique; il est par conséquent normal à l'équateur. Cette considération est décisive; elle suffirait à elle seule à justifier l'opinion que j'ai exprimée.

2° Lorsqu'un noyau se prépare à la division karyokinétique sa substance chromatique se réunit dans un cordon pelotonnée; ce cordon se raccourcit progressivement et devient de plus en plus épais; puis il subit une segmentation transversale; les anses chromatiques qui en résultent se dédoublent; elles se disposent en une plaque équatoriale occupant le milieu de l'ancien noyau; les anses secondaires se disposent en deux groupes ou disques subéquatoriaux, de telle manière que, dans chaque disque, on trouve un nombre d'anses secondaires égal au nombre des anses primaires; des deux anses jumelles l'une se porte invariablement dans l'un des disques secondaires, l'autre dans l'autre disque. Aussi bien dans le disque équatorial que dans les disques subéquatoriaux les anses affectent une disposition stellaire. Grâce à la contractilité des fibrilles achromatiques formant ce que l'on a appelé le fuseau nucléaire les deux groupes d'anses secondaires s'écartent progressivement de l'équateur et se rapprochent des pôles. Au voisinage de ces pôles chaque groupe chromatique, uni à une masse achromatique différenciée au préalable, donne naissance à une nouvelle charpente nucléaire, à un nouveau noyau. Avant l'achèvement des noyaux le corps cellulaire se divise; à cet effet il se produit dans le plan équatorial un étranglement circulaire; la formation d'une plaque cellulaire et le dédoublement de cette dernière achèvent la séparation des deux cellules filles.

Tous ces phénomènes font défaut, quand il s'agit de la formation des globules polaires; et l'on constate dans la génèse de ces éléments des phénomènes qui ne se rencontrent pas lors de la division karyokinétique.

Les éléments chromatiques des figures pseudokaryokinétiques dérivent d'un globule sphérique, le corpuscule germinatif. Ce corpuscule se constitue de deux plaques qui se disposent symétriquement par rapport à l'équateur de la figure dicentrique. Il n'y a ici rien de comparable ni au stade de pelotonnement, ni au stade stellaire, ni au stade équatorial. Au moment de l'apparition de la figure dicentrique, et même avant ce moment, les deux disques nucléolaires sont déjà séparés l'un de l'autre et ils occupent déjà les positions relatives que l'on retrouve à toutes les phases de l'évolution de la figure ypsiliforme. Ces deux disques ne s'écartent pas de l'équateur; ils ne se rapprochent pas des pôles. Lors de la formation du premier globule polaire chaque disque se divise en deux moitiés dont l'une s'engage dans le globule polaire, tandis que l'autre reste dans l'œuf. Les éléments chromatiques des globules polaires et du deuthyalosome ne donnent pas naissance à une charpente chromatique. Il ne se produit pas, lors de la libération du globule, d'étranglement protoplasmique équatorial; les globules polaires paraissent être expulsés du corps protoplasmique de l'œuf, à la suite de l'apparition d'une solution de continuité dans la couche superficielle du vitellus. D'autre part nous ne trouvons, lors de la division karyokinétique, rien qui rappelle la désagrégation d'une portion étendue du noyau, comme on l'observe quand la vésicule germinative se flétrit et que son hyalosome seul reste distinct du protoplasme. Rien de semblable à l'hyalosome dans les figures karyokinétiques.

L'on pourrait objecter que si l'on ne voit pas dans l'histoire de la pseudokaryokinèse les images chromatiques caractéristiques de la division indirecte cela tient à la petitesse des figures auxquelles donne lieu la masse chromatique peu considérable du noyau ovulaire. Les deux disques nucléolaires ne sont-ils pas deux plaques subéquatoriales formées très tôt et à anses très réduites? S'il en était ainsi il faudrait admettre en tous cas que les stades préalables à la formation des disques subéquatoriaux précèdent ici l'apparition de la figure dicentrique et qu'à la suite de la formation des éléments achromatiques si complexes, qui entrent dans la composition de cette figure, les disques subéquatoriaux ne subissent aucune modification ultérieure; ils se maintiennent identiques pendant toute l'évolution de la figure ypsiliforme. Il y aurait déjà là des différences importantes avec ce qui se produit dans la karyokinèse. Mais il y a plus : il est absolument certain que dans la formation de la seconde figure pseudo-karyokinétique les éléments chromatiques ne passent par aucun des stades caractéristiques de la karyokinèse, et les éléments chromatiques sont assez volumineux, leur composition assez facilement reconnaissable pour que l'on puisse affirmer qu'il ne se produit ni charpente nucléaire réticulée, ni cordons pelotonnés, ni anses, ni figures stellaires chromatiques. Il en est de même en ce qui concerne la première figure pseudokaryokinétique. Il n'y a aucune analogie, à n'importe quel stade de l'évolution, entre les éléments chromatiques globulaires des figures pseudo-karyokinétiques et les filaments imbibés de chromatine d'un noyau ordinaire en voie de division.

3º Les figures achromatiques auxquelles on a donné le nom de fuseaux de direction ou d'amphiasters de rebut ne sont nullement équivalentes aux fuseaux nucléaires.

J'ai exprimé l'opinion que les fuseaux nucléaires ne sont pas constitués, comme on les a décrits jusqu'ici, par un faisceau de fibrilles reliant entre eux les pôles de la figure dicentrique. Le fuseau nucléaire est formé, dans les blastomères de l'Ascaris du cheval, de deux cônes se regardant par leurs bases; ces deux cônes sont séparés l'un de l'autre par le disque équatorial, aux éléments chromatiques duquel s'insèrent les fibrilles achromatiques de ces cônes. Ces fibrilles ne sont, comme Fol l'avait supposé, que des rayons polaires insérés aux éléments chromatiques plus apparents que les autres rayons des asters. C'est là ce qui distingue les éléments achromatiques du soi-disant fuseau nucléaire : *les fibrilles du fuseau se fixent toutes aux éléments du disque équatorial*. Il est incontestable que les images que j'ai décrites sous les noms de figure ypsili-

forme et de seconde figure pseudokaryokinétique répondent
au premier et au second fuseaux de direction des auteurs. L'on
a comparé l'ensemble de ces images aux fuseaux nucléaires.
C'est là notamment ce qu'a fait Bütschli. Le fuseau de
direction du *Cucullanus* répond à l'une de nos figures pseudokaryokinétiques. Mais il est incontestable, si l'on s'en rapporte à l'analyse que j'ai faite de ces figures, qu'une figure
pseudokaryokinétique se distingue essentiellement d'un fuseau
nucléaire en ce qu'elle est principalement formée de fibrilles
qui n'ont aucun rapport avec les éléments chromatiques. Ces
fibrilles seraient bien plutôt comparables aux rayons polaires
des asters qu'aux fibrilles du fuseau nucléaire. Toutes les
fibrilles périphériques des figures pseudokaryokinétiques sont
dans ce cas. Seules les fibrilles axiales, à raison de leurs
rapports avec les éléments chromatiques des disques nucléolaires, pourraient être comparées aux fibrilles achromatiques
des fuseaux nucléaires. Mais il y a, entre les figures pseudokaryokinétiques et les amphiasters de division des différences
importantes, en ce qui concerne les autres éléments achromatiques de ces figures. Je ne sache pas que l'on ait observé,
dans la karyokinèse, l'entrecroisement équatorial des fibrilles
tel que je l'ai décrit; je ne connais rien non plus, dans la
division indirecte, qui puisse être comparé aux plaques stellaires. Je ne pense pas que les asters des figures karyokinétiques puissent devenir superficiels ou même être placés
superficiellement dès leur origine, comme c'est le cas pour l'un
des asters de la seconde figure pseudokaryokinétique.

Les diverses raisons que je viens de faire valoir démontrent
clairement que la seule analogie qui existe entre les figures
pseudokaryokinétiques et les images successives qui se produisent lors d'une division cellulaire indirecte consiste dans
l'apparition, au voisinage du noyau, de deux centres d'attraction. Nous entrevoyons la raison d'être de ces centres
dynamiques dans la karyokinèse; leur présence dans la
pseudokaryokinèse est inexplicable, à l'heure qu'il est; mais
étant donné que l'influence exercée par ces centres est toute

différente dans les deux cas, que les images qu'ils déterminent sont très différentes, l'on est autorisé à affirmer que leur fonction n'est pas la même.

Les phénomènes de la pseudokaryokinèse, qui amènent la formation des globules polaires, ne peuvent donc être assimilés à ceux qui accompagnent la division cellulaire indirecte. Mais il n'en résulte pas que les globules polaires ne sont pas des cellules. La pseudokinèse n'est-elle pas un mode particulier de multiplication, différent de la karyokinèse proprement dite ? Je ne le pense pas et il y a de nombreuses raisons à faire valoir à l'appui de cette opinion négative.

Remarquons d'abord que la série des phénomènes préalables à la formation des globules polaires ne se présente dans aucune division cellulaire actuellement connue. Si, dans la génèse de ces globules, il s'agissait d'une multiplication cellulaire, le mode suivant lequel s'accomplit le phénomène serait particulier à ce cas spécial. De plus si nous recherchons l'origine de l'opinion actuellement reçue quant à la valeur cellulaire des globules polaires nous la trouvons dans la découverte du fuseau de direction, identifié à tort à un fuseau nucléaire. S'il est démontré que ce rapprochement n'est pas justifié, que les phénomènes qui amènent l'élimination de ces globules ne peuvent être assimilés à ceux qui caractérisent la karyokinèse, l'argument sur lequel reposait la notion de la cellularité des globules se trouve par là même dépourvue de fondement.

Il est évidemment impossible de prouver que la pseudo-karyokinèse n'est pas un mode spécial de multiplication cellulaire ; mais, tant que l'on ne connaîtra pas de cellules ordinaires se multipliant suivant ce procédé, l'on ne pourra admettre qu'il s'agit ici d'un mode spécial de division cellulaire que s'il est prouvé, d'autre part, que les globules polaires sont des cellules. Si l'on trouvait dans les globules polaires les diverses parties constitutives de la cellule, si ces globules étaient formés dans tous les cas d'un corps protoplasmique et d'un élément nucléaire, l'on pourrait hésiter à se prononcer ; mais il n'en est pas ainsi.

Il ressort clairement de tout l'exposé qui précède (chapitre III), que le premier globule polaire est l'équivalent du deuthyalosome, que le second globule est l'équivalent du pronucleus femelle, enfin que l'un et l'autre se constituent exclusivement d'éléments dérivés de la vésicule germinative de l'œuf; ils sont donc d'origine nucléaire.

Le corps clair achromatique des globules dérive de la substance du prothyalosome. On ne peut donc le considérer comme représentant le corps cellulaire des globules. Reste leur contour. N'a-t-il pas la valeur d'une couche protoplasmique très-mince? Il suffit de jeter un coup d'œil sur les figures pour ce convaincre de ce fait que le contour du premier globule polaire se continue, sans aucune interruption, dans le contour du deuthyalosome. Or celui-ci se comporte non comme une cellule, mais comme un élément nucléaire. Quant au second globule, sa constitution est identique à celle du pronucleus femelle, au moment de la naissance de cet élément.

De part et d'autre le corps clair est délimité par une couche achromatique différenciée; l'histoire du pronucleus femelle démontre que ce contour achromatique devient plus tard chromatique, qu'il est par conséquent une membrane nucléaire. Si le pronucleus femelle est un noyau, le second globule polaire est aussi un élément nucléaire. L'équivalence et l'identité de constitution des deux éléments ressort avec évidence de l'examen des figures représentées planches XVIII et XVIII*bis* (remarquer en particulier la fig. 5 de la pl. XVIII*bis*).

Il n'y a pas de doute sur la valeur exclusivement nucléaire des deux globules polaires chez l'*Ascaris megalocephala;* ces corpuscules rejetés par le vitellus ne sont pas des cellules.

Je suis loin de vouloir nier, que dans beaucoup de cas, les globules polaires ne se constituent d'une couche protoplasmique et d'éléments nucléaires. Les descriptions et les figures publiées par divers auteurs, par Hertwig, par Fol, par Blochmann, par Mark et par Trinchese ne justifieraient pas ce doute. Mais il ne suffit pas de la présence d'un revêtement protoplasmique, à la périphérie de ces éléments, pour que leur valeur cellulaire soit établie. Si l'on fournit la preuve que dans un cas la génèse des globules polaires ne peut être assimilée à une division cellulaire, que ces globules sont d'origine exclusivement nucléaire, l'on sera justifié à douter de la vérité de l'opinion actuellement reçue quant à la valeur morphologique de ces éléments. J'ajoute qu'il est éminemment probable que chez les vertébrés, pas plus que chez les Ascaris, les globules polaires ne sont le résultat d'une karyokinèse. Même chez les mammifères, où ces éléments rappellent ceux de beaucoup d'animaux inférieurs, je n'ai jamais pu rien découvrir des phénomènes décrits chez les invertébrés, comme se produisant préalablement à la formation des globules polaires.

J'ai formulé plus haut mon opinion sur la valeur physiologique des globules polaires. Ils se constituent de l'ensemble des éléments mâles de noyau ovulaire : l'œuf, avant sa maturation, est hermaphrodite comme toute cellule; pendant sa maturation il rejette ses éléments mâles. J'ai fourni la preuve de l'hermaphrodisme des noyaux des deux premiers blastomères et fait valoir diverses considérations qui justifient l'opinion d'après laquelle il en serait de même pour toutes les cellules qui en dérivent. Rien ne nous autorise à admettre que les deux premiers blastomères soient constitués autrement que les cellules qu'ils engendrent et le fait que les phénomènes de leur génèse sont identiques à ceux qui amènent leur division est un puissant argument en faveur de cette manière de voir.

Si les cellules des tissus sont hermaphrodites, les œufs doivent être dans le même cas; ils sont de par toute leur histoire et surtout de par leur origine de simples cellules. Le caractère sexuel femelle de l'œuf prend naissance seulement après l'expulsion des globules polaires; dans la fécondation les éléments mâles de l'œuf sont remplacés par des éléments nouveaux apportés par le zoosperme.

Il y a longtemps déjà que j'ai exprimé l'idée qu'il faut

rattacher le phénomène du retrait à l'élimination des globules polaires. Voici comment j'ai formulé cette opinion dans mon mémoire sur la formation des feuillets chez le Lapin.

„ Au moment où commence le retrait du vitellus il existe, sous la zone pellucide, une membrane mince qui s'est formée aux dépens de la couche corticale du jaune et qui est la vraie *membrane vitelline.* Cette membrane j'ai pu l'isoler en écartant la zone pellucide, et les préparations que j'ai obtenues ne laissent aucun doute quant à l'existence de cette membrane, qui est tout à fait indépendante de la zone pellucide. J'ai démontré son existence, il y a dix ans, dans des œufs en voie de segmentation. Je pense que cette membrane se forme tout à la fin de la période de maturation. Il est absolument certain qu'elle apparait avant la fécondation; mais je n'ai jamais pu l'isoler sur des œufs ovariens avant que le vitellus ait commencé à se rétracter. Ces trois phénomènes, le retrait du vitellus ou plutôt l'expulsion du liquide périvitellin, la formation de la membrane vitelline et le rejet des corps directeurs paraissent être concomitants, inséparables l'un de l'autre, déterminés par une seule et même cause et requérir par conséquent une même explication. Le rajeunissement de la cellule s'accomplit en deux phases; dans la première la cellule se débarrasse à la fois d'une partie déterminée de son noyau (corps directeurs) et de certains éléments protoplasmiques (liquide périvitellin et membrane vitelline); dans la seconde phase les parties expulsées sont remplacées, grâce à la conjugaison qui se fait entre la partie femelle de l'œuf et le ou les spermatozoïdes. „

L'étude de l'ascaride du cheval m'a confirmé dans ma manière de voir sur la nécessité de rattacher le retrait du vitellus ou plus exactement la formation des couches périvitellines à la génèse des globules polaires. Nous voyons, en effet, la substance périvitelline constituer deux formations successives et distinctes, à chacune desquelles se rattache un globule polaire. Le premier globule polaire est expulsé quand la première couche a atteint son complet développement. Il reste adhérent à la face interne de cette couche. Et pendant que le second globule polaire se forme la seconde couche périvitelline se constitue. Le second globule polaire qui reste adhérent au globe vitellin rétracté affecte, vis-à-vis de la seconde formation, les mêmes rapports que le premier par rapport à la première couche.

Les mêmes phénomènes pour être moins nettement séparés chez le lapin, ne paraissent pas moins s'effectuer chez ce mammifère, comme chez l'ascaris, en deux périodes. La première s'accomplit à l'ovaire; elle comprend la formation d'un globule, d'une membrane et d'un petite quantité de liquide; la seconde se passe probablement dans l'oviducte; le liquide périvitellin augmente et un second globule est expulsé. J'ai donné à cette membrane isolable, après durcissement de l'œuf, le nom de membrane vitelline. Je crois cette dénomination défectueuse : je pense, en effet, que cette membrane n'est que la portion corticale plus consistante de la première formation périvitelline et il vaudrait mieux, pour indiquer ces rapports, la désigner sous le nom de *membrane périvitelline.*

La portion corticale de la seconde formation périvitelline paraît douée aussi, chez l'ascaride du cheval, de propriétés particulières : sur l'œuf frais, elle semble constituer une membrane distincte, d'un aspect tout particulier que j'ai décrit plus haut.

Le fait qu'une partie du protoplasme ovulaire est expulsée, en même temps que les résidus nucléaires que nous appelons globules polaires, permet de supposer que le spermatozoïde fournit, lors de la fécondation de l'œuf, non seulement un élément nucléaire, le pronucleus mâle, mais aussi des éléments protoplasmiques destinés à remplacer les substances périvitellines. Il est certain que le zoosperme apporte dans le vitellus non seulement un noyau, mais aussi du protoplasme. Rien n'autorise à affirmer que le rôle du protoplasme spermatique est secondaire dans la fécondation; mais j'ai signalé quelques faits qui permettent de douter de l'importance de l'apport protoplasmique. Cette question reste entièrement ouverte.

VI. — Copulation des produits sexuels.

J'ai décrit plus haut avec beaucoup de détails le phénomène de la pénétration du zoosperme. Je puis me dispenser de revenir ici sur les motifs qui m'ont déterminé à distinguer le fait de la pénétration du phénomène de la fécondation proprement dite. J'ai consacré un chapitre spécial de mon mémoire à l'histoire de la copulation et j'ai formulé en tête des divers paragraphes les faits essentiels que révèle l'étude de ce phénomène.

1° Dans l'immense majorité des cas il ne pénètre dans un œuf qu'un seul zoosperme. Un seul spermatozoïde suffit donc à la fécondation. Des dispositions toutes particulières empêchent l'entrée successive de deux ou de plusieurs zoospermes. Il y a donc lieu de supposer que la pénétration de plusieurs gonocytes mâles constitue une condition désavantageuse pour le développement ultérieur de l'embryon. Dans un petit nombre de cas deux spermatozoïdes réussissent à s'introduire simultanément. Je ne puis rien affirmer quant aux conséquences qui en découlent; mais certaines observations semblent indiquer que chaque zoosperme peut donner naissance à un pronucleus, auquel cas l'aster chromatique primaire de la première figure karyokinétique se constituerait non de quatre mais de six anses. Si le phénomène décrit par Kupffer sous le nom de " fécondation complémentaire „ se produit chez certains animaux, il ne constitue certainement pas un fait essentiel à toute fécondation. Rien de semblable ne se produit chez nos ascarides.

2° Le zoosperme pénétre dans l'œuf par un point déterminé de sa surface. Ce point répond au pôle d'imprégnation. Le protoplasme ovulaire y est à nu dans les limites de cette portion de la surface du vitellus qui répond au bouchon d'imprégnation. Un vrai micropyle existe chez l'ascaride du cheval; mais son existence est de très courte durée. Il n'existe pas plus que la membrane vitelline, au moment où l'œuf devient libre dans la partie inférieure de l'ovaire. Il se forme dans l'oviducte.

3° Le zoosperme et l'œuf s'accolent l'un à l'autre par les points correspondants de leurs corps protoplasmiques; leurs axes se trouvent, au moment de la copulation, dans une même direction.

4° La pénétration est probablement le résultat de l'action combinée du zoosperme et de l'œuf. Le zoosperme exécute des mouvements amœboïdes particuliers. Le bouchon d'imprégnation peut faire saillie par le micropyle; le spermatozoïde s'y fixe; puis l'un et l'autre sont attirés vers l'intérieur par le protoplasme ovulaire.

5° La membrane du zoosperme se soude par son bord libre aux lèvres du micropyle. Par là se constitue une membrane ovo-spermatique et le micropyle est déjà fermé, alors que le zoosperme s'élève encore, sous la forme d'une papille conique, au-dessus de la surface du vitellus. Une fois la soudure faite, le zoosperme semble prendre un point d'appui sur la membrane pour se pousser dans le vitellus.

6° Le zoosperme reste pendant assez longtemps fixé à la membrane par un petit épatement terminal de sa queue. Il se place ensuite très obliquement sous la membrane, avant de gagner le centre du vitellus.

7° Au moment où il se fixe au bouchon le zoosperme subit des modifications dans ses propriétés micro-chimiques : son protoplasme acquiert une affinité marquée pour les matières colorantes; son noyau devient moins réfringent et en même temps moins avide de carmin. Les caractères du treillis protoplasmique se modifient.

8° Des faisceaux de fibrilles moniliformes, fixés au zoosperme, interviennent probablement, lors de sa pénétration dans le protoplasme ovulaire. Ils peuvent être tiraillés en dehors du vitellus quand se produit, par l'action des réactifs, un espace artificiel entre le zoosperme et l'œuf.

9° Le zoosperme devenu central exerce une action particulière sur le vitellus. Le vitellus s'obscurcit au contact du spermatozoïde et cette différenciation s'étend concentriquement du centre vers la surface du vitellus. Il semble que le spermatozoïde attire à lui une partie du corps ovulaire, tandis qu'une autre partie se rattache plus particulièrement à la vésicule germinative.

10° Pendant la maturation de l'œuf le zoosperme subit des modifications importantes que j'ai indiquées plus haut; mais son petit noyau chromatique et sa couche périnucléaire conservent les mêmes caractères jusqu'au moment où le second globule polaire est expulsé.

VII. — La fécondation.

L'œuf ovarien fournit au gonocyte ovulaire un corps protoplasmique réduit par la soustraction des substances qui constituent les couches périvitellines et un noyau réduit par suite du rejet des éléments, en partie chromatiques, en partie achromatiques, qui entrent dans la composition des globules polaires. La vésicule germinative subit une première réduction lors de sa disparition apparente : une partie de sa substance se confond à ce moment avec le protoplasme ovulaire. L'œuf ovarien réduit je l'appelle gonocyte femelle; le noyau réduit c'est le pronucleus femelle.

J'ai créé précédemment le nom de *gonocyte* pour désigner un corps cellulaire pourvu de deux éléments nucléaires à caractères sexuels différents. J'ai appliqué ce nom à l'organisme des infusoires, pourvus d'un endoplaste et d'un endoplastule et aussi au corps ovulaire pourvu de deux pronucleus. Mais il ressort clairement de l'étude de la fécondation, chez l'ascaris du cheval, qu'un œuf pourvu de ses deux pronucleus est exactement l'équivalent d'une cellule ordinaire. J'ai démontré que dans les noyaux de chacun des deux premiers blastomères l'on trouve l'équivalent d'un demi-pronucleus mâle et d'un demi-pronucleus femelle; il est probable qu'il en est de même dans les cellules qui en dérivent. Dès lors une cellule à un noyau unique ne se distingue en rien d'essentiel d'une cellule à deux pronucleus séparés. L'étude de la division d'une cellule à deux pronucleus montre qu'elle se conduit identiquement comme une cellule unique. Il n'y a donc pas lieu de désigner sous une dénomination spéciale une cellule à deux pronucleus; il est inutile d'employer le mot gonocyte pour désigner cet élément hermaphroditique comme toute autre cellule.

Mais au lieu d'expulser ce nom du vocabulaire cytologique il y aurait utilité, ce me semble, à le conserver, en modifiant le sens que je lui ai d'abord donné. Je propose de l'employer en y ajoutant les qualificatifs *femelle* ou *mâle* pour désigner l'œuf réduit, à la suite de sa maturation, et le spermatocyte après le rejet de sa portion cytophorale et devenu spermatozoïde.

Si, au point de vue de morphologique et de par leur structure, les pronucleus ne diffèrent en rien de noyaux ordinaires, il est évident qu'au point de vue physiologique ils ne sont nullement l'équivalent de noyaux. Chaque pronucleus équivaut à un demi-noyau présentant, de par son origine, un caractère unisexué. Telle est la justification du terme *pronucleus* que j'ai créé pour désigner ces éléments et qui est généralement accepté aujourd'hui. Mais si le pronucleus femelle n'est pas l'équivalent d'un noyau ordinaire, il est clair que le globe vitellin, pourvu de son pronucleus, n'est pas une cellule. Si une dénomination spéciale est justifiée pour l'élément nucléaire elle l'est aussi pour le corps cellulaire. C'est pourquoi je propose de désigner, sous le nom de *gonocyte femelle*, le globe vitellin pourvu de son pronucleus.

Quant au spermatozoïde, il se distingue de tout élément cellulaire proprement dit par bien des caractères; jamais on n'observe de division d'un zoosperme. L'élément nucléaire qu'il renferme devient un pronucleus; il n'est donc pas équivalent à un noyau; dès lors le corps du spermatozoïde n'est pas une cellule et le nom de *gonocyte mâle* pourrait lui être utilement appliqué. De par son origine cet élément se distingue de toute autre cellule en ce que le spermatocyte dont il dérive ne devient un spermatozoïde, qu'après s'être débarrassé d'une partie de sa substance; cette partie rejetée par le spermatocyte c'est le cytophore ou plus exactement la portion cytophorale.

Je n'ai pas à revenir ici sur l'opinion que j'ai exprimée plus haut, en ce qui concerne l'interprétation du phénomène de la fécondation. Je pense que la fécondation consiste essentiellement dans l'achèvement du gonocyte femelle et sa transformation en une cellule, c'est-à-dire dans le remplacement des éléments expulsés par des éléments nouveaux apportés par le zoosperme. Les éléments nucléaires éliminés (globules polaires) sont remplacés par le pronucleus mâle; et de même que les globules polaires confondus avec le pronucleus femelle constituaient un noyau de cellule, la vésicule germinative, de même le pronucleus mâle et le pronucleus femelle réunis représentent à eux deux un noyau de cellule unique. Il est indifférent que ces deux pronucleus soient soudés en un élément unique en apparence, ou qu'ils restent séparés. Il y a des raisons de croire que même dans les noyaux ordinaires la chromatine mâle reste distincte de la chromatine femelle.

Le protoplasme gonocytique mâle se confond avec le corps du gonocyte femelle. Mais ce fait constitue-t-il une substitution? est-il essentiel au même titre que le remplacement d'une partie du noyau? C'est là une question discutable, mais difficile à résoudre pour le moment.

Après avoir exposé, dans son beau livre sur la génération, l'opinion que Hertwig a formulée sur la nature de la fécondation Hensen ajoute : " *Es sind dies die Ansichten welche sich eröffnen; eine theoretische Ausarbeitung derselben hat bisher nicht stattgefunden, theils weil noch das Verhalten der Kernfäden resp. der färbaren Kernsubstanz nicht erforscht ist, theils weil überhaupt die Thatsache, dass der Kopf des Samenkörperchens zum Kern werde noch bestritten ist.* „ D'autre part Flemming, après avoir montré que la chromatine du noyau spermatique se confond avec le pronucleus femelle et contribue à augmenter la quantité de chromatine de ce dernier élément, ajoute qu'il ignore ce qu'il advient de l'espace clair qui entoure la chromatine du noyau spermatique : " *Was aus dem hellen*

Hofe wird, der das Centralkörperchen des Spermakerns auch dann noch umgiebt wenn die Verschmelzung beider Kerne beginnt, habe ich nicht ermitteln können. „

Je crois avoir fait faire un pas à la connaissance des phénomènes de la fécondation en montrant :

1° Que non seulement le noyau chromatique du zoosperme, mais aussi la couche achromatique qui l'entoure (couche péri-nucléaire) interviennent dans la formation du pronucleus mâle.

2° Que la vésicule germinative fournit au pronucleus femelle non seulement des éléments chromatiques, mais aussi un corps achromatique.

3° Que les deux pronucleus, sans se confondre, peuvent acquérir, par le fait de leur maturation progressive, la constitution de noyaux ordinaires.

4° Que chez l'ascaride du cheval il ne se produit pas un noyau unique aux dépens des deux pronucleus; qu'il n'existe pas un " *Furchungskern* „ dans le sens que O. Hertwig a attaché à ce mot. L'essence de la fécondation ne réside donc pas dans la conjugaison de deux éléments nucléaires, mais dans la formation de ces éléments dans le gonocyte femelle. L'un de ces noyaux dérive de l'œuf, l'autre du zoosperme. Les éléments nucléaires expulsés sous forme de globules polaires sont remplacés par le pronucleus mâle et dès que deux demi-noyaux l'un mâle, l'autre femelle se sont constitués, la fécondation est accomplie.

5° A la suite d'une série de transformations que subit la charpente nucléaire de chacun des pronucleus, transformations identiques d'ailleurs à celles qui se produisent dans un noyau en voie de division, chaque pronucleus donne naissance à deux anses chromatiques.

6° Les quatre anses chromatiques interviennent dans la formation de l'étoile chromatique (plaque nucléaire); mais elles restent distinctes. Chacune d'elles se divise longitudinalement en deux anses secondaires jumelles.

7° Les noyaux des deux premiers blastomères reçoivent chacun une moitié de chaque anse primaire, soit quatre anses secondaires, dont deux mâles et deux femelles.

Il ne se produit donc de fusion entre la chromatine mâle et la chromatine femelle à aucun stade de la division. Si une confusion se produit jamais, ce ne peut être que dans les noyaux des deux premiers blastomères. Il y a des raisons de croire que même dans ces noyaux la chromatine mâle reste distincte de la chromatine femelle. Ce qui est certain, c'est que la chromatine mâle ne se confond jamais avec la chromatine femelle en un premier noyau embryonnaire. L'on ne peut donc pas dire avec Hertwig que la fécondation consiste dans la conjugaison de deux noyaux l'un mâle l'autre femelle. Cette conjugaison ne se produit pas chez l'Ascaris. Si elle s'opère chez d'autres êtres vivants, elle n'est probablement qu'apparente et, en tous cas, elle n'est pas essentielle au phénomène. La fécondation implique essentiellement une substitution, c'est-à-dire le remplacement d'une partie de la vésicule germinative par des éléments nucléaires provenant du zoosperme, et peut être aussi d'une portion du protoplasme ovulaire (substances périvitellines) par du protoplasme spermatique.

Les éléments d'origine mâle et femelle ne se confondent pas en un noyau de segmentation et peut-être restent-ils distincts dans tous les noyaux dérivés.

L'étude de la maturation de l'œuf, de la fécondation et de la division cellulaire m'a confirmé dans l'idée que les noyaux cellulaires sont hermaphrodites et cela d'autant plus que la chromatine mâle ne se confond pas avec la chromatine femelle. Si le pronucleus mâle et le pronucleus femelle méritent ces dénominations, qui impliquent leur sexualité, les noyaux cellulaires sont manifestement hermaphrodites. Les cellules des tissus partagent ce caractère avec les protozoaires et les protophytes.

Je ne considère pas la fécondation comme une génération. Ce phénomène caractéristique de la vie cellulaire consiste en un échange, et non pas dans la génèse d'une individualité cellulaire nouvelle. Ces remplacements de certains éléments d'une cellule par des parties similaires fournies par une autre cellule ont pour conséquence la conservation indéfinie de la vie; ils rendent possibles des multiplications ultérieures. L'on ne peut concevoir une génération que comme une multiplication d'individualités. Il est probable qu'il n'existe en réalité qu'un seul procédé de multiplication, c'est la division. Dans la fécondation il n'y a pas augmentation du nombre des individualités : cela est bien évident quand la fécondation se présente sous la forme de conjugaison, ou même dans le caractère qu'elle affecte chez les Vorticelles. Une Vorticelle A se résoud en une macrospore M (gonocyte femelle) et une microspore m (gonocyte mâle); une autre B subit le même dédoublement en M′ et en m′. Puis M se confond avec m′; M′ avec m. Il en résulte deux individus rajeunis A′ et B′; mais il n'y a pas eu augmentation du nombre des individualités. Avant comme après la fécondation il n'y a que deux Vorticelles. La fécondation telle qu'elle s'accomplit dans les métazoaires s'opère suivant le même schéma. Un œuf A se dédouble en un gonocyte femelle (G) et en globules polaires (g) un spermatocyte se résout en une portion cytophorale (C), et un spermatozoïde (s). Puis nous voyons G s'unir à s pour donner naissance à une cellule rajeunie qui est la première cellule embryonnaire. Théoriquement C et g devraient pouvoir engendrer une seconde cellule; en réalité ces éléments s'atrophient; de sorte que, après la fécondation, au lieu de deux cellules capables de divisions ultérieures il ne s'en produit qu'une. Il est clair qu'ici pas plus que dans l'exemple des Vorticelles il n'y a eu multiplication. Il semble que la faculté que possèdent les cellules de se multiplier par division soit limitée : il arrive un moment où elles ne sont plus capables de se diviser ultérieurement, à moins qu'elles ne subissent le phénomène du rajeunissement par le fait de la fécondation. Chez les animaux et les plantes les seules cellules capables d'être rajeunies sont les œufs; les seules capables de rajeunir sont les spermatocytes. Toutes les autres parties de l'individu sont vouées à la mort. La fécondation est la condition de la continuité de la vie. Par elle le générateur échappe à la mort. Telle est l'hypothèse que j'enseigne depuis 1876 et à

l'appui de laquelle je trouve dans l'étude de l'ascaride du
cheval de nouveaux arguments.

Il serait fort intéressant de rechercher si l'on peut reproduire indéfiniment par bouture une forme végétale, sans qu'il
se produise un dépérissement lent, sans que les individus se
rabougrissent; si l'espèce peut se maintenir, dans les cas
où la fécondation n'intervient pas pour interromper de loin
en loin la série des multiplications par voie agame.

Dans l'hypothèse de l'hermaphrodisme des cellules la parthé-
nogénèse s'expliquerait si la formation des globules polaires
faisait défaut ou bien si ces éléments, après avoir pris naissance, s'unissaient de nouveau au gonocyte femelle. C'est dans
l'espoir de voir vérifier cette déduction que, en 1876, j'ai proposé à la classe des sciences de l'Académie royale de Belgique
de mettre au concours la question de savoir si, dans les cas
de parthenogénèse, l'œuf produit des globes polaires. Il est
certain que dans la plupart des cas où la parthenogénèse a été
observée, la fécondation alterne avec la parthenogénèse; il est
probable qu'il en est ainsi dans tous les cas.

POST-SCRIPTUM.

———

Pendant l'impression de ce mémoire a paru le travail de
A. Schneider sur l'œuf et la fécondation. *(Das Ei und seine
Befruchtung,* 4° *Breslau 1883).* L'auteur y rend compte des
recherches qu'il a faites, chez diverses formes animales, sur
les phénomènes qui se rattachent à la fécondation. Parmi les
espèces étudiées par lui se trouve l'*Ascaris megalocephala.* Les
conclusions qu'il tire de ses observations sont, sur un grand
nombre de points, le contre-pied de mes propres résultats.
Schneider conteste notamment, et c'est là le fait capital de
sa publication, l'existence d'un pronucleus mâle; il nie que
le zoosperme fournisse à l'œuf un élément nucléaire. Les deux
pronucleus il les prend pour deux noyaux résultant de la
division de la vésicule germinative; quant au zoosperme il
disparaîtrait totalement dans le vitellus.

Le travail de Schneider porte, dans toutes ses parties, la
preuve évidente de la précipitation avec laquelle les recherches ont été exécutées. Les méthodes employées sont une
autre cause des erreurs qu'il renferme. Je trouve inutile de
relever ici une à une les divergences d'opinions qui existent
entre Schneider et moi sur presque tous les points. On a
peine à croire que ce mémoire ait été écrit par l'auteur de la
monographie des nématodes, et qu'il émane de l'observateur
consciencieux auquel la cytologie est redevable des premières
recherches sur les transformations que subissent les éléments
chromatiques des noyaux, au moment de la division.

Schneider n'a pas même vu qu'il se forme successivement
deux globules polaires. Il consacre un chapitre de son travail

à la spermatogénèse; il ne sait pas que les spermatogonies donnent naissance à des spermatogemmes invariablement composés de quatre spermatocytes, alors qu'il y a vingt-cinq ans Munk avait parfaitement reconnu, décrit et figuré ces spermatogemmes constitués de quatre spermatocytes. Il n'a aucune connaissance des cytophores que l'on trouve au milieu des spermatogemmes et à la formation desquels contribuent les quatre spermatocytes (pl. XIX*ter*, fig. 18 à 20). Il admet que dans l'utérus les zoospermes peuvent se transformer complètement en substance réfringente, alors que l'examen le plus superficiel suffit pour montrer que les corps réfringents, que l'on trouve parfois dans les préparations, proviennent invariablement de zoospermes conoïdes brisés et chez lesquels l'hémisphère céphalique s'est accidentellement détaché.

Il est vraiment inconcevable qu'avec un matériel aussi favorable Schneider n'ait pas reconnu qu'il avait fait fausse route quand, à la suite de ses recherches sur la fécondation de l'*Asteracanthion rubens*, il a révoqué en doute les faits les mieux établis par les beaux travaux de Hertwig, de Fol et de Selenka. J'abandonne à ceux qui voudront prendre la peine d'aborder le sujet de soin de juger la valeur du mémoire de Schneider et le degré d'exactitude des observations qu'il renferme.

EXPLICATION DES PLANCHES.

Je n'ai pas cru devoir évaluer et indiquer en chiffres le grossissement des figures. Elles ont été toutes dessinées à la chambre claire. Je me borne donc à renseigner, pour chacune d'elles, l'objectif employé et cela par un simple chiffre ou par une lettre majuscule, placés entre parenthèses à la fin de l'explication de la figure. (4) = Obj. 4 de Hartnack combiné à la chambre claire d'Oberhauser; (5) = Obj. 5 de Hartnack; (8) = Obj. 8 du même; (10) = Obj. 10, à Immersion, du même; (D) = Obj. D de Zeiss; (F) = Obj. F du même constructeur; (1/12) = Obj. 1/12e à Immersion homogène, du même; (1/18) = Obj. 1/18e à Immersion homogène, du même.

PLANCHE X.

Fig. 1 à 6. Œufs de l'oviducte, pour montrer les changements de forme et de constitution de l'œuf aux divers moments de la première période de la maturation. Ces œufs ont été traités par l'acide osmique, colorés par le picrocarmin et montés dans la glycérine picrocarminatée. La figure 1 représente l'aspect de la surface; les figures 2 à 6 sont des coupes optiques. (8)

Fig. 7, 8 et 9. Trois stades de la génèse du disque polaire et du bouchon d'imprégnation, d'après le vivant. (8)

Fig. 10. Pointillé superficiel d'un œuf traité par l'acide osmique et le picrocarmin. (8)

Fig. 11. Éléments accidentels du vitellus désignés sous le nom de plaques à bâtonnets. (10)

Fig. 12, 13 et 14. Œufs de l'oviducte d'une femelle non fécondée, d'après le vivant. (8)

Fig. 15. Disque polaire d'un œuf de la même femelle, montrant les deux couches et les gros globules réfringents caractéristiques de la région micropylaire dans les femelles non fécondées. (8)

Fig. 16 à 26. Œufs de l'oviducte d'une femelle stérile, montrant les changements de forme qui se produisent pendant la première période de la maturation. (4)

PLANCHE XI.

Fig. 1 à 19. Diverses formes qu'affectent les zoospersmes utérins. Toutes ces figures sont dessinées d'après des préparations colorées soit par le carmin boracique, soit par le picrocarmin. (8)

Fig. 20 et 21. Zoospermes altérés, dessinés d'après une préparation au serum artificiel. (8)

Fig. 22 à 25. Diverses formes qu'affectent les spermatozoïdes dans la région moyenne de l'utérus. Ils ont été isolés en secouant, dans la glycérine, une portion de la paroi de l'utérus d'une femelle bien vivante, plongé tout entier dans l'acide osmique à 1 °/₀ (10)

Fig. 26 à 29. Zoospermes conoïdes traités par l'acide nitrique, colorés par le carmin boracique et montés dans la glycérine.

Fig. 30a. Un faisceau de fibrilles musculaires de Passale, obtenu par dilacération d'une fibre à l'état d'extension;
b. deux fibrilles isolées de la même fibre. (10) Dessins de M. le Dr Alex. Fœttinger.

Fig. 31a. Fragment de fibre musculaire contractée du même animal;
b. deux fibrilles isolées de la même fibre. (10) Dessins de M. le Dr Alex. Fœttinger.

Fig. 32. Région micropylaire d'un œuf de la portion inférieure de l'oviducte. Le bouchon d'imprégnation fait saillie en dehors. Ac. osm., picrocarmin, glycérine. (10)

Fig. 33 à 42 dessinées d'après des préparations d'œufs traités par l'acide osmique, colorés par le picrocarmin et montés dans la glycérine picrocarminatée. La figure 8 est dessinée au 8 de Hartnack; toutes les autres au 10 du même constructeur. Elles montrent les phénomènes qui se produisent, au moment où le zoosperme est venu se fixer au bouchon.

Fig. 43 et 44 ont été faites d'après une même préparation d'œufs traités par l'acide nitrique, colorés par le carmin boracique et montés dans le baume. (1/12°)

PLANCHE XII.

Fig. 45 *a*, *b* et *c* et figure 46, *a* et *b* ont été dessinées d'après une
seule et même préparation. Les œufs traités par l'acide
osmique, ont été montés dans la glycérine, sans coloration préalable. (1/12°)

Fig. 47 à 56. Ces figures destinées à montrer les stades successifs
de la pénétration ont été dessinées d'après des préparations d'œufs traités par l'acide osmique, colorés par
le picrocarmin et montés dans la glycérine. (1/12°)

Fig. 57. Région micropylaire d'un œuf frais montrant un zoosperme
récemment fixé sur un bouchon déjà altéré.

Fig. 58. Image normale ou à peine altérée, d'après le vivant.

Fig. 59 à 61. Altérations produites par un séjour prolongé dans
le serum artificiel de Kronecker. (10)

Fig. 62. La membrane du spermatozoïde s'est considérablement
distendue autour de l'extrémité caudale du zoosperme.
Ac. osm. picrocarmin. (1/12°)

Fig. 63. Zoosperme complètement entré, mais encore fixé par un
épatement terminal de sa queue. (1/12°)

Fig. 64, 65 et 66. Zoospermes récemment fixés, dessinés d'après
des préparations alcooliques. Fig. 64. Le zoosperme est
encore en dehors de la chambre périspermatique artificiellement produite par l'action de l'alcool. Fig. 65
et 66 la soudure entre la membrane du zoosperme et la
membrane vitelline s'était déjà produite; aussi voit on
les spermatozoïdes dans l'espace artificiellement produit,
délimité par les membranes. (10)

PLANCHE XIII.

Fig. 68 à 74 dessinées d'après des préparations alcooliques, colorées
par le carmin boracique, montrent les phénomènes qui
se produisent au moment de la pénétration et les altérations qu'amène le traitement par l'alcool faible. (10)

Fig. 75. Œuf entier d'après une préparation alcoolique. Chambre
périspermatique artificielle considérablement étendue.
Réseau protoplasmique du vitellus. Vésicule germinative

montrant son prothyalosome avec le nucléole fragmenté et sa portion accessoire avec un pseudonucléole. Ce dernier élément est trop vivement coloré. (1/12ᵉ)

Fig. 76. Portion d'un œuf traité par l'alcool, montrant le spermatozoïde à peu près complètement entré et la vésicule germinative transformée. La figure ypsiliforme est en voie de formation. (1/12ᵉ)

Fig. 77. Portion d'un œuf moins avancé, traité par l'acide nitrique à 3 % et coloré par le carmin boracique. Vésicule germinative normalement déformée.

Fig. 78. Un œuf entier traité par la même méthode. Les globules réfringents du vitellus sont dissiminés dans toute l'étendue du réticulum. (1/12ᵉ)

Fig. 79 à 81. Œufs traités par l'alcool et colorés par le carmin au borax. On distingue nettement l'hyalosome renfermant toute la chromatine du noyau ovulaire. La portion accessoire de la vésicule se résoud en substance granuleuse qui se confond avec le protoplasme (fig. 80). La structure radiaire du vitellus est bien marquée (fig. 79). (8)

PLANCHE XIV.

Fig. 1, 2, 4 et 5. Déformations de la vésicule germinative antérieures à la pénétration. (Alcool. carmin boracique.) (8)

Fig. 3. Vésicule germinative isolée. Même stade. Les pseudonucléoles se voient dans la portion accessoire, tandis que dans le prothyalosome on distingue le nucléole composé de plusieurs globules. (8)

Fig. 6. Vésicules germinatives déformées antérieurement à la pénétration du zoosperme. (Ac. nitrique 3 %. carmin boracique.) (8)

Fig. 7. Vésicules germinatives d'œufs traités par l'acide osmique et le picrocarmin, antérieurement à la copulation. n. corpuscule germinatif. pp. prothyalosome. cr. portion accessoire. psn. pseudonucléoles.

Fig. 8. Vésicule germinative montrant les deux disques nucléolaires dans le prothyalosome. La portion accessoire paraît homogène. (Ac. nitr., carmin borac.) Cette vésicule provient d'un œuf non copulé. (1/12ᵉ)

Fig. 9. Œuf traité par l'ac. nitrique et le picrocarmin. La figure
   ypsiliforme est en voie de formation. On reconnaît
   encore la limite de l'espace qu'occupait l'ancienne
   vésicule germinative. L'hyalosome montre le corpuscule
   germinatif composé de ses deux disques chromatiques
   et les fibrilles axiales partant des deux asters qui ont
   fait leur apparition. Il n'y a plus de corpuscules réfringents qu'à la périphérie et au voisinage de la vésicule. (1/12e)

Fig. 10. D'après une préparation alcoolique. La figure ypsiliforme
   apparaît; l'on voit qu'elle se constitue aux dépens des
   résidus de la portion accessoire de la vésicule. (8)

Fig. 11. Apparition des asters au contact de l'hyalosome. La portion accessoire refoulée et réduite à une plaque se
   projette, sous la forme d'une bande transversale en
   travers de l'hyalosome. (1/12e)

Fig. 12. Vésicule germinative montrant le début des asters et la
   masse granuleuse équatoriale résultant de la résolution
   de la portion accessoire. (1/12e).

Fig. 14 à 16. Œuf montrant la figure ypsiliforme à son début
   d'après des préparations alcooliques. (8)

Fig. 17. Idem d'après une préparation à l'acide nitrique et au
   carmin boracique. La première couche périvitelline a
   commencé à se former. Les corpuscules réfringents du
   vitellus ont totalement disparu. (1/12e).

PLANCHE XV.

Les figures 1, 2, 3, 4, 5, 6, 7 et 23 ont été dessinées d'après
des préparations à l'acide nitrique, colorées par le carmin au borax
et montées dans la glycérine. Les figures 8 à 22 ont été dessinées
d'après des préparations d'œufs traités par l'alcool au tiers et
colorés par le carmin boracique. Les figures 1, 2, 5, 6, 7 et suivantes jusques 23 ont été dessinées au 8 de Hartnack. Les
figures 3 et 4 au 1/12e de Zeiss.

Cette planche a pour objet d'illustrer les transformations de la
figure ypsiliforme, préalablement à la genèse du premier globule
polaire et d'indiquer en même temps les modifications successives
que subit le vitellus d'une part, le zoosperme de l'autre pendant
cette période de la maturation.

PLANCHE XVI.

Cette planche a pour but de montrer les dernières modifications que subit la figure ypsiliforme et la formation du premier globule polaire. Les figures 1, 2, 4, 5, 6 et 20 d'après des préparations alcooliques; 3, 7 et suivantes jusques 19, enfin la figure 21 ont été dessinées d'après des préparations à l'acide nitrique, et colorées soit par le carmin boracique, soit par la fuchsine. 1 à 6 ont été dessinées au 8 de Hartnack; 7 à 21 au 1/12° de Zeiss.

PLANCHE XVII.

Formation, constitution et transformations de la seconde figure pseudokaryokinétique.

1 à 14 d'après des préparations à l'acide nitrique. Toutes ces figures ont été dessinées au 1/12° de Zeiss, sauf les figures 9 et 10. (8) Les figures 15 à 18 sont faites d'après des préparations alcooliques. (8)

PLANCHE XVIII.

Formation du second globule polaire et de la seconde couche périvitelline. 1 à 7 d'après des préparations à l'alcool. 8 d'après une préparation à l'acide acétique glacial. (8)

PLANCHE XVIIIbis.

Formation du second globule polaire, du pronucleus femelle et du pronucleus mâle, d'après des préparations à l'alcool.

PLANCHE XIX.

Fig. 1, 2 et 3. La seconde figure pseudokaryokinétique en voie de formation, d'après des préparations alcooliques. (1/12°)

Fig. 4 à 7. Formation du second globule polaire, du pronucleus femelle et du pronucleus mâle. Séparation et isolément de l'auréole. Préparations à l'acide acétique glacial; montage dans la glycérine, sans coloration préalable. (1 12°)

Fig. 8 et 9. D'après des œufs traités et montés de la même manière. Les pronucleus sont constitués. A côté du pronucleus mâle se voit l'auréole. L'œuf dessiné en 9 montrait très distinctement une structure radiaire. (1/12ᵉ)

Fig. 10. D'après le vivant. Œuf vaginal. (8)

PLANCHE XIX*bis.*

Toutes les figures sont dessinées d'après des préparations à l'alcool, colorées par le carmin boracique. Les figures 2 à 15 sont faites au 1/12ᵉ de Zeiss; les figures 15 à 26 au D. du même constructeur.

Fig. 1 à 8. Maturation des pronucleus.

Fig. 9 à 13. Stade de pelotonnement.

Fig. 14 et 15. Formation des quatre anses chromatiques primaires.

Fig. 16 à 26. Dispositions diverses des anses chromatiques primaires dans le plan équatorial.

Fig. 24. Le disque montre un long cordon chromatique supplémentaire.

Fig. 26. Les anses chromatiques se sont dédoublées.

PLANCHE XIX*ter.*

Tous les œufs représentés sur cette planche avaient été traités par l'alcool et colorés par le carmin boracique, puis montés dans la glycérine.

Fig. 1. Les quatre anses primaires sont en grande partie dédoublées.

Fig. 2. Disque équatorial vu obliquement. Les sphères attractives ont fait leur apparition.

Fig. 3 à 13. Les diverses phases de la division cellulaire.

Fig. 14. Stade à deux blastomères. Dans l'un d'eux le noyau montre les quatre anses chromatiques secondaires; dans l'autre le cordon chromatique est encore au stade de pelotonnement.

Fig. 15. La division est plus avancée. La figure karyokinétique a été dessinée seulement pour l'un des blastomères en voie de division. L'autre blastomère était complètement divisé

416   EDOUARD VAN BENEDEN.

Fig. 16 et 17. Deux phases de la division d'une spermatogonie.
Ac. osm. picrocarmin, baume. (8)

Fig. 18. Deux spermatocytes encore réunis; chacun d'eux donne
naissance à une portion cytophorale. (Ac. osm. picrocarmin, baume.) (D)

Fig. 19 et 20. Deux spermatogemmes, constitués chacun de quatre
spermatocytes et montrant au milieu le cytophore composé de quatre parties. Chaque portion cytophorale
renferme un corps vivement coloré en rouge. (Ac. osm.
picrocarmin baume.) (D)

BIBLIOGRAPHIE.

(1) BÜTSCHLI. — *Beiträge zur Kenntniss der freilebenden Nematoden.* (Nova Acta Leop. Carol, 1873, Bd. 36.)

(2) L. AUERBACH. — *Organologische Studien.* 3. Abschnitt. (Breslau, 1874.)

(3) BÜTSCHLI. — *Vorläufige Mittheilung über die Entw. am Ei von Nematoden und Schnecken.* (Z. f. w. Z. 1873, Bd. 25.)

Vorl. Mitth. einiger Resultate von Studien über die Conjugation der Infusorien und die Zelltheilung. (Z. f. w. Z. 1873, Bd. 25.)

Studien über die ersten Entwickelungserscheinungen der Eizelle, die Zelltheilung und die Conjugation der Infusorien, 1876.

(4) WARNECK — *Ueber die Bildung und Entwickelung des Embryos bei den Gasteropoden.* (Bull. de la soc. imp. des Naturalistes de Moscou, 1850, T. 23, n° 1.)

(5) EDOUARD VAN BENEDEN. — *Recherches sur la composition et la signification de l'œuf.* (Mém. cour. de l'Acad. roy. des Sc. de Belg., 1870.

(6) EDOUARD VAN BENEDEN. — *La maturation de l'œuf, la fécondation et les premières phases du développement embryonnaire des Mammifères.* (Bull. Acad. roy. de Belg., 1875, n° de Décembre.)

(7) F. M. BALFOUR. — *A treatise of comparative Embryology.* (Vol. I. Londres, 1880.)

(8) E. L. MARK. — *Maturation, fecundation and segmentation of Limax Campestris.* (Bull. of the Museum of Comp. Zoology at Harvard College, Vol. VI, n° 12.)

(9) O. HERTWIG. — *Beiträge zur Kenntniss der Bildung, Befruchtung und Theilung des thierischen Eies* (1re partie. Morphol. Jahrb. Bd. I. fasc. 4, 1875.)

(10) EDOUARD VAN BENEDEN — *Contribution à l'histoire de la vésicule germinative et du premier noyau embryonnaire.* (Bull. Acad. roy de Belg, 1876. Janvier.)

(11) O. HERTWIG — *Beiträge zur Kenntniss der Bildung, Befruchtung und Theilung des thierischen Eies.* (2me partie. Morph. Jahrb. Bd. III, 1877, 3me partie. Ibid. Bd. IV, 1878.)

(12) H. FOL. — *Sur les phénomènes intimes de la fécondation.* (Comptes rendus, Fév. 1877, t. 84)

Sur les phénomènes intimes de la division cellulaire (Comptes rendus, Oct. 1876, t. 83.)

Sur le commencement de l'hénogénie chez divers animaux. (Archives des Sc. phys. et nat. 1877.)

Recherches sur la fécondation et le commencement de l'hénogénie chez divers animaux. (Mém. de la Soc. de phys. et d'hist. nat. de Genève, 1870.)

(13) SELENKA. — *Zoologische Studien. Befruchtung der Eier von Toxopneustes variegatus.*

(14) FLEMMING — *Beiträge zur Kenntniss der Zelle und ihrer Lebenser-scheinungen.* (III[ter] Th. Archiv. f. m. Anat. 1882, Bd. 20.)

(15) A. SCHNEIDER. — *Ueber die Auflösung der Eier und Spermatozoen in den Geschlechtsorgane, und ueber Befruchtung.* (Zool. Anz. 12 Janv. et 29 Mai, 1880.)

(16) BRÜCKE. — *Die Elementarorganismen.* (Sitz. d. K. Acad. der Wiss. Wien. Bd. 44, 1861.)

(17) W. FLEMMING. — *Zellsubstanz, Kern und Zelltheilung.* (Leipzig, 1882.)

(18) RABL. — *Ueber die Entwickelungsgesch. d. Malermuschel.* (Jenaïsche Zeit. Bd. X.)

Entwick. d. Tellerschnecke. (Morph. Jahrb. Bd. V.)

(19) HATSCHECK. — *Ueber Entwickelungsgeschichte von Teredo.* (Arbeiten des Zool. Inst. zu Wien. T. III.)

(20) ROUX. — *Ueber die Zeit der Bestimmung der Hauptrichtungen des Froschembryos.* (Leipzig, 1883.)

(21) RAUBER. — *Furchung und Achsenbildung bei Wirbelthieren.* (Zool. Anz. 1883, n° 147.)

(22) ESCHRICHT. — *Om Individsormenes Oprindelse Tidsskrift for popu-laere Fremstillinger of Naturvidenskaben.* (2. Bd. 2. Hefte.)

(23) AUG. MÜLLER. — *Beobachtungen über die Befruchtungserscheinungen im Ei der Neunaugen.* (Königsberg, 1864.)

(24) CALBERLA. — *Der Befruchtungsvorgang beim Ei von Petromyzon Planeri.* (Z. f. wiss. Z. Bd. XXX.)

(25) KUPFFER und BENECKE. — *Der Vorgang der Befruchtung am Ei der Neunaugen.* (Königsberg, 1878.)

(26) MEISSNER. — *Beiträge zur Anat. und Phys. von Mermis albicans.* (Z. f. wiss. Z. Bd. V, 1853.)

Beobachtungen über das Eindringen der Samenelemente in den Dotter. (Z. f. wiss. Z. Bd. VI, 1854.)

(27) BAGGE. — *Dissertatio inauguralis de evolutione Strongyli auricularis et Ascaridis acuminatæ.* (Erlangen, 1841)

(28) REICHERT. — *Beitrag zur Entwickel. der Samenkörperchen bei den Nematoden.* (Müller's Archiv., 1847.)

(29) A. SCHNEIDER. — *Monographie der Nematoden.*

(30) NELSON. — *The reproduction of the Ascaris Mystax.* (Phil. Trans , 1852, Part. II.)

(31) A. THOMPSON. — *Ueber die Samenkörperchen, die Eier und die Befruchtung der Ascaris Mystax.* (Z. f. wiss. Z. 1856.)

(32) BISCHOFF — *Widerlegung der von Dr Keber bei den Najaden und Dr Nelson bei den Ascariden behaupteten Eindringens der Spermatozoïden in das Ei.* (Giessen, 1853.)

Ueber Ei und Samenbildung und Befruchtung bei Ascaris Mystax. (Z. f. w. Z. 1855.)

(33) MUNK. — *Ueber Ei und Samenbildung und Befruchtung bei den Nematoden.* (Z. f. w. Z. 1858.)

(34) CLAPARÈDE. — *De la formation et de la fécondation des œufs chez les vers Nématodes.* (Genève, 1859.)

(35) LEUCKART. — *Die menschlichen Parasiten.*

(36) NELSON. — *The reproduction of the Ascaris Mystax.* (Phil. Transact. 1852, Part. II.)

(37) VAN BAMBEKE. — *Sur les trous vitellins que présentent les œufs fécondés des Amphibiens.* (Bull. Acad. roy. Belg. 2me Série. T. XXX.)

(38) KUPFFER. — *Ueber aktive Betheiligung des Dotters am Befruchtungsakte bei Bufo variabilis und vulgaris.* (Tiré à part.)

(39) BARRY. — *Researches in Embryology.* (Phil. Transact. 1840 et 1843.)

(40) BISCHOFF. — *Bestätigung des von Dr Newport bei den Batrachiern und Dr Barry bei den Kaninchen behaupteten Eindringens der Spermatozoïden in das Ei.* (Giessen, 1854.)

(41) MEISSNER. — *Beobachtungen über das Eindringen der Samenelemente in den Dotter.* (Z. f. wiss. Z. Bd. VI.)

(42) WEIL. — *Beiträge zur Kenntniss d. Befruchtung u. Entwick. d. Kanincheneies.* (Med. Jahrbücher, 1873.)

(43) HENSEN. — *Beobachtungen über die Befruchtung und Entwick. des Kaninchens und Meerschweinchens.* (Zeitsch. f. Anat. Bd. I.)

(44) KUPFFER. — *Ueber Laichen und Entwickelung des Ostsee-Haerings.* (Berlin, 1878.)

(45). DE LA VALETTE St-GEORGE. — *Studien über die Entwickelung d. Amphipoden.* (Halle, 1860.)

(46) KEBER. — *Ueber den Eintritt der Samenzellen in das Ei.* (Königsberg, 1853.)

(47) J. MÜLLER. — *Monatsbericht d. Berliner Academie, 1851.*

(48) CALBERLA. — *Der Befruchtungsvorgang beim Ei von Petromyzon Planeri.* (Z. f. w. Z. Bd. XXX.)

(49) AUG. MÜLLER. — *Beobachtungen über die Befruchtungserscheinungen im Ei der Neunaugen.* (Königsberg, 1864.)

(50) KUPFFER et BENECKE. — *Der Vorgang der Befruchtung am Ei der Neunaugen.* (Königsberg, 1878.)

(51) EDOUARD VAN BENEDEN et CH. JULIN. — *Observations sur la maturation, la fécondation et la segmentation de l'œuf chez les Cheiroptères.* (Archives de Biologie, vol. I, 1880.)

(52) EDOUARD VAN BENEDEN. — *Recherches sur l'embryologie des Mammifères. La formation des feuillets chez le Lapin.* (Archives de Biologie, vol. I, 1880.)

(53) VON BAER. — *Die Metamorphose des Eies der Batrachier.* (Müller's Archiv., 1834.)

(54) MAX SCHULTZE. — *Observationes nonnullæ de ovorum ranarum segmentatione. Bonnæ.* 1863.

(55) CH. VAN BAMBEKE. — *Recherches sur l'embryologie des Batraciens.* (Bull. Acad. roy. de Belgique, 1876.)

(56) HENSEN. — *Physiologie der Zeugung.* (Handbuch der Physiologie herausgegeben von Dr Hermann, 1881.)

(57) HOFFMANN. — *Zur Ontogenie der Knochenfische.* (Natuurk. Verh. der Koninkl. Akad. Deel XXI.)

(58) RANSOM. — *Observations of the Ovum of Osseous Fishes.* (Phil. Trans. Vol. 157, 1867.)

(59) E. Strasburger. *Zellbildung und Zelltheilung.* (1te Aufl. Jena, 1857, 2te Aufl. 1876.)

(60) Oellacher. — *Beiträge zur Geschichte des Keimbläschens im Wirbelthierei.* (Arch. f. micr. Anat. 1872, Bd. VIII.)

(61) O. Hertwig — *Beiträge zur Kenntniss der Bildung, Befruchtung und Theilung des thierischen Eies II^{ter} Theil.* (Morph. Jahrbuch, Bd. III, 1877.

(62) A. Giard. — *Note sur les premiers phénomènes du développement de l'Oursin.* (Comptes rendus. T. LXXXIV, n° 15.)

(63) Trinchese. — *I primi momenti dell'evoluzione nei Molluschi.* (Mem. R. Acad. dei Lincei. T. 7.)

(64) Blochmann. — *Ueber die Entwick. der Neritina fluviatilis.* (Z. f. w. Z Bd. XXXVI)

(65) W. Flemming. — *Beiträge zur Kenntniss der Zelle und ihrer Lebenserscheinungen.* (Archiv für Mikr. Anat. 1878 à 1882)

(66) E. Strasburger. — *Zellbildung und Zelltheilung.* (3 Aufl. 1880.)
Ueber den Theilungsvorgang der Zellkerne und das Verhältniss der Kerntheilung zur Zelltheilung (Arch. f. Mikr. Anat. Bd. 21. 1882.)

(67) Wolfson. — *Die embryonale Entwick. des Limnæus stagnalis.* (Mél. biolog. de l'Acad. Imp. des Sciences de St-Pétersb. Tome X.)

(68) Fol. — *Compte rendu sur ce travail de Wolfson.* (Zoologischer Jahresbericht für 1880. I. Page 118.)

⁓⁓⁓⁓⁓

OUVRAGES CITÉS DANS LA PARTIE GÉNÉRALE.

Whitman. — *The Embryology of Clepsine.* (Quart. Journ. of Micr. Science 1878. Vol. 18.)

Strasburger. — *Ueber den Theilungsvorgang der Zellkerne.* (Archiv. f. Micr. Anat. Bd. XXI.)

Hanstein. — *Das Protoplasma.*

Frommann. -- Centralblatt f. d. med. Wiss. 1865, n° 6).
Untersuchungen über die normale und pathol. Anatomie des Rückenmarks. (Jena, 1867.)
Zur Lehre von der Structur der Zellen. (Jenaïsche Z. f. N. 1875.)
Ueber Bildung der Stärkekörner und Zusammensetzung der Zellenmembran, 1879.
Ueber die Structur d. Knorpelzellen, v. Salamandra maculosa, 1879.
Zur Lehre von der Structur der Zellen. (Jen. Z. f. N. Bd. 14. 1880.)
Differenzirungen und Umbildungen im Protoplasma. (Sitz. d. Jen. Ges. 1880.)
Beobachtungen über Structur und Bewegungsersch. der Pflanzenzellen. (Jena, 1880.)

HEITZMANN. — *Untersuchungen über das Protoplasma*. (Sitz. d. K. A. d. W. Wien, 1873)

Das Verhältniss zwischen Protoplasma und Grundsubstanz im Thierkörper. (Ibid.)

KUPFFER. — *Ueber Differenzirung des Protoplasma in den Zellen thierischer Gewebe*, 1875. (Tiré à part.)

KLEIN. — *Observations on the structure of Cells and nuclei*. (Ire partie. Quart. Journ of Micr. Sc. Vol. 19.)

Atlas of Histology. (London, 1881.)

On the lymphatic System and the minute structure of the salivary Glands and Pancreas. (Quart. Journ. of Micr. Sc. 1882)

G SCHWALBE. — *Bemerkungen über die Kerne der Ganglienzellen*. (Jen. Z. f. N. Bd. X.)

EIMER. — *Untersuchungen über die Eier der Reptilien*. (Arch. f. m. A. Bd. VIII)

ED. VAN BENEDEN. — *Contrib. à la connaissance de l'ovaire des Mammifères*. (Arch. de Biol. Vol. I. 1880.)

SCHÄFER. — *On the structure of the immature ovarian ovum in the common fowl and in the rabbit*. (Proc. of the R. Soc. London, 1880.)

FLEMMING. — *Beiträge zur Kenntniss der Zelle und ihrer Lebenserscheinungen*. (Th. I. Arch. f. m. A. Bd XVI, 1878. Th. II. Ibidem, 1880. Th. III. Ibidem, 1881.)

Zellsubstanz, Kern und Zelltheilung. (Leipzig, 1882.)

LEYDIG. — *Vom Bau d. thierischen Körpers*. Tübingen, 1864.

Lehrbuch der Histologie, 1857.

Unters. zur Anatomie und Histologie der Thiere, 1883.

ED. VAN BENEDEN. — *Contribution à l'histoire de la vésicule germinative et du premier noyau embryonnaire*. (Bull. Acad. roy. Belg. 1876.)

E. ZACHARIAS. — *Ueber die chemische Beschaffenheit des Zellkerns*. (Bot. Zeit. Année, 39.)

SOLTWEDEL. — *Freie Zellbildung im Embryosack der Angiospermen*. (Jen Z. f. N. 1881)

E. STRASBURGER. - *Zellbildung und Zelltheilung*. (3e édit. 1880.)

Studien über das Protoplasma. (Jen. Z. f. N. 1876. Bd. X.)

MAYZEL a publié sur la division cellulaire une série de notes dans : Centralblatt f. d. med. Wiss. et en polonais dans *Gazeta Lekarska*. Il a été rendu compte de ses résultats dans HOFFMANN-SCHWALBE 's *Jahresber*. (Voir les titres de ces communications dans FLEMMING. *Zellsubstanz*, etc. page 417)

SCHMITZ. — *Untersuchungen über die Structur des Protoplasmas und der Zellkerne der Pflanzenzellen*, 1880.

EIMER. — *Zur Kenntniss vom Baue des Zellkerns*. (Arch. f. m. A. 1872. Bd. VIII) *Weitere Nachrichten über den Bau des Zellkerns*. (Bd. XIV, 1877.)

KLEIN. — *Ein Beitrag zur Kenntniss der Structur des Zellkerns*. (Centralblatt für die med. Wiss. no 17, 1879)

Observations on the glandular epithelium and division of nuclei. (Quart. Journ. of Micr. Sc. Vol. 19, 1879.)

ED. VAN BENEDEN. — *Recherches sur l'embryogénie du Lapin*, 1880, V. I.
G. RETZIUS. — *Studien über die Zelltheilung. Biol. Unters.* (Stockholm, 1881.)
PFITZNER. — *Ueber den feineren Bau der bei der Zelltheilung auftretenden fadenförmigen Differenzirungen des Zellkerns*, 1881. (Morphol. Jahrbuch. Bd. VII.)

Voir en outre les travaux de A. SCHNEIDER, BÜTSCHLI, O. HERTWIG, FOL, SELENSKA, etc., cités plus haut.

17.　　　　12.

2

3

68.

69.

79.

71.

Prothyalosoma

port. accessoria

premi. nucleus

Ayalosoma

port. accessoria

small nucleus

81.

77.

70.

71 72 67 78 76 74

4. 5.

9. 10.

11. 12.

17. 18.

Archives de Biologie. Tome IV.

www.ingramcontent.com/pod-product-compliance
Lightning Source LLC
Chambersburg PA
CBHW080142060326
40689CB00018B/3815